文化創意產業
經營與行銷管理
整 合 觀 點 與 創 新 思 維

Management and Marketing of Cultural and Creative Industry:
Integrated Perspective and Innovative Thinking

陳德富博士 著

推薦序一

民國91年「文化創意產業發展計畫」的推動，是政府首次將抽象的「文化軟體」視為國家建設的重大工程；如何評估以「智慧資本」、「創意資本」為主的新興產業價值，為本書最關心之命題。本書以台灣「文化創意產業」為對象，從實務觀點深入瞭解台灣「文化創意產業」發展之現況及困境，並藉由實證案例，闡明台灣文化創意產品之鑑價方法。

本書介紹文化創意產業無形資產鑑價，使讀者有豐富的理論與實務來探索最新文創產業商業模式之運用，為國內少見整合理論與實務個案的文創產業經營與行銷專書。

本書第四章〈文創產業未來展望〉，包括：文創產業的未來航道、文創產業架構、文創產業成功的條件、目前對於文創產業的認知落差、台灣文創產業西進契機、大陸文創產業高速成長、台灣的文化創意產業發展趨勢、台灣的文化創意產業發展機會及展望、文化創意產業就是「品牌打造工程」產業等內容，可使讀者有豐富的理論與實務來探索文創產業之未來。

特別在第七章〈文化創意產業無形資產鑑價〉中，精闢解析文化創意產業智慧資本鑑價、文化創意產業面臨的難題與發展的關鍵因素、文化創意產業的無形資產評價方式、無形資產鑑價標準、文化創意產業無形資產評價的機會與挑戰、創意為企業智慧資產之本、文化創意產業與智慧財產權、文化創意產業與藝術授權、文化創意產業面臨的難題與發展的關鍵因素、智慧資本之定義、智慧資產鑑價之挑戰與問題、文化創意產業的無形資產評價種類與方式、文創產業智慧資本之評估模式，最後，以「台灣文化創意產業智慧資本鑑價模式之探討——以琉園為例」做一完整的個案分析，為本書最具參考價值篇章。

此外，本書第十二章〈文化品牌經營行銷〉，包括：品牌的定義及功能、品牌定位相關理論、品牌忠誠與品牌資產相關理論、品牌文化相關理論、文化品牌與一般品牌的關係、構成文化品牌的要素、文化品牌經營、掌握創意變生意的核心價值、從Brand到Icon，文化品牌行銷學等內容，可使讀者有豐富的理論與實務來探索文化品牌經營行銷策略與文創產品之價值。

茲以前述閱讀心得作為讀者導讀，代替推薦序。

梁榮輝　講座教授
崇右技術學院前校長

推薦序二

　　本書之「整合」概念對於文創產業來說是很重要的，文創產業不僅侷限於文化、藝術、創意、設計或影視等單一產業。文創產業之整合經營與行銷是必須研究的重點。因此，本書特別加入城市文創園區經營與行銷、文創整合行銷、國家文化行銷、文創產業故事行銷與體驗行銷策略、台灣地方特色文創產業等。本書為國內少見之整合理論與實務個案的文創產業經營與行銷專書。

　　針對台灣地方特色文創產業，新竹地區有王淇郎雕塑工作室、香山阿母文創基地等在地文化藝術發展文創產業，另外，也將上海世博會的台灣館移回新竹建立產創園區，委託規劃設計廠商進行研商文創館空間配置方案。委託環球購物中心營運管理之世博台灣館園區中的風城文創館正式啟用後，可望提供更寬敞的文創活動場域與多元功能。規劃中的玻璃創意文化園區與眷村文化園區，也都深具新竹在地特色。文創不能脫離在地特質，各具特色的博物館群是最佳文創活動平台。舉凡國際玻璃藝術節、竹塹國樂節、眷村藝術季、米粉摃丸節……已建立口碑。

　　科技人文雙軌優勢，全面推動文創產業：新竹市有好的文創發展條件，說起新竹市最具代表性的第一印象，非新竹科學園區莫屬。但新竹市不自滿於傲視全球的科技優勢，積極擁抱「第四波」文創產業。新竹市府將文創產業軟實力納入城市發展能量。新竹市兼具多元傳統文化與嶄新科技產業，形塑出新竹市發展文創產業發展的兩大優勢：高端消費力與深厚文化底蘊。此外，科技人對具設計品牌之創新產品接受度高，加之擁有清大、交大等六所大學與工研院，深具研發活力與行銷魅力，有利於文創產業環境發展。台灣應以「科技產品文創化，文創商品科技化」來思考在地文創產業的發展方向。

　　針對文創產業之整合經營與行銷和創新思維，本書將介紹如何應用

「創新經營行銷思維」於文創產業。例如，新竹市發展文創產業之願景規劃與發展策略：新竹市文創產業發展架構與策略係以創新化、整合化、創意化與情境化四大面向，積極提升創新研發、強化資源整合、拓展行銷推廣、營造產業亮點，再依據特色產業、推展活動與建置園區等三階段漸次推動。

關於本書第八章〈城市文創園區經營與行銷〉，環球購物中心洽談世博台灣館園區營運管理BOT案時，確實考慮過人口少（僅四十四萬），且零售業近飽和等因素，但國外市調公司報告指出，苗栗以外地區，新竹民眾對文化藝術參與度相對較高，才毅然投入。環球預期占地近二千坪的風城文創館開幕後，能落實藝文結合，充分活化園區文創機能。

本書第十四章〈國家文化行銷〉所提到的博物館行銷、地方產業行銷與事件行銷──城市即「移動博物館」，城市行銷勢不可擋，文化競爭力須先選擇場域，每座城市都是一座移動博物館，再結合數位科技與文化藝術形成數位文創，便可在此移動平台上提供情境消費，享有可複製亦可快速授權的優勢。文創要能市場化並貼近生活，結合場域形成新故事，再透過數位手法成為城市行銷，而大型活動節慶能創造集體記憶，更能強化城市行銷與文創價值。

最後關於第十五章〈文創產業體驗行銷與故事行銷策略〉，文創可以是鄉鎮故事館，讓國人與世界看見台灣這島嶼上許多人在不同地方努力生活的感動。把感情投入故事中讓產品有生命力與溫度才有感動力。透過「說故事」將台灣迷人魅力行銷海內外，帶動人潮金流，必能創造台灣永續經營的文創經濟效益。

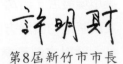

第8屆新竹市市長

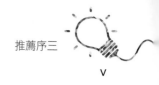
推薦序三

　　台灣自2002年開始提倡文化創意產業，2009年行政院提出「文化創意產業發展草案」，學者專家紛紛提出自己對文創產業的看法，2010年總統令制定「文化創意產業發展法」後，台灣的文創產業才有了更明確且完整的定義與規範。

　　近年來學者專家對於文化創意產業的研究不少；但是能從單一實例延伸至一國多例，再擴到全球多國文創產業之探討、分析，並綜理理論與實例的研究仍有限，遑論出版專書更是屈指可數。本書作者就台灣與全球文創產業的概況、經營SWOT分析與STP行銷策略做了非常詳細的論述，讓我們更能完整的瞭解文化創意產業的由來、現況與未來的發展。作者從「整合觀點與創新思維」的面向談文化創意產業的經營與行銷管理，把文化創意產業的能量由靜態推向動態，增添了它的靈活度，也豐富了它的生命力。

　　現在消費者對於生活物質的追求，已經不僅僅是產品的本身，更多的是聚焦於產品的設計、創意、風格、文化意涵及品牌價值等，事實上每一種產業如果能注入些消費者價值、文化價值，再透過科技資訊加以「整合和創新」去創造產品更高的附加價值，並累積文化底蘊，那麼許多產業都有機會成為最熱門的文化創意產業，台灣已具有知名度的產品更可以透過「文化創意產業經營與行銷管理」建立世界性的品牌。

　　書中作者聚焦於「整合」的概念，明確指出文創產業的整合行銷研究是重要的；然而整合行銷並不侷限應用於單一產業，它可以用於多元的產業，所以作者特別加入台灣地方特色文創產業、文化品牌行銷、文創產業故事行銷與體驗行銷策略、城市文創園區經營與行銷、國家文化行銷等。從整合觀點清晰且正確的陳述文創整合行銷傳播中對於消費者、認知、資料庫、形象、利害關係群體、績效評估等各項整合工作之掌握與創

新，並提出成功經營與行銷的案例分享。閱讀此書，啟發了我對自己工作的深度自省，自己如何從整合觀點與創新思維的面向去學習與體悟，如同書中所提到文創產業成功經營的實例，不斷的深化與提升高等教育產業的創意、經營與品牌管理的願景，幫助很多，更適用於有心研究文化創意產業的讀者。

環球科技大學董事長　管理學博士

推薦序四

　　本書採用個案、照片與文創產業三管齊下：每章首、中、尾各有一到數篇文創產業實務個案，介紹相關之台灣或國際實務案例，以利讀者瞭解該章內容，舉例則盡量以台灣相關案例和文創產業實用性為主，亦有國際知名文創產業案例。本書「個案、照片與文創產業」三管齊下，為坊間現有文創產業教科書少見的獨特方式。

　　清晰的架構與組織導引地圖：本書主要的強勢點之一，便是清晰的架構與組織。本書在組織架構上，係以「文創產業篇、文創產業經營管理篇與文創產業行銷管理篇」的模式為焦點。對同學們來說，在認識各種不同的文創產業經營行銷功能與技巧之間會有著何種關聯性方面，這項模式可以發揮「導引地圖」的功用。

　　在本書第五章〈文創產業經營SWOT分析〉中，詳細分析了中國大陸的文化產業發展、台灣文創的SWOT、日本文創的SWOT、韓國文創的SWOT、英國文創的SWOT。有助於讀者快速瞭解台灣與世界主要國家文創產業的優勢、劣勢、機會與威脅。

　　而本書第六章〈文創產業經營與競爭策略〉中，則論述了文創產業成功經營之道、文化創意產業的「三生」與「四生」、文化商品運作模式、利用第三部門，建構兩岸文創平台、文化如何生意化經營、市場結構——純粹競爭市場、獨占市場、獨占性競爭、寡占、雙邊壟斷七、競爭的本質、競爭思考——誰是競爭者、衡量自己的競爭地位、競爭策略之使用、產品生命週期觀——導入、成長、成熟、衰退期，最後對於文創產業經營管理個案做了詳細的比較分析。有助於讀者快速瞭解文創產業之經營

管理策略。陳教授德富為國際企業管理知名學者，邀請我為新作寫序，以分享廣大讀者。

李元墩 博士

長榮大學管理學院　經營管理研究所教授

前管理學院院長／前教務長／前學務長

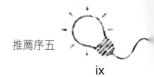

推薦序五

　　本書為國內少見之整合理論與實務個案的文創產業經營與行銷專書。近年來，政府將文化創意產業列為國家發展重點計畫，並將抽象的「文化軟體」視為國家建設的重大工程，目的在於希望文化創意產業的發展，能結合人文藝術與資訊科技，透過有效率的資訊科技工具（如網路行銷），使藝術創意快速的被商品化，創造高附加價值的效益。在本書第二章〈台灣文創產業概況〉的「科技於文化創意產業之應用」中詳述各種科技在文創產業的應用，包括：(1)文化創意產業科技化；(2)數位內容產業發展旗艦計畫；(3)因應科技與文化匯流，文創產業發展應善用我國獨步全球的科技產業實力。

　　近年來形成熱潮的「宅經濟」，則反應出數位內容產業的巨大效益。台灣的原創素材豐富多元，資通訊產業實力雄厚，且網際網路與寬頻網路普及率為全球前十名，具備了發展數位內容產業的軟硬體環境，亦確實帶動龐大的產值。只是面對臨近國家的積極政策及競爭實力，台灣需有更為前瞻的視野，並強化對於智慧財產權的保護與運用。在本書第七章〈文化創意產業無形資產鑑價〉中，精闢解析了文化創意產業智慧資本鑑價、文化創意產業與智慧財產權等重要理論與實務。在我長期服務於鼎新電腦所推動的企業資源管理（ERP）、供應鏈管理（SCM）、客戶關係管理（CRM）等ERP & ERPII企業資訊應用系統都可結合文化創意應用於本書之主題「文化創意產業經營與行銷管理」。特別是文化創意產業智慧資本與無形資產在企業資源管理（ERP）中所強調的資源整合，顯得更為重要。

　　台灣三十七年前以科技產業躍升為亞洲四小龍之首，三十七年後的現在，遭逢全球經濟嚴重衰退的困境，是危機也是轉機，正是我們思考台灣未來走向及產業發展方向的時刻。現在須結合科技、美學、設計能

量，帶動以文化與創意為核心的新興產業，發展出在地文化特色，推動台灣文化創意產業國際化（本書第十章〈文創產業整合行銷〉——創意產業國際行銷策略）。科技始終來自於人性，生活卻需要更多的創意，回歸生活還是文化；讓藝術的「手藝」融入「經濟」，再加上「創意與設計」，經由地方產業形塑台灣成為品牌的指標。因此，未來文化創意產業的創意，必須經由「放眼全球‧在地行動」的理念，達到結合「數位典藏」，透過文化創意產業中心的「文化創意」，再由文化創意產業園區的生產，形成「地方產業」的目標（本書第十四章〈國家文化行銷〉——地方產業行銷）。

當文化創意結合科技時，不要將科技視為工具，而應該在創意的一開始，就帶領科技進入以人為本的價值體系。當整合了文化創意與科技後，將可產生不同的價值。尤其，台灣有優勢的科技產業，當藝術家與科技人充分對話，則能產生更有價值的東西，並且行銷世界。文化是過去歷史的資產，但有台灣未來的價值；科技是現在最當紅的，但缺乏附加價值。透過科技能提升台灣文化，相反的，也讓台灣科技藉由文化增加附加價值，所以科技與文化都要交流。

鼎新電腦人資處總經理

推薦序六

　　個人倍感榮幸，能獲得陳德富博士邀請，為其新書寫序言。我在聖約翰科技大學擔任商管學院院長任內，因推動商管各類證照，認識中華人文科技創新國際學會／CIIP國際認證中心理事長陳德富博士。在此期間我們合作進行認證考試，聖約翰商管學院學生通過該中心各類認證已逾數百人，其中亦包含文創產業經營與國際行銷管理類，足見CIIP國際認證中心為學生踏入職場做好萬全準備。

　　文化是國家競爭力的來源，認識文化，不但可以豐富人的內心世界，更可以提升國家的競爭力。創意則是在平凡中發掘不凡，在無意間開創出有意義的事情。當兩者產生碰撞時，豐盛的文化內涵，點綴了無邊際的創意，激盪出文化創意的火花更是讓人驚豔。

　　近年來，文化創意產業發展銳不可擋，已成為世界各國發燒話題，相關產業迅速蓬勃發展，其中不乏許多轉型產業，而文創產業日漸成為主流，為世界增添一股新意。隨著二十一世紀的到來，文創產業憑藉獨特的產業價值鏈、快速的成長方式，以及廣泛的產業滲透力、影響力和輻射力，儼然成為全球經濟和現代產業發展的新亮點，其發展規模與影響程度已經成為衡量一個國家和地區綜合競爭力的重要標誌。民國102年，文化部提出「價值產值化——文創產業價值鏈建構與創新」中程（102～105年）個案計畫之三大策略，為台灣文創產業發展奠定基石，更為台灣地方特色文創產業與城市文創園區經營與行銷開啟未來的美景。

　　陳德富博士除了在行銷管理專業外，對文化創意產業經營更是不遺餘力推廣，期盼這本書不僅是掭供一般大學文化創意產業經營與設計學群等技職體系學員用書，亦可以當成輔導學員考取文化創意產業經營與行銷管理師證照的教育訓練用書。本書值得提出的三個特色：(1)為國內少見之整合理論與實務個案的文創產業經營與行銷專書；(2)以創新經營行銷

策略為主軸，可使學員有豐富的理論與實務來探索最新文創產業商業模式之運用；(3)以「個案、照片與文創產業」三管齊下，為坊間現有文創產業教科書少見的方式。綜合言之，本書帶給每位學員嶄新的視野，並將文創新意影響周遭每一個人，相信此書的發行與推廣，對未來文創產業發展有很大助益。

陳榮湧　教授

聖約翰科技大學商管學院前院長

作者序

「文創」＝？

澳洲：我們最早說，在1994……

英國：我們一說，全世界都聽到了，從1997……

法國：我們不說，可是全世界都學我們……

台灣：我們一直在說。但那文創是什麼？

文化創意產業被稱為繼農業、工業、資訊、數位網路革命之後，產業史上能量最強、範圍最廣的「第五波：創意革命」，第五波創新（The Fifth Innovation），堪稱21世紀最讚的產業，只要一個點子就可改變全世界！

文創產業的主角是誰？官方、業者、學者各自該扮演什麼角色？在文創產業蓬勃發展的今日，我們必須重新思考，重新定位。

何謂「文化創意產業」（Creative Cultural Industries）？

$$A＋B＝C（Art＋Business＝Creative Industries）$$

作者以自身擔任大學文創課程之教授、文創產業相關學會——中華人文科技創新國際學會（CHTIIA）的理事長、文創相關期刊——人文數位與創意創新管理國際期刊（IJDHCIM）及觀光休閒文創時尚設計國際期刊（IJTLCCFD）主編與國際專書作者、教育部跨科際整合計畫主持人等身分，以及長期接觸官方、民間文化創意活動與國際相關研討會的經驗，撰寫出他這些年來對國際文創環境與發展的觀察。

書中從「文化創意產業」一詞做拆解與溯源，旁及歐、美、亞洲實際發展，並對照到台灣環境裡的「文化&產業」、「文化&創意」等內

涵、定義與關係，從文創產業經營SWOT分析：中、台、日、韓、英國文創優劣比較；文創產業經營競爭策略；文化創意產業無形資產鑑價到實務個案都有探討，從一般觀念的紀念品販售到博物館、城市與周邊社區的藝文結合、官辦城市文創園區經營與行銷、文創產業STP行銷策略、「六芒星」基本行銷模式、PCRV行銷組合、文創整合行銷、文化行銷、文化品牌經營行銷、文化消費、國家文化行銷、文創產業故事行銷與體驗行銷策略、台灣地方特色文創產業等都在本書的討論範圍內。是為國內少見專業人士所撰寫之以理論結合實務個案的台灣文創經營與行銷專書。

　　本書是以「全球性、在地性與創意」作為試圖凸顯之核心文化價值，並從多元角度說明文化創意產業中必須具備的「三生」與「四生」重點。所謂「三生」是：(1)生活：生活型態、在地文化特色、傳統與流行、創意生活與美感品味等元素；(2)生產：有效的整合資源，將無形的文化與創意元素轉化成文化商品；(3)生意：運用通路行銷與經營管理的策略，創造具有永續性的產業產值。「四生」的發展概念，包括以下四個概念：(1)以地方文化產品的「生產」；(2)結合社區居民的「生活」；(3)打通社區居民的人與人之間、人與自然環境之間的「生態」；(4)深化社區文化價值，讓地方文化特質能在地紮根及永續經營的「生命」。

　　本書分為文創產業篇、文創產業經營管理篇與文創產業行銷管理篇。文創產業篇提到台灣文創產業概況、全球文創產業概況、文創產業未來展望；文創產業經營管理篇提到文創產業經營SWOT分析、文創產業經營與競爭策略、文化創意產業無形資產鑑價、城市文創園區經營與行銷；文創產業行銷管理篇提到文創產業STP行銷策略、文創產業整合行銷、文化行銷、文化品牌經營行銷、文化消費、國家文化行銷、文創產業故事行銷與體驗行銷策略。

　　理論與實務並重，展現全球與在地的緊密關聯性；另外深入討論工藝設計產業及文創產業故事行銷與體驗行銷個案，並且教導學生如何透過文創經營與行銷務實創業。本書藉由文化創意產業的定義、發展、經營管

理與行銷策略之探討，進行文化創意產業之界定，再進一步探討台灣與全球文創產業的現況。最後，針對政府機關、文化創意產業業者與教育機構提出文化創意產業經營管理與行銷策略的實務建議。

陳德富

謹誌於 台中清水

2016年5月1日

目　錄

文創產業篇　1

Chapter 1　文創產業概論　3

Chapter 2 台灣文創產業概況 33

Chapter 3 全球文創產業概況 59

Chapter 4　文創產業未來展望　121

文創產業經營管理篇　139

Chapter 5　文創產業經營SWOT分析：中、台、日、韓、英國文創優劣比較　141

Chapter 6 文創產業經營與競爭策略 155

Chapter 7 文化創意產業無形資產鑑價 191

Chapter 8　城市文創園區經營與行銷　241

文創產業行銷管理篇　309

Chapter 9　文創產業STP行銷策略　311

Chapter 10 文創產業整合行銷 323

Chapter 11 文化行銷 363

Chapter 12　文化品牌經營行銷　385

Chapter 13　文化消費　413

Chapter 14 國家文化行銷　465

Chapter 15　文創產業故事行銷與體驗行銷策略　491

參考文獻　539

文創產業篇

　　本篇將從文創產業的內涵、定義、構成要件與範疇特質、型態來分析探討，其次，解析台灣與全球文創產業概況，最後探討文創產業的未來展望。

Chapter
1

文創產業概論

　　目前文化創意產業已形成了一股不可忽視的熱潮。文化創意產業涵蓋了文化、經濟與科技等不同面向，是一種將文化轉變為具高度經濟性的新興產業。本章探討「文化&創意」、「文化&產業」「創意&產業」等內涵、定義與關係。

　　從「知識經濟」到「創意經濟」，人力素質是社會發展的關鍵力量。根據統計，2011年台灣從事文化創意產業的人數已達17萬人，有逐年上升的趨勢。教育是推動「創意產業」的動能，擁有越多具有文化創意的人才，越有助於文化創意產業的發展。

　　文化創意產業不但成長速度高於其他產業，並提供了大量的就業機會，從以下幾個數字即可得知一、二：2003年歐洲創意產業總產值已達6,540億歐元，並占歐盟整體經濟GDP總量約2.6%（European Commission, 2006）。在2008年金融危機之後，全球經濟成長（GDP）均下滑的情形下，根據聯合國貿易與發展會議（UNCTAD）的統計，在2002～2008年間，創意產業的產品和服務貿易仍然以每年平均14%的速度持續成長，歷經2008年金融海嘯的影響後，到2010年開始出現反彈（林炎旦，2011），顯示屬於創意經濟的時代已經來臨。台灣在2002年提出文化創意產業政策發展，於「挑戰2008：國家發展重點計畫」中，將文化創意產業列為強化國家競爭力的計畫之一。而行政院進一步於2009年5月14日通過「創意台灣——文化創意產業發展方案」，在2009～2013年針對「六大旗艦計畫」和「環境整備」預計投入約280億新台幣以發展我國文化創意產業。推動六大旗艦計畫新興產業可以避免產業過度集中，台灣優質的資通基礎建設有利孕育新興（如文創、生技產業），電子資訊可以為這六大產業奪取先機，營造特色，我們在這六個產業中有些已經耕耘多年，例如生技、農業，尚缺臨門一腳或盼能更上層樓；其餘則已經略有基礎（包括人才準備和資源投入）值得深耕。這六大產業也是世界潮流所趨全球關注（環保、健康、品味……），台灣不能缺席，推動六大新興產業，除了內需之外當然希望能夠外銷創造利潤。更重要的是文創、觀光是行銷台灣的

美好價值。**圖1-1**為六大旗艦計畫，**圖1-2**為六大新興產業關聯，**圖1-3**為六大新興產業布局（行政院新聞局，2009）。

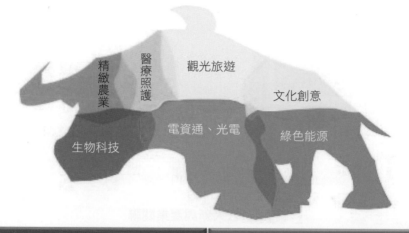

醫療照護產業	生物科技產業
• 科技化健康照護創新服務計畫 • 長期照顧十年計畫 • 遠距照護試辦計畫	• 生技製藥國家型計畫 • 基因體醫學國家型計畫 • 生醫科技島計畫 • 農業生技產業化發展計畫
精緻農業 • 發展有機農業計畫 • 肉品衛生安全維護計畫 • 石斑魚產值倍增計畫 • 農業生物技術產業化發展方案 • 休閒農業加值發展計畫	**觀光旅遊產業** • 重要觀光景點建設中程計畫 • 觀光拔尖計畫
文化創意產業 • 價值產值化－文創產業價值鏈建構與創新計畫 • 廣播電視內容產業發展旗艦計畫 • 流行音樂產業發展旗艦計畫	**綠色能源產業** • 能源國家型科技計畫 • 新能源產業旗艦計畫

圖1-1　六大旗艦計畫

資料來源：行政院新聞局（2009）。

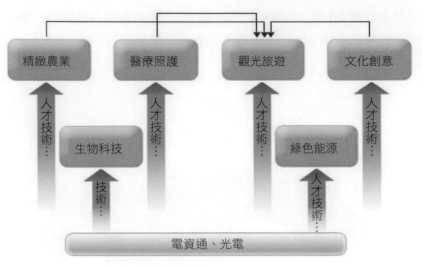

圖1-2 六大新興產業關聯

資料來源：行政院新聞局（2009）。

　　立法院更於2010年1月通過「文化創意產業發展法」，展現政府的決心。根據統計，2010年台灣文化創意產業營業額達新台幣6,616億元，較2009年成長約16.1%。2010年台灣的文化創意產業產值已占GDP的4.6%（行政院文化建設委員會，2012）。到2011年，文化創意產業營業額已達新台幣6,654億元（行政院文化部，2013），足可見台灣文化創意產業發展的成長趨勢。根據統計，台灣文創廠商家數約4.7萬家，2007～2011年廠商家數增加了2,000家左右，家數成長約4.6%（行政院文化部，2013）。2011年台灣從事文化創意產業的人數已達17萬人（行政院文化部，2013）。在這樣的趨勢之下，能夠健全文化創意產業發展的重要基礎之一，即是人才的培育。

　　香港大學文化政策研究中心所發展出來的創意指數（creative index），又稱為「5Cs模型」，認為創意對經濟的貢獻需測量四種創意資本（creative capital），包含人力資本、文化資本、社會資本、結構或制

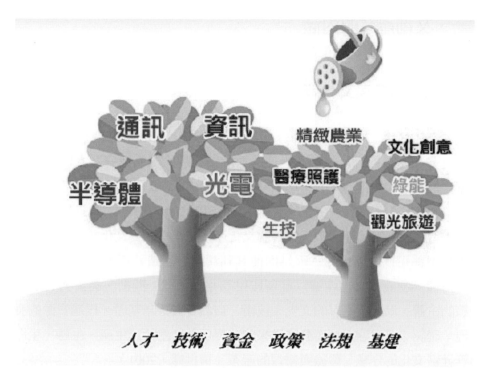

圖1-3　六大新興產業布局
資料來源：行政院新聞局（2009）。

度資本之間互動而形成的結果。此外，歐盟（European Union）所建立的「歐盟創意指數」（European Creative Index）中文化相關的三十二項指標模式中，人力資本是其中一項重要的分類項目（林炎旦，2011）。人力資源目前也成為了國際間測量「創意」重要的指標。

　　以下探討：(1)文創產業的內涵；(2)文創產業的定義；(3)文創產業的構成要件；(4)文創產業的範疇；(5)文創產業的特質、特色與特性；(6)文創產業的型態。

一、文創產業的內涵

(一)文化工業與文化產業

　　文化工業主要是指傳播媒體工業。媒體工業的大眾傳播特性使它具有強大的影響力，社會資訊經過揀選與詮釋使媒體擁有左右時勢的力量。批判它的人認為媒體文化工業使人們失去思考的能力，贊同它的人則讚美媒體文化工業對民主化的貢獻（朱元鴻，2000）。而文化產業主要強調學習與利益的社區回饋。廣義的文化產業是在地歷史文化的發揮與活化的產業都可以計算在內，因為即便其利潤未必回饋社區，也有波及效應的可能。狹義的文化產業以社區居民為共同承擔、開創、經濟與利益回饋的主體，以社區原有的文史、技術、自然等資源為基礎，經過資源的發現、確認、活用等方法而發展出來的，提供社區生活、生產、生態、生命等社區文化的分享、體驗與學習的產業（黃世輝，2001）。

　　文化產業不同於一般工業生產，文化產業較接近服務業與學習產業，需要服務業原該有的服務熱誠，也需要學習產業必須開發的學習內容。追溯「文化產業」（或稱文化工業）一詞的歷史，最早出現在1947年。新馬克思主義法蘭克福學派的第一代批判理論家Adorno與Horkheimer於《啟蒙的辯證》一書中，指其為文化與商業的緊密結合，認為文化產業是資本主義制度的維護者，包括機械化的理性生產過程、大量複製標準化的商品、塑造文化認同的行銷包裝手段，創造人們的購買慾望（方永泉，2000）。

(二)產業文化化與文化產業化

　　根據「挑戰2008：國家發展重點計畫」指出，「產業文化化」係指

產業所具有的文化，亦即某產業在多年產品生產的歷史過程中，基於對材料選擇與處理的仔細經驗、產品設計製作的創意品管，而發展出自己的文化。「文化產業化」係指運用文化特色的產業，亦即將生活文化、生態文化、生產文化等加以發揮應用而形成的產業。當一部分的產業開始發揮其生產文化內容，並進而以產業文化為主要的傳達資訊時，這些產業也變身為文化產業。

(三)何謂創意？

未來學大師托佛勒（Alvin Toffler）說：「誰占領了創意的制高點，誰就能控制全球，主宰21世紀商業命脈的將是創意！」

◆創意的意義

鄭自隆等（2005）認為，創意意味著產生、構想以往不曾有過的東西的觀念。通常創造力就是將過去不相干的兩件或更多的物體或是觀念重新組合成新的東西。許多人認為創意直接來自人類的本能，但實際上它是一個逐步實踐的過程，和日常生活中所談的點子冒出不同，創造力可以透過學習加以掌握，並加以運用以產生更新穎的創造。真正的創意並不是天馬行空、無中生有或一蹴即成的頓悟，而是必須架構在意識行為，策略思考的規範下，並以經驗、資料蒐集、觀察等產生，並且常把熟悉的事物陌生化，用新的價值去發揮。

◆創意的範疇

鄭自隆等（2005）認為，廣告產業是需要大量釋出創意的典型。又因其產業特性屬商業機制與行為，所以制定「有控制性」和「有銷售力」的創意範疇更視為文化創意應效尤的。以下藉由一些廣告公司對創意範疇的界定供文化創意參考。

1.李奧貝納：如何運用已知的、有關的、可信的和高品質的方式，使一些原本無關聯的事物重新組合，發展嶄新而有意義的作品。因此李奧貝納廣告公司的原則是創造或開發產品品牌的故事性。

2.BBDO廣告公司：提供了「探討消費者的問題」的核心思考原則，強調廣告創意思考應以消費者調查為支持點，兩者皆以消費者導向和消費者語言的觀點，加強與消費者溝通和親近的廣告創意思考。

3.揚雅廣告公司：廣告創意的原則在於「原創性」，原創性意含著如何使廣告更有趣、更具說服力和更有效。

4.富康廣告公司：「FCB Grid」，以掌握消費者購買的心理和決策歷程，設計有效的廣告訊息策略影響消費者。

二、文創產業的定義

　　文化經濟的力量在全球化浪潮的席捲下，發展出一片廣闊的天空，使大家開始注意到民族文化自主的重要性，並且發現從文化創意衍生出的商機可以為國家帶來新的發展潛能，創造就業機會，促進經濟成長，因而「文化創意產業」在全球化潮流下應運而生。英國是最早提出「文化創意產業」概念的國家，因為英國本身擁有悠久的歷史文化資產，高水準的人文素質，以及高度資本化的文化工業，這部文化機器每年為英國創造出驚人的產值。英國定義「創意產業」：起源於個人的創造力、技能和才華，透過產生與開發行為智慧財產權後具有開創財富和就業機會的潛力（文建會，2006）。

　　2008年聯合國貿易與發展會議將「文化創意」定義為：「包括想像力在內，一種產生原創概念的能力，以及能用新的方式詮釋世界，並用文字、聲音與圖像加以表達。」聯合國教科文組織（United Nations Educational Scientific and Cultural Organization, UNESCO）對文化創意產業

定義為「結合創作、生產與商業的內容，同時這內容在本質上，是具有無形資產與文化概念的特性，並獲得智慧財產權的保護，而以產品或服務的形式來呈現。」聯合國教科文組織認為，文化產業是「那些以無形、文化為本質的內容，經過創造、生產與商品化結合的產業」。

文化創意產業是台灣首先提出的概念，乃將文化產業與創意產業作一結合。台灣對於文化創意產業的定義，係參酌各國對文化產業或創意產業的定義，以及台灣產業發展的特殊性，文建會給予「文化創意產業」的定義是「源自創意或文化的累積，透過智慧財產的形成與運用，具有創造財富與就業機會潛力，並促進整體生活環境提升的行業」。文建會在其所編印的《文化創意產業手冊》中已經初步擬定以下十三種行業，並列台灣創業產業十三類：(1)視覺藝術；(2)音樂；(3)表演藝術；(4)工藝；(5)設計產業；(6)出版；(7)電視與傳播；(8)電影、廣告；(9)文化展演設施；(10)休閒軟體；(11)設計品牌時尚產業；(12)建築設計；(13)創意生活產業。經濟部文化創業產業推動小組則訂出包括視覺藝術、表演藝術、出版、電視與廣播、電影、廣告等十四種文化創意產業項目。

在台灣，鑑於文化創意產業所帶來的商機，文建會於2002年正式將文化創意產業這項文化軟體列為「挑戰2008：國家發展重點計畫」其中一項，由行政院所屬文建會、經濟部、教育局、新聞局等四大部會共同推動。行政院「挑戰2008：國家發展重點計畫」中將「文化創意產業發展計畫」列入，並與「新故鄉社區營造」、「水與綠建設」等計畫結合，以加速打造台灣邁向綠色矽島之路，建設台灣成為華人世界文化創意產業的領導者角色。隨著文化與創意產業的發展日趨成熟，2010年，台灣對於文化創意產業的定義，考量藝術文化兼具有產值，以及創意的來源與核心，重新定義並加入「美學素養」的概念，與現行的「生活美學運動」相互輝映，落實文化立國，並善用文化創造經濟價值與收益。

何謂文化創業產業？歸納上述定義如下：「文化」是一種生活型態，「產業」是一種生產行銷模式，而兩者的連接點就是「創意」，而

「文化創意產業」所指的不只是「文化創意的產業」而已，而是要包括「生活文化的創意產業」。「文化創意產業」的核心價值是「創意」，所以在產業中找到「創意」，在生活中有創意，這樣才是「文化創意產業」的意義。

創意產業觀念被英國正式命名，並快速在幾年內被新加坡、澳洲、紐西蘭、韓國、台灣與香港等國家地區調整採用。在名詞的使用上各國訂名不一，包括英國的「創意產業」、韓國的「內容產業」、芬蘭的「文化產業」與台灣的「文化創意產業」等。不過就其發展歷程與特性來看，均指文化或創意相關產業內容，本文引用文建會之定名「文化創意產業」，作為後續討論之依據，而各國政府對文化創意產業之定義整理於**表1-1**。

綜合以上國家（地區）及組織的定義，本文認為文化創意產業是源自舊有文化元素的累積，發揮創新及想像力的潛能，將產品賦予新生命，是結合文化與創作的新經濟產業。然而各國家（地區）對「文化創意產業」的名稱界定有不同的名詞解讀，主要是因為文化創意產業興起的主要源頭是來自於創意，或者是文化的累積，在學術上很難去區別。因此許多文化的資產因為創意巧思的加入，而豐富了它的生命；另外文化的本質也因創意思考的參與，而產生了獨特的面貌（吳思華、楊燕枝，2004）。

歸納文化創意產業定義與觀點如下（黃光男，2011）：

1. 文化：指有形的文化產品，而非文化價值，是可屬的物質而非不可屬的精神。
2. 創意：改進舊有的物像，成為嶄新的實現。改善環境與增強實用的價值上著力。
3. 產業：要有「人化」的目的與創意基礎，要有「材料」的物化基礎與資源配置，要有「商業服務」的模式與方法，要有「產品」、「服務」的新要素與人力生產元素。

表1-1　各國家（地區）／組織對文化創意產業名稱區別與定義比較表

國家／機構	名詞	定義
聯合國教科文組織（UNESCO）	文化產業	結合創作、生產與商業的內容，同時這內容在本質上，是具有無形資產與文化概念的特性，並獲得智慧財產權的保護，而以產品或服務的形式來呈現。
聯合國貿發會議（UNCTAD）	創意產業	創意與知識資本的投入，由一套以知識為基礎的經濟活動構成，包含產品與服務的創作、生產和銷售的循環過程，生產具有創意內容、經濟價值與市場目標的智力或藝術服務。
英國	創意產業	創意產業起源於個人的創造力、技能和才華，透過產生與開發為智慧財產權後，具有開創財富和就業機會的潛力。
澳大利亞	創意產業	創意產業涵蓋文化產業，包括許多廣泛認可的文化活動，更具體的指出，創意產業利用象徵性的知識和技能，透過附加價值，商品化，分配和銷售，來創造經濟效益。
芬蘭	文化產業	文化產業是奠基在一個意義內容上的產業，範圍從傳統產業，服裝或者是商業品牌都涵蓋在其中。狹義的說法則一定是強調文化企業家的精神，尤其是強調商品化價值創造的部分，並且對於交換商品的意義性特別強調。
香港	創意產業	源自個人創意、技巧及才華，透過知識產權的開發和運用，具創造財富及就業潛力的行業。
韓國	內容產業	文化產業是文化商品的生產、分配、消費相關的產業及與此有關的產業，又把文化商品規定為因文化內容內在而能生產經濟性附加價值的有形無形的財貨、服務和與此有關的商品。
中國大陸	文化產業	為社會公眾提供文化、娛樂產品和服務的活動，以及與這些活動有關聯的活動的集合。
台灣（2010年文創法）	文化創意產業	源自創意或文化積累，透過智慧財產之形成及運用，具有創造財富與就業機會之潛力，並促進全民美學素養，使國民生活環境提升之產業。

資料來源：參考自林炎旦、李兆翔（2011）。

4.文化：原因、產業—結果、創意—過程。

5.以文化（藝術）的創意（方法）加諸在各個產業發展中，具有更為高品質、新想法將藝術性的文化體作為產業績效的目的。

三、文創產業的構成要件

關於文化產業的界定，劉維公（2003）認為與其為了「精確」的定義與範疇爭論不休，還不如掌握構成文化產業的核心要件。聯合國教科文組織（UNESCO）對文化產業的定義是：結合創作、生產與商品化等方式，去運用本質是無形的文化內容。這些內容基本是受到著作權的保障，其形式可以是貨品或服務。但此一主張並非絕對是唯一的定義。由於立場與觀點的不同，對什麼是文化經常有不同的看法，更何況文化此一特性，無法排除任何事物都有成為文化產業項目的可能性。綜合既有的文獻資料，可以歸納出文化產業主要包括下列三項主要核心構成要件（吳宜珮，2005）：

1.以創意為內容的生產方式。

2.以符號意義為產品價值的創造基礎。

3.智慧財產權的保障。

在**表1-1**各國對文化創意產業之定義以及分類的文獻中，劉曉蓉（2006）整理文化創意產業包括幾個必要的條件：

(一)源於創意、文化或知識

文化創意產業的來源具有很強的「原創性」，雖然來源依據各國的定義有所不同，但可歸納為兩大來源：是源自在地的傳統文化與核心藝術；或者源自於個人的創造力與才能知識，這是與一般產業最大的差別，也是定義中辨別文化創意產業與分類的依據之一。

(二)產值與就業的提升

　　創意能夠被視為一個區域主要經濟潛力的原因，是因為其能帶來就業發展以及產值成長（DCMS, 1998, 2001；文建會，2005；于國華，2003；劉大和，2007）。也因此，文化創意產業的發展可以同時創造經濟產值及增加就業，綜觀英國文化創意產業不僅是該國的第二大產業（僅次金融服務業），更是該國僱用就業人口的第一大產業（吳思華，2004b：116），歐盟在視聽媒體方面，歐盟各國中前100大視聽媒體公司在1995年度有70億美元的營業額，比1994年提升了15%；音樂唱片產業1995年也有88億美元的營業，比1994年提升了9%。整個文化產業界1995年在歐盟即提供了兩百五十萬個工作機會，如果把手工藝業也算進去，甚至超過三百萬個工作機會，約占歐洲勞工聯盟2%多一點（洪萬隆，2005）。產值及就業的提升成為文化創意產業明顯的特性，以致在各國對文化創意產業的定義中均將兩者納入。

(三)產品的普羅化

　　文化創意產業源自創意或文化，但是其產品是屬於生活化、可商品化產品。商品化就是能夠被大眾消費者所接納，才具有商品價值。因此，從原創性到變成一個大眾商品，其實關鍵轉折就是能不能被多數的消費者所接受，因此有所謂「原創和世俗的調和過程」。除此之外，文化創意產品最大的特性就是跨國界的特性，反過來說，如商品不能成為一個國際性的商品，就不容易取得資源的回收，相對來講也不易成為一個國際級的產品（文建會，2003a；2003b：98-99）。因此，產品的普羅化可以指是「自創意或文化商品化到為廣大社會所接受的過程」。

(四)智慧財產權的保障

在文化創意產業中，「原創性」中的創意或文化成為經濟價值的來源，在商品化的轉換過程下，所產生的價值比任何實體財產更大。因為「內容」及「符號」本身的無形性，綜觀聯合國教科文組織、英國、芬蘭等對文化創意產業的定義中都可歸納出其組成的核心元素必定包括「智慧財產權受到保障」（Richard著，鄒應瑗譯，2003：53：吳思華，2004b：115）。

四、文創產業的範疇

文化產業項目往往隨發展地區不同而有所不同，任何文化產業分類應保留彈性，隨時依環境變化而納入新興的產業項目。必須以體系的觀點看待文化產業：此處所謂的體系指的不僅是上中下游的製造生產體系，更是從創造、生產、流通到消費部門的完整體系。文化產業是一龐大的體系，是由環環相扣的產業活動所構成。若是某個環節出問題，將會嚴重影響整體文化產業的發展（劉維公，2003）。文化產業源於法蘭克福學派學者Theodor W. Adorno（1903-1969）對於文化工業的批判。Adorno從美學的角度捍衛人類理想生活，對抗商業性與消費性的工業複製文化。然而文化作為具有經濟加值的無煙囪產業已是當前趨勢所在，生活美感的開發與對話亦成為文化產業所追求的目標，販賣的是生活想像力、創意、教養和品味，更兼具創造力教育的意涵，同時，文化與經濟兩者的結合賦予了文化產業獨特的新樣貌。

1994年澳洲「創意之國」文化政策報告首度提出創意產業概念，繼而在1998年英國文化媒體與體育部（DCMS）確立以「創意英國」作為振興國家經濟的定位；2001年韓國成立「文化振興院」負責推動韓國文化內

容產業，我國亦於2002年將「文化創意產業」正式納入國家發展重點之一；而聯合國教科文組織（UNESCO）及貿易與發展會議（UNCTAD）也持續地關注全球文化創意產業的發展，推動文化創意產業已成為全球趨勢（林炎旦、李兆翔，2011：3-4）。2010年1月我國「文化創意產業發展法」正式通過，確立中央主管機關為行政院文化建設委員會，並針對文化創意產業的範疇類別與定義進行調整，同時結合政府「六大新興產業」與「新興智慧型產業」政策，推動文化創意產業行動方案，包括工藝產業、電視內容產業、電影產業、流行音樂產業、設計產業與數位內容產業等六項旗艦計畫。2012年5月文化建設委員會升格為文化部，文化創意產業的業務範疇除原文建會之業務外，並納入行政院新聞局出版產業、流行音樂產業、電影產業、廣播電視事業，擴大了文化部對文化創意產業轄管的範圍。多年來各國與學術界各取所需來定義與分類，產生了「創意產業」（Creative Industry）、「文化產業」（Culture Industry）或「文化創意產業」（Culture & Creative Industry）的各種用詞，各國對於文化創意產業的分類亦各不相同，比較整理如**表1-2**所示。

　　政府在界定文化創意產業範疇，除了考量符合文化創意產業的定義與精神外，亦加上了產業發展面上的考量依據，其原則為：(1)就業人數多或參與人數多；(2)產值大或關聯效益高；(3)成長潛力大；(4)原創性高或創新性高；(5)附加價值高。

　　依據上述的定義、精神及原則，有關單位界定出台灣文化創意產業的範疇，並依據屬性擇定主辦機關負責各個產業的推動（**表1-3**）。

(一)文創產業範疇

　　經濟部制定「文化創意產業發展法草案」中，將視覺藝術、音樂與表演藝術、文化展演設施、工藝、電影、廣播電視、出版、廣告、設計、設計品牌時尚、建築設計、數位休閒娛樂、創意生活13項列入文化創

表1-2　台灣與各國文化創意產業分類比較表

各國比較	聯合國	英國	澳洲	紐西蘭	美國	加拿大	日本	南韓	中國大陸	香港	新加坡	法國	德國	芬蘭	丹麥
台灣															
文化創意產業															
1.視覺藝術	V	V	V	V	V	V	V	V		V	V	V	V	V	V
2.音樂／表演藝術	V	V	V	V	V	V	V	V	V	V	V	V	V	V	V
3.流行音樂及文化內容	V	V	V	V	V	V	V	V	V	V	V	V	V	V	V
4.文化資產應用及展演設施	V		V				V		V		V				
5.工藝	V	V					V	V		V		V			
6.電影	V	V	V				V	V		V		V			
7.廣播電視	V	V	V				V	V		V		V			
8.建築設計	V	V	V							V		V	V	V	V
9.廣告	V	V	V				V	V		V		V	V	V	V
10.設計品牌時尚		V		V			V					V			V
11.數位內容		V	V			V	V	V	V	V					
12.產品設計	V	V	V	V			V	V		V		V	V	V	V
13.視覺傳達設計	V	V	V	V			V	V		V		V	V	V	V
14.出版	V	V	V	V	V	V	V	V	V	V	V	V	V	V	V
15.創意生活															

註：

1. 聯合國教科文組織（UNESCO Institute for Statistics Model, 2007）；美國人藝術組織（Americans for the Arts, Americans for the Arts Model, 2005）。

2. 2010年我國文化創意產業範疇由2002年提出的十三項調整為十五項，新增「流行音樂與文化內容」；將「設計產業」分類為「產品設計」與「視覺傳達設計」；原本的「文化展演設施」調整為「文化資產運用及展演設施」，其餘則維持不變。

資料來源：林炎旦、李兆翔（2011）。

意產業範疇如**圖1-4**。

　　目前，國內文創產業別包含15+1個產業及所屬中央目的主管機關有文化部、經濟部及內政部三單位負責（**圖1-5**）。

表1-3　文化創意產業之範疇及主辦機關（十三項）

範疇	主辦機關	說明
視覺藝術產業		係指從事繪畫、雕塑及其他藝術品的創作、藝術品的拍賣零售、畫廊、藝術品展覽、藝術經紀代理、藝術品的公證鑑價、藝術品修復等之行業。
音樂與表演藝術產業	文建會	係指從事戲劇相關業務（創作、訓練、表演）、音樂劇及歌劇相關業務（樂曲創作、演奏訓練、表演）、音樂現場表演及作詞作曲、表演服裝設計與製作、表演造型設計、表演舞台燈光設計、表演場地（大型劇院、小型劇院、音樂廳、露天舞台等）、表演設施（劇院、音樂廳、露天廣場等）經營管理、表演藝術經紀代理、表演藝術硬體相關服務（道具製作與管理、舞台搭設、燈光設備、音響工程等）、藝術節經營等之行業。
文化展演設施產業		係指從事美術館、博物館、藝術館（村）、音樂廳、演藝廳經營管理暨服務等之行業。
工藝產業		係指從事工藝創作、工藝設計、工藝品展售、工藝品鑑定制度等之行業。
電影產業	新聞局	• 從事電影片製作、發行、映演及電影工業等之電影周邊產製服務等之行業。 • 從事電影發行之行業應歸入8520（電影片發行業）細類。
廣播電視產業		• 係指凡利用無線、有線、衛星或其他載具，從事廣播、電視經營及節目製作、供應等之行業。 • 從事廣播電視節目及錄影節目帶發行之行業應歸入8630（廣播節目供應業）細類。
出版產業		係指從事新聞紙、雜誌、圖書、有聲出版等之行業。
建築設計產業	內政部	係指從事建築設計、室內空間設計、展場設計、商場設計、指標設計、庭園設計、景觀設計、地景設計等之行業。
廣告產業		係指從各種媒體宣傳物之設計、繪製、攝影、模型、製作及裝置等行業。獨立經營分送廣告、招攬廣告之行業，亦同。
設計產業	經濟部	係指從事產品設計企劃、產品外觀設計、機構設計、原型與模型的製作、流行設計、專利商標設計、品牌視覺設計、平面視覺設計、包裝設計、網頁多媒體設計、設計諮詢顧問等之行業。
設計品牌時尚產業		係指從事以設計師為品牌之服飾設計、顧問、製造與流通等之行業。

（續）表1-3　文化創意產業之範疇及主辦機關（十三項）

範疇	主辦機關	說明
創意生活產業	經濟部	以創意整合生活產業之核心知識，提供具有深度體驗及高質美感之產業。
數位休閒娛樂產業		• 數位休閒娛樂設備（如：3DVR設備、運動機台、格鬥競賽機台、導覽系統、電子販賣機台、動感電影院設備）。 • 環境生態休閒服務（如：數位多媒體主題園區、動畫電影場景主題園區、博物展覽館）。 • 社會生活休閒服務（如：商場數位娛樂中心、社區數位娛樂中心、示範型網路咖啡廳、親子娛樂數位學習中心）。

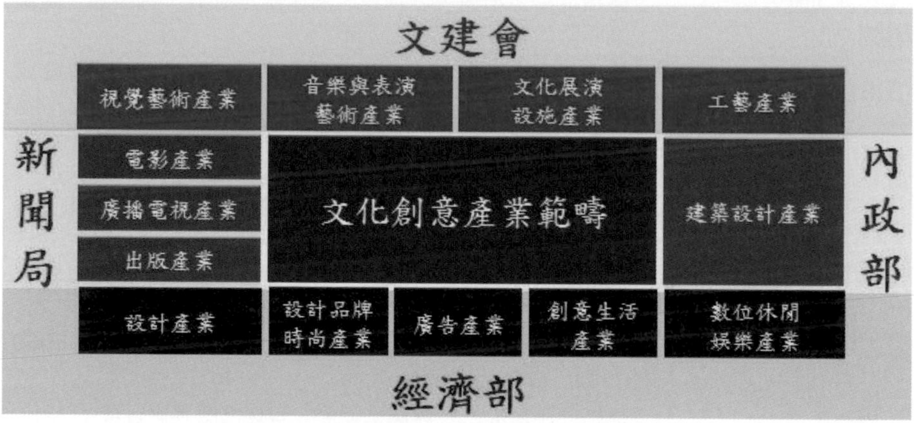

圖1-4　文創產業範疇（13項）

資料來源：林炎旦、李兆翔（2011：3-4）。

(二)文化創意產業之範圍

　　根據行政院「文化創意產業發展法」第三條，文化創意產業，指源自創意或文化積累，透過智慧財產之形成及運用，具有創造財富與就業機會之潛力，並促進全民美學素養，使國民生活環境提升之下列產業如**表1-4**.。

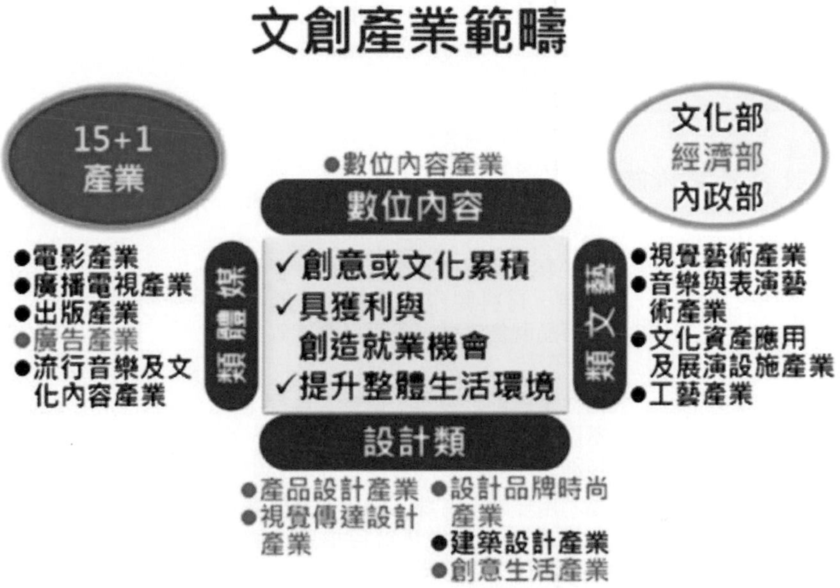

圖1-5　文創產業範疇（15+1項）

資料來源：林詩芳（2013/10/02）。

表1-4　文化創意產業內容及範圍（十六項）

產業類別	中央目的事業主管機關	內容及範圍	備註
一、視覺藝術產業	行政院文化部	指從事繪畫、雕塑、其他藝術品創作、藝術品拍賣零售、畫廊、藝術品展覽、藝術經紀代理、藝術品公證鑑價、藝術品修復等行業。	
二、音樂及表演藝術產業	行政院文化部	指從事音樂、戲劇、舞蹈之創作、訓練、表演等相關業務、表演藝術軟硬體（舞台、燈光、音響、道具、服裝,造型等）設計服務、經紀、藝術節經營等行業。	

（續）表1-4　文化創意產業內容及範圍（十六項）

產業類別	中央目的事業主管機關	內容及範圍	備註
三、文化資產應用及展演設施產業	行政院文化部	指從事文化資產利用、展演設施〔如劇院、音樂廳、露天廣場、美術館、博物館、藝術館（村）、演藝廳等〕經營管理之行業。	所稱文化資產利用，限於該資產之場地或空間之利用。
四、工藝產業	行政院文化部	指從事工藝創作、工藝設計、模具製作、材料製作、工藝品生產、工藝品展售流通、工藝品鑑定等行業。	
五、電影產業	行政院文化部	指從事電影片製作、電影片發行、電影片映演，及提供器材、設施、技術以完成電影片製作等行業。	
六、廣播電視產業	行政院文化部	指利用無線、有線、衛星或其他廣播電視平台，從事節目播送、製作、發行等之行業。	
七、出版產業	行政院文化部	指從事新聞、雜誌（期刊）、圖書等紙本或以數位方式創作、企劃編輯、發行流通等之行業。	1.數位創作係指將圖像、字元、影像、語音等內容，以數位處理或數位形式（含以電子化流通方式）公開傳輸或發行。 2.本產業內容包括數位出版產業價值鏈最前端數位出版內容之輔導。
八、廣告產業	經濟部	指從事各種媒體宣傳物之設計、繪製、攝影、模型、製作及裝置、獨立經營分送廣告、招攬廣告、廣告設計等行業。	
九、產品設計產業	經濟部	指從事產品設計調查、設計企劃、外觀設計、機構設計、人機介面設計、原型與模型製作、包裝設計、設計諮詢顧問等行業。	
十、視覺傳達設計產業	經濟部	指從事企業識別系統設計（CIS）、品牌形象設計、平面視覺設計、網頁多媒體設計、商業包裝設計等行業。	1.視覺傳達設計產業包括「商業包裝設計」，但不包括「繪本設計」。 2.商業包裝設計包括食品、民生用品、伴手禮產品等包裝。

（續）表1-4　文化創意產業內容及範圍（十六項）

產業類別	中央目的事業主管機關	內容及範圍	備註
十一、設計品牌時尚產業	經濟部	指從事以設計師為品牌或由其協助成立品牌之設計、顧問、製造、流通等行業。	
十二、建築設計產業	內政部	指從事建築物設計、室內裝修設計等行業。	
十三、數位內容產業	經濟部	指從事提供將圖像、文字、影像或語音等資料，運用資訊科技加以數位化，並整合運用之技術、產品或服務之行業。	
十四、創意生活產業	經濟部	指從事以創意整合生活產業之核心知識，提供具有深度體驗及高質美感之行業，如飲食文化體驗、生活教育體驗、自然生態體驗、流行時尚體驗、特定文物體驗、工藝文化體驗等行業。	
十五、流行音樂及文化內容產業	行政院文化部	指從事具有大眾普遍接受特色之音樂及文化之創作、出版、發行、展演、經紀及其周邊產製技術服務等之行業。	
十六、其他經中央主管機關指定之產業	指從事中央主管機關依下列指標指定之其他文化創意產業： 一、產業提供之產品或服務具表達性價值及功用性價值。 二、產業具成長潛力，如營業收入、就業人口數、出口值或產值等指標。		

附註：
一、對附表之產業內容與範圍有疑義者，得申請各中央目的事業主管機關為產業認定。
二、申請認定之產業若有橫跨二以上中央目的事業主管機關之虞者，由中央主管機關會同有關機關認定。

一、視覺藝術產業。

二、音樂及表演藝術產業。

三、文化資產應用及展演設施產業。

四、工藝產業。

五、電影產業。

六、廣播電視產業。

七、出版產業。

八、廣告產業。

九、產品設計產業。

十、視覺傳達設計產業。

十一、設計品牌時尚產業。

十二、建築設計產業。

十三、數位內容產業。

十四、創意生活產業。

十五、流行音樂及文化內容產業。

十六、其他經中央主管機關指定之產業。

前項各款產業內容及範圍，由中央主管機關會商中央目的事業主管機關定之。

中華民國行業標準分類：行政院主計處所訂立的官方產業分類方式，它是現今政府規劃政策與蒐集統計資料的重要參考依據。它顯現出一個國家對產業認識及用心的程度，而且對產業規模數據資料的蒐集統計影響甚大，然而，由於文化產業是新興的產業以及過去對文化的缺乏認識，既有的分類標準對文化產業的分類相當值得商榷，亟需修訂。

(三)文化創意產業國際比較

1.積極推動文化創意產業的國家：英國、韓國。

2.大英國協國家：澳洲、丹麥。

3.文化大國：美國、法國、日本。

4.具發展潛力國家：中國大陸。（**表1-5**）

表1-5 台灣與各國文化創意產業範疇之差異

國家	產業名稱	產業範疇
台灣	文化創意產業	視覺藝術產業；音樂及表演藝術產業；工藝產業；文化展演設施產業；電影產業；廣播電視產業；出版產業；建築設計產業；廣告產業；設計產業；設計品牌時尚產業；數位休閒娛樂產業；創意生活產業。
	數位內容產業	數位遊戲；電腦動畫；數位學習；網路服務；內容軟體；數位影音應用；行動應用服務；數位出版典藏。
美國	版權產業	文學出版產業；音樂及戲劇產業；電影產業；廣播及電視產業；攝影產業；電腦軟體產業；視覺及繪畫產業；廣告服務業；版權服務業。
英國	創意產業	廣告產業；建築設計產業；藝術品及古玩產業；工藝產業；設計產業；設計師時尚產業；電影產業；互動式休閒軟體產業；音樂產業；表演藝術產業；出版產業；軟體及電腦服務業；電視與廣播產業。
韓國	文化內容產業	出版產業；電影產業；動作漫畫產業；線上遊戲產業；影音光碟產業；電視廣播產業；廣告產業；角色造型產業；藝術精品產業。
香港	創意產業	廣告產業；建築產業；藝術品、古董及工藝品產業；設計產業；數位娛樂產業；電影與錄影帶產業；音樂產業；表演藝術產業；出版產業；軟體與電腦產業；電視與廣播產業。
澳洲	版權產業	報紙出版產業；期刊出版產業；書籍出版產業；唱片及影片錄製；網路服務業；資料處理服務業；商務美術服務業；電影及電視產業；廣播產業；音樂及藝術表演產業；藝術創作；攝影產業；部分版權產業；批發及零售版權產業。
紐西蘭	創意產業	廣告產業；建築設計產業；藝術品及古玩產業；工藝產業；設計產業；設計師時尚產業；電影產業；互動式休閒軟體產業；音樂產業；表演藝術產業；出版產業；攝影產業；軟體及電腦服務業；電視與廣播產業。
中國大陸	文化產業	出版產業；廣告產業；娛樂產業；廣播電視產業；報刊產業；影音產業；電影產業。

五、文創產業的特質、特色與特性

(一)文化創意產業之特質

文化創意產業之商品特質、法律保障、產業功能、推動目的說明如下：

◆ **商品特質**

文化商品應具「創意」與「文化」兩種特質。

1.創意：創新性。
2.文化：具台灣本土特色，因此文化創意產業是根植於台灣文化基礎所發展具特色或創新性的商品。

◆ **法律保障**

「文化創意產業發展法」所稱文化創意產業，指源自創意或文化積累，透過智慧財產之形成及運用，具有創造財富與就業機會之潛力，並促進全民美學素養，使國民生活環境提升之十六項產業。

◆ **產業功能**

1.多樣性、小型性、分散性。
2.可促進就業人口和產值能量。
3.以創新注入新的能量資源，讓人們得以擺脫工業化後人際疏離的社會危機。

◆ **推動目的**

對國內環境和生活品質的提高有很大助益，並可提升我國全球競爭力。

(二)文化創意產業之特色

文化創意產業兩大特色為：

◆國際化

全球性的產銷通路已經發展成熟，國際交流更加順暢。全球思考，在地行動，使各國積極凸顯本土化的文化藝術創作和原鄉特色。

◆科技化

配合資訊科技與數位技術，包括3D動畫、電腦數位軟體、奈米科技等，把最新科技運用在文化產品的材質創作上與表現形式上，將能生產出最具創意的文化產品。

(三)文化創意產業之特性

鄭自隆、洪雅慧、許安琪（2005）提出文化創意之特性如下：

◆文化創意之特性

1. 文化力：讓別人喜歡你能力，是一個迷人的東西。
2. 文化創意的邊陲性：愈邊陲的創意愈鮮明。所謂的邊緣，就是一堆設計師、導演……，他很貧窮、很有誠心、很有創造力，但沒有產值，這群人將會是台灣最大的價值。要投資在這一群人身上，明天才會見效。這個行業沒有原創的專業性、愈邊緣的創意愈鮮明，流行其實就是從邊緣向核心演進的一個過程。
3. 文化創意需要社會有容忍空間：追求自我，尋找框架之外的可能性的創作者，經常是社會裡的反骨或邊陲。
4. 文化創意需要瞭解需求與供給：任何一個內容或文化產業，其實都是幫別人創造比較好的生活，所以如果不能真的瞭解人的需求，只

是去做產品、商品，一直填塞給消費者，一定是錯誤的。

5. 文化創意是一種生活型態的提案：製造風潮是這個行業最重要的一件事，在經濟規模與發達到一定的水準後，就有機會去運用生活型態的整合，來引導消費者進入一種生活模式，當他有這個生活，一定會買這個產品。

6. 文化創意的在地經驗：文化產業要去創造，這才迷人，這是這行業最好現的地方。而創造資源、集結人才，形成潮流，這是最重要的三件事，然後就會有產值的延伸。

7. 文化創意是自由但團體的：在接下來的這個時代，每一個人的個體價值都在大量增加，所以我們要學習的價值觀是團結跟合作，因為這個時代的競爭比任何時代都還要激烈。因此，一定要學會團結合作的方式來面對全球競爭。

8. 文化創意需有熱情的投入：熱情說穿了就是一種生命信仰。因為信仰所以激發正面思考，在遭遇困境時，像個勇士般，正面迎擊。熱情是一種不完成會不舒服的情緒，是一種續航力。熱情的人都有一個「終極目標」，不是一般物質慾望的滿足，而是突破成為匠心獨具。

9. 文化創意多元動態組合：文化產品的組合可以是動態的，它會隨著市場變動而變動。

10. 文化創意需要跨業跨領域的合作資源整合：針對個別產業的跨界或異業結合來腦力激盪，思索結盟或合作的可能性，才能產生突破性的力量。

11. 異業結盟再造多元文化：偶像劇男女主角配戴業者所提供的首飾，偶像劇播出後開始販售相同的產業，這是很明顯的異業結合，業者藉由提供產品及行銷費用，提高知名度與業績。

12. 文化創意的藝術本質：文化創意的藝術本質應該是取得獨創與量產的平衡點，整合的過程中還須注意藝術及產業的基本屬性問

題。藝術講的是單一、獨創的價值，但產業講的是量化可能性，最好可以不斷複製，考量的是成本及市場的問題。這兩者要結合在一起，求取平衡點便是成功與否的關鍵。

◆ 文化創意產業的特性

根據金管會（2014）指出文化創意產業的特性如下：

1.產業規模小，缺乏穩定現金流量。
2.資產比重偏向於無形資產，帳面價值難以反映。
3.無形資產為無法具象的知識或技術所組成，因為不同時間、對象，彼此認知與專業能力程度的差別，將造成對於此項無形資產價值的認知差異。
4.同質性比較數量缺乏。
5.文化、創意、產業、商業的輕重緩急難以拿捏。
6.初期盈利不樂觀，產業的穩定性極度不確定，價值評鑑難度高。
7.人力資源偏向度高，重要的關鍵人物對價值的影響力高。
8.評價制度尚未建立，無例可依循。
9.全新的資本市場，無外力干擾。
10.政府政策全力支持，市場潛力極高。

文化創意產業研究學者考夫（Caves）提出創意活動具備七項基本的經濟特性如**表1-6**所示（仲曉玲、徐子超譯，2003）。

除了考夫對文化創意產業經濟特性的理解外，英國學者Hesmondhalgh認為所謂核心的文化創意產業是指工業化產製、文本（text）流通及高度仰賴符號創作者的產業類別，有其他非核心文化產業，也就是「周邊」文化創意產業，與核心文化產業相較，其再製的符號則僅需運用半工業化甚至是非工業化的方法（廖珮君譯，2006：12-14）。在這樣的定義與範圍下，以文本製作與複製的核心文化產業，其產業特徵包括三個問題及五個

表1-6　考夫的創意活動之七項基本經濟特性

經濟特性	內文
需求之不確定性	由於創作者難以實際在消費者的面前創作，且創作者對作品創作過程過於投入，造成對等的無知（symmetrical ignorance）致使無法掌握消費者對其創作的評價。
創意工作者重視其作品	藝術家與工匠的差異在於對藝術真實的追求，此外創作者的品味與偏好亦會影響創作表現，因此對企業家而言，創意工作者的僱用條件與其創作的產品特性必須同時協議，但實際上有困難。
創意商品需要多元技能	大多數的創作需要眾多不同專業的工作者完成，某些產品，甚至每位投入者必須在場工作或至少以熟練的程度在某個端點執行任務。
區隔性產品	消費者評價一件創意商品時通常透過比較的方法做商品評估，比較的方法包括垂直性區隔（如一張CD與一部電影）與水平區隔（如兩首歌）這樣的特性誘使創作者創作較受歡迎的作品。
重直性區隔之技能	創作者被熟悉市場運作的經理人定位在不同的水平上，而這樣的排名評比建構創意市場的價格。
時間就是金錢	因為部分創意商品的創作必須要所有的參與者同時在場，因此人力成本便成為重要考量，具備短期密切合作及快速兌現獲利之經濟依賴的特性。
耐久性產品與耐久性租金	因為藝術不朽的特性，因此許多的創意商品是耐久性的，並且會隨著每一次的演出或播放而累積名聲。

資料來源：仲曉玲、徐子超譯（2003：5-17）。

對問題的回應，其項目與內容如**表1-7**所示。

　　相較於Hesmondhalgh對文化產業的定義與觀點，英國學者Garnham認為英國文化產業在政府政策的介入與發展下，「文化創意」包括兩個意含：(1)不僅是法蘭克福學派所指陳的資本主義的經濟形式，更是指資訊經濟的特徵以及動態的符號生產、分配與消費；(2)包含水平、垂直的創意集中整合的過程，不管是印刷、電影等，甚至超越這些產業而包括全球的經濟體（Garnham, 2005: 18）。對英國創意產業特性的觀點，部分認同考夫所提出概念的論點影響，Garnham認為文化產業具備的特徵如**表1-8**所示。

表1-7　Hesmondhalgh的文化產業特徵

產業特徵	內容
問題一：高風險的產業	源自文化產業核心是要產製文本以供買賣，而閱聽人使用文化商品的習慣卻反覆無常。
問題二：生產成本高而再製成本低	這是多數文化商品的特徵，只要「原版」製作出來之後，就可以極低的價格再製後續版本。
問題三：半公共財	有些商品具備公共財的特性（例如：廣告），有些則否（例如：工藝）。
回應一：生產大量作品以平衡失敗作與暢銷作	利用「過量生產」的手段，使失敗作品與暢銷作品相互抵銷。
回應二：集中、整合與知名度管理	利用水平整合、垂直整合、國際化、多部門及多媒體整合、收編（co-opt）使企業型態大型化，以管理風險並極大化閱聽人的數量。
回應三：經由人為手段創造稀有性	透過垂直整合來達到稀有性創造的目的，其管道例如廣告，影響銷售利潤；版權，禁止文本自由複製……等。
回應四：類型化、類目與系列作品	利用「類型化」降低產製出失敗作品的可能性，而類型化主要的方式之一，就是建立明星體制（例如列出明星作家或者電影的強大卡司）。
回應五：鬆綁對符號創作者的控制；嚴密管理通路及行銷	有些創意無法接受科層組織的管理，因此為了降低管理創意帶來的高度風險，管理者選擇更嚴密的管控再製、通路及行銷等流通面向的策略。

資料來源：廖珮君譯（2006：17-23）。

表1-8　Garnham文化產業之特徵

產業特徵	內容
高固定成本、低管理及再製成本	因為這樣的特性，因此利用規模經濟、消費者極大化、垂直與水平整合作為因應策略。
因需求未知導致高度投資風險	在產品完成並銷售之前，包括創作者與消費者都無法事先知道需求與市場情況。
固有公共財特性	原有公共財的特性無法藉由價格機制完全私有化，另外也藉此突顯智慧財產權的問題，因此，文化創意產業又另稱為「內容產業」（content industry）。
關聯性生產	文化產業被視為一個複雜的價值鏈：利潤的關鍵在控制生產投資與配送而非創意工作者，創意產業的管理者選擇將關鍵的創意事務外包，轉而以經營智慧財產權為核心。
受科技影響	因為所有的東西逐漸受到科技與數位化的影響，取得利潤的關鍵已成為掌握多少科技而非提供原始文化產品及服務。

資料來源：Garnham (2005: 19-20).

六、文創產業的型態

　　文化創意產業的型態如**圖1-6**所示，新型文化創意產業包括知識經濟、美學經濟、樂活生活、人性科技、服務經濟、體驗經濟等。

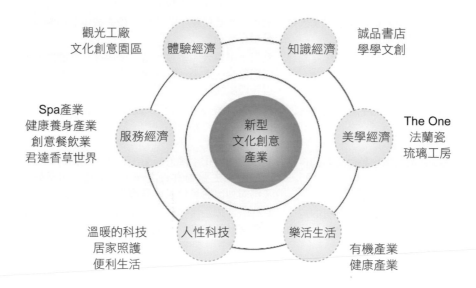

圖1-6　文化創意產業的型態

資料來源：行政院（2009）。

Chapter
2

台灣文創產業概況

　　台灣文化創意產業的發展與政府推動地方發展計畫息息相關，文建會在1980年提倡舉辦「文藝季」活動，內容主要以傳統及創新為主軸，且為了加強推廣各地方的文化，並將活動訂定「人親、土親、文化親」的主題（蔡文婷，2007），就是為了讓民眾能夠一同享受藝術文化的魅力，其中也舉辦各式音樂饗宴、遊藝嘉年華會等活動，讓來自各地的朋友們，都能以輕鬆愉快的心情享受著藝術文化的洗禮（孫志銓，2010）。1991年來自日本千葉大學教授宮崎清，到台灣傳授以傳統工藝振興社區的做法，這種指導社區發展傳統工藝並結合觀光事業的發展經驗，在1994年被結合於文建會「社區總體營造」的政策中（于國華，2003）。文化產業的特質是小規模的手工藝生產。標準化大量的生產結果往往導致產品的「去文化」或「反文化」現象。這種個別化、少量生產的東西，主要是一種工作坊的生產，而其價值就在於少量生產，且是經手工製作，並具有地方傳統、地方人文的精神所在，注入了地方人特有的心思與創意（文化環境工作室，1998）。

　　1995年文化產業研討會提出「文化產業」的兩種運作方式，也就是「文化產業化、產業文化化」之概念，期待將文化產業納入文化政策後能帶動地區經濟。產業文化化是指以文化包裝產業，或是把產業整合到地方的文化特色之內。文化產業化的概念是只將文化、藝術、創意與商業模式結合起來，使其具有經濟價值並創造經濟效益（劉大和，2007）。這不僅是為了活化地方經濟以獲取更高的經濟價值，也是為了拉起某些沒落而即將消失的產業，我們所追求的是在地文化特質能夠永續經營，使生活更豐富美好，讓大家看到台灣不只有美景，還有更多不同文化多彩多姿的風貌！

　　行政院於2002年將「文化創意產業發展計畫」納入「挑戰2008：國家發展重點計畫」，成為台灣之國家發展重點推動計畫。「挑戰2008：國家發展重點計畫」實施日期於2002年到2007年底，此計畫之推動願景為「開拓創意領域，結合人文與經濟發展具國際水準之文化創意產業」

（經建會，2002）。行政院在「挑戰2008：國家發展重點計畫」中，積極
推動文化創意產業發展、新故鄉社區總體營造兩大項目，全台各地熱烈地
結合社區營造、文化生態旅遊、文化創意產業發展，形塑地方特色，帶動
當地產業發展，已有明顯成效；而各地不同操作模式，衍生了各式各樣的
經驗和成果（文建會，2006）。而「挑戰2008：國家發展重點計畫」中
的「文化創意產業發展計畫」其推動措施包含了以下幾項：成立文化創
意產業推動組織，整備文化創意產業發展的環境、租稅優惠及建構完整文
化產業之政策與法規，培育藝術、設計及創意人才，促進創意設計重點
產業發展，促進文化產業發展。以開拓創意領域、帶動藝文工作者媒合投
資者共同創業，並結合人文、經濟與科技，提升相關產值，展現台灣的
國家競爭力。為延續推動此產業之能量及擴大其效益，行政院於2009年
成立「行政院文化創意產業推動小組」，並於同年5月14日行政院院會通
過之「創意台灣——文化創意產業發展方案」，執行期程為2009～2013
年，主要針對當前文化創意產業發展困境及產業需求，並思考台灣之發
展優勢及潛力，提出各項檢討、提振方案及推動策略，期能達到「攻占
大華文市場，打造台灣成為亞太文化創意產業匯流中心」之願景（文建
會，2009）。而「文化創意產業發展法」於2010年順利通過，代表台灣文
化創意產業向前跨出的一大步。「文化創意產業發展法」是以鼓勵創作出
發，當好的作品不斷進入市場，自能吸引觀眾和消費者，在累積一定實力
後，能夠與通路和量產連結的文創商品開始上架，品牌便能一一成長，也
帶動文創產業蓬勃發展；當產業鏈的上、下游串聯起來，文化創意產業即
可希望無窮。

　　近年台灣文創產業在政府強力推動以及民間積極的發展下，已經產
生相當可觀的能量，無論是在工藝、電影或流行音樂，台灣都有相當傲人
的成績，榮獲國際肯定；例如設計產業方面，無論是大專院校師生作品或
企業自行研發的產品，在國際重要的設計獎項也創佳績；在異業結合與行
銷等面向，例如，臺華窯打破台灣窯場的陳規與近年連奪法國「國際海報

設計獎」（**圖2-1**）及「亞洲最具影響力設計大獎」的設計家陳俊良，以自己的英文姓名與臺華窯合作，推出共同品牌「aaron CHEN」系列陶瓷製品（**圖2-2**）進軍國際，這是創下台灣陶瓷業者與專業設計家合作共創品牌的首例，也充滿著創新的能量。

圖2-1　設計家陳俊良法國「國際海　　圖2-2　設計師陳俊良臺華窯飛龍
　　　　報設計獎」　　　　　　　　　　　　　在天

　　根據行政院文化部（2009），21世紀知識經濟時代的全球競爭是「內容」的競爭，創意、知識、價值和標準的建制、人民素質以及文化獨特性等，已經成為國家競爭力的核心元素。為提升我國軟實力及產業競爭力，政府將「文化創意產業發展計畫」納入「挑戰2008：國家發展重點計畫」推動。該計畫執行期程自2003～2007年，主要由四個部會共同推動，經濟部統籌並負責設計產業，教育部負責跨領域的人才培訓，新聞局負責媒體產業，文建會則負責藝術產業扶植。「挑戰2008：國家發展重點計畫」──文化創意產業發展計畫於2007年底執行完畢，藉由政府政策的

推動與民間創意能量的發揮，對我國經濟轉型發展以及民眾生活型態的改變，已產生關鍵性之影響，並整體從文化面、創意面、藝術面、設計面來提升人民的生活品質。為保持成長態勢，2008年度起有關文化創意產業之後續推動事宜，係由各產業主管機關納入專案計畫辦理。經濟部、新聞局、文建會及教育部自2002年迄今投入文化創意產業的總經費，合計已逾98億元。2002年政府正式將「文化創意產業」列為「挑戰2008：國家重點發展計畫」中之一項，希望結合人文與經濟產業創造高附加價值的效益，增加就業人口，以提升國民的生活品質。文建會為配合政府此項重大政策，積極以產業鏈的觀念，期於計畫完成時達成下列目標：(1)增加文化創意產業就業人口；(2)增加文化創意產業產值；(3)提高國民生活用品與活動的文化質感；(4)建構台灣特色之文化產業、提升創意風格；(5)作為世界華文世界創意產業之樞紐平台。

　　行政院文化部（2009）指出近年來台灣自發性的創意能量不斷在累積及放射，無論是在電影、設計、工藝或流行音樂，台灣在國際上都有相當傲人的成績，例如國片《海角七號》在締造國內票房紀錄的同時，也風靡各國際影展；設計產業在2002～2007年間，在國際設計四大獎項總獲獎數為484項；而文建會所屬國立台灣工藝研究所2008年率隊參加巴黎家飾展，與台灣創意設計中心合作開發之編織竹椅，在全場一萬多件作品中，獲法國媒體選為23件最令人心動的作品之一。若以量化數據來看台灣的文創產業整體發展情形，2002年台灣文化創意產業營業額為4,353億元，2007年為6,329億元，增加1,976億元，2002～2007年年平均成長率為7.78%，較我國同期GDP年平均成長率3.7%為高。在附加價值方面，2002年台灣文化創意產業附加價值為2,311億元，2007年預估為3,354億元，增加1,043億元，2002～2007年的年平均成長率為7.73%。另根據財政部財稅資料中心磁帶資料、行政院主計處人力資源調查統計、行政院勞工委員會台灣地區職類別薪資調查，2002年16.24萬人，2007年為21.16萬人，增加4.92萬人，2002～2007年年平均成長率為5.43%。整體來看，各項數據都

有正成長的趨勢。

　　從個別產業發展情形來看，部分業別一方面已有較為穩固的基礎，另方面也相當具有成長的空間。設計產業的營業額自2002年的220億元成長至2007年的770億元，每年平均成長率高達28%；而在2008年德國的iF獎與Red Dot獎項中，台灣獲獎數高達近150件產品，其中更有6件作品獲得iF金獎及Red Dot「Best of the Best」產品設計類大獎，說明台灣設計能量逐步受到國際肯定。工藝產業是台灣的藝術產業中發展較為成熟者，而聯合國貿易暨發展會議（UNCTAD）在2008年創意經濟報告中亦指出，工藝產業是文化創意產業在全球市場中，唯一以發展中國家為主的產業。1996～2005年的十年之內，發展中國家的工藝產業外銷額成長近乎2倍，從77億美元提升至138億美元（行政院文化部，2009）。

　　台灣工藝產業近年來與設計、時尚、科技等領域的跨界結合，顯現出其發展的多元可能性；使用在地材質及具有生態友善特性的工藝，更是符合近年來的環保及樂活意識形態。惟台灣工藝產業有日漸倚賴內需市場的趨向，應於未來更著力於整體工藝品牌的打造，以拓展海外行銷通路。有關電影、廣播電視及流行音樂產業，可說是普羅大眾最常也最容易接觸的文創消費項目，亦能帶動其他產業的關聯效益。2008年台北市電影院的首輪票房逾25億，可見台灣存在著龐大的電影消費市場，可惜的是其中國片票房僅3億，占12.09%。然而和2006年以前國片市場平均不到總體票房2%的情形相較之下，2007年7.38%和2008年12.09%都是大幅成長，顯現出近年來台灣電影發展出一股新興多元的風潮，在題材、選角、編劇、拍片、異業結合和行銷等面向，也充滿著創新的能量，甚至帶動觀光的興盛。然而，電影產業長久以來的生態結構性問題仍待解決，未來仍需強化產製和行銷等各個環節。廣播電視產業是2007年文創產業的榜首，營業額約1,308億元，其中又以電視節目製作、有線電視台、無線電視台的營業額為主。內容的優質化、國際市場的拓展及跨界跨國的合作，將是未來台灣電視產業的發展重點。至於流行音樂，台灣具有亞洲最大規模的

音樂外銷輸出額，為華人流行音樂市場重鎮的地位。近年來形成熱潮的「宅經濟」，則反應出數位內容產業的巨大效益。台灣的原創素材豐富多元，資通訊產業實力雄厚，且網際網路與寬頻網路普及率為全球前十名，具備了發展數位內容產業的軟硬體環境，亦確實帶動龐大的產值。只是面對臨近國家的積極政策及競爭實力，台灣需有更為前瞻的視野，並強化對於智慧財產權的保護與運用（行政院文化部，2009）。

一、文化創意產業發展背景

　　進入後福特時代，文化創意產業的創造性、多元性、自主性等，是促進產業轉型及提高國民生活品質與品味的重要產業。**表2-1**為福特主義與後福特主義生產模式的比較。

　　面對產業全球化的激烈競爭以及新興國家的崛起，台灣已無法再以低廉的勞工或低利的產品來和新興國家競爭，因此，造成台灣產業外移和大量勞工失業的社會問題，人民的生活也產生極大的痛苦，文化創意產業以文化為底蘊、創意為核心，是具有附加價值高、從事人員多樣化、結合人文素養與文化特色的高產值產業，正是台灣永續經營邁進文化大國的最佳策略，而文化創意產業要能蓬勃發展並且永續經營，必須導入經營行銷

表2-1　福特主義與後福特主義生產模式的比較

	福特主義	後福特主義
1.生產模式	標準化產品	專門化生產
2.競爭關鍵	價格比較	創意、差異性、高品質
3.技術	自動化	電腦創造整合
4.投資	生產設備	知識、想像力
5.勞動力	同質自主性低勞工	高自主性的小團隊
6.工作組織	層級化分工	水平整合

資料來源：蔡明璋（1999）。

管理及財務規劃的企業經營模式,因此,運用無形資產評價將文化創意的無形資產資本化,然後透過合理化、產業化的財務規劃,將無形資產證券化,讓有意投資的投資人能充分的理解而投入資金,促進產品的精緻化及經濟規模促使產業的發展,而達成有效的經營管理,使文化創意產業能在兼顧文化創意及市場機制下能蓬勃發展而且能永續經營。「文化創意產業發展計畫」的推動,是我國首次將抽象的「文化軟體」視為國家建設的重大工程,期望藉由開拓創意領域,結合人文與產業,創造高附加價值的經濟效益,為台灣帶來新的發展潛能與商機。自2002年執行以來,台灣文化創意產業無論在營業額或就業人數方面,已經分別提高1.28倍、1.14倍,在參加國際競賽獲獎項目上,也有大幅度的提高。因此,若對照原先設定的目標,在2008年台灣文化創意產業應有相當的作為,惟台灣文化多半衍自中國,在中國也發展文化創意產業的競爭下,如何自共同的文化基礎中,發揮創新與融合的創意思維,並加以產業化、優質化,成為台灣在兩岸文化創意產業競爭中勝出的關鍵(經濟部工業局,2006)。

二、文化創意產業之願景與策略

　　創意台灣──文化創意產業發展行動方案預定執行期程為2009～2013年,主要係針對當前文化創意產業發展困境及產業需求,並思考台灣之發展優勢及潛力,提出各項檢討、提振方案及推動策略,期能達到「攻占大華文市場,打造台灣成為亞太文化創意產業匯流中心」之願景。文化產業願景:文化部以媒合的角色,與藝術家、設計師、作家、舞蹈者、音樂工作者等共同開發跨領域的新型產業組合,期使藝術家與企業家能運用卓越的創意成就,開發屬於本土的國際品牌,並進一步在通路、行銷與形象上,定義出屬於台灣屬性的品牌產品,好讓台灣品牌能在國際市場上占有一席之地。

　　本方案之推動策略分為兩大塊面，「環境整備」主要是對於所有文化創意產業整體面臨的共通性問題，思考因應策略，著重於健全文化創意產業發展之相關面向：包括提供多元資金的挹注、強化融資及創投機制、促進文創產業研發及輔導、建立人才培育及媒合機制、拓展國內外市場、擴展產業群聚效應等。「環境整備」之目的是希望建構對所有文創產業皆友善之發展環境，使相關產業皆能獲得適當之輔導及協助而成長，並進一步培養成為明日之旗艦產業。「旗艦產業」部分，則是從現有各產業範疇中，擇取發展較為成熟、具產值潛力、產業關聯效益大的業別，包括電視、電影、流行音樂、數位內容、設計及工藝產業，針對其發展特性及需求提出規劃，予以重點推動，期能在既有基礎上再作強化及提升，並藉以發揮領頭羊效益，帶動其他未臻成熟的產業。對於未納入旗艦產業的業別，尚需加強扶植及輔導，因此藉由「環境整備」各項專案的執行，建置產業共通性之良好發展環境，讓其得以成長茁壯，並由主管部會各自擬定專案推動（行政院文化部，2009）。

　　根據行政院文化部（2009），政府推動「文化創意產業」具體作為如下：

1.人才培育部分：
　(1)國際專業人才來台擔任培訓與指導工作。
　(2)藝術設計人才國際進修（創意專業領域）。
　(3)藝術設計人才國際交流。
2.環境整備部分：
　(1)硬體：規劃設置五大創意文化園區——台北、台中、嘉義、花蓮、台南北門等五舊酒廠。
　(2)軟體：行政協調、產業行銷、推廣培育、經營輔導、法制研究法律服務等五大項。
3.文化創意扶植部分：傳統工藝技術、創意藝術產業、數位藝術創作等三大部分。

台灣發展文創產業之策略：

1.國際化：建置學習環境與資料庫、激發創意與運用價值、培育創意
　人才與專業策展人、有效發揮網際網路功效。
2.科技化：傳遞資訊無遠弗屆、建立互相溝通的平台、改變原有的創
　作媒材、激發新穎的創作方式。

三、台灣文化創意產業的優勢

　　行政院文化部（2009）指出繼第三波「資訊產業」經濟後，文化創
意產業被視為「第四波」經濟動力；特別是金融海嘯後，全球華人的經
濟影響力受到矚目，其倚靠的不再只是經濟實力，而是各國文化的創造
力，亦即價值觀，是文化特色，也是生活方式的顯現。在全球的華人文化
中，台灣有三大優勢，可使台灣扮演開創者的角色，以文化的創造力，成
為華人文創產業的先鋒（國家文化總會，2009）：

1.台灣擁有海洋文化的特性，移民社會的多元包容特質，具備開放自
　由的胸襟，開創新局的勇氣，和寬廣的世界觀，充滿追求創新的能
　量。
2.台灣擁有深厚的中華文化傳統，教育普及，底蘊溫厚，保存著「溫
　良恭儉讓」的儒家精神，成為創新的人文基礎。
3.台灣是華人世界首先實現民主制度的地方。自由創作的環境，自由
　開創的心靈，是文化創意產業的生命力，也是台灣創意的源頭。

台灣發展「文化創產業」的優勢：

1.擁有科技產業的經驗。
2.習慣中小企業的操作，符合「文化創意產業」的產業型態。

3.教育素質良好，能培養出優秀人才。

4.有好奇的精神，能勇於嘗試。

　　對於發展文化創意產業，台灣具有相當多的優勢。首先，台灣是一個文化內涵深厚多元的地區，加上國民平均教育水準甚高，更為重要的是台灣是個民主開放的社會，文化水準及產業人才都相當突出，因此投入文化創意產業的潛力可謂無限寬廣，尤其，自從兩岸簽訂「兩岸經濟合作架構協議」ECFA以後，兩岸經貿關係相當熱絡，凝聚全球華人的華文市場也漸漸成形。台灣近年來成為華人社會精緻、創新文化的孕育地，影視和流行音樂更是引領風潮，因此以台海兩岸華人為核心所形成的大華文市場，對於台灣文化創意產業來說是一個千載難逢的新契機。再者，台灣在中小企業、資通訊硬體產業發展過程中，所累積的資金、人才、創新技術、靈活應變能力，以及在全球產業價值鏈上的操作經驗和專業，都可移轉至文化創意產業，為該項新興產業創造無限商機，這些都是台灣發展文化創意產業堅實利基（吳思華、楊燕枝，2005）。

四、文化創意產業發展計畫

　　為展現政府推展文化創意產業的決心，並使各項政策制度的推行有法源依據，經濟部多次召集會議邀請各部會及學者專家討論後提出「文化創意產業發展法草案」，報行政院審核修訂。立法院立法通過後，「文化創意產業發展法」已成為推動文化創意產業最重要的母法，其主要內容可歸納為五大特點（行政院「文化創意產業發展法」第三條）：

(一)宣示政策執行的決心與穩定性

1.行政院應設置文化創意產業發展基金（第7條）。

2.中央主管機關應每四年訂定文化創意產業發展方案作為推行文化創意產業政策之依據，並應每四年召開一次文化創意產業全國會議（第8條）。

3.行政院為發展文化創意產業，得設文化創意產業政策審議委員會（第9條）。

(二)現有法規限制之鬆綁

1.公有文化財（如圖書、史料、古物）得以出租、出借或授權等方式，供文化創意產業發展使用（第10條）。

2.公有非公用之不動產，得出借或出租給文化創意產業事業使用，不受國有財產法及地方政府公有財產等法令，須限於「公務」使用之限制（第11條）。

3.公有公用之不動產在不影響原使用目的之範圍內，得出借或出租給文化創意產業事業使用，不受國有財產法及地方政府公有財產等法令，須限於「預定計畫」使用之限制（第12條）。

4.人員進用活化，為引進文化創意產業專業人員，得放寬公務人員任用之資格（第23條）。

5.為使外籍專家來台工作方便，放寬聘僱外籍專門性或技術性工作人員之規定（第25條）。

(三)協助文化創意事業之設立

1.中央補助：各目的事業主管機關得以補助方式，推動文化創意產業之發展（第6條）。

2.鑑價制度：建立文化創意產業之鑑價機制並培育鑑價人才（第15條）。

3.融資與信保：中央主管機關應協調相關金融機構，加強對文化創意事業融資、保證之功能（第16條）。

4.上市上櫃：中央主管機關應協調財政主管機關，訂定有關文化創意事業之上市上櫃審查準則（第17條）。

5.創業投資：主管機關應協助創業投資事業投資於文化創意事業（第18條）。

6.文化創意產業園區之設置：主管機關、土地開發之公民營事業、土地所有人及文化創意事業得堪選一定地區內土地，報經中央主管核定，劃設文化創意園區，園區內公有土地之使用、土地使用之變更及私有土地之徵收與洽購皆有便捷、優惠之規定（第31至36條）。

(四)鼓勵並擴大文化創意產業之消費市場

1.鼓勵公務員消費：公務人員終身學習護照及旅遊補助之適用（第19條）。

2.鼓勵公家採購：各級機關學校於採購文化創意事業之產品或服務時，得允許百分之三十以下之價差（第20條）。

3.專責推廣機構之設置：為鼓勵自有品牌並積極開拓國際市場，中央主管機關應會同各級駐外機構或貿易推廣機構設立專責機構協助拓展（第24條）。

4.免費廣告之提供：公共運輸系統廣告應保留百分之十優先予文化創意事業之產品或服務免費使用（第21條）。

(五)租稅優惠

1.列舉扣除額：民眾欣賞文化創意事業展演活動，得於一定額度內列為綜合所得稅之列舉扣除額（第26條）。

2.捐贈免稅：營利事業捐贈合於規定之文化創意事業，得於一定額度內列為業務支出不受原所得稅法百分之十的額度限制（第27條）。

3.進口設備免稅：文化創意事業自國外輸入自用之設備，經專案認定者，免徵進口稅捐及營業稅（第28條）。

4.創意研發及人才培訓之投資抵減：文化創意事業投資於創意開發、研究發展及人才培訓之支出，得抵減應納之營利事業所得稅（第29條）。

5.股東投資抵減：營利事業或個人原始認股或應募策略性文化創意產業公司之記名股票，該股東得於一定額度內抵減其應納之營利事業所得稅或綜合所得稅。

五、全球化發展趨勢如何提升我國之文化創意產業

國際視野下的文創產業：全球市場‧在地設計（Global Market Local Design）。

「全球化」（Globalization）：以「Use」為主，透過設計與生產，把自己國家的產品和服務的「Function功能特色」推向全球。「全球在地化」（Glocalization）：以「User」為主，透過「看穿／瞭解」每個顧客的心，讓顧客感受到產品和服務的「Feeling心靈體驗」。服務的「速度體現」：在企業能否快速地滿足顧客「個性化」需求。全球化文化的傳播途徑必經「文化移轉」的過程，外國文化首先會被去情境化和本質化，然後被本土化和再情境化，當然有時也涉及普遍化。原文化要經受多大的更動，則視乎文化形式有否轉變，及外來文化與道地文化之間的相距程度。因此文化移轉是兩種文化的雜交融合，內容比重則是外來文化和道地文化的一種平衡。而文化一旦移轉，它就變成了移轉方文化的一部分，外來文化因而變成道地文化。若此融合文化成功行銷世界，它又會變成全

球文化的有機構成，反過來作用於原文化，形成「逆向文化移轉」（陳韜文，2000：1）。而「逆向文化移轉」便是我國所應利用之機制。而要達到逆向文化移轉，克服好萊塢與強勢文化大敵，推展我國文化創業意業，我國所應採取之行動可概分結構與內容兩方面發展改進（**表2-2**與**表2-3**）。

表2-2 結構面

構面	內容
分析學習	首先，應分析產業環境及參考他國成功先例，巨觀分析全球動態體系，並發掘我國特殊脈絡文化及利基。舉例而言，台灣擁有完整的數位科技產業聚落，結合人文與科技，是台灣發展文化創意產業的最大利基。此外，更對未來發展之威脅提出具體因應之道。
政府對產業——訂定產業制度與輔導	在產業制度與環境內，政府應明定中央補助制度、建立鑑價制度、發展融資及信保，並將產業上市上櫃以鼓勵創意投資，更建立國內外資料庫以縮短業者與投資者的距離。更重要的是提供完善的輔導措施，簡言之，在財務上協助可貸款之對象，在法律上給予諮詢服務，在行銷培訓專業的經理等等以協助產業發展。此外，設立文化創意產業園區，讓相關產業工作者在其中激盪、醞釀、交流資源與訊息。或將城市中的某區域視作概念上的「園區」，和都市計畫配套，以園區規劃帶動都市更新。
政府內部——跨部會整合	此外，政府所提出之政策與資源極待協調整合。文化創意產業是一個整合性的工作，需要各部會之間或單位之間走出本位主義，相互溝通協調，一起面對問題。以另一個角度而言，跨部會整合也可有效提高政府行政效率，以有限的經費發揮最大效用，避免重複浪費資源。
產業內部——垂直整合	文化創意產業結構可分上、中、下游。上游的創意和藝術文化，中游的企劃、設計、經營管理、行銷，以及下游的品牌市場和消費通路，應進行有效的建制和連結，整合上中下游以建立健全生產鏈，可有效提高相關產業的競爭力。以我國而言，行銷通路較弱，應掌握國際行銷關鍵，利用全球化之優勢，整合資源，掌握通路而行銷我國文化。
產業內部——水平整合	「同行不是冤家，異業可以為結合」，在產業機制上可跨業整合，以他人之優勢補自己之不足，建立文化產業資源網路，有效提升競爭力。因此要如何將相關的產業，及具共同發展潛力的產業聯合，進而建構出共享資源的網路系統便顯得非常重要。合作產業也非限定國內，可跨國際合作，建立各國文化產業結盟及共同發展鏈等等。

（續）表2-2　結構面

構面	內容
培養多方人才	除了向成功先例國家取經、籌辦研習活動之外，更應將文化創意產業納入教育體制，培養多方人才，以便向下紮根。文化創意產業需要大量創意與行銷人才投入才得以支撐，並不是空有政府一頭熱便可成功推展我國文化。因此教育體制與人才培育將是未來文化推展可否永續經營之關鍵。

資料來源：文建會（2009）。

表2-3　內容面

構面	內容
定位及建立品牌	台灣在面臨全球化浪潮的席捲下，正步入全球均質的危機當中，若無法建構屬於台灣特色，以作為全球化下識別的符碼，其國際競爭力是很難提升的（陳其南，2002）。因此，對抗大型企業獨占市場的最佳對策便是打出自己的品牌，以國內的獨特文化內容、文化品味、藝術特質等改變現有自製品，以建立品牌。換言之，文化創意產業是對全球化再思考，透過各國本身文化特質，藉由現在的科技技術，突顯製造國與民族特質的文化產品，一來增強文化認同，二來將過去依附在國際企業導向下的加工經濟體質，轉向自我創造設計的文化品牌工業。也便是「同中求異」，從地方特色中，尋求設計創意的來源，藉由新產品的表達，繼續延續地方文化特色的價值。
製作「高品質內容」	內容是決勝的關鍵，誰能提供意義化的創意內容，而且能讓內容具彈性地傳遞，誰就是贏家。而因此文化創意產業加入了「創意」兩個字以與文化產業作區別，希冀透過創意化的內容可為文化產業達到普及最大效果。首先，內容訊息要意義化。訊息其實是人們決定意義的傳遞是否成功時最重要的溝通環節。所以訊息設計的能力也可說是創意的關鍵能力，只有經過訊息化處理後的創意才能發揮最大的意義，而非訊息化的創意，往往也只能成為沒有意義的創意。舉例而言，好萊塢便提供了無負擔的訊息，將複雜的歷史或知識透過普及處理，而轉換成無負擔的訊息。反言之，太過複雜的意義內容是不容易被大眾接受的。此外，內容來原創而不是複製，而創意的源頭是文化，是人文和美學素養。是對現代的深刻體會，對普世價值所產生的認同與矛盾。因此，在內容的設計與意義化的過程更應經過周延的計畫與檢討，而非一昧地強調科技技術的使用，否則會流於空洞而無味。在產製內容的過程之中，科技只是技術輔助工具，不能用來主導設計，因此應以人性為本，以文化為體的文化設計內容為主，才是決勝之關鍵。

（續）表2-3　內容面

構面	內容
文化自覺與認同	文化自覺與認同是免於受強勢文化宰制的盾牌，也是台灣在未來需要努力的部分。如果德國人遺忘了其優美的歌德傳統，而一昧的流行麥當勞商品組合；或印度人捨棄其婆羅門優良價值的內涵，而一昧追求法國式浪漫電影和義大利的服飾品牌，則坐實了文化全球化僅為資本家掩耳盜鈴的工具。可惜的是，台灣公民社會的體質一向貧弱，無論在勞工、環境和文化運動上由於歷史的條件而缺乏有力的凝聚，社會內部批判和運動實踐的能量相當不足，這也是本土社會面臨全球化和全球在地化實踐辯證的危機。以台灣電影產業為例，創作者逐漸減少他們在創作與發行上對於台灣市場和觀眾需求的考量，甚至演變成對於台灣市場的全面失望和放棄而追求海外市場。侯孝賢曾言：「我的觀眾，台灣兩萬，巴黎二十萬。」以最近當紅網站YouTube為例，台灣學生曾在受訪時表示只需三個月便可架起同樣的網站，但是一切都只是以知代行，「知而不行」是無法成功打造台灣文化品牌的。創作者為帶領文化創意產業之領導者，更應有自覺地體認當前台灣處境的困局，在個人藝術理想、本土社會關懷，以及通俗觀眾需求之間，不斷尋求一個平衡點而具體作為，而不是選擇悲觀地放棄。 台灣長期以發展高科技產業及大型製造業為主，對於文化藝術相關產業的輔導、非營利事業環境的建構與藝文生態的策進等等，均極少被視為扶植產業或國家重點發展方向。因此，要建立文化自覺與認同感，應以教育紮根，打破的「搞藝術、踢球……不能當飯吃」的意識型態。而在推廣其觀念時，也要將行銷觀念意義化，以電影作品或成功先例等做軟性行銷，凝聚國內集體共識。共同為我國文化創意產業努力以因應全球化之挑戰。

資料來源：文建會（2009）。

　　以下針對全球化發展趨勢如何提升我國之文化創意產業及我國發展文化創意產業之建設提出建議（文建會，2009）。

六、文化創意產業之大方向作為

　　文化是數百年之大計！文化創意產業也該是幾代人的心血積累，我

國目前仍有文化斷代上的落差，這種需要時間來涵養的產業，卻在全球化激烈競爭的時刻被迅速推上舞台。由於台灣文化建設較不成熟，文化創意產業的建設要採逆向操作。正常的做法是先有深厚的文化底蘊，繼而樹立鮮明的文化標的，然而突顯出獨特的文化優勢。但台灣應反向思考，找出優勢繼而訂定目標，再加緊速成基礎建設，先治標而後再慢慢治本，這是文化小國對文化產業競爭的不二法門。企業界有句諺言：「危機就是轉機。」經營產業，沒有不景氣，只有不努力，在不景氣的環境中就是個轉機。長期以來，台灣地方文化產業的根基原本就不夠厚實，在加入世界貿易組織後，更面臨全球化的嚴酷試煉，如何急起直追地運用獨特的創意和地方的豐富資源，開創得以永續生存發展的空間，將是未來發展的挑戰。綜上述所言，我們應以人文為本，以科技為後盾，以市場為訴求，期望能以台灣的原鄉時尚（Native Trend, NT）賺取新時代的新台幣（New Dollars, NT）。發展文化創意產業的努力方向如下（文建會，2009）：

1.人才的培育：需要為數眾多具有創意及藝術素養的人才，更需要人才來將藝術文化界與產業界連結起來。

2.環境的準備：政府積極推動文化創意園區，並通過法案優惠投資者，來保證這些創業者能夠貸款成功，並給予三年的創業機會，與政府比例負擔創業資金。

3.地方升級與民間參與：民間的創造力絕對比政府好，政府只要做到觀念的推動，相信民間會走的更快，推動「文化創意產業」有待大家共同努力。

七、台灣文創產業發展面臨之主要課題

台灣文創產業有超過98%是個人創作、微型企業與中小企業業者，這些文創工作者是台灣文創產業發展的主力，業者沒有許多資源卻具有研發

創作實力及創業熱情，創作的作品常讓人驚艷，但他們名聲卻是名不見經傳、入不敷出，對於投入文創產業市場的經營，有太多領域的專業知識不足要去接觸與學習，對於經營一家企業如何管理、如何建立自我品牌及如何行銷、拓展市場通路等等議題，這都在在考驗台灣文創業者能否持續在此產業發展，文創工作者不能停留在僅有一番創業熱情及一身的創作能量，如何找到解決文創業者面臨的經營困難，除了文創業者本身要積極主動尋找資源，在政府單位及有經驗的文創專家如何扶植台灣微型文創業者成長茁壯，成為推動台灣文創產業發展的重要議題。歸納以下三項為大多數台灣文創業者面臨之主要問題（林詩芳，2013）：

(一)國內文創產業以個人、微型業者為多數，資金、資源籌措不易

有限的資源及缺乏創業資金是台灣微型文創業者的主要罩門，業者投入文創領域有太多的工作需要資金的投入，但有限的創作作品銷售是無法支應初期企業營運的日常所需，如何規劃有限資源的應用及取得更多外界資金協助，是業者要面對的第一個重要課題。

(二)文創業者具研發創作實力但品牌行銷及市場拓展能力不足

台灣有許多個人文創作品讓人眼睛一亮，但業者的品牌知名度不高，在經費受限及不清楚如何行銷推廣上，業者的商品常常僅能深藏在街道巷弄內不知名的小店寄賣，如何結合品牌行銷專業人士與文創業者共同發展，是文創業者在拓展市場上必須要解決的課題。

(三)國內文創需求有限，需積極拓展國際市場

文創商品許多不是生活必需品及消耗品，消費者常常是被它的獨特

性吸引而購買，在有限的台灣國內市場需求，是無法滿足有心發展的文創業者持續拓展營收，海外國際文創市場投入將是文創業者必須規劃的方向，業者可透過國際參展或競賽活動，瞭解國際市場需求及讓國際買家認識，進而開始拓展國際市場經營。

八、政府單位推動國內文創產業之策略藍圖及布局規劃

　　目前文化部設有文創發展司單位負責推動國內文創產業發展工作，文化部在推動國內文創產業之策略藍圖及布局規劃上，是依據個別文創業者的企業發展階段（包含個人）提供資金挹注、市場流通拓展、人才培育及產業聚落等類別相關補助計畫及工作推動，文創業者可考量個別營運所需爭取相關補助計畫協助。其中，在文化部補助計畫中更具一特點就是有意投入文創產業之個人身分（自然人）也可爭取相關補助計畫協助，如創業圓夢計畫、聚落補助計畫、國際展賽等等計畫皆可以個人身分提出申請，文創業者除了文化部提供相關補助計畫可爭取外，對於經濟部、內政部也有許多相關補助資源合適文創產業業者爭取，業者可依營運需求爭取更多外界資源協助發展。每一文創業者所面臨的營運問題皆不相同，除了自身全力投入經營外，如何爭取更多外界資源實屬一項重要工作，如何從以上眾多政府補助資源找到合適自己發展是非常重要的，首先文創業者需從瞭解自身開始，清楚瞭解自身目前所屬發展階段，欠缺哪方面資源協助，再去爭取相關補助資源協助發展，以下就文創業者發展階段提出爭取外界資源協助建議（林詩芳，2013）：

(一)企業草創期（含文創個人及微型企業）

　　此初創階段業者，最需提升創作作品的產品能量並且將創作作品轉

化成商品銷售，此階段最為需求資金協助及同好專業的協助，筆者建議業者可爭取文化部的創業圓夢計畫、聚落補助計畫及進駐藝文產業育成中心計畫進行發展，並且對於營運上遇到的問題也可尋求政府單位相關計畫的諮詢診斷服務協助。

(二)企業成長期、成熟期（微型及中小企業）

在此階段業者最需建立獨特的品牌形象及積極進行行銷推廣活動，筆者建議業者可爭取文化部的文創產業補助計畫、文創跨界行銷暨原創加值計畫及獎助參與文化創意類國際性展賽等計畫進行發展，以強化企業品牌價值及積極拓展國內及海外通路經營。

(三)企業轉型期（中小企業、跨國企業）

在此階段業者通路經營及市場拓展最為重要，筆者建議業者可爭取文化部的文創產業補助計畫之市場拓展組及獎助參與文化創意類國際性展賽等計畫進行市場開拓工作。

台灣文化創意產業發展是政府推動的六大關鍵新興產業之一，政府投注許多資源以擴大文創產業發展，投入此領域之文創業者應善加運用政府資源，以強化本身營運能量，讓台灣文創之美在國際市場發光、發熱。

九、科技於文化創意產業之應用

「文化創意產業發展法」第1條：為促進文化創意產業之發展，建構具有豐富文化及創意內涵之社會環境，運用科技與創新研發，健全文化創

意產業人才培育，並積極開發國內外市場，特制定本法。

(一)文化創意產業科技化

　　林懿貞、王翊全（2007）指出近年來，政府將文化創意產業列為國家發展重點計畫，並將抽象的「文化軟體」視為國家建設的重大工程，目的在於希望文化創意產業的發展，能結合人文藝術與資訊科技，透過有效率的資訊科技工具（如網路行銷），使藝術創意快速的被商品化，創造高附加價值的效益。

(二)數位內容產業發展旗艦計畫

　　根據經濟部「數位內容產業發展計畫」：

◆計畫背景

①定義範疇
　　數位內容產業係指將圖像、文字、影像、語音等資料，運用資訊科技加以數位化，並整合運用之產品或服務。其產業範疇分為八大領域，包括數位遊戲、電腦動畫、數位學習、數位影音應用、數位出版與典藏、內容軟體、行動應用服務及網路服務。

②產業發展現況
　　我國數位內容產業2008年產值約為新台幣4,004億元，較2007年之3,609億元成長約11%，相關產業從業人員約80,000人。在個別領域之發展，仍以內容軟體與網路服務之產值最大，2008年產值分別為約新台幣1,920億元與820億元。在成長率方面則以數位遊戲與行動應用為最高，分別較2007年成長32%與25%，其他領域如數位遊戲、數位學習、數位出版與典藏等亦有15%以上的年成長率。

③計畫背景說明

　　行政院2002年5月13日核定之「加強數位內容產業發展推動方案」及同年「挑戰2008：國家發展重點計畫」，擬定數位內容產業為我國重點發展產業。惟因應各國之競爭，國家經濟發展、網際網路、國際產業趨勢等整個大環境的變動態勢，以及國內整體數位內容產業的發展現況，除了在產業發展環境之外，在技術、資金、國際行銷及經營體質上皆有許多需要持續加強著力、推動之處。為延續第一期「加強數位內容產業發展推動方案」之政策，並於已建立之基礎上加強數位內容產業之推動，行政院於2007年8月核定通過第二期「加強數位內容產業發展推動方案」，在第一期基礎上，以原有功能導向轉為任務導向之發展策略，期能將台灣數位內容產業升級並推向國際市場。我國數位內容產業面臨亞太地區重要國家的政策與競爭壓力，如大陸的市場優勢、韓國的積極政策、日本的產業雄厚潛力等，須擬訂更前瞻之產業政策，俾使我國知識型經濟之競爭力在全球市場能持續維持領先的地位。

④數位內容產業SWOT分析

　　1.優勢（Strength）：

　　　(1)內容產業（音樂、遊戲、影視、漫畫）已累積相當原創素材和製作能力，且為全球華文市場流行指標。

　　　(2)擁有優質華語文教學與教材創作能量，在全球學習華語的熱潮中，具有進軍全球華文市場的先天優勢。

　　　(3)整體開發平均能力、素質、內容製作與技術人才仍優於亞洲（除日本）其他地區，且人力成本較歐美國家具競爭力。

　　　(4)資通訊產業實力雄厚，且網際網路與寬頻網路普及率為全球前十名，具備發展優異數位內容之基礎建設環境。

　　　(5)硬體製造能力具世界代表性，搭配優質數位內容加值應用服務將可大幅提升產業獲利。

2.劣勢（Weakness）：

(1)國內缺乏能整合跨業、跨國之企劃人才與製作人，且整體開發能力仍待加強，故開發產品不易到達國際水準。

(2)國內對於智慧財產權的保護與尊重仍不足，缺乏具數位內容國際行銷相關專業之財務及法律專家。

(3)本土市場規模有限，無法充分運用於創造數位內容衍生價值，有賴新興通路之拓展。

(4)缺乏擁有自有版權、量大、質優的數位內容產品，且缺乏大型國際市場通路。

3.機會（Opportunity）：

(1)電腦、寬頻網路、手機等普及率高，且社會風氣自由多元，有助於原創題材發展，資通訊、媒體業者日漸重視原創內容開發，具發展空間。

(2)搭配創新與加值應用，內需市場（數位遊戲、電腦動畫、數位出版、數位學習等）仍有極大成長空間。

(3)中國大陸市場迅速發展，將帶動華語成為主流文化。

(4)全球數位內容、多媒體娛樂市場持續成長，台灣擁有大量優質、具創意的小型工作室可供培育，可發展創新商業模式、創造利潤。

4.威脅（Threat）：

(1)美、日數位內容相關產品（影視娛樂）品質及技術仍具優勢，關鍵核心技術及標準均受限於歐美。

(2)中國大陸以政策法令、自訂技術規格保護國內市場，並以民族工業態度積極推動發展。

(3)若中國大陸、印度等原創題材、開發能力及技術有長足進步，以其製作價格低廉、人力供給豐沛的優勢條件，台灣恐喪失優勢地位。

(4)鄰近國家文化輸入力量強大，台灣接受外來文化度高，原創發展易受汙染，不易辨識。

◆願景

　　發展台灣成為娛樂及多媒體創新應用的先進國家，並成為全球數位經濟產業發展成功之典範。

(三)文創產業發展應善用我國獨步全球的科技產業實力

　　文化部（2013年4月）指出，因應科技與文化匯流，文創產業發展應善用我國獨步全球的科技產業實力：當文化創意結合科技時，不要將科技視為工具，而應該在創意的一開始，就帶領科技進入以人為本的價值體系。文化創意具備內容、產品與服務三種範疇，基本上，有好的文化創意內容才能有好的基礎。產業思維帶入文化創意後，文化創意則能創造出未來的流行文化，引導新的生活型態，並帶出新的市場與新的產業機會。當整合了文化創意與科技後，將可產生不同的價值。尤其，台灣有優勢的科技產業，當藝術家與科技人充分對話，則能產生更有價值的東西，並且行銷世界。文化是過去歷史的資產，但有台灣未來的價值；科技是現在最當紅的，但缺乏附加價值。透過科技能提升台灣文化，相反的也讓台灣科技藉由文化增加附加價值，所以科技與文化都要交流。

全球文創產業概況

一、世界各國積極推動文創產業

　　文化創意所散發的魅力及其所創造的龐大經濟利益，令人不得不正視文化創意產業的影響力。即便是主導全球經濟的八大工業國，在發展高科技產業之餘，對於文化創意相關產業的扶植亦不遺餘力。以美國為例，2006年全美200大電影票房總收入即占全球電影票房的35.57%。日本則以遊戲（game）產業最為著名，2005年遊戲產業的輸出（shipment）高達3,985億日圓，占全球遊戲產業總輸出金額（日本除外）的41.45%。近年來，政府亦加緊研擬相關政策，於2002年提出了「挑戰2008：國家重點發展計畫」，當中亦包含有「發展文化創意產業」的重點計畫，也顯現了政府發展文化創意產業的旺盛企圖心。當然，政府欲大力推動文化創意產業，首先應取法文化先進國家，在法律制訂、政策推動、主管機關等各方面的做法，並設法擷取他國優點，為台灣打造一套周延文化創意的發展政策（王健全、關裕弘，2007）。

　　行政院文化部（2009）指出，過去十年來，世界各國積極推動文化創意產業的發展，包括經濟與文化成熟發展的先進文化大國，如英國、美國、日本；或者亟欲突破傳統代工定位、從製造代工（OEM）轉型為設計代工（ODM）的新興亞洲國家，如中國、韓國、泰國，都已意識到文化創意產業帶動國家經濟成長、產業升級的能量，以及在城市行銷上所能創造的高附加價值，並將文化創意產業政策視為國家的重點計畫。觀察近年來，各國公部門推動文化創意產業，主要在因應世界經濟與社會趨勢的變遷，針對重點產業轉型與升級制訂策略目標。例如，日本於20世紀初面臨經濟泡沫化的危機，從經濟與政治的硬勢力轉而發展文化創意的軟性國力。經過十多年，今天的日本透過動畫、遊戲產業，已在全世界展現了強勁的文化滲透力。另外，2000年改變了亞洲各國產業經濟版圖的金融風暴，也催化了韓國的內容產業以及泰國的設計生活產業的發展決

心，即使是創意產業的發源國英國，其推動創意產業的初衷，也是想藉由創意產業，重塑英國在世界上已逐漸衰微的創新競爭力。根據聯合國貿易暨發展會議（UNCTAD）於2008年所發表的創意經濟報告（The Creative Economy Report）指出，1996～2005年的十年之中，全球創意產業外銷額（包括創意產品與創意服務）從1996年的2,270億美元成長至2005年的4,240億美元，成長幅度達87%。其中，已開發國家在創意產業國際外銷市場依然是主流，尤其是產業發展已臻成熟的歐洲國家，仍具有文化輸出的優勢。然而，從已開發國家與開發中國家外銷額比例來看，兩者比例已逐年拉近，由1996年的2.4：1到2005年1.44：1，顯示開發中國家近年來全力推動的成果。近幾年來，亞洲國家在創意產業的發展上有相當顯要的成果，也展現在優異的外銷成績上，十年來外銷額成長約133%，2005年所占世界創意產業市場比例為39.4%，直追歐洲國家。其中，印度與中國展現最耀眼的成績：在1996～2005年間的創意產品外銷額分別成長2.33倍與2.42倍。2005年，中國創意產業外銷額達613.6億美元，為亞洲之冠，除了中國本身創意產業的萌芽，也要歸功於轉口貿易與過境貿易所帶來的優勢。亞洲國家之所以展現驚人的成長能量，說明以中國為首的亞洲發展中國家，近年來由公部門積極推動的創意產業已有顯著的成果。

近年來，文創產業的推動普獲國際重視，各國相繼提出相關計畫，並列為國家戰略，顯見文創產業已成為各國產業發展重點，而最早提出文化創意產業政策的國家為英國（1997年由當時的首相Tony Blair的工黨內閣所推動），目前世界推動國家較出名者，約有英國、南韓、美國、日本、芬蘭、法國、德國、義大利、澳洲、紐西蘭、丹麥、瑞典、荷比瑞三國等。至於近期內則有如歐盟、芬蘭、澳洲、中國大陸、日本、南韓、新加坡分別宣告及提出相關的政策及計畫，如**表3-1**所示（文化部，2013）。

表3-1　近期各國推動文創產業之政策與計畫

國家／體系	政策／計畫投入資源、期程（目標）	公布時間
澳洲	公布「創意產業，21世紀澳洲策略」（Creative Industries, a Strategy for 21st Century Australia），預計相關投資463億澳幣（470億美元）。	2011年8月
歐盟	宣布「創意歐洲」（Creative Europe），期程為2014至2020年，預算18億歐元（23億美元）。	2011年11月
日本	提出「酷日本策略」（Cool Japan Strategy），透過六大文創方案的推動，強化中小型文創企業發展。	2012年1月
南韓	推動「韓流平台戰略」（以韓流為重點，推行文化數位內容出口計畫）。針對中小型文創業者，南韓提出優惠貸款方案，2012年至2014年預計投資1,000億韓元（約8,680萬美元）。預期目標在2020年吸引到2,000萬外國觀光客，將南韓觀光收入提升到300億美元。	2012年1月
新加坡	執行「文化創意產業計畫」，期程為2012至2016年，包括藝術與文化教育總體規劃及社區參與總體規劃等。	2012年1月
芬蘭	制定首項國家級文化策略，超過510萬歐元（664萬美元）的文化活動補助。	2012年2月
中國大陸	文化部公布「十二五時期文化產業倍增計畫」。	2012年2月

資料來源：文化部（2013年4月）。

　　有鑑於此，本章旨在分析世界主要國家文化產業推動概況及其政策，以供產官學界及關心文化創意產業的人士參考借鏡，使各界人士將以透過全方位角度與創新思考台灣文化創意產業的未來，進而提升台灣文化創意產業的競爭優勢。以下本章就英國、法國、美國、日本、南韓、中國、新加坡分別介紹產業發展概況、政策背景及其若干啟示。

二、英國文化創意產業概況

　　1994年澳洲政府公布了名為「創意之國」（Creative Nation）文化政策，彰顯澳洲的原住民文化、殖民文化與移民文化融合的國家形象，結合

文化產業與創意產業，並明確聚焦發展創意數位產業。這項重新詮釋國家
形象的變革，無疑影響了同為大英國協成員的英國，英國政府隨即組團前
往澳洲考察政策細節。

(一)以「創意」為文化核心的英國

1997年因為英國經濟長期低迷，給了在野的工黨最佳競選動力，
工黨領袖布萊爾因此當選了英國首相，他上任後解救英國經濟的藥方就
是「重新塑造英國的摩登品牌形象」，他首先將象徵傳統的「國家遺產
部」正名為符合當代國情的「文化、媒體及體育部」，任命Chris Smith擔
任部長，並於其下成立「創意產業專案小組」，由布萊爾自己兼任主席
（容我再強調一次，這些工作都在布萊爾就職後一個月內完成），1998年
小組提出了「創意產業」的產業分類與發展策略，這一系列的組合不但讓
當時低迷、看不見未來的英國經濟頓時有了發展方向，「創意產業」的定
義與策略更迅速地被歐洲、美洲、亞洲等許多國家和地區略作調整後採用
（潘德烈，2008）。

◆英國「大翼計畫」

英國「大翼計畫」啟動，文創出口值
2020年上看310億英鎊。從電影《哈利波
特》、BBC製播的《新世紀福爾摩斯》、
時尚品牌Burberry到英國知名特效公司
Framestore打造的《地心引力》驚人太空場
景，身為全球創意產業發展領頭羊，英國
在創意產業上的成績有目共睹，自2008年
至2012年間英國創意產業成長值高達15.6%
（同期英國整體經濟成長率為5.4%），平

英國「大翼計畫」
資料來源：數據台灣。

均每小時可為英國賺進800萬英鎊的收入,表現十分亮眼。然而,英國對於創意產業的企圖心,不僅止於國內經濟發展,根據2014年6月最新發布的「英國創意產業——國際策略報告書」(UK Creative Industries-International Strategy),更可見得英國創意產業進攻國際資金與市場的積極布局(方敘潔,2014)。

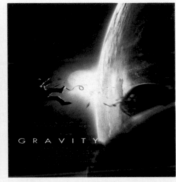

Framestore打造的《地心引力》驚人太空場景

資料來源:Framestore

報告書中將啟動「大翼計畫」(Big Wings)三大方針,包括:(1)建立新的國際夥伴合作關係;(2)於全球性大型計畫中極大化英國創意產業服務及商品之供應鏈;(3)專注於促增外資企業對英國創意產業之投資。英政府更宣示藉由此計畫促使創意產業產值於2020年達到出口值310億英鎊、創意產業公司數雙倍成長(從7,500家增至15,000家),以及提升FDI(Foreign Direct Investment)中創意產業占比自10%至50%這三大目標(方敘潔,2014)。

◆從工業革命到創意革命

18世紀末,英國為世界帶來了工業革命;借助取之不盡的機械能,各種產業突飛猛進,短短一百年內所生產的財富,遠超過以往歷史的總

和。但是，不到兩百年的時間內，這個最老牌的工業大國，竟也被失業與蕭條所苦惱。1980年代後期，英國產業的市場，被其他新興的工業國家所取代；如何重振英國經濟，成為執政當局最迫切緊要之事。在1980年代之時，智慧財產權的觀念正在萌芽階段，少數掌握著智慧財的國家獲益頗豐；長期為經濟低迷所苦的英國，立即注意到此一現象。由於發展智慧財產權所需的資金遠比重工業為少，也不需要廣闊的土地，亦無汙染或工安的問題，成功的關鍵在於腦力。而英國一向有著高素質的人力資源，在應用科學與藝術方面的能力，更領先大多數的工業國家；在在顯示，發展智慧財產權即是重振英國經濟的新方向。

因此，1992年在梅傑（Major）領導下的英國政府，即著手政府改造的工作。原先分散於政府部門的文化相關事權，被整合起來並提升至內閣部會之一，成立國家遺產部（Department of National Heritage），成為全國性的文化事務主管機關。1997年大選，工黨大勝；由於其主張全面改革政府效能，檢討原有以重工業為重心的經濟政策，因而使英國的文化產業發展，獲得極佳的機會，亦使英國成為世界上首先明確提出創意產業（Creative Industires）概念的國家。就在這一年，工黨政府將國家遺產部更名為「文化、媒體及體育部」（Department of Culture, Media and Sport, DCMS）（**表3-2**），其施政方針由管制與監督轉為協助與服務，以新的夥伴關係與民間攜手打造全新的創意產業。而其新任的部長史密斯（C. Smith）隨即提出「cool Britannia」的概念，將英國重新定位為追求獨特創意的國度，此即「cool」意涵之所在，並指出三大政策方向：

表3-2　英國創意產業主管機關前後期功能比較

項目	國家遺產部	文化、媒體及體育部
事權分配	管制為主	協助為主
核心任務	保存文化資產	文化創新
政府／民間關係	指導與監督	夥伴與平台

資料來源：整理自DCMS。

1.教育體系能確實提供創意產業發展所需之人力。

2.加強立法保障智慧產權。

3.小型創意公司能適時獲得所需資源。

C. Smith並且在部門之下設立「創意產業任務小組」（Creative Industries Task Force），由各部會與民間業者推派代表組成，以求群策群力推動創意產業的發展。近年來，DCMS依循此三大政策方向訂定如下新政策：

第一，協助構成創意產業核心的SMEs（Small and Medium Enterprises，員工數介於10～250人之間的公司）獲得所需的創業投資（venture capital）及融資。因此，英國政府於2002年4月成立創意卓越基金（Creative Advantage Fund），使SMEs成為創意產業的推動引擎；另外，並於2006年實施Creative Business Review政策，針對具成長潛力之SMEs予以資金及管理之專案輔導。

第二，推動創意的出口擴張政策。英國政府認為其國內市場胃納有限，必須使創意產品進入國際市場，才能發揮經濟效益。因此，設立四大專責機構：創意出口小組、表演藝術國際發展小組、設計夥伴計畫、文化遺產及旅遊小組，以落實創意出口政策。

第三，於2005年推出一項新的「Cultural Test for British Film」計畫，以下列三項指標評估電影的英國成分：

1.文化總部指標（Cultural hubs）——is the film production in UK?

2.文化從業人員指標（Cultural practitioners）——do the cast, crew, producers come from European Economic Area?

3.文化內容指標（Cultural content）——are the characters British?

換句話說，英國政府希望以這套評估方式來決定哪些電影可以獲得較多的補助或優惠，為的就是使公共部門與民眾對於電影的支出能夠為本國創造更多的經濟效益。這項政策，對台灣而言並不陌生，新聞局所公告

的「國產電影片及非國產電影片認定基準」第一條不就開宗明義寫著：主
要演員二分之一以上具有中華民國國民身分證明者。

　　政策既已明朗，法律層面也需大幅更張，才能事半功倍。英國在立
法上一向遵行著「臂矩原則」（the arm's length principle）與「分權自
治」（decentralinzed approach）兩大優良傳統，使民間擁有極為自主的發
展空間，亦使政府不擁有過大的權力反使資源遭到扭曲濫用。由於英國
的法律體制屬於海洋法系，自憲法乃至於各項主要法令皆欠缺一實體法
典，但反而是目前世界上創意產業相關法令最為完整的國家，此不得不歸
功於政策方向的明確及政府與民間的密切合作。英國創意產業相關法令之
立法時程如**表3-3**所示。

表3-3　英國創意產業相關法令制訂概況

時間	法令名稱	法令概要
2002年	Video-On-Demand Code of Practice	促進相關VoD（即時影音傳送）業者組成協會，以加強觀眾權益之保障，並使其自律以謀產業的長遠發展。
2003年	Communications Act	詳訂Office of Communications之組成方式與管理權限，並針對所有傳媒形式所涉事項予以規範，例如：營業許可、頻譜使用、專業素質、收費標準、閱聽品質、傳送方式等。
2003年	Dealing in Cultural Objects Act (Offences)	針對來自於偷竊（如盜墓）或將其他文物非法解體所得到的物品予以嚴格查禁，並予交易過程中所有相關人士重懲。
2003年	Draft London Culture Strategy	1.將創作列為倫敦發展的核心。 2.確保所有市長都能充分參與文化。 3.使倫敦從文化中獲得經濟利益。 4.將倫敦建設成為世界級文化城市。

資料來源：Office of Public Sector Information.

　　英國的創意產業自1997年推動到2004年為止，產值平均成長率為
7.8%，遠超過同期的國內生產毛額（GDP）2.8%的平均成長率；而且，
其成長態勢保持穩定，無明顯的波動。因此，英國的創意產業不但扮演

經濟火車頭的角色，對於經濟的穩定亦貢獻良多。台灣與英國同樣身處海島環境，亦面臨周遭國家的競爭；在文化上，我國傳承數千年的中華文化，英國亦擁有長遠的海洋文明與優良的法制傳統，兩國相比可找到許多共同點。由以上的分析可知，英國之創意產業之所以成功，主要原因在於政府積極的推動，以及明確的產業政策，使資源做有效配置。台灣自從2002年提出「文化產業」之相關計畫以來，各項政策正如火如荼的展開；英國在創意產業方面的成功，值得同為海島經濟體的台灣借鏡（王健全、關裕弘，2007）。

(二)英國創意產業發展政策

繼英國文化、媒體及體育部2008年推出創意產業五年策略後，創意產業為整體國家經濟帶來不同以往的貢獻，包含每年貢獻360億英鎊的毛附加價值、90億英鎊出口額、150萬的就業人口以及10萬產業家數等。為了使創意產業得到更長遠的發展以及成長，英國文化、媒體及體育部於2013年2月底公布一項名為「在保護消費者權益的情況下，使媒體及創意產業更容易發展」計畫，其計畫內容包含：

1. 持續藉由抵稅政策支援內容提供者，包含電影、電視、動畫及遊戲製作者。
2. 透過相關組織如海外市場研究服務組織（Overseas Market Introduction Service）以及國外參展計畫，使業者瞭解海外市場現況及變化，以尋求海外市場的開拓。
3. 資助英國電影協會（British Film Institute）加強電影製作、人才培育及發展市場研究。
4. 支援數位廣播的開發及普及化。
5. 設立創意產業委員會（Creative Industries Council），提供政府及業者協調及對話的平台。

6.透過制度的改善，扶植音樂、戲劇及表演藝術的發展。

7.藉由檢視BBC電視執照費用及相關公共廣播執照費，制定適當公共廣播法規。

8.透過制定地方性電視台服務需申請執照的制度，確保業者提供在地人民所需求之節目，以保障消費者權益。

9.確立Ofcom通訊辦公室在傳播與通訊產業具有輔導及規範的角色，以提供適當政策扶植產業。

10.與業者共同抵制線上盜版行為。

11.與業者、消費者保障團體以及相關法規組織共同保護兒童網路安全問題。（行政院文化部，2013）

(三)英國人才培育政策

英國文創人才培育主要由英國文創技能委員會（Creative & Cultural Skills）負責，此委員會受英國就業與技能委員會所認可，並且為國家出資金，業界掌管的獨立組織，涵蓋範圍廣泛，包含工藝、文化遺產、設計、文學、音樂、表演藝術、視覺藝術等。其主要執行六大項計畫摘要如下：

◆國家技能學院（The National Skills Academy）

國家技能學院之主要成員為國內外優秀的文化創意企業，國家技能學院透過這些成員提供該產業認證、發展並增加技術訓練及供應量，並確立相關課程方向及資格執照以符合實際產業需求。尤其透過每年所舉辦的大型會議，由相關成員提供以下服務：

1.傳遞該產業相關領先資訊、職涯成功案例以及相關專業特殊課程給有興趣進入該產業的年輕就業者。

2.啟動該產業新的專業資格認證方式，包含新的學徒制度已提供該產

業超過1,000名創意學徒就業機會。

3.促進國內外相關業者經驗及資訊交流。

4.促成「舞台後場排練中心」，提供該產業學員及從業人員有擬真的空間以便進行排練及訓練。

◆創意學徒計畫（Creative Apprenticeships Program）

為該產業提供新的學徒計畫，鼓勵企業透過學徒及實習制增加年輕學員實際經驗，達到產學連結的效果。

1.截至目前提供超過1,000人次的學徒就業機會，並已投資金額超過700萬英鎊在訓練課程上。

2.超過60%的學徒完成訓練之後，繼續留在原公司，顯示學徒制的實行確實也創造出穩定的就業機會。

3.79%雇主認為學徒制對該企業的營運有明顯的幫助。

4.資料顯示每200個學員提供整體國家經濟超過240萬英鎊的貢獻，說明學徒制對整體社會經濟有顯著正影響。

◆創意職涯選擇計畫（Creative Choices Program）

由於欲進入創意產業之從業人員，有半數的人不知道該產業的就業資訊及相關職缺類型。該計畫透過職涯選擇平台，利用線上資訊及特殊事件方式，提供對該產業有興趣的從業人員。

1.該平台為Creative Choices website，提供對該產業有興趣的從業人員查詢相關職缺資訊及職缺類型等。

2.其中「Get into」網站，更是特別為了戲劇、音樂、設計、珠寶及歷史遺產等產業所設計，提供對上述產業有興趣的年輕就業族群實用的資訊來源。

3.每年秋天亦透過上述國家技能學院網絡舉辦一系列「職涯選擇活

動」，對13～16歲的青少年真正走入產業工作環境，實際幫助青少年思考未來的職涯規劃。

◆創意藍圖計畫（Creative Blueprint Program）

創意藍圖計畫主要透過市場研究方式，針對文創產業市場的專業技能需求及產業規模進行分析，且目前已廣泛受政府及相關執行單位作為政策制定的考量依據。

1. 藉由勞動市場的研究及追蹤並分析未來發展趨勢，視市場變化情況調整並改善相關教育體系以符合業界所需的人才。
2. 透過強烈證據證明創意及文化產業對國家整體經濟環境的重要性。
3. 為獨立運作之組織，並透過與相關利害關係人為產業帶來更深入的理解及相關需求。
4. 該研究為公開資訊，且目前已廣泛受政府及相關執行單位作為政策制定的考量依據。

◆專業標準計畫（Professional Standard Program）

由於創意及文化產業中涵蓋各種不同的專業領域，因此專業標準計畫主要用於制定一套公認的專業領域之專業認證，其方法有三種。

1. 制定國家職業標準（Setting National Occupational Standards）：將創意及文化產業中特定工作所需的基本專業能力條列出來，並經英國就業與技能委員會核准後對外公布。
2. 發展職業認證（Developing Vocational Qualifications）：前述的學徒制便是以國家職業標準為依據，結合產業意見諮詢，建立出一套為產業所信賴的資格認證。
3. 提供易取得且高質量之專業發展機會：藉由創意職涯選擇網絡提供相關單位所設計之高品質的職業訓練。

◆舞台後場排練中心（The Backstage Centre Program）

　　該計畫透過世界各國知名藝術人員，提供業界年輕學員及相關就業人員相關職業建議，並提供擬真之排練中心供相關產業進行訓練及排演。

1. 該政策將大量產出相關專業技術員工，將對目前正快速發展音樂及戲劇展業帶來重要的影響。
2. 該中心提供年輕學子體驗與世界知名樂團及表演團隊進行擬真的訓練，以增加年輕學員之經驗及技術。
3. 「舞台後場排練中心」提供為特定目的表演而建造之設施及場地給予以準備進入該產業之相關就業人員排演、練習、測驗的機會。

三、法國文化創意產業概況

(一)文化創意產業經驗──法國

　　在法國的官方報告中，所使用與提及的文化產業一詞，與其所使用的「產業」概念，所著重的是可複製性（reproductibilité）。法國政府認為，在過去的二十五年中，文化產業有很大的成長與變化，並且也逐漸的有國際化的趨勢，在在都將影響一國文化的生態，因此值得政府的特別關注。因為法國本身有悠久的文化政策，其中也包含所謂的文化產業領域。所以，法國政府對於文化產業的協助與推動，比較是放在個別的文化產業上。觀察法國政府的報告及學者的論述，法國文化產業所包含的是傳統文化事業中，特別具有可被大量複製的產業。其中，最典型的是書籍出版、影像（電影、電視等）及影音（錄音帶、CD等）。而且分別制訂相關的補助辦法來保護與促進這些產業的發展。法國對於法國電影的保護有

其一貫知名的立場，也發展出WTO文化例外的概念。其次，法國對於文化產業可能集中於少數幾個集團（出版與行銷）也表示關切。目前法國官方仍未放棄公營的電視台。國家對於維持法國文化的多元、蓬勃發展之企圖仍然非常明顯。除此之外，法國對於透過文化部、外交部向世界行銷法國文化的意圖也很明顯。其中一項值得注意的做法是，以文化工程（ingénierie culturelle）來與其他國家合作。以法國在文化的管理、行銷、教育等經驗來與其他國家政府合作（夏學理，2004）。

(二)法國文化創意產業內容創作補助政策

法國文化部指出，2011年法國文化創意產業產值約850億歐元，附加價值約為400億歐元。文化生產劃分為市場化部分，也就是文化產品、服務的銷售及商業活動，約為690億歐元，非市場化部分則是160億歐元。以貢獻度來說，2011年廣播電視電影產業占文化創意附加價值的四分之一。表演藝術及傳統遺產主導著非市場化部門，分別占附加價值的18%及11%。現場表演的產值增加，最主要與漲價有相當大的關係，相反地，書籍和平面媒體業在2011年的產值占有率已經降至15%，其他文化創意產業，例如廣告、建築、視覺藝術、文化教育則總計占文化產業附加價值的三分之一。對於文化市場上激烈的國際競爭，法國一直是以重視文化發展及其多樣性，強調文化與國家形象之結合來保護及應對國際競爭的白熱化。

法國國家機構透過稅賦再分配來支援文化創意產業的經濟發展，例如國立圖書中心、國家電影中心或者是國家流行音樂中心，這些國家組織都有個別的帳戶基金，其基金來源來自於購買商品、票券或者其他方面的費用徵收，例如國家圖書基金、國家影視廣播產業基金及國家流行音樂基金，這些基金支援各個專業領域所需要執行的措施。

隨著全球化發展，數位化程度越來越高，法國文化部近年工作重心

之一就是資助並推動文化創意產業的數位化，例如電影、電視。此外，文化部還透過資金的擴大投入及資源整合，扶持各地區中小型企業，鼓勵藝術家創作，補助內容也相對培育文創產業中的專業人才，其中以國家視覺藝術中心所提供的鼓勵創作基金不僅支助其國內微型文創產業，也間接促成人才培育，而跨區域書籍及閱讀聯合會則是透過資源整合來讓中央及地方的圖書補助資源、經驗及知識技術串聯起來，降低業者在經營層面的風險（行政院文化部，2013）。

◆國家視覺藝術中心──鼓勵創作基金

國家視覺藝術中心（Centre National des Arts Plastiques）專注於現代藝術領域，鼓勵並支持法國在視覺藝術上的創作，例如繪畫、表演、雕刻、攝影、裝置藝術、視頻、多媒體、圖像藝術、設計和圖像設計。同時也培養創作者新技術及支持專業藝術家在現代藝術領域新型態藝術的創作。法國對於文化產業的資助，主要是以財務上直接或間接的補貼方

法國國家視覺藝術中心
資料來源：Le CNAP網站；Jean-Philippe Mesguen拍攝。

式，以及稅率予以減免稅的優惠措施，來鼓勵企業或人民對文化產業的投入，並提升文化產業對外競爭性。以視覺藝術為例，創作者在安置工作室及購買原料上，都可以向各地文化部辦公室申請補助，因此國家視覺藝術中心所提供的「鼓勵創作基金」，鼓勵對象包含：藝術家、紀錄片攝影師、藝術修復者、作家（包含理論家及藝術評論家）、出版商、藝廊、運動影像。

① 藝術家

1.對於藝術家的支援創作：補助從事視覺藝術個別領域專業之創作者及研究者，主要在於協助個人研究及開發視覺藝術中個別的藝術計畫，補助領域包含繪畫、雕塑、蝕刻、雕刻、攝影、聲音藝術、視頻、新媒體、設計、裝置藝術等等。

(1)補助金額：補助最高金額不得超過15萬歐元。

(2)補助條件：最後開發或研究之成果必須於當代藝術展覽場所、畫廊等公開。此項條件最主要是為了強化創作者之專業深度及創作者作品演化。

(3)補助結果：2012年共撥付了199,000歐元的預算，申請達117案，評選通過者為26案，平均每案可獲得7,650歐元的補助。

2.對於藝術家的特殊津貼（Bourse du Fiacre）：國家特殊津貼是屬於一次性的緊急援助。開放給居住在法國遇到藝術活動舉辦上財政困難的藝術家，而這項津貼並非補助其創作或生產所需購置之設備，反而是補助藝術家在各地區的生活及安置費用，藝術家身分不限於法國人。

(1)補助金額：固定為每人1,000歐元。

(2)補助結果：2012年共撥付了115萬歐元預算，申請者達229人，評選通過者為115人。

②紀錄片攝影師

此類援助政策目的主要是加強在專業領域攝影師的投入，同時也強化當代紀錄片的產製。

1.補助金額：補助最高金額不可超過製作成本的50%。
2.補助條件：作品完成後五年內若紀錄片收入（例如版權販售、票房收入等等）超過總製作成本，CNAP將會向創作者索取扣除部分收入，最高為30%。
3.補助結果：2012年該補助項目即支援了44案影片申請，總計約支付81,000歐元，有12案受惠，平均每案獲得6,700歐元的製作成本挹注。

③藝術修復者

支援當代藝術保護和恢復之學習及研究。申請者在過去必須有此領域之專業貢獻。

1.補助金額：補助金額不得超過8,000歐元，申請通過者可在下次重複申請，申請額度以三個月4,000歐元及六個月8,000歐元為度。
2.補助條件：此補助政策以專案形式為申請準則，例如與一個組織或者一位專家學習或合作修復一個特定的項目，修復工作位置不限於法國境內。
3.補助結果：2012年撥付之預算為32,000歐元，總共有6案首次申請，也同時是受贈者，平均每案獲得5,333歐元挹注。

④作家（包含理論家及藝術評論家）

支援視覺藝術理論及評論型研究之作家、理論家及評論家，其研究方法必須符合專業訴求。以補助現代藝術領域之文章或者書籍出版。補助領域包含繪畫、雕塑、蝕刻、雕刻、攝影，聲音藝術、視頻、新媒體、設計、裝置藝術等等。此項政策最主要是為了強化作者其專門領域之內容深

度及其個人學習目標的演進。

1.補助金額：不得超過10,000歐元。

2.補助成果：2012年撥付預算為26,000歐元，共有18案申請，其中有6案申請獲得補助，平均每案獲得4,333歐元補助。

⑤出版商

最主要在提升法國境內及海外法國藝術的知名度。因此補助對象為出版業者及非商業營利組織來支援現代藝術，在最理想的狀態下確定及保證在法國境內法文出版品的出版及發行。補助領域包含繪畫、雕塑、蝕刻、雕刻、攝影、聲音藝術、視頻、新媒體、設計、裝置藝術等等。

1.數位出版補助：支援視覺藝術出版數位化補助項目以透過DVD、電子書、線上閱讀及VOD等數位發行為主。CNAP的局長可以決定計畫的執行與否及其補助費用。2013年撥付34,000歐元的預算，共有12案申請，其中3案申請通過，平均每案獲得11,333歐元的補助款。

2.印刷出版補助：以當代藝術為主題的書、學術著作，由目前還在世的藝術家撰寫的、設計的目錄、藝術期刊，或現代藝術評論的出版發行。2012年撥付211,850歐元預算，共有83案申請印刷出版補助，35案通過評選，平均每案獲得6,050歐元的補助。

⑥藝廊

1.貸款償還計畫：國家視覺藝術中心提出貸款償還計畫予於法國境內的藝廊，以展示法國原創作品。透過這項補助，將能夠確認法國藝術在法國境內藝廊的能見度。而這項貸款償還計畫是由現代藝術領域專家組成的委員會進行評估，國家視覺藝術中心將確保它的計畫可以有利於展覽藝術和可以代表展覽藝術的藝廊。每家藝廊可以獲得的貸款金額不得超過5萬歐元，每家藝廊不能獲得超過兩項貸款

補助，若有其中一項補助返還即可再申請。

2.援助首次展覽的藝術家國家視覺藝術中心援助於商場及藝廊的首次展覽：此項補助主要以法國及國外專業藝術家在法國或海外未曾舉辦過個人展覽者或者五年內未舉辦個人展覽。在申請期間，藝術家必須要向委員會證明作品乃首次展覽。這項補助將也適用於部分藝術家團體申請。2012年國家視覺藝術中心撥付83,200歐元預算，共有31案申請，23案通過評選，包含13案首次展覽，平均每位獲得3,300歐元補助以及10案被包含於展覽節目中的作品，平均每案獲得4,050歐元補助。

⑦運動／影像

運動／影像是國家視覺藝術中心為了支持現代藝術在電視及電影領域中的創作及開發。這項政策補助製作及後製階段的成本所需。這項補助將會被監督計畫產製及其爾後的發行及行銷，因此受到補助的計畫後續內容將必須公開放送。

1.補助金額：1～2萬歐元
2.補助成果：2012年撥付19萬歐元，共有162案申請，僅18案計畫申請通過，平均每案獲得補助為10,556歐元。

◆跨區域書籍及閱讀聯合會

跨區域圖書及閱讀聯合會（Federation Interregionale duLivre et de la Lecture）是一家專業間組織（interprofessional organization），同時也身為區域圖書組織（structures régionales pour le livre, SRL）的開啟者，其專業領域包含圖書文化領域，從作者到閱讀者，從傳統到創作、從公立圖書館到圖書經濟，同時也重視區域間個別會員的狀況。以一個地區性來看，SRL激勵圖書領域、閱讀領域及史實領域中公部門及私部門的角色互換，他們收集了豐富的資訊並且開啟了許多合作及活動。以中央角色來看，跨

區域書籍及閱讀聯合會建構了一個可信賴的工具來收集區域間關於圖書文化的數據資料，並且促成所有圖書部門中的資源及經驗相互協力。跨區域書籍及閱讀聯合會同時也是一個研究、論辯、分析、建議及執行的機構，提供相關的研究工具來擬訂具創新性的文化政策。跨區域圖書及閱讀聯合會也類似一個大型的線上資源整合中心，其中包含關於圖書領域多種的工作坊、研討會及學術報告的紀錄，同時聯合會也提供諮詢以及參考手冊，其中一項便是各區域圖書專業，例如創作者、出版業者、圖書販售業者的補助相關資源手冊，網站中有超過360種國家及區域的補助或支援措施，措施包含寫作補助、居住補助、商業創作及開發、行銷、發行、出版、翻譯、活動舉辦，以及諮詢、企業資源及訓練課程（**表3-4**）。

　　這項線上資源整合中心以集合地方政府及中央政府之政策，並且區域政府時常扮演著補充中央政府不足的部分，完整產業鏈補助，使業者從創作端到出版端及販售端都能夠獲得資助。

表3-4　法國跨區域書籍及閱讀聯合會整合

補助對象	補助種類
創作者援助	・支援創作前製準備 ・支援創作者居住費用 ・創作及翻譯補助 ・建議及支援 ・居住資源
出版業者援助	・支援創作及開發 ・支援行銷及推廣 ・支援出版及翻譯 ・專門技術及建議 ・職業訓練及大學培育
圖書販售者援助	・支援創作及改編 ・支援行銷推廣 ・開發協助 ・專門技術及建議 ・職業訓練及大學培育

四、美國文化創意產業概況

不論中外，都流傳著這句諺語：百聞不如一見（To see is to believe）。管它是開天闢地還是摩西出海，抑或是莎士比亞與星際大戰，只要是人心所能想的，好萊塢都能搬上螢幕。人類自從有文明以來，首度能夠看到他們的夢想活生生的展現出來，也難怪電影總令人為之瘋狂。近百年來，全球最大的電影產出國便是美國。即便是文化創意產業百家爭鳴的今天，好萊塢的票房仍占有全球電影市場的三成以上；難怪2001年名片《大敵當前》（Enemy at the Gates）的導演就曾這樣感嘆：美國文化已成為世界的文化！這樣壓倒性的優勢，十足的令人好奇，到底美國是怎麼做到的？美國一向極為注重個人自由與地方分權，其國內的政策皆是這兩大核心的映照；對其立國精神而言，文化事務屬於人民的文化權（cultural right），是天賦人權之一，政府不得干預，甚至連贊助都應儘量減少。因此，美國人民即以文化推動者自居，積極參與文藝活動。在民間的高度參與意願的基礎下，建構了美國文化創意相關產業的三大特色，亦成為它國難以匹敵的競爭優勢，它們分別是（王健全、關裕弘，2007）：

(一)規模性

由於美國人民對於藝文活動的高度參與率，故以美國將近3億人口來換算，形成當今全球最大規模的文化消費市場。這龐大的國內市場，足以提供電影、音樂、出版、藝術展演等多項文化產業豐厚的營收，形成大型而完整的產業鏈，進一步攻占國際市場，無需政府刻意扶植即稱霸全球。

(二)滲透性

美國人民不但有高度的藝文活動參與，亦有高度的贊助意願，形成了全球獨一無二的基金會體系。幾乎每一個美國人都有定期捐助的習慣，因而許多小型的藝文基金會如雨後春筍般的成立。這些基金會以社區型占多數，它們將藝文活動帶進大街小巷，提供眾多小型的藝文創作工作室發展的沃土。除了民間之外，美國政府亦扮演基金會體系的重要推手，其中影響力最大者為1965年成立的「國家藝術與人文基金會」（The National Foundation on the Arts and Humanities）。它的組織結構如下（**圖3-1**）：各基金會轄下共有州立藝術機構55間，其下更有區域型藝術機構更多達558間；政府之直接補助極少，遠不如民間的支持力量；如各類藝術機構之總收入中，60%為門票收入，30%為私人贊助，剩下的10%才是政府補助。其中，NEA的目標在於提倡藝術展演，諸如：惠斯勒的《母親的畫像》之類的作品，或是「Shakespeare in American Communities」計畫；至2006年5月為止，已在1,200個社區完成演出。而其主管機關「國家藝術委員會」（The National Council on the Arts, NCA）則由20位藝術領域人士組成。NEH的目標在於提振美國本土的人文研究，諸如：印地安文化即是；而其主管機關「國家人文委員會」（The National Council on the Humanities, NCH）則由26位學有所成的人文領域人士組成。

國家藝術與人文基金會 {

　　國家藝術基金會
　　（The National Endowment for the Arts, NEA）
　　主管機關：國家藝術委員會

　　國家人文基金會
　　（The National Endowment for the Humanities, NEH）
　　主管機關：國家人文委員會

圖3-1　美國的藝術與人文基金會體系

資料來源：NEA, NEH.

惠斯勒的《母親的畫像》
資料來源：維基百科。

印地安文化
資料來源：點力文秘網。

(三)多元性

　　除了高度的藝文參與以及贊助意願之外，美國人民對於藝文創作亦很積極。美國社會為一民族的大熔爐，許多民族文化互相激盪出更多的創意，產生美國獨有的藝文形態，如藍調、爵士樂、鄉村音樂等。這些

極具特色的藝文形態亦廣受各國歡迎，為美國帶來豐厚的經濟效益。在實務上，美國政府將所有以知識或創意產生經濟利益的產業一概以copyright industries稱之，而且分為三個層次（**圖3-2**）。所以，版權產業將所有文化創意產業納入，亦包括了數位內容產業；現階段，美國最重要的產業政策就是保障其版權產業的利益。如美國商務部協助MPAA（美國電影協會）與中國的國家廣電總局簽署「電影版權保護合作機制備忘錄」，由美方定期向中方提供電影上映資料，加強打擊盜版，維護美國的版權利益。

　　雖然美國政府對於藝文活動保持放任的態度，但其國會仍積極立法，提供藝文創作自由的空間與利益的保障。尤其在智慧財產權方面，亦需要法條明文加以規範，才能使企業願意投資藝文創作。**表3-5**則擷取了近來美國文化產業相關法律之制訂情形，以供參考。

　　身為全球文化產業霸主的美國，雖然沒有政府刻意的作為，但仍然持續在電影與流行音樂等方面領先各國。1998～2004年美國版權產業產值快速成長，年均成長率為6.4%，超過同期美國GDP年均成長率5%；此或許是好萊塢電影在各國普遍受到歡迎，因而帶動美國其他版權產業的

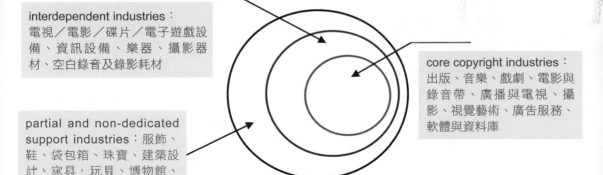

interdependent industries：
電視／電影／碟片／電子遊戲設備、資訊設備、樂器、攝影器材、空白錄音及錄影耗材

core copyright industries：
出版、音樂、戲劇、電影與錄音帶、廣播與電視、攝影、視覺藝術、廣告服務、軟體與資料庫

partial and non-dedicated support industries：服飾、鞋、袋包箱、珠寶、建築設計、家具，玩貝、博物館、版權產品之銷售傳播

圖3-2　美國的版權產業分類

資料來源：International Intellectual Property Alliance (2006).

表3-5 美國版權產業相關法令制訂概況

時間	法令名稱	法令概要
2000	Work Made for Hire and Coryright Correction Act	本法為著作權法案之修訂版,乃針對企業聘僱之員工所創作之有聲產品,排除在著作權法中所規範之聘用製造範圍之外,另規定必須加以登記。
2000	National Recording Preservation Act	此法案的目的在於為提供後人文化上的持續創作,因此而建立一個國家級的有聲檔案典藏制度,對象為具有文化、歷史、審美特性的聲音記錄,這項工作的負責機構是國會圖書館。
2004	Intelltectual Property Protection and Courts Amendments Act	本法案規範下列三種版權侵害行為: 1.盜錄:即使盜版的對象屬於phonorecords,仍將受罰。 2.非法交易:假造copyright label處以刑責。 3.偽造網路認證:主要針對以取巧方式混淆合法之網域名稱謀取不法利益之行為科以刑責。
2004	Copyright Royalty and Distribution Reform Act	1.設立版權法官,專責處理版權爭議事項。 2.版稅之費率訂立應合宜,如考慮通膨。 3.以具有版權專業知識者進行裁決。
2005	Family Entertainment and Copyright Act	針對公開放映的藝文作品(如電影、舞台劇、舞蹈)遭到被盜拷、側錄等行為的侵害,訂出明確的罰責,同時亦規定合理的重製與再流通行為。

資料來源:U.S. House of Representitives.

成長。在1992～2001年間,美國人用於消遣(recreation)方面的支出金額年均成長率為7.79%,遠超過同期GDP年均成長率5.34%,可見美國一般大眾對於藝文活動有相當的熱情;而且,由其占總支出比率不斷攀高來看,他們的藝文參與熱度還在加溫當中。在沒有貿易保護措施,亦缺少政府補助與政策引導之下,美國版權產業(尤其是電影和音樂)卻連番攻克各國市場,使得歐盟以及日韓等工業強國亦設下貿易障礙,保障自身的文化產業。或許美國的影音產業有其先占與先天的優勢,發展較早也因而較他國為成熟,加上創投事業發達,願意提供風險性資金給具創意的廠商或

產業，使其得以一展所長。當然，若無一個自由開放的體制，創意也將無從發揮。因此，政府營造一個優質環境，讓文化產業的創意、多元得以發揮，以及政府對版權的重視，都是美國文化產業成功的重要原因（王健全、關裕弘，2007）。

五、日本文化創意產業概況

和風吹拂的動漫王朝——日本，對於民國60年代初期成長的人來說，《機器貓小叮噹》、《小甜甜》、《金銀島》等這些動漫作品，一定如數家珍；這些來自日本的卡通，直到現在都還非常受歡迎。2007年7月中旬在高雄市立文化中心甚至舉辦一場以「科學小飛俠」為主題的展覽，吸引許多五、六年級的民眾前往參觀。另外，日本動畫名人宮崎駿在2001年的作品《神隱少女》獲得柏林影展的金熊獎，更在2004年勇奪奧斯卡金像獎最佳動畫電影、最佳電影歌曲雙料大獎，可見動畫已成為日本揚名國際與創造財富的一項利器。二戰戰敗後的日本，受到澈底的破壞，卻能迅速復興，打敗許多先進工業國家。經過多年的討論，輿論界咸認為日本之所以能在短時間重登工業強國的地位，應歸功於日本的獨特文化：重視榮譽與自我犧牲；而島國環境帶來的憂患意識，亦加強日本著重文化傳承的使命感。文化事務原是中低層級政府部門所管轄；在1968年，文化事務被提升層級而隸屬於文部省之下的文化廳。在事權集中、行政升級之後，日本的內容產業（content industry，日本用來統括所有文化創意相關產業）政策得以明確化；在所謂「文化立國」與「第三次遠航」理論的指導下，其政策有如下特點（王健全、關裕弘，2007）：

(一)鼓勵內容產業的投資

1980年代，日本泡沫經濟崩潰，邁入極度的低迷。為替龐大的儲蓄額找到投資用途，而往日的重工業與科技業亦自身難保之下，政府便鼓勵進行文化產業的投資。於1989年，SONY以48億美元的代價入主美國Columbia電影公司，成為大股東；又於2004年再以50億美元買下MGM（米高梅）電影公司，取得控制權。此後，好萊塢影片便有越來越多的日本題材（如《酷斯拉》、《不死咒怨》），更可為日本動畫產業進行策略聯盟。

(二)重視文化輸出

日本政府於總預算中編列「文化無償援助」資金，購買動漫版權，並將這些動漫片無償提供給其他國家的頻道播放，使這些國家不需任何花費即可播放日本的動漫片。2006年開始提出所謂「動漫外交」的構想，由外務省針對漫畫家進行「動畫文化大使」的認證，合格者的作品將由日本政府協助其作品進行全球推廣。另外，亦與它國合作推廣日本動漫；如2006年於北京成立「中日動漫研究中心」，遴選優秀的中國動漫作家前往日本學習。其目的不外乎打開日本產品的市場，還可以擴大日本的影響力，一箭雙鵰。

日本的動漫產業的發展過程，與美國有異曲同工之妙。它們在發展的過程中，政府並沒有太多的扶持，而是民間自行發展。而日本政府多半為知名學府之知識份子所掌理，對於文化產業仍較側重其文化層面，由**表3-6**也可看出此一政策方向。

由於歷史及政治上的特殊背景，使日本成為全世界動漫產業最具規模的國家。近年來，更結合數位科技的應用，使日本的遊戲產業獨占鰲頭；但是，日本的家用遊戲機（如playstation、gameboy等）軟體卻遭受

表3-6　日本內容產業相關法令制訂概況

時間	法令名稱	法令概要
2001	傳統工藝品產業振興法（修訂）	針對原法案所修訂之處如下： 1.加強事業協同組合、協同組合連合會的功能，以增進行銷能力。 2.訂定傳統工藝品之製造予以活性化的計畫，賦予新價值。 3.運用消費情報以進行新的開發。
2004	文化財保護法（修訂）	原文化財保護法修訂如下： 1.加強民俗藝能與民俗技術的保障。 2.具文化資產價值之景觀（史蹟名勝天然紀念物）亦列入保護範圍。 3.有形文化財之任何動態，諸如：發現、輸出、損傷、補強都須進行登錄。
2005	農山漁村餘暇活動基盤整備之促進法	針對農山漁村之休閒事業，規定如下： 1.加強山村體驗之民宿登錄。 2.提升民宿之生活體驗價值。 3.於大專院校增加民宿體驗之企劃課程，以提升行銷能力。
2005	國際博覽會觀光客促進法	本法為針對2005年日本之愛知國際博覽會所訂之觀光促進法案，主要規範如下： 1.地方公共團體訂出協助外國觀光客參訪的計畫。 2.博覽會之參訪外國人士出入海關予以特別禮遇。 3.政府應積極廣為宣傳博覽會，提高對本國的經濟利益。

資料來源：日本眾議院。

線上遊戲的強烈打擊。自從線上遊戲在2000年開始興起之後，家用遊戲機軟體的輸出金額即大幅下挫，連續五年都無法再恢復以往水準；直到2006年推出playstation第三代才重新找回家用遊戲機軟體的消費群。日本在動畫、漫畫及遊戲方面的產品，都相當程度的反映出對於自身文化的驕傲，也因而在國際上享有盛名；但是，一般大眾對於這些產品，卻似乎不若其他國家消費者來的熱衷。日本家庭每年用於文化娛樂的支出金額成長並不穩定，而且在playstation第三代推出的2006年反向下跌。另外，2005年文化娛樂支出金額的大幅增加，似乎印證了當時韓劇在日本的風靡盛況。其實，台灣也曾有過一段漫畫的興盛時期；雖然不如日本作品的細膩與多樣化，但在當時若能經由政府善加輔導而非加以抵制，或許在今日也

能成為重要的出口產業。由此例可知，政府的態度往往決定了文化創意相關產業的存亡與否；但是，日本內容產業興盛的根本原因在於各國文化的融合及數位科技的結合，而提高產品的娛樂性，使消費者難以抗拒。近年來，日本政府感到南韓的競爭壓力，一改以往對於動漫產業的放任作為，採取積極政策，加強對外輸出；此一擴大出口的產業政策，台灣對此並不陌生，日本以此振興其內容產業的做法應有很高的參考價值（王健全、關裕弘，2007）。

(三)文化創意產業：未來二十年全球最大經濟發展引擎

日本又萌又拙的高人氣熊本熊（Kumamon）、建築師Thomas Heatherwick打破常規的世博英國館「種子聖殿」、德國魯爾工業區灰撲撲老礦場一舉變身為「歐洲文化首都」，這些來自不同國家的人氣icon都是文創產業的展現，它們不僅代表著話題與吸睛度，隨之湧現的更是新世紀無限商機。

依據聯合國最新發布的「2013年創意經濟報告書」中指出，全球創意商品及服務2011年總值高達6,240億美元，自2002年至2011年間呈倍數

熊本熊（Kumamon）

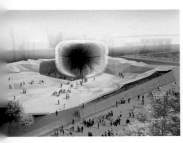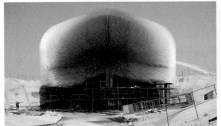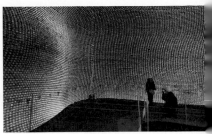

世博英國館「種子聖殿」

成長，平均年成長率為8.8%，在開發中國家平均年成長率更高達12%，無論是已開發或開發中國家都視文創產業為新金源或翻身的絕佳機會，文創產業儼然成為2015年後全球發展的主力引擎。

◆日本：重振經濟，酷日本基金搶攻國際市場

放眼國際將全球創意產業市場作為目標，日本積極調整酷日本（Cool Japan）政策，希冀能藉由酷日本基金有效突破當前創意產業缺乏企業資金投注、文化輸出轉換力不足，以及國際市場拓展成功經驗偏低之瓶頸。

2013年11月底，日本經濟產業省宣布成立「酷日本基金」（Cool Japan Fund），由日本政府出資300億日圓（2014年底將增資至500億日圓），加上15間民間企業各出資5億日圓，投注總金額高達375億日圓，並成立酷日本基金公司（Cool Japan Fund Inc.）專責管理，積極於國際間形塑日本動漫、時尚美妝、美食、觀光風潮，就是為了能夠再創日本經濟榮景（方敘潔，2014）。

酷日本基金
資料來源：數據台灣。

(四)文化產業？創意產業？

在台灣，文化創意產業（Cultural and Creative Industry）有很明確的名稱及定義分野，但在日本，其實並沒有文化創意產業這個詞。他們沿用英國的概念，使用クリエイティブ産業（creative industries），也就是創造產業一詞來代表文化創意產業；常常會與「文化產業」、「コンテンツ産業」（contents，中譯「內容產業」）等被混淆使用。其實不管是文化產業還是コンテンツ産業，都包含在創意產業的分野裡。

引用岸博幸在〈創意產業富國論〉（2008）一文中所說：「日本人が慣れ親しんでいる産業区分で言えば、メディア、コンテンツ（現代文化）、伝統文化、広告ビジネスをひとまとめにした概念である、と言えます。」包含媒體、現代文化（影視動畫電玩等）、傳統文化、商業廣告等，相當廣泛的概念都可歸類在創意產業中。

由此可見，雖然在名稱上有所混淆，但在內容的定義上，日本的文化創意產業和台灣是沒有太大區別的。那日本為什麼可以把文創產業發展得這麼好呢？以下有幾個官方連結可供各位參考：

日本經濟產業省官網

第一個分享的是台灣文化部——文創產業推動網中的文章，有簡略的概念及介紹：

日本文化產業政策概述（日本），http://www.cci.org.tw/cci/cci/law_detail.php?sn=4285

日本文創產業全球化政策的成功關鍵（台文創基金會），http://cci.culture.tw/cci/cci/market_detail.php?sn=8302

更進一步，可瀏覽日本經濟產業省官網，http://www.meti.go.jp/policy/index.html

在政策一覽中，有關於文化產業及コンテンツ產業的詳細資料，供大家從官方資料瞭解日本文化創意產業現況。「コンテンツ產業」的範疇包含電影、動畫、遊戲、書籍出版、音樂製作等部分，可以暫時稱為日本文創產業中，與文化產業（傳統文化）並列相當強勢的兩個部分，在此網可以看到許多有趣的資料（全球文創部落格，引自岸博幸，2008）。

(五)日本地域振興計畫實例

日本地域振興主要目的：建立地方居民認同，藉由地方的歷史、文化，所建構出來獨特的地方特色，以永續經營的觀念來發展，讓地方居民共同參與擬定發展藍圖，藉由地方環境的改善吸引遊客，將地方規劃成為宜居宜訪的環境，讓地方的產業能夠賺到錢，地方的居民也能生活得更好。

案例：

1. 古川町傳奇：飛驒市景觀維護再造，讓居民生活得舒服，(1)瀨戶川清潔河水放養鯉魚；(2)古蹟建築整建；(3)舉辦祭典活動吸引觀光客。
2. 大正村：透過古街道、建物保存，展現日本大正時期特色及鐵道文化。

3.三島町有機農業：重點在於生產健康的糧食，造就健康的生活。

4.池目町造酒文化。

5.昭和村苧麻織布：原料的苧麻，如今依然以六百年前的方法種植。

6.黑壁銀行：一棟建於1900年的銀行，因為外牆黑色塗裝，被人暱稱為黑壁銀行，成立一個黑壁株式會社（公司），將黑壁銀行命名為黑壁一號館，從挽救一棟老銀行，喚回居民對家鄉的感覺，再不斷溝通形成共識的進行改造。

古川町傳奇[1]

日本這個擁有兩千年歷史的國家，隨便一座廟宇、老街就是百年千年歷史，再加上明治維新後，大大小小的洋建築，許多地區都有深厚的歷史紋理。當開始想要進行社區再造，就像打開寶庫挑件古物，輕輕拂去灰塵就耀眼驚人。在日本太多社區進行再造，仿如很容易找到一個施力的起點，一條老街、一道護城河，或是一個老行業，一旦喚起記憶，重新整理，大概都能做出成效。日本行，一路走、一路看，許多地方的保存與再造，不是一小棟、一小間的留存，而是一條街、一個區塊的整體再造，那種要做就全部做的氣魄，相當嚇人。千年歷史的日本，他們事事珍惜，相對四百年歷史的台灣，能留的歷史物件已經不多，再碰上專拆古屋古物的政府，如何成就台灣的社區再造。

古川町有什麼美麗？在行前搜尋資料，一位網友用著失望的口氣，寫下對古川町的感受。這句話，我同意！當看過諸多名城、長街、大河、古屋的日本街町，相對這些本質良好的區域，古川町的條件，還真的遜色不少。但是，心裡高興，就是因為這樣的相對遜色，條件差的古川町，也能做出這番成就，台灣有望！這也是古川町成為台灣社造典範之所在，如果相較其他動不動就千年歷史、一街老屋的街町，要比社造條件，還真懸殊得讓

人不知如何仿效。但是古川町,太多的相似存在其間,一樣曾有的困境,一樣破壞的面貌,如果古川町能走出一片天,台灣為何不能?古川町,不算是歷史名城的城下町,1589年增島城建立,奠立古川町的街市風貌,直到1615年一國一城政策下,增島城拆毀,短短二十年間,並未給古川町留下太多豪宅、名寺。進入現代時期,古川町也同樣面臨老屋拆除重建,人口移往都市的問題,它和台灣農村小鄉鎮一樣,有著追求發展中,新舊建築雜亂,環境面臨汙染的問題。1958年古川町觀光協會成立,一開始以古川祭為主體,推動觀光振興,但是隨後這樣的想法開始修正,轉為改善居民的生活環境,以及提升對鄉土保護的共識。

1965年,推動瀨戶川的整理工作,讓一條又髒又臭的古老渠道,恢復潔淨的面貌,那樣的信念,不只是清理水道,而是澈底生活習慣的改變,不再有人往水道排放汙水,甚至一起放養錦鯉,目的在於考驗居民,能不能保持水質,讓錦鯉存活。瀨戶川

的再造，成為一個起點，有了美麗的渠道，居民開始注意街道，他們希望古川町整體景觀能夠保存，不要再繼續破壞下去，在1970年代就透過「古川町市街地景觀保存自治條例」的制訂，阻止古川町的不當開發。到了1981年，重新修復後瀨川旁具有特色的「白壁土造」酒莊倉庫，營造水道的美麗景致。更重要是，在此時也開始思考，只是透過法條阻止町中的不當開發，其實無助整體景觀的恢復，於是設立「街

道景觀設計獎」，鼓勵居民在整修房子之時，能夠符合古川町傳統街町的特色。於是，格子窗、有著雲紋印記的斗拱，構成古川町的整體景觀，雖然不是整齊畫一，但是已經可見居民對於整體景觀的重視。

　　從渠道到街道，古川町為一萬六千多位居民，營造一個良好的生活空間，這些作為不是一心朝向觀光，而是以生活品質為優先考慮。就像拆掉礙眼的天橋，為老人、孩童打造適宜緩步的地下通道，兩端出入口有廁所，

外觀也絕對配合景觀。生活空間打造完成，接著就是尋找歷史榮耀，古川町不似其他名地，隨便就有一長掛的戰國故事，或是何種百選勝景。

　　但是，古川町以出名的古川祭，以及早期飛驒國的木匠光

采，他們分別興建「匠之會館」與「祭典會館」兩座博物館，來彰顯古川町的歷史榮耀。匠之會館以木匠文化為主題，展示各式工具、作品，並且設計許多砌木，提供實際組合，體會匠師的巧妙智慧。更重要是，整棟會館就是飛驒木匠的精心創作，由匠師們自行施工，發揮絕學蓋出一棟木造建築。祭典會館則是陳列古川祭的種種物件，包括見送幕、縮小版的屋台，以及展示人形木偶的操作原理。會館的設計也是配合街町景觀，放棄高聳的建築，以地下化的方式，讓整個建築藏身於地下，不會成為整體景觀的破壞者。

　　從起動到運行，古川町像一列火車，度過起步時的艱難，後面就有股動力向前飛奔，當這股動力形成，成為一股強大的力量，驅策每個人都為這個地方盡一些力。在社區中，分有許多組織，從環境整理、遊客導覽、祭典運作、木匠工藝，甚至教育照顧，古川町的每位居民，都參與社區事物，小到討論自動販賣機能不能放進社區，大到新建築的型式與位置，每個人都有對社區的想法與意見。打造良好生活環境，古

川町的堅持理念，這也是一年高達一百多萬觀光人次，古川町卻沒有整條街都是店鋪的商業氣息，多數居民依舊務農、工作，一切如舊，只是享受著美好的家園空間。古川町一路走來，看似一路順遂，其實也歷經四十年光陰，其間不是沒有雜音或挫折，但是一旦目標明確，進程可以等待，可以溝通，卻不會中斷，這也是古川町給人最大的迷魅，它算不上日本最美，卻在不美中營造出驚人氣韻，處處細心，處處有著時間沉澱的厚度。古川町一路走來，獲獎無數，它的信念可以接受政府部門的協助，但是絕不接受指導擺布，因為這是居民的家園，只有他們知道自己想要什麼？要過什麼樣的生活？社區營造可以時光漫長細細修整，甚至一改再改，但是絕不會毫無想法的魯莽建設。

　　到現今，古川町依然有著危機，市町合併的政策，2004年讓古川丁從農業區的吉原郡，併入都會區的飛驒市，這也是現今稱為飛驒（市）古川（町）的原因，一旦開始走向觀光導向，古川町擔心生活空間的營造美學，會不會產生質變。再加上村坂有造、田中吉久幾位早期重要推手的交棒或調職，考驗著這股愛鄉的信念，是否已經內化成為生活態度，在世代交替後，依然保持原有信念。另外，優質的生活環境，還是偏向適宜有些年紀的養生村型態，如何讓在地的年輕人，覺得在優質景觀與歷史榮耀之外，也能成為一個好玩的空間，也考驗古川町的居民智慧。古川町，一個讓台灣能夠產生信心的地方，起步點的相似，從雜亂到整齊再到優質，古川町展示一種劣勢中扭轉局勢的力量，那不是政府的再生投資，而是居民一點一滴愛鄉心情的累積。在台灣有些地方和古川町條件相似，也開始向前運行，創造屬於台灣榮耀的古川町。古川町，原本還真不美的地方，走過四十年，依然能夠創造迷人魅力，台灣有望！

長濱市黑壁廣場[2]

　　黑壁廣場是長濱市舊市街的傳統建築物群，有四百年歷史名稱源自於黑壁本館（一號館），前身是「百三十銀行」因建築物外牆塗了黑漆，被當地人稱為「黑壁銀行」。這間銀行在1988年面臨被拍賣的地步，由當地民間企業與長濱市府出資買回隨後開發為商業區，將江戶時代商鋪等古代建築改造成商店、美術館等，許多建築物上都標有編號，搭配黑壁廣場散步地圖上的編號很快就找到目的地了。

　　黑壁廣場是利用保留在長濱市元濱町北國街道及大手門通交叉口一帶、由日本江戶時期至日本明治時期的古老建築改裝的美術館、玻璃工作室及商店、餐廳等聚集的綜合觀光地區。黑壁廣場以日本最大的玻璃藝術展示廣場聞名，每年吸引約300萬觀光客，是琵琶湖北邊屬一屬二的觀光景點。黑壁廣場裡比較多的是販賣玻璃藝術品的商店，但黑壁廣場的魅力不止於玻璃，另外還有古代美術、古民藝店、陶藝店、西日本最大的音樂盒店和展示著卡通人物、恐龍等Figure的玩具店。在以玻璃出

名的黑壁廣場，四處可以看見彩色玻璃。每個彩色玻璃都各具特色。有些商店店長還會自誇自己的是最漂亮的。除了彩色玻璃，萬花筒也是四處可見。在黑壁廣場最裡面、8公尺高的巨大萬花筒值得一看。於黑壁廣場最具代表性的黑壁一號館是由舊百三十銀行長濱分店改裝，由於舊百三十銀行長濱分店外面牆壁是由「黑漆喰」漆成，呈現濃濃的黑色，因此以「黑壁銀行」俗稱。正當建於1899年的黑壁銀行瀕臨拆除的危機之際，於1988年成立了擁有保護與重生舊市區古代建築為目的的博物館都市計畫公司「黑壁股份有限公司」。黑壁是由長濱市及民間八個企業共同出資，公司最主要的目的，是保護與重生舊第百三十銀行。黑壁因把銀行改裝為黑壁一號館「黑壁玻璃館」而達到目的。之後，陸陸續續將周圍的古代建築改裝為美術館、玻璃商店、工作室、展示場、咖啡屋、餐廳等共計保護與重生了三十棟古代建築。1991年電車的快車開始停在長濱車站後，更加促進了觀光。擁有四百年傳統的商店街和古老住宅區現在成為琵琶湖北邊最大的觀光景點，也成了重生地區經濟的代表例子，由日本全國到此考察的人綿綿不絕。

註：1.Munch，日本見學(4)──古川町的生活美學，http://blog.yam.com/munch/article/20676772

2.http://clioa23.blogspot.tw/2014/11/2014-9052-tetu.html；http://www.zipangguide.net/travel/sight/shiga/kurokabe.html

(六)日本動漫啟示

1.假的比真的值錢。
2.卡通人物比真人值錢。
3.非人比卡通人物值錢。

(七)日本地域振興好的例子──以「日本大正村」為例

　　一個位處山中的寧靜小山村「日本大正村」用他們獨特的生活哲學，面對這麼一個並不怎麼起眼歷史建築的文化遺產，從小山村發出的大訊息，昭告世人：大正村並不只是集合古物古建築的地方，生活在這個小村落的人，他們藉由組織運作，匯聚內外資源，將全村營造成一個生活環境博物館。「日本大正村」為日本惠那郡明智町的財團法人，是全日本罕見全村皆志工的社造第三部門的組織型態。以評議員會、理事長、名譽役員為決策單位，決策交予日本大正村實行委員會實際執行村務，全村人民為志工。自1984年開村以來以造人為基礎工程，藉由住民運動開始，發展為非營利事業組織的形式，有效地企劃方案、整合地方資源，析解大正村的十大特色：住民主導、志工支援、獨特的職務、全國各地的奧援、良好的媒體關係、保存原貌的社造切口、軟體大正村、硬體行政、文化優

日本大正村

先、觀光日本。觀光人次從零開始成長至今五十萬，營造宜居宜訪的日本大正村，帶動當地觀光發展。大正村以往是個觀光客一個也沒有地方，到如今有許多人來造訪，一年十幾萬，鼎盛時期超過五十萬人次。為什麼會有這麼多人造訪呢？日本大正村擴大組織人情交流所致吧！

六、韓國文化創意產業概況

南韓One Source Multi-use
資料來源：數據台灣。

北方韓流襲捲亞洲——南韓，掀起韓流兩大祕訣——「一源多用」與「文化技術」。隨口問問路人，大概沒有人不知道《來自星星的你》，或是至少也能哼上一兩句大叔的〈江南Style〉，這股韓國政府與民間協力合作推動的韓流，透過6T國家策略中的「文化技術」（Culture Technology, CT）為媒介，將韓劇、流行音樂、時尚等文化內容，運用OSMU（One Source Multi-use）原理傾力向全球推廣，創造高經濟效益的產業收入。

根據韓國文化產業振興院的統計，2012年韓國內容產業銷售額為87.88兆韓元，較2011年成長5.92%，2012年內容產業出口值為5.21兆韓元，較2011年成長9.34%，其中輸出規模成長率最高的項目包括：電影、音樂以及商品化人物。此外，根據韓國文化體育觀光部推估，韓國政府所積極推動的「內容產業振興計畫」至2017年將可創造高達120兆韓元的產值，以及100億美元的輸出產值（方敘潔，2014）。曾經是亞洲最熱門

的旅遊景點：南韓的江原道南
怡島！原本默默無名的鄉村，
竟一躍而為觀光勝地，此乃拜
廣受歡迎的韓劇《冬季戀歌》
所賜。不只台灣的觀眾愛看韓
劇，連一向排斥南韓的日本婦
女，也為之迷醉；而韓劇的拍
攝地點，也頓時成為觀光業的
最佳宣傳。

韓劇《來自星星的你》
資料來源：維基百科。

今日，南韓在文化產業上
的發達，並非水到渠成之事。
1997年金融風暴擊倒了許多亞
洲國家，南韓亦赫然在列。為
求突破經濟的困境，也為了擺
脫數十年來被美國流行文化壓
制的傳統文化，南韓的新方向
何在？當時的金大中總統不但
宣示「文化就是國力」！而且
說「如果迪士尼一年的營業額

韓劇《冬季戀歌》
資料來源：維基百科。

和IBM一樣，何不全力發展電影產業呢？」因此，文化內容產業（南韓用
來統括文化創意相關產業）被南韓政府列為國家發展的核心要項；在此之
前，南韓成立了一系列產業振興機構（**表3-7**）。而2001年，南韓政府更
宣示五年內將文化內容產業的產值份額由全世界的1%提高到5%，成為全
球前五大文化強國之一；從此，南韓的文化內容產業於是成為南韓經濟振
興政策的核心。雖然南韓當局核定的文化產業有十項之多，但其主要項
目為影視與線上遊戲產業，茲分別列出其重大政策（王健全、關裕弘，
2007）：

表3-7 南韓文化內容產業相關振興機構

機構	成立時間	推動目標
電影振興委員會 Korean Film Commission （KOFIC）	1993	1.管理電影振興相關基金，促進其有效運用。 2.推動有關電影的人才培訓、市場開發、創作指導等業務。更推動建立四大產業支援機構：映像產業基礎中心、映像體驗教育中心、動畫片技術支援中心、映像風險中心。 3.促進設立相關的映像投資組合基金，擴大產業規模。
遊戲振興院 Korean Game Development Institute （KGDI，2002年改名）	1999	1.擬定開發遊戲產業相關之政策（如製作、人力、行銷、技術等）。 2.建立綜合性支援系統，營造遊戲文化，並支援廠商開拓國際市場，提升遊戲產業在世界的競爭力。最顯著的成效為促使南韓社會認同遊戲。
工藝產業振興院 Korean Crafts Industry Promotion Foundation	2000	1.鼓勵藝術創作，促使其接近大眾生活。 2.提供展覽空間，提升其商業價值。如設立以展示現代藝術為主的「Insa Art Center」。
文化內容振興院 Korean Culture and Content Agency （KOCCA）	2000	KOCCA為總管文化內容產業的機構，主要負責： 1.擬訂文化產業具體計畫、引導文化內容創作與製作的工作，並廣泛開發、促進多種體裁的文化內容的生產以及提供各階段的支援，包括為企業提供從策劃到製作、流通、相關資料庫的建構、招商引資與海外出口等一系列專業服務。 2.進行各方面人才的培養與技術訓練、國內外廠商合作媒合、跨國投資基金的設立、舉辦創意產業國際展示會以及設立「文化技術中心」（Culture Technology, CT）。 3.掌理規模為3～4億美元之文化產業振興創投基金。

資料來源：Ministry of Culture and Tourism.

(一)影視方面

1. 重組南韓電影振興委員會（KOFIC），全權主導電影發展並協助電影業取得優惠，以及推動軟硬體的建設。例如：斥資12億台幣，於漢城興建影視拍攝基地。
2. 實施銀幕配額制度，每年戲院必須放映南韓電影至少七十三天。
3. 題材全面解禁，只要有市場，題材不受限制。如票房極佳的《太極旗──生死兄弟》便觸及敏感的兩韓統一問題。
4. 提供投資與融資機會。南韓政府設立多項文化內容相關產業基金，提供新創文化內容企業貸款及文化藝術、電影、工藝產業等專項投融資基金，其金額都在數千萬美元以上（**表3-8**）。民間方面，亞洲金融風暴後，創業投資公司不再獨厚大財團，而另行以抵押版權的方式進行創意的風險投資。

表3-8　南韓文化內容產業相關振興基金

基金名稱	成立時間	運作方式
文化與藝術振興基金 Culture and Arts Promotion Fund	1973	資助個人藝展、文藝體驗、國際交流、實驗性創作。
文化產業振興基金 Culture Industry Promotion Fund	1999	新創立之企業貸款。
電影振興基金 Motion Pictures Promotion Fund	1999	業者以房地產向KOFIC申請無息或低利貸款進行拍攝。
工藝振興基金 Crafts Promotion Fund	2004	提供工藝文化中心、工藝學院之營運資金，資助文化及觀光產品之展覽、文化及觀光產品之設計。

資料來源：Culture and Arts Promotion Foundation, Korean Culture and Content Agencey, Korean Film Council, Korean Craft Promotion Foundation.

(二)遊戲方面

1. 於2001年推動「Cyber Korea 21」計畫，普設寬頻網路，並鼓勵數位休閒服務業的設立。此一政策，使線上遊戲得到極佳的發展空間，連帶使得遊戲產業欣欣向榮。
2. 協助遊戲產業聘僱人才，如遊戲產業的研發工作可折抵兵役。
3. 設立三大遊戲支援與開發中心，各自負責遊戲政策擬定、產業園區管理、技術研發，並在各大學設立遊戲專業科系。
4. 政府提供企業相關設備，只收取基本的費用，以提高民間的研發能力。如南韓政府於1999年成立「遊戲推廣中心」，提供遊戲產業研發所需的資源。

　　由於南韓上下對於文化產業的強烈企圖心，急欲有所表現，故在相關法律的制訂上皆強調產業的振興（promotion）功能；而且，也時常針對以往所制訂的法律進行修訂，以符合現今政策上的積極性。由南韓政府為求振興其電影產業，立即撤除所有電影審查規定，改以立法訂定分級制度來看，即見其法律緊隨政策而變的情形。**表**3-9則列舉其餘相關法令。在南韓政府與民間齊心合力推動之下，其文化內容產業以極快的速度成長；其中，最為各國所注意以及最具成效者，當推電影。南韓電影出口金額在2001年開始，每年皆以跳躍式的成長不斷增加，年均成長率高達61%，並維持五年的時間，可見南韓電影已具備一定的國際競爭力。若再觀察南韓城鄉地區家庭在文化及休閒方面的支出，則得到與日本類似的情形。兩國人民對於自身文化都有高度的驕傲，皆擁有極具國際競爭力的文化創意相關產業，而家庭在文化消費的行為上卻未如同文化內容產業產值那般明顯的成長。或許，這是因為其產業政策偏重於對外輸出，較為忽視國內市場進一步開發所致。近幾年，兩岸三地及日本，都籠罩在韓流中；青少年乃至於家庭主婦，都對許多韓星朗朗上口；雖然韓流已呈現退燒現象，但仍然保有一定的熱度。何以致之？在研究南韓在政策上及

表3-9 南韓文化內容產業相關法令制訂概況

時間	法令名稱	法令概要
1999	Framework Act on Cultural Industry Promotion	1.明訂文化產業之範圍。 2.政府設立專屬之「文化產業振興基金」，提升競爭力。 3.文化產業相關措施的規劃、執行、扶助的主管機關為「文化及觀光部」。
2002	Promotion of the Motion Pictures Industry Act（修訂）	本法修訂如下： 1.南韓電影重新分級，並增加一個新的級別「R15」。 2.賦予「南韓電影振興委員會」法人地位，並在文化及觀光部的指導之下，進行電影振興預算的分配與執行工作。
2002	On-line Digital Content Industry Development Act	1.本法之目的在於制訂線上數位內容產業的發展計畫，使本國經濟更加健全。 2.明訂線上數位內容產業之範圍為相關設備之生產、軟體研發、行銷通路、網路服務等行業。 3.政府必須訂定此產業的中長期發展計畫。 4.政府應嚴格執行非法盜版的查禁與取締。
2004	Tourism Promotion and Development Fund Act（修訂）	本法修訂如下： 1.若外國遊客前往南韓將被其本國課以旅遊稅，南韓亦將對前往該地旅遊之南韓人課以稅賦。 2.本法允許文化與觀光部指定任何專門人才來管理基金；並在提振觀光的前提下，允許資金的貸放以支援相關計畫。
2004	Sound Records、Video Products and Game Software Act（修訂）	本法修訂之主要部分在於改善現行影音產品與遊戲軟體之分級標準，以切合實際上的產業運作情形，以更有效的防止非法產品的流通。

資料來源：World Legal Information Institute.

法律制訂上的做法後，可以明顯看出其成功之道，在於政府與民間緊密合作，將共識徹底落實。雖然，南韓文化產業的成效，有部分是靠著貿易障礙而來；但亦不可否認，其在電影、電視與網路遊戲方面，品質之精緻已不輸給美日等國。或許，我國可效法南韓，設立各種產業專責振興機構，集中資源的運用，應可收事半功倍之效（王健全、關裕弘，2007）。

七、中國文化創意產業概況

　　根據薛保瑕、孫華翔（2002），中國官方並未如英國政府，提出如英國創意工業般完整的產業別與統計報告，其對文化產業的界定，是以文化娛樂業、新聞出版、廣播影視、音像、網路及電腦服務、旅遊、教育等視為文化產業的核心產業；而將傳統的文學、戲劇、音樂、美術、攝影、舞蹈、電影電視創作，工業與建築設計，藝術博覽場館、圖書館等，視為處於產業化的進程中；另外，廣告業與諮詢業，則是視為文化產業與相關產業的成功結合（江藍生等，2002）。中國文化產業涉及的部門相當多，如文化部、新聞出版總署、國家廣電總局、資訊產業部、國家旅遊局，然最主要的職責單位，仍在文化部；而文化部亦於1999年成立文化產業司，專責相關的研究與政策推動，且相關學術報告皆以文化產業為名，非香港以創意工業概念統籌。

　　上海市在2001年與2002年，有計畫地提出以城市發展為主軸的文化產業藍皮書（周福銘，2002），企圖藉由文化產業，提高上海城市的綜合競爭力；其他城市如廣州、北京、深圳、長沙及雲南，皆有類似的概念提出。總之，中國文化產業近來的發展概況，有幾個重要的趨勢，首先是中國文化產業市場龐大，國際間重要的文化娛樂公司，皆看重其未來市場潛力；然因文化產業之特殊性，其市場與言論仍由國家掌握，國家干涉與思想控制之現象時時可見；其次，以城市作為發展文化產業的思考，更逐漸展現重要性。

(一)中國大陸十二五文化產業倍增計畫對台灣造成人才磁吸效應

　　中國，強力磁吸，海外及台灣高階人才已心動中國製造（Made in China）該如何轉化為中國創造（Create in China）？對於經歷經濟急速成

長的中國來說，面對未來該如何持續經濟成長力，並且將這股力道順利轉換，關鍵莫過於吸引國際優秀人才進駐，藉由國際高階人才的經驗與能力，快速為中國現有產業加值升級。自從中國大陸文化部於2012年2月公布「十二五時期文化產業倍增計畫」，宣示將從人口大國轉型為人才強國；發展目標為2020年研發人員總量達380萬人／年，高層次創新人才達4萬人。各主要城市均紛紛配合中央策略，針對海外人才開出優渥條件，配合稅賦、政策優惠與管制放寬等誘因，如北京的瞪羚計畫、杭州的築巢引鳳政策、上海的國際人才高地建設，尤其是同屬華文文化圈的台灣人才，更成為當前中國積極吸納的首要對象（方敍潔，2014）。

根據文化部（2013）指出以下幾點值得台灣城市發展借鏡：

1.近年中國大陸中央積極招募海外高階人才，利用稅賦、政策優惠與管制放寬等誘因，吸引海外人才就業與創業，例如：(1)中共中長期人才發展規劃綱要（2010-2020年）：到2020年，由官方資助的宣傳思想文化名家達到2,000人，包含哲學社會科學、新聞出版、廣播電視、文化藝術、文物保護名家等；(2)制訂「全國文化系統人才發展規劃」（2010-2020年）：提出文化人才規劃：九項重大人才工程，涵蓋了文化黨政人才、文化經營管理人才、文化藝術專業人才、基層文化人才等各類人才之培訓。

2.中國大陸各城市配合中央政策，以優渥條件吸引人才，並鎖定台灣人才，在上海、北京、福建等地，提出針對台灣金融與IT人才引進政策，例如：(1)北京瞪羚計畫：建設國際化人才特區；(2)上海：推動國際人才高地建設；(3)杭州：築巢引鳳政策；(4)深圳市：打造人才「宜聚」城市；(5)太倉市：人才獎勵與優惠政策；(6)廈門：推進閩台人才交流合作先行先試政策；(7)無錫，以高端人才為引領、科技創新為驅動、制度改革為突破，建立一個完善的人才特區。

3.中國大陸十二五規劃——積極招募海外人才，將從人口大國轉型為

人才強國：發展目標為2020
年研發人員總量達380萬人／
年，高層次創新人才達4萬
人。

4.2012年2月28日中國大陸發
布「文化部『十二五』時期
文化產業倍增計畫」，提出
包括：培育壯大市場主體、
轉變文化產業發展方式、優
化文化產業布局、加強文化
產品創作生產的引導、擴大
文化消費、推動文化科技創
新、實施重大專案帶動戰
略、健全投融資體系、強化
人才支撐、推動文化產業走

十二五時期文化產業倍增計畫
資料來源：數據台灣。

出去等十項主要任務，九項重點計畫／工程及十一項重點行業。該
計畫鼓勵集聚發展，將建設十個國家級文化產業示範園區和一批集
聚效應明顯的文化產業示範基地；培育約一百個特色鮮明、主導產
業突出的文化產業集群和文化產業鄉鎮。

八、新加坡文化創意產業概況

根據文化創意產業專案辦公室（2010），過去四十年來，新加坡的
經濟繁榮主要是仰賴傳統製造業以及服務業，然而在進入下一階段的經濟
發展，新加坡也觀察到美國以及英國在創意產業的著力與成績，發現創意
經濟是所有產業中成長最快的，在全球化的經濟下，創意產業將是國家發

展的競爭優勢，創意產業透過想像力與創造力將能創造更大的產值。新加坡亦認為創意經濟不僅直接增加經濟的產值，對於其他各面向也有間接的影響力，例如：為產品增添風格、為產品和服務增加差異化，創意經濟更改善生活的品質，新加坡政府希望藉由刺激感知和對藝術、設計媒體產品和服務的需求，使新加坡更有活力。

　　根據新加坡新聞通訊與藝術部，新加坡對創意產業的定義為：藉由文化和藝術創造力啟發並透過智慧財產權的利用，有潛力創造經濟價值的產業。目前新加坡負責創意產業的政府機構為「新聞通訊與藝術部」（Ministry of Information, Communications and the Arts, MICA），透過此部門帶領執行創意產業發展策略（Creative Industries Development Strategy）以符合經濟評議委員會（Economic Review Committee, ERC）的目標，經濟評議委員會在2003年已將創意經濟視為新加坡新的三項具有前景的服務產業（另兩項為教育與醫療保健）。

　　新加坡創意產業主要分成三大類：

1.藝術與文化：攝影、視覺藝術、表演藝術、藝術&古董、貿易、工藝。
2.設計：軟體、廣告、建築、室內設計、視覺設計、工業設計、時尚。
3.媒體：出版、電視&廣播、數位媒體、電影&視訊。

新加坡創意產業的目標：

1.發展新加坡成為一個有活力的新亞洲創意中心。
2.將目前3.2%的GDP提高兩倍，在2012年達到6%。

　　為了達成其目標，新加坡透過「新聞通訊與藝術部」（MICA）、「貿易產業部」以及與私人企業的密切的合作，研擬和執行發展策略，策略分成三個主軸（文化創意產業專案辦公室，2010/06/30）：

1.Renaissance City 2.0（文藝復興城市2.0）（www.nac.gov.sg www.
nhb.gov.sg）：將新加坡打造成一個藝術與文化創新及多角度視野
的全球城市。實施的優先順序為：刺激藝術—商業合作、擴展創意
人才量、整合既有以及新藝術的投資達到最大效益。

2.DesignSingapore（設計新加坡）：定位新加坡成為亞洲設計的領導
中心。此項的三個實施重點：(1)國際設計中心：成為國際設計活動
中心、設計「殺手級應用程式」；(2)頂級設計：培育世界級設計專
家、以設計能力提高企業品質、促進滲透力的設計文化；(3)整合設
計群：成立設計新加坡政務會（DesignSingapore Council）、強化
專業身分和行銷標準。

3.Media 21（www.mda.gov.sg）：將新加坡轉型為全球媒體城市。策
略包括：讓新加坡成為媒體交換中心、輸出新加坡製的內容、部署
數位媒體、新加坡媒體企業化、增加媒體人才、孕育有益和有規範
的商業環境。

(一)新加坡：民間發聲！由下而上的文化策略檢討

攸關國家整體發展的重要政策，難道只有由政府制定、民間接招的
單向道嗎？至少在新加坡這個過往政府說了算的國家，已經出現新的方
向！2012年初，新加坡藝術與文化策略檢討指導委員會（ACSR Steering
Committee）向政府提交了「藝術與文化策略檢討報告」（Arts and Culture
Strategic Review），這個由新加坡新聞通訊與藝術部（MICA）邀請成立的
委員會是由新加坡藝術學院（SOTA）主席李子揚所率領，委員包括政府
及民間企業，在報告中提倡由政府、社群和藝術家互相合作的藝文推動新
模式，並且建議未來相關策略檢討均可交由私人企業、地方社區及文化藝
術產業主導。此外，到2025年新加坡積極參加藝文活動的人口能從目前的
20%增加到50%，也是檢討報告中的主要目標（方敘潔，2014）。

藝術與文化策略檢討報告
資料來源：數據台灣。

(二)新加坡濱海劇院與文藝復興城市計畫

根據薛保瑕、孫華翔（2002），新加坡為城市型國家，其重要的國家文化產業發展政策，即為其城市文化產業之發展策略。近來新加坡政府提出較重要的文化產業政策是「文藝復興城市計畫」，主要目標在打造新加坡成為全球的藝術城市、「21世紀亞洲文藝復興」的首要城市、全世界的文化中心；同時並厚植文化基礎，打造新加坡的國家認同，其中，新加坡國家藝術理事會，亦將所有的文化政策，朝向「國際」與「亞洲」兩個主軸前進。新加坡文藝復興的精神著重個體、社會及國家三層面，朝向創造、創新與多元訓練的學習模式。在「文藝復興城市計畫」概念下，新加坡有計畫地整合城市觀光旅遊、歷史建物及藝文消費於「新加坡藝術節」之中，經費來源為政府、企業與票房收入各占三分之一，成功結合藝

新加坡濱海劇院

資料來源：新加坡商務旅行網。

術、旅遊與城市行銷。「濱海劇院」座落在新加坡商業中心，匯合旅館與
購物中心等產業，預計可替新加坡政府增加三百多個就業機會，與一億元
新台幣以上的效益。總而言之，新加坡的文化產業發展，可以提供台灣發
展的參考，首先是以城市發展為架構的產業政策；其次是城市藝術節，及
濱海劇院在文化經濟上的經濟影響（MICA, 2001）。

九、分析台灣、日本、韓國、英國文創產業優劣

1. 英國是以創造力為基礎，其創意產業為全國第二大產業，占GDP
   7%，僅次於金融業。發展產業以出版、電視廣播、電影錄像、互
   動休閒軟件、時尚設計、軟件和計算機服務、設計、音樂等十三項
   為主。英國文創重點：出版業、流行音樂、商品設計。
2. 韓國發展文創產業則是採取了與英國不同的「重點」發展策略，發
   展產業以電影、電視、韓餐為主。韓國文創產業由政府扶植，發展
   重點「影視、電視、流行音樂、韓餐」進軍國際，成為「世界5大
   文創產業強國」。

3.日本則是「動漫、電玩」聞名世界，其文創產業由民間主導發展，其中日本動漫產業已超過國內GDP 10%。

4.台灣文創產業發展較晚，文創法於民國99年才通過立法，規範產業共十六項，其中主要扶植以工藝、電影、流行音樂、數位電腦、設計旗艦為主。目前台灣政府對於產業無橫向產業整合思維。政府若能由文創產業扶植發展，或許台灣有機會從代工經濟走向創意經濟，能走出經濟危機的發展方向（如英國、韓國）。以他國經驗台灣應聚焦發展符合國情，符合市場需求的產業，並從「基礎教育」培養市場基礎與專業人才，台灣文創產業才能成功。

十、文化產業的他山之石對台灣的啟示

文化產業的他山之石：

英國：文化資產活用

法國：閒置空間再利用

美國：電影工業橫掃全球

日本：社區營造與市容蛻變

韓國‧電玩及數位產業崛起

新加坡：多元族群與文化再造

對台灣的啟示：

在借鏡了英國、法國、美國、日本、南韓、新加坡等國文化創意產業發展的經驗後，我們試著就「文化創意產業專法」、「產業群聚效益」及「投融資機制」、「創意產業出口協助」等構面歸納其可供台灣借鏡之處。

(一)文化創意產業發展專法制定的必要性

由前述各個推動文化創意產業的內涵觀之，各國對文化創意產業的推動不遺餘力，自英國首倡「創意產業」以來，許多國家正加快其發展的腳步；不論是文化產業、版權產業、內容產業，皆是企圖運用其文化的獨特性，在媒體的創意表現下，獲致經濟利益甚至是政治影響力。據統計，2005年美國版權產業產值便高達8,190億美元，可見版權產業商機的龐大。但是真正讓我們大感意外的卻非美國強盛的版權產業，而是突如其來的韓流。原本由日本和香港獨霸的亞洲影視產業，近幾年市場占有率大幅落入強盛的南韓之手；雖然，韓流自2006年開始有衰退的跡象，但其競爭力仍不容小覷。綜觀其成功原因，尤其在影視產業的發展上，最為關鍵的因素應歸功於1999年所制訂之「文化產業振興基本法」（以下簡稱「基本法」）。

在本文所提及的國家中，唯一訂有文化產業專法的國家，便是南韓；在這項專法當中，舉凡文化產業的範疇、主管機關、產業振興之融資管道等，皆含括在內。透過專法，提供不同政策工具支援，塑造一個優質的投資消費環境，以激起朝野上下的重視，是南韓文化內容產業發展成功的關鍵因素。鑑於南韓成功經驗，目前行政院亦已於2007年完成「文化創意產業發展法」草案的審議；全篇共6章35條，對於文化創意產業之範疇、資金、租稅、輔導機制等，亦皆涵蓋在內。台灣文化三法包括：(1)「文化資產保存法」：古蹟、歷史建築、聚落等文化資產保存及活化；

(2)「文化藝術獎助條例」：輔導藝文活動，協助文化藝術工作者，美化環境，促進文化發展提升國民文化水準，可視為我國文化藝術政策之基本法源依據；(3)「文化創意產業發展法」：文化底蘊vs.文創產業。不過我國文化產業專法及相關措施與南韓相比，仍有相異之處（**表3-10**）。

◆台灣文化創意產業發展法與韓國文化產業振興基本法的異同

韓國與中華民國文創法異同分析：

1.相同點：
  (1)均在文創法中明文規定成立文創法人機構扶植文創產業，台灣成立「文化創意產業發展研究院」，韓國成立「文化創意產業振興院」。
  (2)扶植產業重點同以電影、電視、流行音樂、數位內容為主力。
  (3)文創人才培育皆明文規範從大專院校合作培訓發予證照。
  (4)由政府基金提撥投資文創產業。
  (5)租稅優惠：對文化創意事業給予適當之協助、獎勵或補助。
  (6)對國際交流協助及獎補助機制：對國際合作與交流，及招攬國際

表3-10　韓國與中華民國文創法異同分析

相異	中華民國	韓國
制定時間	2010年	1999年
權責單位	中央為行政院文化部 在直轄市為直轄市政府 在縣（市）為縣（市）政府	韓國內容產業振興院 下轄十二個機構
條文數	30	
名稱	文化創意產業發展法	文化產業振興基本法
對文創業定義名稱	文化創意產業	文化內容產業
文化產業的範疇	16項	8項
扶植產業差異特色	六大旗艦產業：工藝、電視、電影、流行音樂、數位、設計	文化遺產、食品

人才、培訓專業人才、促進投資招商、事業互助合作、給予獎勵
或補助。

2.相異點：

(1)振興院目前在中國大陸、日本、美國及英國等四個主要地方設有
海外事務所；台灣文創發展研究院在海外未設立據點。

(2)韓流強化國家品牌由政府全力支援拓展海外市場；台灣政府扶植
文創產業國際化並不明顯。

(3)韓國文創以重點發展策略；台灣則全面性發展。

◆韓國文化產業相關措施

以下就產業發展基金、產業專區、輔導／推動平台及認證機制稍加
說明南韓做法的特色，供政府參考（**表3-11**）。

1.產業發展基金：由於文化創意產業主要以創意之提供為主，是故其
製作或設計公司多半為小型甚或微型企業，因此在資金及風險承擔

表3-11　文化創意相關產業專法及相關措施之兩國比較

法條	台灣	南韓
主管機關	未明訂	文化觀光部（文化產業局）
產業發展基金	行政院國家發展基金 數位內容及文化創意產業優惠辦法貸款	文化與藝術振興基金 文化產業振興基金 電影振興基金 工藝振興基金
產業專屬區域	六座大型文化產業園區（松山、華山、台中、嘉義、台南、花蓮等地酒廠）	七座大型文化產業園區（大田、清州、全州、春川、富川、慶州、光州）
輔導／推動平台	未明訂	文化內容振興院
認證機制	未明訂	CT產業人才培養委員會 教育機構認證委員會 文化商品品質認證

資料來源：經濟部、南韓文化觀光部。

上，常需要政府協助。而南韓之文化創意產業的資金來源，除了表列的基金之外，尚有許多其他管道；正因為多元化的融資方式，使不同風險之創意企業能取得最具效率之資金來源。相形之下，台灣對文化產業資金的支援也相對較少。

2.產業專區：產業專區的設置，主要目的在於塑造產業群聚，亦能降低產業之管理及溝通成本，常為許多國家所使用，在**表3-11**中即可看出，南韓規劃了七座大型文化產業園區。以台灣而言，新竹科學園區就是最好的一個例子。而文化創意產業雖以中小型企業為骨幹，但某些產業分類其關聯效果較強，若能形成群聚，對於產業的發展極有助益。台灣雖有文化創意園區的規劃，但目前政府所研擬之五大文化產業園區，主要功能為提供展演之用，能否有效提升產業之競爭力？值得進一步觀察。

3.輔導／推動平台：以南韓為例，除了文化觀光部之外，另成立文化振興院，作為官方與民間的溝通平台；主要目的便是著眼於文化創意產業之領域相當龐雜，牽涉文化、藝術、觀光、通訊、數位科技等領域，更需經常施以融資、培訓、認證等支援作業。因此，文化振興院得以適時扮演行政管理（政府）與謀取利潤（民間）的中介功能，加速文化創意產業的推動腳步。台灣在「文創法」中並未明訂輔導／推動平台；在實質推動上，雖然透過創意產業推動辦公室來進行輔導，但層級不高，預算有限，功能上自然受到制約。

4.認證機制：南韓設立教育認證委員會，對於符合文化產業人力培訓需要的機構，政府予以資金的補助。另外，亦設立文化商品品質認證制度，如網路遊戲方面有「資訊保護安全認證」（資訊通訊部頒發）及「品牌認證」（分為優秀品牌、非常品牌，由產業資訊部頒發）。其目的，在於鑑定文化產品的競爭力，淘汰表現不佳的產品，引導社會資源集中於最有潛力的產品之上。台灣在這方面則未明訂，值得加強。

(二)產業群聚效益的強化

產業園區的設立已經成為各國政府扶植產業的必備政策工具，文化創意相關產業的專屬園區，亦如雨後春筍般地出現。如英國倫敦的新蘇活區（位於Hoxton與Shoreditch一帶）、澳洲布里斯班的QUT園區、加拿大渥太華的卡爾頓（Carleton）、德國杜塞爾多夫的老城街、荷蘭阿姆斯特丹的Pakhuis等皆是；但若以規模以及數量來說，則以南韓與中國拔得頭籌。

自從1999年之後，中、韓兩國便有目的、有計畫地興建文化創意產業的專屬園區（南韓稱為「基盤」，大陸稱為「基地」）。目前中國在北京、上海共建成三十餘座產業園區，而南韓目前有七座園區，於2010年，再添置五座產業園區。雖然我國於草案中第29～34條明訂主管機關、公民營事業等可報經中央主管機關核定，劃設文化創意園區，而土地之變更、移轉、使用皆能享有優惠；但是目前我國已開設之文化園區（華山藝文特區、六堆客家文化園區、台灣工藝文化園區、水里蛇窯文化園區等）而言，其性質皆以展演為主，並非作為產業群聚之用，我國目前專供文化創意產業發揮群聚效益之空間有台中文創、花蓮文創等。

(三)融資與投資機制的加強

如同南韓多方開拓影視產業的融資管道，我國的草案中關於創意產業的資金取得來源有下列管道：中央補助、融資與信保、創業投資等。目前，我國可供文化創意事業使用之融資管道有「數位內容及文化創意產業優惠貸款」、「微型企業創業輔導貸款」、「中小企業小額簡便貸款」等，另有少數民間創投育成事業（中影公司），仍有待政府多方協助建立融資管道。

自從南韓的基本法推出後，融資管道變得多元化，政府與民間皆集

資進行影視的投資。南韓政府的資金分為數個影視基金,委由「中小型商業投資管理委員會」負責管理,再與民間之創投合作投資拍攝。由於政府願意承擔風險,而影片之獲利率頗佳,大財團亦願意砸下重金投資,使南韓的影視產業資金相當充裕。

(四)創意產業出口的協助

體認到國內市場不大,英國積極成立專責機構,透過表演藝術國際發展設計夥伴、文化遺產及旅遊、創意出口等小組協助創意產品進入國際市場,值得參考。其次,日本政府亦改以往自由放任的做法,改採積極政策,加強對外輸出。此種協助文化創意產業輸出的政策調整,也具有相當的啟示。

美國哈佛大學教授波特於《國家競爭優勢》(*The Competitive Advantage of Nations*)一書指出政府是產業競爭力的關鍵因素之一,而在實際政策的運作上,亦可觀察到許多國家以政策扶植其重點產業發展,並成立專責機構輔導,積極協助產業出口,加速推動文化創意相關產業的發展。

當然,徒法不足以自行;若欲創造產業優勢,必賴完整之配套機制、全體國民之共識,而政府強烈企圖心更是關鍵所在。台灣國內市場不大,產業必須擴大出口方能享有規模經濟;因此,政府除了在文化專法制訂以及主管機關上努力之外,亦應加強其產業化及行銷功能,提高創匯能力。藉由產業化能力的建立及出口所帶動的規模經濟利益,台灣的文化創意產業可望在未來發揮潛力趁勢崛起。

(五)台灣產業轉型需求

在兩岸發展文創產業的競合態勢中,台灣擁有優秀的創意人才,而

大陸具有廣大的內需市場，亦是邁向國際市場的跳板。面對如此大規模的園區建置及資源投入，將對台灣文創人才產生磁吸效益。若人才出走大陸為不可逆的趨勢，台灣應思考的是，如何培植源源不絕的文創人才，並借力使力將人才及文創知識服務輸出大陸，間接掌握華文世界的文化符碼詮釋權，發揮台灣文創的影響力（文化部，2013）。

Chapter

4

文創產業未來展望

　　台灣文化具有相當豐富性、多元性、開放性。文化創意產業發展具有前瞻與未來，整體而言有四項發展問題：產業創新的關鍵角色、大者恆大之狀態、集中化的問題、越來越大的市場競爭。

一、文創產業的未來航道

　　根據文化部新聞稿（2013/11/29），台灣文化創意產業近來在政府與民間共同推動下，有更多業者投入這塊市場，未來應建立文創業者開拓國際市場的發展環境，整合資源開拓海內外市場、通路，持續拓展國際市場。文化部自民國99年起以帶領台灣文化創意產業業者打造國家館參與國際重要展會方式，協助廠商拓展海外通路據點。民國102年共有70家次廠商參與，參與包含巴黎家具家飾展、倫敦Tent London展、拉斯維加斯授權展、東京國際時尚家用品設計展、上海國際時尚家用品展、深圳文博會及香港禮贈品展等七場重要國際展會，有效開展通路與聯結，並洽接訂單，成果豐碩。

　　為協助文創產業特別是微型及中小型業者拓展海外市場，建立品牌形象，文化部會持續檢討調整國際拓展策略，將有限資源作充分整合運用，提升整體產業國際競爭力。如何增進參展效益、培育菁英團隊、拓展通路與行銷形象等議題。凝聚產、官、學界對於文創產業國際拓展策略與做法之共識，加強產業與政府溝通的橋樑，期能持續打造台灣文創品牌形象，提升國際能見度，建立台灣文創產業品牌市場價值及實質產值，開啟更多國際合作商機（文化部新聞稿，2013）。

　　根據朱宗慶（2010）指出，發展文化藝術是世界先進國家的趨勢，「軟實力」成為帶領國家經濟前進的動能。「文化立國」的確有其實踐的必要，特別是台灣已經擁有非常豐富精緻的文化，並長期累積出相當的文化能量，這都非常有利台灣發展文化。台灣經濟的發展，已經到了第四波

轉型時刻，文創產業將成為主流；文創產業無疑是現階段政府發展文化的重點建設，不過，文創產業鏈包括文化（源頭）、創意（中游）、產業（尾端）三個部分，每個階段都有其重要的功能目的，不可混為一談。以現今台灣文創產業發展的現況來看，恐怕我們最欠缺的，是對於源頭的深耕，過度著重「市場端」的數字，並且一律以量化的方式在推動產業，過於著重尾端的產值的結果，這樣的誤謬觀點與做法，只會讓文創產業流於「代工」的命運。台灣過去引以為傲的電子產業，在這一波全球經濟風暴中嚴重受挫，也一定程度反應出「代工」的宿命，實可作為借鏡。文創產業的源頭往往來自該國的文化底蘊，「精緻藝術」則是其中最重要的基礎；這也是為何從事廣告、設計、電影等等創意產業工作者，往往是精緻藝術的重度消費者，他們需要大量從中汲取靈感。而正因為藝術是文創的源頭活水，因此藝術在一個社會上蓬勃發展的程度，必然可以作為文創產業成功與否的預告指標（朱宗慶，2010）。

二、文創產業架構

「文創產業鏈」包括文化（源頭）、創意（中游）、產業（尾端）三個部分，政府提出的六大旗艦產業，似乎仍然偏重於文創產業鏈之後端的部分。然而，要瞭解文創產業的困境、挑戰並找出發展機會，就必須將產業鏈攤開分析，因為每一個環節的功能與目標不同，需要分開思索改善或解決之道（朱宗慶，2009）。**圖4-1**為以產業鏈的角度來思考三個關鍵點。

- 關鍵點1：主要工作是選擇足以成為創意商品的藝術內容，挑戰兼具藝術與商業眼光之人才培養。
- 關鍵點2：主要工作是擴大通路，挑戰通路的開發。
- 關鍵點3：主要工作是刺激消費，挑戰消費品味的提升與美感環境

圖4-1　以產業鏈的角度來思考三個關鍵點

的塑造。

根據台灣證券交易所（2015）文化創意業產業鏈簡介（**圖4-2**）：

1. 工藝產業：本國上櫃公司（1家）：琉園共1家。

2. 廣播電視／電影產業：本國上市公司（3家）：大豐電、中視本國上櫃公司（1家）、得利影視；本國興櫃公司（5家）：華聯國際、昇華、中廣、台視、台影，共8家。

3. 出版產業：本國上櫃公司（1家）：時報文化共1家。

4. 數位內容產業：本國上櫃公司（14家）：泰偉電子、中華網龍、華義國際、鈊象電子、宇峻奧汀、樂陞科技、歐買尬、紅心辣椒、智崴資訊、尚凡、智冠、大宇資訊、昱泉國際、遊戲橘子；本國興櫃公司（9家）：聯合線上、摩幻潛艇、樂美館、育駿科技、台灣淘米、棒辣椒、好玩家、弘煜科技、隆中網絡，共23家。

5. 創意生活產業：本國上櫃公司（1家）：誠品生活共1家。

6. 流行音樂及文化內容產業：本國上櫃公司（2家）：華研音樂、霹靂共2家。

圖4-2　文創產業鏈

三、文創產業成功的條件

分析文創產業鏈之後，即可推斷有幾項文創產業成功的必要條件（朱宗慶，2010）：

1.藝術將成為文創產業的源頭活水：源源不絕的創意才是產業活水，文創產業必須有豐富的創意作為基礎，而藝術（fine arts）是極為重要的創意養分。沒有豐沛創意作為基礎的文創產業，最終僅僅能夠成為代工廠，卻發展不出可長可久的品牌與產業精神。

2.藝術與產業要專業分工，增加瞭解與對話：產業界要有可以接觸藝術家的管道或平台，要有機會相互瞭解，才可以透過彼此專業，找到為文化「加值」的可能性。

3.消費者的價值觀需要深層的教育影響：沒有消費市場的支援，文創產業無以為繼，然而現在消費者的價值觀並不利於文創產業的發展，因此對於美學的涵養、文化價值的體認，要透過更為深度的教育進行影響（或扭轉）。

四、目前對於文創產業的認知落差

政府固然對於推動文創產業發展有著重大的期許，各個部門也努力提出各種計畫，然而所有的計畫目前看來，大抵上有著幾個較為重大的認知落差（朱宗慶，2010）：

1.「量」的計算成為唯一的指標——文創產業每一個發展環節的目標不同，因此評量效果的指標也會有所差異，可惜目前所有投注於文創產業的政府與民間單位，如經濟部與文建會，都尤其關注產量、

銷售量的計算，對於民間單位或者無可厚非，卻不應是政府的首要工作，應該避免一窩蜂的「計量」標準。

2. 「頭腦」的核心工作價值過度低估──目前的各項文創政策過於注重終端消費，對於活水源頭的豐沛反而著力不多，政策性的鼓勵（資源分配與環境的建立）看不出來。偏重於消費端的發展，反而可能戕害文創產業的發展，阻礙了藝術源頭的發展，反而有害文創產業的長遠壽命。

3. 過於短視近利的推動手段與方法──目前各項文創計畫缺乏步驟與方式的資料彙整，「形式」更甚於實質，鮮少紮實的文創教育，只追求形式合宜、數字統計，無助於轉化藝術成為文創產業的實質資源。

4. 政府相關部門對於文創的定義與方向不盡相同，馬車多頭，因為無法有效整合，常常做不擅長的事，也常常做重複的事。相關單位急需透過整合與專業分工，以免資源浪費，同時看不到成果。

朱宗慶（2010）提出幾個給予政府的建議如**表4-1**。

表4-1　給予政府的建議

建議構面	內容
環境面	1. 劇場的興建及修繕 文建會有責任確保藝術創意的來源更為多元，而且豐富，必須確保創意的自由與創作者基本生存保障。具體的做法之一，是加速完成延宕已久的表演藝術中心興建工程，追趕高雄衛武營、台中大都會歌劇院、大台北新劇院、台北藝術中心、高雄大東藝術中心的工程進度，並選擇適合上述機構的投資興建方式。同時，善用已經存在的閒置藝文空間，讓需要的藝文團隊進駐或使用，並且修繕各地文化中心及表演場所，提升內部人員的專業度，活化公家劇場。這不僅是政府「創造內需」的最好方法，也是賦予藝術創意工作者創作舞台的必要條件。 2. 採行適合文教機構的專業制度 專業藝術機構需要專業經營，「行政法人」是目前最為適當且有前景的體制，對於提升國家公共政策效能，以及提高競爭力有極大的幫助。「行政法人法」草案已於2月5日行政院院會審查通過，即將送請立法院

（續）表4-1　給予政府的建議

建議構面	內容
環境面	審議。未來在順利完成立法後，建請政府儘速組成一個深具協調能力、專業度與影響力的「推動小組」，統籌及整合相關意見與推動策略，協助想要改制的單位轉型，創造政府組織改造的成功案例。 3.建立扶植藝文團隊的健全機制 補助資源應該避免以「公平」作為補助的標準，今年的補助經費有所增長，加上評選辦法的調整，皆是正向的改變。我認為政府應該更有魄力將資源用在刀口上，扶植藝文團隊的方法也應有更大的格局，積極幫助中階藝文團體晉升成為頂尖團隊，同時提攜扶植新興藝文團體，避免藝術人才面臨斷層。對於藝文界所提出的困難與需求，應組成專責機構或小組，並建立一套反應機制，主動協助解決困難。 4.建立文化藝術專業平台與專責機構 集結輔助產業發產之必備人文藝術、科技、法律、稅務、會計……領域專業人才，成立一個「文化創意產業的共同行政中心」。設立藝術創業SOP與KNOW-HOW資料庫，提供藝術家、藝文團體、藝文產業創業與品牌設計發展之所有協助，為文創產業鋪路。同時，相關部門應該積極發展初期文創產業通路，降低初期產業風險。
人才面	1.強化美學基礎教育 教育部必須確保教育體系中藝術創意教育的深耕，並透過教育過程強化人文美學素養，形塑強調生活品質的價值觀，為文創產業培養未來的消費族群。除了體系中的基礎教育，整體的社會教育亦不容忽視，像是文建會即將展開的「台灣生活美學運動」就是一個不錯的構想。而人事行政局從去年開始的「提升公務人員人文素養方案」，更是一個值得學習的方案。 2.培養藝術專業經營管理人才 落實藝術專業教育專業機構的良善經營，是藝術創意工作者的重要依靠。而為求良善經營，必須有大量的專業經營管理人才，這一點有賴相關教育的落實及系統化紮實培養。 3.正視藝術教育資源不足的問題 藝術大學是文創產業源頭的重要支柱，企求文創產業的發展，教育部就應該給予藝術大學更多的教學與發展支援，瞭解藝術教育的特殊屬性及真正需求，除了經費之補助，對於各系所的發展，進行必要且內行的瞭解及支持，延展藝術教育深度及完整性。關於藝術大學可以對文創產業發揮的功效，以下將作更多的說明與建議。
法制面	1.文化藝術相關法制之整合與推動 所有政策目標的達成，皆需法制建設予以輔佐，特別是台灣長久以來始終缺乏長程永續的規劃，以致破壞總是出現在產業開發之處，而擔負管理責任的中央和地方，卻總拿不出一套有效的管制辦法。若政府有心推動文創產業，在相關法制的建設上，便須有所作為，例如透過立法維護利益、規範市場秩序、加強市場管理、制定文創產業的發展戰略，強化政府協調和監督。

（續）表4-1　給予政府的建議

建議構面	內容
溝通面	1.成立產業與創意合作的界接介面 　經濟部應建立產業與創意源頭的界接介面，藝術創業教育與輔導，文創模式與方式的建立。一如政府早期扶植高科技產業，經濟部應要有初期投資的觀念及準備，多瞭解文化領域，扮演連結文化界和市場的角色。 2.設立藝術與產業雙方對話的中介團體 　政府部門在缺乏藝術與產業雙方對話能力時，可藉由設立如文化總會這樣的中介團體，幫助藝文團體和政府及產業溝通，加強彼此的瞭解，促進共同認知，如此可以避免不必要的誤解以及資源浪費。 　政府在建構文創產業這項文化發展的新契機時，切勿流於把「手段」當成「目的」的迷失，為了追求尾端的產質，只著重文創產業在「技術應用」的層面，忽視了文創產業的活水源頭，而將台灣推向「文化創意產業代工國」之路！

資料來源：朱宗慶（2010）。

五、台灣文創產業西進契機

　　台灣文創產業受限於本地市場規模，近年積極尋求更大的成長空間，開發外銷市場，而與台灣互動熱絡的大陸，在2011年已經超越德國成為全球第三大娛樂及媒體市場。台灣文創產業憑藉著同文同種的優勢，文創西進無疑是文創產業未來發展的最佳選擇。依文化部已公布的「2012台灣文化創意產業發展年報」，台灣的文創產業仍以內需為主，外銷僅占8.3%。2011年台灣文創產業中，營業額最高的前三名依序為廣告1,461億元（新台幣，下同）、廣播電視產業1,269億元、出版產業892億元。成長率最高的前三名依序為文化資產應用及展演設施產業（154.6%）、設計品牌時尚產業（38.7%）、電影產業（33.8%）。衰退最多的為公藝產業（-24.3%）及產品設計產業（-3.3%），衰退的原因為該兩者外銷比率高，容易受國際景氣變動及特定外銷區域影響。這張成績單也給予台灣文創產業一個發展警訊，因近十年全球創意產品與服務貿易成長240%，帶

動全球貿易金額創新高，但同期間台灣僅增加53%，2004～2011年創意產品出口值年複合成長率在全球排名倒數第八。拓展外銷市場，對台灣文創產業的發展將具有關鍵性影響（葉文義，2013）。

六、大陸文創產業高速成長

據資誠全球聯盟組織（PwC Global）2013～2017年全球娛樂及媒體行業展望（Global Entertainment and Media: 2013-2017）調查分析，2011年大陸已超越德國成為全球第三大娛樂及媒體王國，預估至2017年，前三大市場將為美國、日本、大陸。三大市場中，複合成長率最高的國家為大陸，達到12%，預估至2017年市場規模將達2,000億美元。大陸廣大的娛樂及媒體市場及其未來高成長率，已吸引眾多業者投資眼光。大陸在「十二五」規劃中，將文化創意產業列為重點發展產業之一，希望能在2015年產值可占GDP的5%。大陸明確的文創產業政策為文創產業未來發展增添薪火與動能。資誠聯合會計師事務所營運長郭宗銘呼籲，對台灣的文創產業來說，面對新一輪發展趨勢，亦是不可多得的機會，若能把握此一西進發展的契機，將為台灣的文創產業開創新脈動與新格局。

七、台灣的文化創意產業發展趨勢

文建會（2009）指出，整體而言，台灣的文化創意產業有以下四項發展趨勢：

(一)產業創新的關鍵角色

台灣文創產業有不錯的環境調整能力，主要是歸功於產業的創新以及市場的靈活反應。以出版產業為例，最近幾年來，該產業面臨強大的經營壓力（尤其是產業價值鏈與生態鏈的變化），然而，台灣業者不斷致力於創新能力的提升，如數位出版產品的開發、異業結合的靈活經營策略等，繼續維持一定的產業競爭力。

(二)大者恆大的狀態

台灣的產業發展有個明顯的趨勢，即規模越大的企業越具有競爭力，出現大者恆大的樣貌。這樣的特色表現在營業額的數據上。從企業的資本結構統計數據來看，資本額規模在1億元以上之企業營業額維持在正成長；資本額在1～2億元的企業，其2005～2006年的成長率為20.97%，2006～2007年的成長率是9.48%；而資本額在2億元以上的企業，其2005～2006年的成長率為2.05%，2006～2007年的成長率為39.04%。但相對地，資本額在1億元以下的企業，其營業額的狀態則不甚穩定，也因此特別需要以政策扶持中小型甚或微型的產業。

(三)集中化的問題

台灣的文化創意產業出現集中化的現象。就營業額來說，台北市是台灣第一大創意城市，第二大城市是新北市（689億元），第三是高雄市（267億元），第四是台中市（259億元），第五是桃園縣（245億元）。這些數據突顯出來，創意經濟的發展在台灣是不均等的，城鄉差異、南北差異等現象非常明顯，有著明顯「創意落差」的問題。

(四)越來越嚴酷的市場競爭

台灣文化創意產業市場的競爭變得越來越激烈、非常嚴酷。雖然2002年到2007年的家數是成長的，而且在新興的產業（如設計、創意生活等產業）及創業門檻低的產業（如出版、廣告、表演藝術等產業）方面，產業家數也一直維持在正成長，但是，從2005年高峰之後，整體家數的發展開始呈現負成長，而且是連續兩年減少。受到2002年政策提出的刺激，台灣文化創意產業家數快速的成長，成長率高達8.78%，但是接下來的家數成長率逐年下降。因為政策的推力可以帶動初期產業的成長，接下來市場現實的考驗將會扮演核心的機制，影響產業創業的意願，以及進行產業的淘汰。

八、台灣的文化創意產業發展機會及展望

根據文建會（2009），「創意台灣——文化創意產業發展方案行動計畫」，對於發展文化創意產業，台灣具有相當多的優勢。台灣是多元文化及民主開放的社會，加上教育普及，人才及文化水準在亞洲國家中都相當突出，投入文化創意產業的潛力無限。尤其現今兩岸開放，兩岸經貿關係逐步正常化，華文市場也漸漸成形；台灣近年來成為精緻、創新及當代華人文化的孕育地，影視和流行音樂產業更是引領風潮，因此兩岸和亞洲華人所形成的新的大華語市場，對於台灣來說是一個難得的新契機。而台灣在中小企業、資通訊硬體產業發展過程中，所累積的資金、人才、創新技術、靈活應變能力，以及在全球產業價值鏈上的操作經驗和專業，恰可以移轉至文創產業。然而台灣在推動文創產業方面與其他國家相較，整體而言並未見具體成效，究其原因主要在於根本結構性的問題，例如：推動文化創意產業之法規與發展機制尚未完備；文創業者多屬微型經濟規

模，現有融通及評價制度不足，業者不易取得產業發展資金；文化創意產業分由不同部會主政，資源分散，缺乏整合機制；內需市場及國際市場都仍待開拓；產業基礎研究不足，藝文資源產業化程度低，產業鏈未能建立等。再者，近一年全球金融海嘯來襲，各國莫不審慎思考如何刺激景氣及提振產業發展，解決企業生存危機。高度仰賴出口市場的台灣，受到衝擊的不僅是原已有相當規模的製造業及電子業，文化創意產業也無法倖免於難。在經濟衰退之情形下，民眾消費緊縮，文創商品及服務往往非為必要性民生支出，使得產業的推展面臨嚴峻的考驗（行政院文化部，2009）。台灣三十六年前以科技產業躍升為亞洲四小龍之首，三十六年後的現在，遭逢全球經濟嚴重衰退的困境，是危機也是轉機，正是我們思考台灣未來走向及產業發展方向的時刻。本行動方案的擬訂，即是希望掌握台灣的優勢及機會，扭轉劣勢，突破發展困境，為文化創意產業奠定發展根基。

九、文化創意產業就是「品牌打造工程」產業

文化創意產業這個產業名稱在台灣產官學界是人人都知道要重視的方向，卻也是仍在霧裡看花，摸索前進的現況，近兩年來我們邀集數百位師資共同開辦了跨界學習交流的平台，努力到各政府部門、各大專院校、各產業協會去說明，希望能喚起大家的共識，台灣的經濟只由勞力技術代工轉創意研發代工，是不夠的，隨著中國大陸沿海城市國民所得提升，台灣將擁有前所未有的機會，像亞洲國家中的日本，二十年前國內市場就能支撐成型的文化創意經濟，我們終於也可以有華人的龐大市場規模，開始實驗自創品牌這個產業發展方向，問題在榮景可期之前，我們清楚了自己的問題及整合了我們的力量嗎？培養了我們所需的人才嗎？許多人的觀念還停留在需要財團投入大資金才能打造自創品牌，或是我們要趕

快選擇某一單項明星產業發展，當工業只剩27%、服務業73%，代理國際品牌是捷徑等等的迷思裡打轉，甚至認為推動文化創意產業只是將文化圖像符號數位典藏後，應用發展成商品及觀光，但文化創意產業真正的力量正是要打破這些傳統觀念，文化創意產業裡每一個單項產業細分的每一種行業都需要其他項行業的「感動加值，跨界整合」才能成功，而任何一個國家、都市、機構、個人想要轉型，打造出品牌，需要的正是全方位文化創意產業的注入，每一個總體或個體檢視品牌打造工程、品味培養工程的方式便是自省有沒有運用全方位的文化創意產業，有沒有讓自身及行銷的對象透過文化資本得到創意的養份及分享。國家、都市、機構打造品牌需要運用文化的欣賞群去吸引更多的潛在新消費群，創造他們的感動與認同，吸引到的不是國界的疆域分眾，而是無國界的品味分眾；個人培養品味需要運用文化的創造群來吸收更多的感官領會、生活體驗，進而培養出個人洞察生活需求的創意，及運用感動價值的能力（徐莉玲，2008）。

徐莉玲（2008）指出，台灣急需要的是一個「觀念革命」，當世界趨勢已經是別人以你生活裡的藝術及你使用的設計在評價你的能力的時候，品牌與品牌之間的連結與否，已經是以美感能力在考慮是否可以互相加值的時候，如果台灣還停留在急功近利，不思全方位補強、跨界整合，是發展不出國家競爭力的。文化包括政治、經濟、軍事、社會、教育、宗教、哲學、藝術是生活的全貌，台灣面對政治對立、經濟蕭條、軍事威脅、社會撕裂、教育失敗、道德淪喪、藝術輕忽的深刻痛楚，可不可以浴火重生，使台灣擁有一個「利他」的生活文化，我們已經進入一個結合他人智慧與資源的時代，可不可以不要再讓有心者無力、無心者有力，有能者無利、無能者有利的現況，阻礙台灣的進步，可不可以大家團結，一起虛心反省，不要再因循代工時代抄襲仿冒的風氣，不要再重複選舉考量施行盆景政策的做法，好好把握台灣以人文勝出、與國際連結的最後機會，打造台灣成為一個文化資本富足的國家，讓我們的下一代能夠做自己真正的主人。

十、文化部「價值產值化——文創產業價值鏈建構與創新」中程（102～105年）個案計畫之三大策略

(一)策略1：推動文化內容開放（Open Data）與加值應用

1. 推動公部門文化素材以公開方式鼓勵加值應用，將政府現有文化與數位典藏開放，促進創新與民眾參與，以促進更多、更快、更廣之開放授權和加值運用。例如公廣集團（公視基金會、中華電視公司等）累積了龐大資源及其報導的圖文、影像等素材，如能活絡運用相關智慧財產，將可衍生周邊廣大效益。

2. 建構原創素材庫，豐沛產業發展底蘊，將文化素材數位化，使素材更易於流通與應用，並帶動更多元的產業應用。

3. 建立雲端「文創咖啡廳」媒合平台，鼓勵價值產值化。建構一個媒合創意的平台，此平台讓有創意卻無創業模式也無資金者，可以利用此平台將創意提出，然後透過平台將創意轉化為商業模式；或是有創意內容亦有商業模式的人，亦可以上雲端「文創咖啡廳」找資金；以及有資金但苦無內容者，則可以上平台找內容（**圖4-3**）。

(二)策略2：促進一源多用與強化中介體系

我國有不少善用文創智財之成功案例，如幾米繪本，透過圖像授權、出版授權、OEM授權、品牌授權等授權機制，讓單一素材多元應用（One Source Multi Use, OSMU）至電影、周邊商品、舞台劇，並透過專業經紀人經營，已形成價值產值化的經營模式，不過現僅限於少數個案，本計畫將善用文創智財之成功經驗，全面推動整體文創智財戰略思維。進而發展經紀授權與中介服務體系，促進多元內容之加值應用與智財流通（**圖4-4**）。

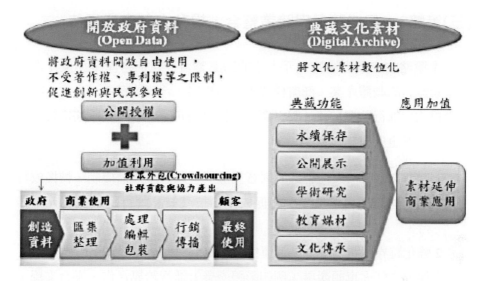

圖4-3　推動文化內容開放與加值應用

資料來源：文化部（2013）。

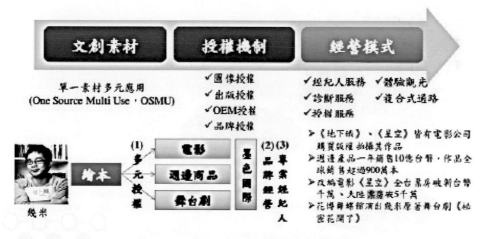

圖4-4　促進一源多用與強化中介體系

資料來源：文化部（2013）。

(三)策略3：促成跨界與跨業整合，提升文創產業價值

本策略的主要意涵為多元人才的跨業整合，包括各產業加值元素、跨產業整合的載體產業、商業模式創新與輸出。希冀培育多元人才，吸引資金投入，進行跨業加值、整合與商業模式創新，帶動文創服務系統之國際輸出。其重要措施包括：

1. 促進文化價值與內容透過創意加值與智慧財產授權機制，轉換成行銷全球的經濟產值，例如促成高科技產業品牌行銷與文化元素結合。
2. 強化跨界與跨業整合之營運模式，促進文化業者產業化。
3. 促成文創火車頭產業（例如影視產業）進行跨界合作，媒合文學、視覺與表演藝術，提升產業價值（**圖4-5**）。

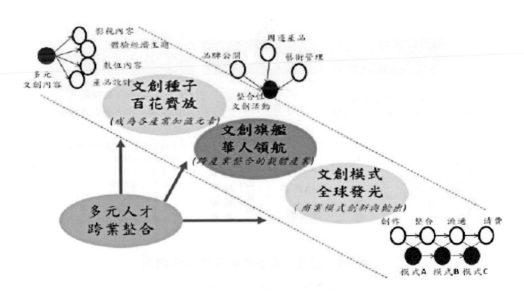

圖4-5 促成跨界與跨業整合，提升文創產業價值

資料來源：文化部（2013）。

十一、台灣產業轉型需求

　　經濟部提出「2020產業發展策略」，並於民國100年11月21日獲行政院核定。由於後ECFA時代帶來拓展大陸市場與國際連結的管道，台灣將面對加速產業結構升級轉型的黃金十年，加上高齡化及少子化、氣候變遷及能源短缺、科技匯流與整合等趨勢，經濟部提出本項策略，以「創新經濟、樂活台灣」為發展目標，並以「厚植產業軟實力，優化產業結構」、「參與全球區域經濟整合，提升台灣國際競爭優勢」、「順應節能減碳潮流，促進產業綠色成長」、「全面強化產業競爭要素，提升附加價值」、「提升商業創新力，創造服務產業競爭力」、「擴大商業國際化，開創服務新視野」及「調整產業人力結構，並兼顧就業」作為產業發展策略。作為產業結構的一環，本項策略也指引了文創產業未來可發展的方向。尤其在傳統產業、製造業、科技業等台灣已深具基礎的硬實力，文化創意的導入將可提升軟實力，在建造知識經濟創新能力及形成多元創新知識服務的同時，亦將回歸以人文為根本，讓文創產業落實到庶民生活場域，提升台灣的幸福指數（文化部，2013）。

文創產業
經營管理篇

　　本篇將從文創產業經營SWOT分析、文創產業經營與競爭策略、文創產業無形資產鑑價來探討文創產業之經營管理，最後分析城市文創園區經營與行銷。

Chapter

5

文創產業經營SWOT分析：中、台、日、韓、英國文創優劣比較

本章運用市場行銷的SWOT分析法（強弱機威綜合分析法），分析比較中、台、日、韓、英國文創產業經營之優劣勢、機會與威脅。

一、中國大陸的文化產業發展

中國大陸近年經濟快速崛起，其中所謂的「文化產業」（cultural industry）盛況，更是令世界各國矚目。中國大陸的「文化產業」，儘管所指涉的產業類別，與其他國家稍有差異，但整體而言，等同於台灣的「文化創意產業」，也等同於英國「創意產業」（creative industry）以及韓國等所稱呼的「內容產業」（content industry）或「未來產業」（future oriented industry），廣泛涵蓋建築設計、運動、廣告、文化觀光、音樂、影視、多媒體、數位內容、動畫漫畫、出版等靠創意作為命脈的行業。值得注意的是，十多年前，大陸官方雖然沒有像英國政府一樣很早提出完整的文化創意計畫書跟相關統計數據，但中國文化部早在1999年就成立了「文化產業司」，專門負責發展策略的實施和相關研究。大陸學者周福銘在「2002年上海文化發展藍皮書」中指出，上海市2001年已提出了文化創新與城市發展的施政方針，希望藉由文化產業帶領上海營造高度競爭力，以期達到促進觀光旅遊的策略目標。

隨後，中國大陸各省市如火如荼地開始推展文化產業，每年經濟規模和成長數字，令其他國家咋舌不已。以廣東省為例，根據該省統計局數據，2004年廣東省的文化產業增加值超過1,200億人民幣，2005年則增加到1,500億。北京方面也預估，到2010年，北京的文化產業規模產值也將達到1,000億人民幣。2006年大陸的「中國國家統計局」也首度發布文化產業統計數據，合計2004年，全中國有346,000個文化產業單位，個體經營戶有362,000戶，從業人員996萬人，產值達3,440億人民幣（相當於1兆4,575億台幣），占大陸GDP值2.1%。

大陸中國社會科學院的數據也頗為相近。他們所發布的「文化藍皮書：2006年中國文化產業發展報告」中指出，2004年中國文化產業產值為3,900餘億元，2005年增加到4,300餘億元，此後每年都以超過10%以上的幅度成長。而中國大陸最新的統計數據，也在今年4月出爐。根據中國社科院4月13日所發布的「文化藍皮書：2009年中國文化產業發展報告」，大陸的文化產業，幾乎不受全球金融風暴的影響。2007年中國文化產業的產值約6,412億元人民幣，比2006年增長約18.4%，占GDP的比重為2.6%。2008年文化產業的確實數據還未完成統計，但該「藍皮書」估測，2008年文化產業的產值約7,600億元人民幣，比2007年約成長了18.7%。與此同時，中國的GDP成長從2007年的13%降到2008年的9%，下降4個百分點。但文化產業的產值，依然保持前三年的快速成長。「藍皮書」主編、中國社科院文化研究中心副主任張曉明指出，從2008～2009年，中國文化產業的發展已進入了一個新的轉折關頭。國際金融危機打斷了中國經濟在慣性發展路徑上的進程，多年來主要停留在政策論說層面的增長方式轉變，文化產業在推動國民經濟增長和轉型中的重要作用再次凸顯。

　　「藍皮書」認為，2009年中國文化產業將呈現以下發展特點：首先，中國經濟將進入一個投資與消費、外貿和內需更為平衡發展的時代，文化產業將有更大的發展空間。其次，經濟危機將推動中國經濟結構的戰略調整，新興服務業將開始唱主角，為文化產業的發展開闢新的戰略方向。最後，經濟危機將推動全球文化產業格局變化，全球文化貿易將從產品服務競爭進入資本博弈時代，中國在國際文化產業分工體系中的低端位置將會改變。「藍皮書」也認為，在經濟持續發展和技術迅速進步的作用下，中國文化產業必將與國民經濟各個部門發生越來越深刻的產業關聯運動，滲透到日常生活的所有方面，並在全球文化市場產生越來越大的影響。凡此均顯示，中國大陸對於文化產業的前景，充滿了樂觀的期待。

　　綜觀中國大陸文化產業的快速起飛，政府運用強勢的政策主導，投入大量資金，配合各種優惠政策，從中央到地方，各級政府風行草偃的

配合，是最重要的發展關鍵。檢視大陸官方推動創意產業的手法，群聚（cluster）的理論被廣泛運用，尤其「文化園區」和「博覽會」成為兩大主軸。外國學者Keith Bassett、Ron Griffiths以及Ian Smith在論文「Cultural industries, cultural clusters and the city: The example of natural history film-making in Bristol」中指出，文化產業的特徵是具有一套有特色的生產和配送關係，而「群聚」很能滿足相關的需求。目前，大陸在各地推動的「文創園區」，完全符合外國學界的看法。

　　台灣學者劉大和在〈建構創意園區探討〉文中指出，創意園區的建構必須滿足經濟、國家創新以及園區互動成長系統三個考量。首先，園區經濟系統即為從設計、生產以及市場化的過程以迄消費的整體環節，其間必須環環相扣，使文化產品成為一種產業；其次，國家創新系統則指以國家為名，其意義在國家整體於各種領域的創新能力；最後，園區互動成長系統即是強調提供「群聚」效果的環境，因此其利益包括了同一學科或跨界學科專業人才之間，彼此正式或非正式的互動機制，藉以激發創造出更寬廣的構思來源以及更尖端的科技技術。

　　中國大陸最具知名度的文創園區，首推北京「798藝術區」。這個占地十平方公里的包浩斯建築風格視覺藝術園區，吸引了國內外的藝術收藏家與欣賞者，也吸引了國際的畫廊，不少國際知名畫廊進駐，交易熱絡，成為北京的新地標。如今整個798擁有好幾百家畫廊、藝術家工作室、策展人辦公間以及咖啡館、酒吧等。在許多國際旅遊刊物中，798藝術特區已經被列為北京三大旅遊勝地之一，與故宮、長城並列。據北京市旅遊局統計，2005～2007年間，798藝術區所吸引的參觀人數是呈倍數成長，從45萬一舉爬升到150萬。此外2008年北京奧運期間，每天造訪798藝術特區的民眾超過1萬人。這些年來，包括德國總理施洛德、比利時女王伊莉莎白、法國總統席哈克的夫人等等，都曾造訪當地。

　　如今中國大陸的「文創園區」數量之多，從2007年10月間所發表的「中國文化創意產業園區新銳榜」，就可窺見一斑。這項遴選活動是由中

北京「798藝術區」之一

北京「798藝術區」之二

國傳媒大學文化創意產業發展研究中心主辦，針對中國三十多省合計543個園區，進行綜合評量，第一批入圍園區名單有145個，最後選出37個文化創意園區。至於博覽會方面，北京從2006年12月起，開始舉辦「北京國際文化創意產業博覽會」，以「創意・科技・文化」為主題，內容涵蓋廣播、電視、電影、文化旅遊景點、動漫遊戲、博物館藝術精品。

　　深圳則早從2004年起，就開始舉辦「深圳國際文化產業博覽會」；2006年5月間舉辦「第二屆中國國際文化產業博覽交易會」。深圳還於2001年起，每年舉辦「中國國際品牌服裝服飾交易會」。杭州市則於2008年起，開始在和平國際會展中心，舉辦「杭州藝術博覽會」。該市另有「西湖博覽會」、「世界休閒博覽會」等與文化產業相關的會展，並於2005年舉辦第一屆「中國國際動漫節」。至於上海從2005年起，每年舉辦

的「中國國際動漫遊戲博覽會」是國際業者的盛會。風氣所及，連常州也在近年搞了一個「國際動漫藝術周博覽會」。除了官方熱烈舉辦博覽會外，民間也不落人後，競相投入舉辦大大小小的會展活動，而且名目五花八門，連酒店裝潢、布料等等，也可成為博覽會題材。

然而，儘管大陸文化產業乍看一片榮景，但仍有不少問題尚待克服。大陸文化產業的問題，如香港學者徐中孟（2007）所言，包括技術和人才的匱乏、東西部的文化產業發展失衡等等。徐中孟指出，大陸政經體制改革落後，導致文化產品的升產和供給能力低於民眾的文化消費需求。此外，各類公營的文化經紀單位的產權結構、法人治理結構、分配制度、人事制度等，都還未形成流通的結構模式。民營的文化產業機構，大都規模過小，缺乏人才，資金不足，以致於顯得舉步維艱。

徐中孟（2007）還認為，當前中國的文化產業雖然從業人口眾多，但平均素質過低；人力資源豐富，但人力資本短缺；人才稀少，卻又形成嚴重浪費的矛盾情況。此外，中國大陸嚴重缺乏文化產業的經營管理人才，尤其高等教育體制中，文化藝術管理專業幾乎是一片空白。為了培養文化經營管理者，不少單位直接從企業來挖人才，但這種做法只能算治標（楊渡，2012）。

二、台灣文創的SWOT

相較之下，台灣也有許多優勢，如能積極把握並建構兩岸文化產業合作平台，仍能在整個華人市場中，搶占重要的商機。關於台灣方面，在之前總統府委託「國家文化總會」舉辦的圓桌論壇中，與會者普遍認為，台灣的文化創意產業發展優勢，在於多元的文化背景與自由民主的制度與環境，在整個華人社會中，形成絕無僅有的典範。根據行政院文化建設委員會（2008）行政院第28次科技顧問會議議題一「文創社會」

子題二〈開拓文創產業市場〉一文指出，我國發展文創展的優劣勢，與參照業者訪談之後，得出台灣文創產業優勢與威脅等分析如**表5-1**（楊渡，2012）。

表5-1 台灣文創產業的SWOT

優勢（Strength）	
 幾米作品  故宮文創商品	1.自由創作環境，優秀人才輩出，民間創造力源源不絕。例如幾米作品。 2.開放多元社會，藝文活動呈現多元性與多樣性。 3.充足透明的資訊，社會接受新事物與新觀念的可塑性強。 4.科技發達，網路進步，文化創意產業可藉由新科技優勢，多元結合，多元傳播，創新發展（如文化創意——ICT支持方案構圖）。 5.地方文化活力強，民眾對藝文活動與創意生活的需求日增。 6.中小企業靈活有彈性，創意豐富。 7.數位與創意人力成本較先進國家低。 8.華文「內容」創造具創意力，如故宮文創商品。 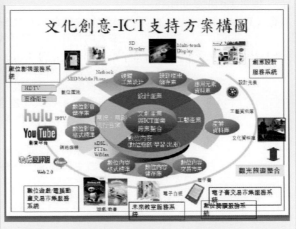 文化創意——ICT支持方案構圖

（續）表5-1　台灣文創產業的SWOT

弱勢（Weakness）	1.市場小，規模小，無法靠內需市場形成產業，國際市場的開發力弱。 2.政府主管部門分散，缺乏整合平台。 3.智慧財產權未受尊重保護。 4.文化創意產業政策易受政經環境影響，文化界對政策的延續性存有疑慮。 5.資金來源不足，缺乏投資的鼓勵政策。 6.藝文界缺乏整合、行銷與管理人才。 7.產業基本資料欠缺。 8.藝文資源產業化低。 9.智財權相關的產業應用機制不足。
機會（Opportunity）  蠟筆王的創意商品	1.台灣文化自由開放特色，可成為華人世界品牌，可帶動華人文創產業經濟。 2.華人經濟崛起，大中華文化區域經濟形成。 3.兩岸開放的大趨勢，使台灣文創產業有開拓的空間。 4.民間人才充足，自主性與參與性高。 5.華人市場具有優勢。 6.電子商務市場有成長性。 7.美學品味的生活型態轉變。 8.歐美市場欠缺東方與華文元素。
威脅（Threat）	1.大陸以文化創意產業為重點產業，急起直追。大陸有廣大內需市場，易於進軍世界市場（如電影、電視等）。 2.文化差異，大陸法令的限制，讓台灣文創產業進入大陸有優勢，也有侷限。有待兩岸協商談判解決。 3.世界各國重視文化創意產業，亞洲國家如韓國、日本、泰國、印度等的文化創意產業，不斷上升崛起，形成競爭。 4.鄰近國家創意產業發展快速。 5.國際買主與資金對台灣文創不瞭解。 6.國際拓展與國際行銷接軌弱。 7.全球經濟環境不佳。

三、日本文創的SWOT

日本動漫產品：哆啦A夢與海賊王

(一)優勢

1. 日本作為動漫產品出口大國，以其嚴密的產業鏈結構，成熟的運營機制，在國際市場上占有重要的地位。

2. 日本動畫業年產值在國民經濟中列第六位。根據日本貿易振興會2004年公布的數據顯示，銷往美國的動漫總收入是鋼鐵出口的四倍。

3. 漫畫雜誌平價銷售，日本人每天像讀報紙一樣地看漫畫雜誌。

4. 動漫市場的三個層次：播出市場、卡通圖書及影音製品市場，衍生商品（服裝、飲料、玩具、生活用品等）。

5. 具有強烈的市場競爭意識的大企業，帶動日本文化產業發展的主體。

6. 透過社區總體營造振興地方文化特色及發展產業活動。

7. 增加教師對文化創意事業及其對經濟的重要性認識與理解，同時多創設與創意事業有關的科系，以培育人才。

8. 獎勵公營機關使用文化創意事業的成品，或是以資金贊助的模式鼓勵企業進行開發，提升文化創意事業相關產品的消費量。

9.協助地方產業商品營銷海外，並增加國內與外國知名創作家之間異地文化的交流活動。

10.以獎勵模式帶動地方企業積極參與文化創意產業活動。

11.活用民間財團法人資源，讓民間團契主導帶動文化創意活動的推展，開創更豐富的活動內容，更能深入人心。

12.積極進行各項調查，藉由調查挖掘出新的商品需要，同時透過調查結果的公布及宣傳效果，加深民眾的認識度。

13.對於新興的文化創意事業，給予研發補助或租稅減免，以扶植創意的發展空間。

(二)劣勢

1.世界物價最高的國家之一。

2.文創產業範疇太小，過度集中於動漫產業。

四、韓國文創的SWOT

(一)優勢

1.以統整模式，從上游（內容、設計、創作）、中游（人才、資金、製作）到下游（通路），一應俱全協助及長期投資。

2.有來自企業的全力支持，及政府不遺餘力的支援。

3.1997年起韓國政府開始重視產業多元化發展，並開始積極發展低消耗、高利潤、高附加價值的文化內容產業。

4.2000～2004間，「韓流」襲捲全亞洲！

5.韓國提出「韓國文化世界化」的口號。

6.成立文化產業振興院，通過「文化產業振興基本法」，並選擇具有
國際競爭力的重點產業，引導民間資本注入加以發展。

7.聚焦推動影視、電玩等重點產業。

8.協助文化創意工作者產業化及取得資金，協助進行海外市場行銷及
招商。

9.韓國人具有團結的民族意識和文化認同，展現發揚國家文化的熱情
與用心。

韓流：少女時代

韓流：江南Style

(二)劣勢

1.文創產業範疇太小，過度集中於影視、電玩產業。

2.韓國文化世界化，太多置入性行銷，反而易引起反感。

五、英國文創的SWOT

(一)優勢

1.金融機制、豐富的國際品牌行銷經驗，都是英國創意產業成功的重
　要因素。

2.英國擁有規模約33億英鎊的出版市場、約4,000家商業設計顧問公
　司，同時也是世界第三大、歐洲最大的流行音樂市場。

3.英國創意經濟要點：讓所有孩童都能獲得創意教育、讓創意天賦轉
　化為工作機會、支援研究與創新、協助創意產業成長並協尋資金管
　道、促進與保護智慧財產權、支持創意群聚。

4.推動英國成為世界創意群聚中心。

5.保持政策隨時更新。

英國文化節與文創英國講座

　　披頭四在粉絲尖叫中高聲歌唱，哈利波特騎著掃把穿越倫敦上空，莎士比亞、皇室婚禮、浪漫懷舊的大笨鐘。這些不僅是世人對英倫文化的鮮明印象，更是英國在文創產業及產值的關鍵代表字。

(二)劣勢

　　英國過度集中於創意經濟而忽略了文化對於文創產業之重要性。

　　本章將探討文創產業經營與競爭策略，以文創產業之產業鏈關係的角度切入如**圖6-1**所示，上游包括藝術創作、應用藝術；中游包括經營管理、市場行銷、企劃管理、產品設計；下游包括品牌形象、通路消費。

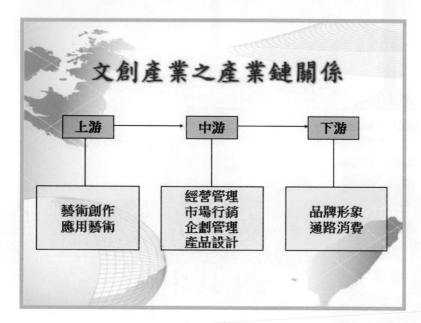

圖6-1　文創產業之產業鏈關係

一、文創產業成功經營之道

(一)各構面分析解構

　　文創產業要有效經營，需要很多因素的配合。吳家慧（2004）研究發現影響文化創意產業績效的關鍵因素有七大項：人、品牌、故事化、財務透明化、智慧財產的保護與應用、策略聯盟及產業平台的建立、美力與設計，其中以人及品牌因素最為重要。而謝東宏（2004）認為文化創意產

業影響因素包括：「經營管理機制」、「產品加值能力」以及「財務資金來源」。以下從領導、企業功能及環境因素、國際化策略等面向來作探討。

◆領導

　　文創產業多半由創辦者個人工作室起家，其創辦人往往擁有極大的決策權力，雖然在品牌形象上能呈現一致性的作為，但是經營決策上卻往往過於主觀和缺乏彈性。Sibin Wu、Edward Levitas和Richard L. Priem（2005）認為隨著CEO任期的增加，組織創新能力將會呈現倒U型，如**圖6-2**，因此隨著CEO一開始對學習的掙扎，接著透過增加能力而進步，達

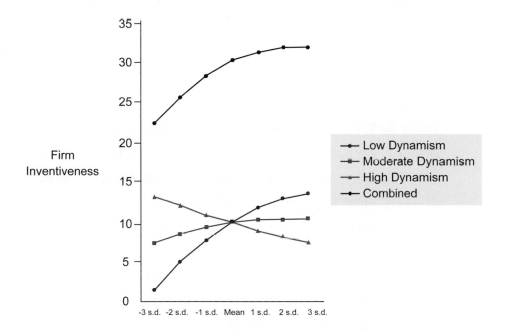

圖6-2　CEO在位期間與組織創新的關係受到環境態勢影響

資料來源：Sibin Wu, Edward Levitas & Richard L. Priem (2005), "CEO Tenure and Company Invention under Differing Levels of Technological Dynamism", *The Academy of Management Journal*, Vol.48, No.5, pp.859-873.

到事業高峰後，容易因管理職位待久而自滿及未能與時並進，且此時由於領導者的「神化」，造成組織思維的僵固，面對不斷變動的環境，是否能一直使用領導者成功的模式令人質疑，「成也蕭何，敗也蕭何」，有些組織甚至是失敗於當初成功之處，如何透過各種方法，如縮減組織層級、成立溝通平台等，來促成決策多元思考化、創新彈性化，乃是組織永續長青之關鍵。

◆行銷

1. 產品／服務：從需要層級提升到想要階段。文創的本質不是鼓勵貪婪、無止境的消費，而是有選擇性、有態度式的消費，「選你所愛，愛你所選」。文化創意以商品為載體，傳達文化藝術及生活型態的美好，最終目標是涵養人性、撫慰人心，也藉由消費，塑造及促成彼此「想要」的世界或生活來到。

2. 價格：定價讓顧客感覺物超所值，以「想要」與品牌經營提升至競爭藍海。

3. 通路：選擇符合品牌形象之通路，並在國際市場掌握基層通路，延伸組織「文化影響疆界」與提升資訊蒐集能力。KKBOX總經理林冠群（2006）提到音樂產業的獲利重心已經轉移到授權等服務面向。探討文創產業的授權模式，品牌授權是其主要獲利方式。品牌授權代表品牌擁有者以合約方式將品牌使用權授予另一家企業以獲取商業利益，但這卻同時隱含品牌權益可能因為不當授權而導致品牌權益降低甚至毀於一旦的風險。江致澄（2005）提出品牌授權商進行品牌授權的重點在於避免經營授權業務造成品牌權益降低、權利金取得、進入新市場、品牌產品多元化。

4. 推廣：設置媒體中心及統一發言人，與民眾做妥善、良好之溝通，主動改善顧客認知，例如法國頂級廚師認證制度，擁有米其林頂級的廚師每年要有一天到當地小學製作一整套午餐，培養未來消費者

對頂級美食的認知。此外，游怡真（2005）認為文創產業輔助發展策略為與異業結合並輔助社區發展、結合觀光並將傳統技藝傳承等。

5.品牌：品牌代表了用以和消費者溝通的工具，亦即消費者的內心占有率。要發展品牌，有價值的獨特原創性是首要條件，其次是創造品牌個性，有效傳達品牌精神及故事，形塑整體品牌形象。尤其在文創品牌傳達的是一種生活態度，一種理念主張，一種聲音，台灣長年從事代工，就好像一直在為國外品牌態度、生活主張做「幕後配音」，真正的「台灣之聲」是什麼？很難有人能找出自己獨特的觀點。有很棒的原創與獨特設計後，更要能整合資源不斷努力傳達與維護品牌意念，為品牌權益（Brand Equity）加值。

品牌權益（Brand Equity）

是公司和其品牌名稱的價值，類似會計學T字帳資產的概念。David Aaker將品牌權益分為五類，包含品牌知曉、認知品質、品牌聯想、品牌忠誠與其他。

◆生產

透過合理化—標準化—自動化程序，進行文創產業的有效產出，並配合全球運籌、外包與供應鏈管理，維持一致最低的生產成本。

◆研發—設計力

文創產業的設計力是重點所在，如何系統化的培養設計能力則是關鍵，在此知識管理（或創意管理）是一個可行的方式。綜觀知識管理發展的歷程，KM1.0以資訊科技為焦點，資訊科技成為知識主要的載體，知識文件管理成為重點核心項目，應用在文創產業則是創意的儲存與歸類以便

搜尋。KM2.0時代，是「以人為本的第二代知識管理」，範圍逐步從內部員工的知識，轉移到企業外部顧客、合作夥伴與供應商間的協同分享管道。知識衡量，也不再只聚焦於文件數量，而在於能否與平衡計分卡所強調的財務、顧客、流程、成長四個構面結合。KM3.0創新整合，知識範圍也從實體的企業內外部知識，朝向虛擬知識資源與實體知識資源的同步管理。應用於文創產業則是類似浩漢設計的知識管理系統，利用平台達成相關內外部人員的知識分享、創造及整合。

◆人資

文創產業中，設計師扮演了一個要角，如何管理天生判逆的設計師，使其發揮創造力是業界共同的課題。文創產業不是一個專業，必須結合不排斥商業行為的設計師、文化素養的經營人才，不斷進行文化結合與詮釋、創新工作，才能有所成。石雯侃（2004）對此研究，首先指出員工認知風格與個人創造力具有顯著相關；且個人創造力在認知風格與組織創新具完全中介的效果。領導者應該針對個人特質與以不同的領導型態與管理方式。其次，個人創造力受到工作自主性及工作挑戰性兩項偏屬工作特性的環境因素影響最大，其次為組織障礙與工作團隊支持。工作設計要使其感覺「有尊嚴」、「有意義」，並與其溝通給予適當的資源和協助。最後，高創造力表現的員工對阻礙創造力發揮的負面因子認知程度最高。因此針對績效良好的員工，應該給予更大的資源及彈性，以作為其激勵因子，創造更大的未來產出。

◆財務

文創產業多半從個人工作室等小額投資開始，缺乏了廠房、設施等抵押品，在擴大規模的資金需求下，很可能產生缺口，此時引進創投等外部資金是十分重要的課題。

匯宏顧問董事長、匯揚創投總經理楊子江日前在「台北市文化創意

產業化研討會」中指出，創意不等於「隨意」，文創業者至少須具備財報資料透明、經營團隊整齊等條件，才能獲得創投業者的青睞。楊子江分析文創業者要獲得金援，必須做到：

1. 財務要透明：很多文創企業由家族成員或私人股東合創，一定要有資產負債表，財務一定要透明，否則外部資金不敢投入。

2. 經營團隊要整齊：一個人固然可以創造效益，但講到企業經營就要靠一個團隊，不是一、兩個創意人可以做的。

3. 資金需求符合預期：創投業者挹注資金，不會一次給齊，而是分階段挹注，如果無法預估未來兩、三年的營運狀況，無法反映在現金流量或財務報表上，很難協助創投業者做投資決定。

不過，微型樂團創意總監王韻指出，對文創公司而言，有時候引進資金不見得最重要，他們最迫切需要的是相關單位的瞭解和重視，並帶進經營管理策略或開拓國際通路等專長，因為文創公司資本額普遍偏低，創投業者很容易就可以買下公司過半或近半股權，並非文創業者所樂見。此外，創投公司喜歡以投資效益、財務數字來評估投資案，文創業者認為不見得適用於文創產業紮根期，因為文創企業很難一起步就有獲利。

◆環境分析與國際化策略

①生活形態（life style）：生活形態學不來，抄襲就會走樣變形

吳貞儀（2006）認為文創產業之國際化策略應就其經營環境到消費者偏好應有所瞭解，同時可視本身資源能力的多寡、對市場的熟悉與瞭解程度，彈性地選擇與決定最適合的進入國際市場的方式。發展時除了研發、創意的掌握，應同時重視強化及動態調整品牌行銷能力與通路。

對西方人而言，東方風就是異國風情，因而對東方風著迷；中國崛起也提供西方人想要一探東方風情的誘因。大陸舉辦2008奧運，讓東方熱繼續發威；亞洲國家政府對東方熱推波助瀾，更是不可忽視的推力。在全

球最大授權展美國紐約國際授權展中，台灣館Creative Taiwan 2007年展出三天創下3.9億元產值，較去年成長77%。在這股東風熱吹進西方的潮流中，台灣新興文創品牌如何搭上順風車？

美國紐約國際授權展中之
台灣館Creative Taiwan

長久耕耘唱片業的中子創新公司執行長張培仁認為，台灣發展文創產業要從本土出發，而不是以國外標準審視台灣創作家應走的方向，「從台灣出發，才能產生迷人的東西，」達文西、畢卡索的作品身價不菲，關鍵在於「國人的認同，所賦予的價值」。游怡真（2005）針對傳統工藝產業轉型至文化創意產業之研究證實了這樣的看法。她認為設計要素包括本土、產業與產品文化及創新技術等，搭配之設計要素則要包含外來文化、開闊之創意思考及開發系列性產品等；而創意來源包括文化內涵、特殊技巧及公司設計開發取向等。

歐洲人注重互動，尊重個別國家、民族的不同。因此，台灣文創品牌只要花心思把傳統文化的好東西與現代生活結合，並具有讓全世界消費者都能欣賞的普世價值，在西方市場仍大有可為。法藍瓷歐洲股東漢默德（J. H. Hammond）建議，台灣新興品牌進軍國際精品市場，必須具有高度原創的新意，有別於西方產品，發揮每個地點的「原鄉精神」。他指出，台灣文創品牌不能有「我來自台灣，買我」的理所當然心態，要把文化產品打入歐洲，「不能純粹靠台灣的樣子，必須聆聽市場的聲音」，產品才可能既保有自己的認同，又具有世界性品味。他認為，結合當地設計師，是向當地市場投石問路的一個方法。石大宇也強調，文化創意商品得靠原創取勝，「原創是非常簡單的事，那就是『你是你，我是我』，千萬不要一味模仿西方。」他說，不管是不是東方風，好的東西就應該被不同

文化的人欣賞接受。

文創界人士認為，台灣要跨入全球市場，文化創意不可去中國化，因為台灣是中國文化保存最完整的地方，故宮更是文化寶庫，當日本、南韓都還保留漢文化，大陸也積極發展文創產業之際，台灣更加沒有理由把這些傳統文化資產拱手讓人。「文化產品端得出去，文化滲透力自然就出去了。但台灣現在的問題是，有多少夠好的產品可以把文化推出去？」

②政府

文創產業多半是中小企業，在資源缺乏下，十分依賴政府給予的幫助。李依芳（2003）建議政府扮演資源提供者，文創業者運用政府及獨立運作的活動機構資源，善用相關政策補助計畫。方金寶（2005）研究歸納，首先，政府在推動文化創意產業中，主要任務乃是擔任文化創意產業與商業經營模式間，協同商務之促成者，使用的工具就是政策，亦涵蓋到法規層面。其次，政府應加強兩岸政治、經濟的穩定性，以善用大中華經濟圈的資源，降低成本、發展品牌、擴大市場占有率，並利用中國大陸尋求發展品牌的可行性。接著，政府應該利用製造業、資訊科技技術當工具，結合創意、內容，強化文化創意產業的創新及提升競爭力，並扶植旗艦式產業以發揮示範式效果，鼓勵更多資源的投入。再者，政府應積極誘導創投事業對文化創意產業的投資，並利用創投資金、國家機關的技術來協助一般廠商因應國外廠商的壓力與競爭。最後，政府應設法提高策略執行的層級、加強預算及整合，並隨時以跨部會協調及法規鬆綁以因應中國大陸、韓國的衝擊。政府亦得考慮以補助及法規鬆綁等等方式來代替租稅優惠。

陳姝吟（2005）研究顯示，文化創意產業與「國家品牌」兩者之間呈現顯著相關性。因此，除了政策上的支援外，整體國家形象、文化強度也深深影響在地文創產業的發展，政府應該積極提升「國家品牌資產」。

③總結

　　台灣文創產業政策自2002年提出後至2008年五年多，如何以文化創意「創價」，一直是文創公司的重大課題。部分文創公司已深知，再怎麼聰明的點子，如果沒有管理，就只是別人的踏腳石，因此，他們撰寫自己的文創獲利方程式，都不敢忽略「務實管理」，大大顛覆了外界對文創人士的印象。

　　曾任職財政部與中華開發的滙宏顧問公司董事長楊子江，日前在一場座談會中分享他以前投資文創公司經驗時指出，過去很多文創公司財務不透明，認為創意人的才華應該用在創作，內部控制、稽核都沒做好，「內部經營管理是面臨市場競爭的必備條件，但很多文創人無法接受這種觀念。」類似這樣的情形，雖仍是各種文創產業座談會的老議題，但台灣幾個常被提到的文創代表公司如法藍瓷、墨色國際、琉園、浩漢設計、大可意念、藝拓國際等，主其事的人不約而同都很重視紀律及管理，徹底顛覆外界以為，搞文化創意的人一定非常不食人間煙火，或浪漫隨性且不切實際的既定印象。

　　《好創意，更要好管理》一書指出，台灣文創業者除了設計類公司成立較早外，很多文創公司都在2002年前後成立，且都正步入經營轉型期，這可從他們現在最迫切需要的人才，幾乎都鎖定具國際商業管理或國際通路行銷的整合型人才可看出，也凸顯具商管背景的人尚未大舉跨入此新興行業。墨色國際總經理李雨珊體認到，作文化品牌，前段需要的是有文化創意，但不排斥商業規則的人；當前段文化創意的內容經營成熟，進入後段發展期時，需要的是有人文素養的產業界人才進入，才能以企業化、制度化達成協調、整合與分工，促進組織成長與產業化，帶來起飛的動力。

　　文創業者近年來已逐漸摸索出創價模式，雖然大部分公司年營業額都還低於1億元，但少部分公司年營業額逐漸突破或逼近5億元，例如法藍瓷今年營業額估計為1,800萬美元（約6億元），琉園約5億元，浩漢設計

約4億元；而不方便透露公司年營業額的墨色國際，靠著推動幾米品牌，每年帶動的周邊授權廠商的總產值，估計高達數十億元。

「5億元戶」若可視為台灣文創產業發展的里程碑，證明了台灣人絕對有能力以文化創意來創價，尤其這些人走的都不是傳統的OEM、ODM模式，而是自創品牌的新路，投資、耕耘期相對拉長，很難立即反映在營業額或獲利上，普遍還在等待時間帶來品牌爆發力，更顯示出廠商的堅持。

台灣「品牌先生」施振榮認為發展文創產業要建立「創意為體，管理為用」的概念。如果認為靠文化創意賺錢是種「褻瀆」，不能大方承認就是要賣深厚文化與棒呆了的創意，甚至連第一步「商業化」都還未踏出去，就開始憂慮「過度商業化」，那麼談文化創意「產業化」無異是緣木求魚。只有拿出各自所需的專業進行務實與整合，使文化、創意、產業「三位一體」，變化出遠遠超過政府目前制定的十三項文化創意產業項目範疇，才能讓猶如星星之火的創意，成為燎原的新興產業。此外，相較於世界各國而言，台灣有鄰近中國新興市場的優勢地理位置，兼具全球華人地區文化、語言相通的特質，亦是華人世界中唯一真正傳承中華文字美學、文化精髓的地方。

台灣的文化創意產業優勢，必須立足在華人生態圈的基礎上，才能得到正確的評價。李永萍強調，台灣長久以來受到西方文化的洗禮，假如用西方的標準來評估，台灣文化藝術會顯得相形見絀。但放眼中國大陸、香港、新加坡等所有華人國度，唯有台灣糅合了中國傳統文化、原住民文化、南島文化、日本文化以及西方文化，其豐富多元堪稱絕無僅有，即使在全世界也難找到類似的案例。而台灣的文化創意產業發展前景，也必須以整個華人國度作為腹地，利用中國大陸龐大的市場，建立領先的產業品牌。

尤其，隨著全球局勢的變化，文化創意產業之於台灣這塊土地，其所扮演的角色，應該被重新定位。面對整個大中華經濟圈的崛起，亞洲勢

力的勃興，文化創意產業是台灣以中國大陸作為衡量尺度之下，建立自我品牌與形象的最好契機。此時此刻台灣政府必須重新看待「文化創意產業」，因為在大三通全面開放交流之後，兩岸經濟將日益密切融合。在這種密切融合過程中，台灣如果只想靠第一波產業（農林漁牧）、第二波產業（工業生產與服務）或第三波產業（資訊）來鞏固自己的特色與地位，都是不足恃的。

只有站在台灣獨有的自由、開放的社會基礎上，重新定位「文化創意產業」，把第一波、第二波、第三波產業整合為新的有機體，才可在兩岸經濟融合的過程中，凸顯自己不可替代的功能，最起碼可防止自己在經濟融合過程中遭遇面目模糊、日趨邊緣化的風險。此外，在2008年的金融風暴之後，美國影響力嚴重衰退，全球經濟將處於一段長時間的調整期，每個國家都在思考未來的出路與機會。台灣以往靠資訊代工，創造了二十多年的榮景，如今也到了另創新局的關鍵時刻，如果能以突破性的格局與想法，重新界定「文化創意產業」，以之整合基礎原已十分紮實的第一波、第二波和第三波產業，在兩岸經濟融合的時代與環境背景下，應該能開創新的未來。

二、文化創意產業的「三生」與「四生」

文化創意產業中必須具備的「三生」重點。所謂「三生」是：(1)生活：生活型態、在地文化特色、傳統與流行、創意生活與美感品味等元素；(2)生產：有效的整合資源，將無形的文化與創意元素轉化成文化商品；(3)生意：運用通路行銷與經營管理的策略，創造具有永續性的產業產值（周德禎，2014）。

廖世璋（2011）提出地方文化產業「四生」的發展概念，包括以下四個概念：(1)以地方文化產品的「生產」；(2)結合社區居民的「生

活」；(3)打通社區居民的人與人之間、人與自然環境之間的「生態」；
(4)深化社區文化價值，讓地方文化特質能在地紮根及永續經營的「生
命」，這就是以地方文化產業發展地方自主經營的「四生」概念（**圖
6-3**）。

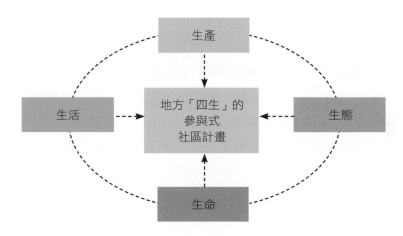

圖6-3　地方文化產業「四生」的發展概念

資料來源：廖世璋（2011）。

三、文化商品運作模式

(一)何謂文化商品？

　　文化商品和服務是一種具有創意的生活活動，它具有智慧財產權，
並傳遞某些社會意義。通常具有三個層次：(1)創造藝術性；(2)藝術性
較低，具有高度文化意涵；(3)有時候僅具有文化內容的象徵或意義。然
而，在產品持續創新之下，文化產業轉變極為多樣化，而無一致定論，
但可以透過基本活動的構成，整理出兩個最主要的構成要素：「載具」

（載體）和「內容」。「載具」指的是物質、媒介或幫助傳播的硬體，包括媒體和通路等；「內容」則是指資訊、軟體、觀念等。文化或文化產業的構成，上述缺一不可。

◆何謂產品？

所謂產品，包括有形的商品和無形的服務。行銷大師Philip Kolter定義產品，是市場上可供注意、購買、使用或消費，以滿足現有或潛在消費者的需求或欲求，並交換金錢或等值之物的有形或無形的任何東西。而產品之所以有意義是以「行銷交換」的觀點行之，即是產品商業的過程。產品的意義因行銷企劃人員、目標消費者和市場競爭狀況不同而異。而其真正關鍵在於目標消費者如何看到產品——解決問題的滿足感。

①產品的種類

1.以開發新產品的觀點而言，應考慮產品的三個層次——核心商品、實質產品、引申產品。

(1)核心商品：指顧客真正需求、購買，而生產廠商提供滿足的基本服務和利益，行銷企劃人員必須挖掘隱藏在產品之後的真正需求，並出售利益給顧客，而非產品的功能特色而已。

(2)實質產品：即有形的商品，為商品化過程後的產品，包括五大特徵：品質水準、功能特色、式樣、品牌名稱和包裝。

(3)引申產品：指能與競爭者區別的產品附加服務和利益，又稱為擴增產能，例如售後服務，不滿意退費。

2.以消費者的購買習慣，可將產品分為：便利品、特殊品、選購品、未覓求商品。

(1)便利品：消費者經常購買、且任何銷售據點皆可買到、不費心思和購買時間短的消費性商品。一般分為三類——民生用品、衝動型購買和緊急用品。

(2)特殊品：消費者對品牌、式樣和類型等有特殊偏好且指定購買的

商品或服務。

(3)選購品：消費者在購買歷程中，通常花費較多的時間和精力作比較選擇的商品或服務，其品質、價格、式樣和周邊相關要件等為選購時考量的因素。選購品可分為同質性和異質性。

- 同質性：比較價差，故著重價格告知。
- 異質性：比較商品或服務，其特色、式樣和周邊搭配等服務，故著重顧客服務和訊息情報提供為主。

(4)未覓求商品：消費者未曾想過購買的商品或服務，此又稱為黑色商品。行銷企劃人員常藉一對一或直銷行銷的「推力」，及大眾媒體廣告的「拉力」進行銷售服務。

3.依產品的耐久性或有形性，可分為：

(1)耐久性產品：可使用的次數多且久，消費者購買決策歷程較長，也可稱之為高關心度產品，人員銷售、完善的服務和保證可加強消費者信心。

(2)非耐久性產品：使用次數少、購買頻次高且價格較低，消費者購買決策歷程較短，也可稱之為低關心度產品，加強通路鋪貨的便利性、廣告的提醒和告知、建立消費者試用等皆行銷上的做法。

(3)服務：服務為無形商品，以提供消費者無形利益或滿足為主。

② 文化商品之意涵

1.符號：廣義的文化商品，包括有形產品及無形產品在內，但是在有形產品中也試圖作文化符號的添加與詮釋。文化商品不同於一般大量生產的產品，而冠上文化一詞，就是強調該商品所具有的文化符號性。甚至可以擴大商品一詞，就是強調該商品具有的文化符號性。基本上包括文化符號的文飾、造型與意義轉用等方法。文化符號的編碼雖有脈絡可尋，卻不一定能夠讓人順暢解碼。因此，文化商品除了物件的自明性外，往往還需要文字、圖像甚至口語的說明。

2.遞送模式：文化商品因其文化意涵的特殊性，必須透過3P模式傳遞
　　——人員、銷售和遞交產品／服務給顧客的人。創意產業無形產品
　　的傳遞方式：

　　(1)一階傳送模式：文化／創意行銷者→媒體→接受者。

　　(2)二階傳送模式：文化／創意行銷者→媒體→最初接受者→最末接
　　　　受者。

　　(3)多層傳送模式：文化／創意行銷者→廣告機構→媒體→最初接受
　　　　者→後來的接受者→其他行銷者→其他傳播機構→其他媒體。

3.形象加值：在過去所生產的產品雖是銷售的主要物件，卻也知道產
　　業所帶來的形象效果，將有助於銷售；在這種形象效果下主要以產
　　品為主，歷史等資訊僅是附帶的。但今天文化產業的發展，甚至使
　　產品與資訊的主副地位產生翻轉，產業歷史文化資訊的獲得本身成
　　為主要的需求與目的，文化商品反而是其次的，或者說，因為對該
　　文化的理解才引起對該產品的購買欲望。雖然，文化產業重視無形
　　的資訊以及人與人之間的感情連結，需要另一套不同於一般產業的
　　經營方法。

4.文化商品的連結：通常文化商品會與其他產業充分連結，例如推動
　　社區文化進而行銷地方。

5.文化商品必須活化在地資源以主題式行銷：各地政府和業者都積極
　　動腦、結合資源，來推動觀光和經濟，雖然效益一時難以評估，但
　　至少讓各地方名產更露臉，也帶進不少商業活動。而最終目的是希
　　望政府和業者雙贏。

◆文化商品應以創意出發、與消費結合

　　文化商品消費是正在世界各國蓬勃發展的一種新經濟型態，而文化
創意產業是未來國家升級、提升競爭力需要的一種產業。文化商品，政府

和企業都要有創意資本的概念，假如台北市每保留一棟歷史建築，就增加一個文化資本。文化創意市場裡，大家花錢不會想看到重新複製的東西，而是想看到有真實感、不是仿冒的複製品。文化是高風險的產業，因為生活風格是主觀的。

(二)文化商品與文化產業

◆文化商品

文化商品和服務是一種具有創意的生活活動，它具有智慧財產權，並傳遞某些社會意義。第一是創造藝術性；第二是藝術性較低，具有高度文化意涵；第三則是有時候僅具有文化內容的象徵或意義。文化創意產業，根據文建會給予「文化創意產業」的定義則是「源自創意或文化的累積，透過智慧財產的形成與運用，具有創造財富與就業機會潛力，並促進整體生活環境提升的行業」。文化工業主要指傳播媒體工業，媒體工業的大眾傳播特性使它具有強大的影響力，社會資訊經過揀選與詮釋使媒體擁有左右時勢的力量。

◆文化產業

文化產業主要強調學習與利益的社區回饋，廣義的文化產業是在地歷史文化的發揮與活化的產業都可以計算在內，因為即便其利潤未必回饋社區，也有波及效應的可能。中華民國行業標準分類，係指行政院主計處所訂立的官方產業分類方式，它是現今政府規劃政策與蒐集統計資料的重要參考依據。電影產業中所謂的「三三制」係指電影產業中的三個收入來源——票房收人、版權、周邊商品。「產品置入」係以付費方式，有計畫的以不引人注意的拍攝手法，將產品放置電視節目、電影中，影響觀眾對產品的認知。

表6-2為「輕」、「重」產業發展策略比較。

表6-2　「輕」、「重」產業發展策略比較

發展策略	「重工業」	「輕工業」
發展目標	體積和數量的增加	符號與意義的創新
發展原則	「數大便是美」，人越多越好、建物越多越好、活動越多越好	發揮創意 表現創意、展現品味、呈現意象
核心商品	建物、設施、活動、人潮	故事、造型人物、影像、風格
空間特色	固著性，實體世界為主要發展腹地	流動性，網路世界為主要發展腹地
產品特色	再生產受到時間限制	再生產較不受時間限制
物質資源	工業體系	文化體系

(三)文化商品的特質

根據鄭自隆、洪雅慧、許安琪（2005），文化商品的特質如下：

◆文化商品生產過程特殊

文化商品生產過程較一般產品特殊，因為其從概念到創作是由想法到紙上作業到實際執行一連串動作；有個人創作也有複合創作；可以從創作進而到複製；需要創作的中介者（經紀人）作管理與經營，當然也須有類似生產工廠作加工與完整化的動作。

◆文化實體可以大量複製

文化商品的另一項特質，就是原始成本高、機械複製成本低，不會存有產能限制的狀況。在電影或音樂產業中只要有一個母帶，或是書本著作中的一份原稿，就可以不斷地複製或翻印，而且複製的變動成本很低。只因文化產業最重要的東西是「內容」，內容是概念加生產所形成的，沒有太多的實體存在，又被稱為「無煙工業」、「知識經濟型工業」或「非實體的工業」。也因為沒有實體的存在，傳送更容易，這也導致大量文化內容被非法的拷貝複製與傳遞，形成了文化產業中最可怕的危機——「盜版」出現，直接影響最終的獲利能力。高科技環境的來臨與

快速更替改變,猶如一刀雙刃,一方面文化商品的實體形狀日趨輕薄短小,更容易傳遞,但同時也使盜版更猖獗。

◆成本預算連動期望報酬

文化商品未製作前,通常的作業模式是事先徵求行銷或市場專業管理人員在前端如何進行推廣建議,經過行銷作業程序對市場狀況與需求分析後,訂出符合市場趨勢與消費者需求的行銷傳播策略與建議案,但是,如果文化商品的原創想法與創意不符合實際市場的需求,再好的想法也是徒然。

◆文化商品有明星化元素的存在

文化商品還有另一特殊性即是產品的分配上,經濟規模與範疇的大小程度差異頗大,即明星商品具有動員力、買氣、品牌效益與迷思。因為文化產業是以個案評估的方式進行,完全由發行者的市場判定——對該產品認知是全球成功或是亞洲國家發行等,因不同發行規模就會有不同的期望與預算編列。所以成本預算與期望報酬的連動關係,會影響經濟規模與經濟範疇的大小程度。

◆文化商品是生活型態的表徵

文化是生活中的一種表徵,也是生活的一部分。例如思考、觀察大自然四季的變化等,人會因此感到快樂跟悲傷,「情緒」與「思想」其實就是文化產業中很重要的元素起源,一切皆由人而起,所以人即為文化產業中的關鍵成功因素。有了想法、概念,還得有知識和整合的智慧才可能,其中包括一份可衡量的程序與一份不可衡量的感覺,故經驗與感覺的累積,對拍攝電影或創造其他的文化商品都很重要。但仍有天份的因素在其中,故文化產業是一高進入障礙的產業。文化商品的特質是,生產時固定成本高而變動成本低,在成本結構中,行銷傳播費用與版權費的部分

（約占二至三成）最高也最重要。

◆文化商品是必須快速完成的壓縮銷售

　　文化商品與消費者碰觸完全是一場知音相遇的歷程，通常難以控制發生的時間與成本，而且必須是以強烈的認同、以現象和創造話題作為觸媒，對媒體的依賴性極強，因此可以快進快出市場的操作讓整個銷售過程急速方式完成。

◆文化商品必須跨界多元整合

　　文化商品綜合上述特性整合為最重要的核心價值——「跨界與跨國界的價值整合」，並且直接影響最終報酬。整合需要大智慧加上全球化行銷的宏觀思維，因此，此因素被視為文化商品和文化產業必須具備的基本重要條件「關鍵存活因素」。如此，文化商品握有整合價值的關鍵，即為內容所有權的擁有，也是利潤源源不絕產生的要件，價值整合的同時應該包括內容所有權的建立，而內容所有權必須授權給經銷商使用。文化商品這些又複雜又嚴謹的關係鏈是「產業」的特質，「文化」本身又有其非獨特的特質與廣泛的意涵領域，關係鏈的架構可以是兩者之間溝通與對話的橋樑，也是同時考驗商人與文化的重要挑戰。

(四)文化商品運作模式

　　文化為人類社會中面臨問題、解決問題所產生的行為，而表現於一般生活之基本運作。文化商品則因商品擁有著文化底層之意義，如同一般商品須經過市場交換而得到利益，但文化商品卻擁有文化元素的設計與教育的內涵。因而地方上的運作與行為模式，均說明了該社區特有之文化元素，如慶祝豐收之求神拜拜與地方戲曲之興起等，可以說明社區文化的演變及代表著一段段奮鬥的歷史，我們可以從社區營造的行動方法裡找到

人、物、地、產的價值分析,更可以發現到文化組成元素,在地文化之內容即清晰可見。尤其經過文化分析及田野調查後,可以用新農業運動中生活、生態與生產之三生訴求,來加以解讀文化商品之運作,分析發現文化設計可以對應到生活之內容,尤其將社區人們生活的器皿、工具、材料或文物的造型與色彩,運用寫實、變形與單純化等設計手法,均可將其化為文化設計標的。而品牌行銷可以對應到生產的範疇,似乎在突破產銷合作的制度下,唯有建立自我品牌,運用媒體與網路之新科技力量,應可建立起產品直銷效益。而活動營造更需社區生態的協助,無論是人為生態或是農作生態,均對於活動成功與否有其影響力量,其運作如**圖6-4**所示(游元隆,2008)。

四、利用第三部門,建構兩岸文創平台

劉美芝(2003)指出,兩岸要如何在經濟融合的時代與環境背景下,打造文創產業利基?「第三部門」(The Third Sector)或許是值得運用的力量。所謂的第三部門,包括了非營利組織(NPO)、非政府組織(NGO)、社會部門(Social Sector)、影子政府(Shadow Sector)、非

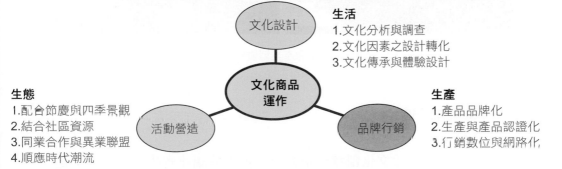

圖6-4 文化商品運作模式

資料來源:游元隆(2008)。

法定部門（Non-statutory Sector）等等。它泛指相對於政府部門、市場部門而存在的第三種社會力量，本身兼具市場的彈性和效率，以及政府公部門的公平性和可預測性的多重優點，同時又可避免追求最大利潤與科層組織僵化的內在缺失。

就兩岸文創產業交流與合作而言，目前台灣並沒有專門的第三部門負責推動或列為成立宗旨。但某些產業的非營利組織已經把大陸列為重點開發對象，近年行動越來越積極，例如台灣創意設計中心與台北市電腦公會、台北市文化局等聯手，2008年12月在第三屆「中國北京國際文化創意產業博覽會」中，開設了「台北主題館」，打出「台北好藝術」的口號，規劃了「故宮主題區」、「創意生活區」、「時尚設計精品區」、「工藝精品區」、「原住民文化精品區」等，希望能媒合出兩岸的文化創意商機（楊渡，2012）。

第三屆「中國北京國際文化創意產業博覽會」中開設「台北主題館」

(一)第三部門的任務

此外，「亞太文化創意產業協會」與大陸福建省政府、中華文化聯誼會、中華民國電腦商業同業公會等，11月底聯手在福建廈門文化藝

術中心，推出了為期四天的「首屆海峽兩岸（廈門）文化產業博覽交易會」，共有113家台灣廠商參加。這些都是第三部門對兩岸文創所能扮演角色的實際例證。尤其在當前兩岸猶存有主權爭議的情況下，第三部門可以避免雙方政府直接接觸所產生的主權尷尬或紛擾，有效推動雙方的合作與交流。有不少學者則提出的外國案例，包括了韓國文化產業振興院（KOCCA）、泰國創意設計中心（TCDC）等，作為兩岸第三部門的參考。它的任務包括（楊渡，2012）：

1.彙整國內外文化創意產業資訊。
2.建立產業與創意的合作介面。
3.扮演藝術與產業雙方對話的中介角色。
4.輔導建立專業認證。
5.爭取國際大型活動在台舉辦，或策辦、參加類似活動。
6.於外國設立台灣文創窗口並
打開國際通路。
7.推動藝術鑑價等配套措施。

其中一項任務「於外國設立台灣文創窗口並打開國際通路」，就可以搭起兩岸文創平台的建構鷹架。

泰國創意設計中心（TCDC）

(二)華人文化崛起之台灣優勢

楊渡（2012）指出，隨著兩岸關係逐漸解凍，台灣與大陸進入新的互動階段。面對中國大陸經濟的快速崛起，文化創意產業也蓬勃發展，兩岸官方民間都該思考如何以整個華人生活圈作為腹地，利用中國大陸龐大的市場，建立領先的文創產業品牌。因此建立兩岸文創合作與交流平

台，已成為刻不容緩的課題。尤其，金融海嘯之後，中國大陸在世界經濟的重要性隨之崛起。十三億人的市場，變成世界經濟的新支柱。隨著經濟而受到矚目的，是全球華人文化圈的形成。一如英語文化圈是英美文化市場的支柱，華人文化圈的形成，在電影、電視、表演、當代藝術、娛樂、數位、閱讀、時尚等各方面，已為文化創意產業，展開全新的局面。然而，在華人文化崛起的時代，台灣又具有什麼優勢？什麼是台灣無可取代的核心價值，可以為全球華人所共享？

1. 台灣保有深厚的中華文化底蘊。不僅是清朝時期的移民所帶來的漢族文化，更因1949年的大遷徙，讓原本分散大陸各地的地方文化，在台灣變成一個大熔爐。大陸有過文革，使傳統文化的人文精神受到破壞殆盡，但台灣卻「保存著溫良恭儉讓的傳統」（作家陳丹青語）。文明的底蘊難以複製，無法速成，這是台灣最好的優勢。

2. 台灣的海洋文化與移民社會的包容特質。作為華人世界面對全球化最早的地方，台灣有過荷蘭、西班牙、漢族、日本等的移民文化，1949年後，受到美國文化的影響，與世界接軌甚深，包容而不相斥。移民精神的敢開創，敢冒險，敢走向世界，讓台灣早期的中小企業帶著一卡皮箱，行走全世界做生意，帶出七〇年代的榮景，正是這種精神的典範。而它的包容力，也讓各種文化在台灣交融生根，不斷創新。現在，台灣擁有資訊、科技、資本、世界市場等優勢，仍是最具有競爭力的地方。

3. 台灣是華人社會實現民主化最早也最完整的地方，成長於解嚴後的三十五歲以下的世代，不再為反抗而創造，而是具有更自由開放的心靈，去創作，去設計，去想像。自由心靈與開放的天空，是創意生命力的所在。

就華人的文化創意產業來看，大陸有資金、土地、市場和政策的「硬實力」；而台灣所有的，是創意、人才、文化底蘊和自由心靈的

「軟實力」。兩岸的文化創意產業，顯現互補結構。兩岸若善用優勢，以華人世界為文化創意產業的市場基礎，再進軍世界市場，文創產業的前景不可限量。歷史的機遇像一列向前急馳的列車，她轟轟然駛過去，如果你未能搭上，可能再也無法追上；如果你不在停靠的車站準備好，她不會等待。或許你還可以等下一班，但沒有人知道歷史機遇的列車，還會不會過來靠站。金融海嘯之後的華人文創產業，正站在這個站台上。機遇的列車，即將到站。我們有沒有買好票，有沒有做好準備，能不能上車，這是一次關鍵。這是百年難得一遇的歷史列車。無論兩岸的政府與民間，都應該掌握機遇，躍上歷史舞台，讓華人文化在世界發光（楊渡，2012）。

五、文化如何生意化經營

文化如何生意化經營？根據鄭自隆、洪雅慧、許安琪（2005）於《文化行銷》一書中指出下列重點：

(一)突破文化產業發展瓶頸

以下是華人文化產業可以賴以成長突破的幾項主要因素：

1. 生產因素：大陸人才製作成本低廉、文化資源豐厚、文化產業技術不斷提升與成長、政府積極倡導等，使得華人文化產業得以建立。
2. 需求條件：大陸14億人口的龐大市場，加上近年來經濟起飛，生活水準提高，使文化產業的市場規模與潛力呈倍數成長。
3. 東西方落差點：西方文化發展已久，元素、題材已出現侷限性，而東方、異國風格文化，由於新奇與獨特性，才剛開始在西方社會流行，並漸成為趨勢，東西方的文化落差，反為華人文化創造新的契機。

4.產業語言的次優勢：文化產業透過載體把內容傳遞給最終消費者，語言（載體）是否具有高度溝通能力和普遍性是很重要的，因為這當中更隱含著市場規模的大小、流行與成長潛力，故產業語言在文化產業中占有非常重要的地位。

5.文化差異的優勢：由西方好萊塢尚未充分瞭解中國人民的口味需求，縱仗WTO開放後，仍需要與熟知市場的華人製作人、導演等合作，才能相對降低市場進入風險。

(二)由功能與市場定位著手

主動掌握文化產品的所有權（版權），培養兼具資金籌備能力、國際溝通能力，形成資金組合的國際能力也很重要。

(三)整合功能提升競爭力

透過協調、配置與溝通，把這些功能定位整合起來，塑造出自己的競爭力。整合者有洞察東西方文化的能力，在成分效益的前提下，再加上品質保證的跨國執行團隊，以及以授權或合作方式進入西方掌握行銷與通路，是未來華人文化產業策略之所在。

(四)設立海外據點跨國競爭

跨國競爭可以使自身在充滿競爭者的環境中快速累積競爭實力經驗，為未來的正面交鋒做準備。

(五)與國際社群保持良好互動

文化產業本身就是一個「人的產業」，當中所有內容與運作，藉由

人的元素構成，若能與其他國際社群保持良好的關係與互動，越能彈性運用全球不同地方人才，增加人才資源的豐富性；尤其若能與各國行銷機構保持良好關係，更有助於產品行銷國際市場。

(六)傳統藝術型態升級更新

1. 高新技術的產生和現代工業的發展，不僅帶動所有傳統藝術型態的升級和更新，而且創造了大量嶄新的藝術形式，造就出豐富的文化產品和文化服務。
2. 由於經濟成長，民眾生活越來越富裕，在基本物質滿足之下，人們開始注意全面生活品質，第一產業產品需求比重相對下降，對文化產品的需求反而大增，相對更重視精神文化上消費，其中包括書籍、音像、影視、藝術品等，對娛樂、旅遊、資訊與網路服務需求也增加。

(七)衣食住行加入文化元素

衣、食、住、行，大幅加上文化的元素，如審美、時髦、品牌與流行等元素加入服飾文化的發展。

(八)文化產業無法以寡占市場模式發展

過去文化是一種階級身分的象徵，現在文化經濟已是一種相當普遍的實踐，在於日常生活中。當文化滲透了經濟、產品要素，文化便具有經濟影響力，越能展現經濟導向的型態，進入產業化模式以及大眾化市場，最終成為社會生產力中的一個重要組成成分。

(九)必須找出通則以利典範轉移

過去二十年，文化產業不斷成長，產業結構也跟著改變。這是由於技術創新、經濟成長和全球化市場趨勢，導致文化的生產、傳播和消費方式不斷的改變，進而導致文化結構上的改變。在這樣一個動態改變市場環境下，文化產業經營是否存在某些特性、關鍵因素，找出一條較能成功的通則或策略模式，即使面對國際化、高新技術發展或其他未知因素，這個通則或模式亦具備中肯性原則。

六、市場結構——純粹競爭市場、獨占市場、獨占性競爭、寡占、雙邊壟斷

市場結構可分為純粹競爭市場、獨占市場、獨占性競爭、寡占、雙邊壟斷，根據菲利浦‧科特勒（Philip Kotler）、蘇維‧麥森西（Surit Maesincee）（2002）指出下列重點：

(一)純粹競爭市場

1. 完全取決於供給與需求的關係來決定市場——買賣雙方均無法影響產品價格。
2. 同質化產品和充分的市場情報，使買賣雙方進退市場的障礙低，雙方均易掌握資訊，亦即消費者不會為相同的產品或已知的商品訊息支付高價，故無須廣告。
3. 事實上，現行市場機制並不存在此完全競爭的市場架構，例如股市交易即是。

(二)獨占市場

1. 獨占和完全競爭是完全相反的市場情況。賣方生產的產品無明顯替代品之市場結構。
2. 就某一產業而言,此產業僅只一賣方,例如專利權產品,通常如公賣事業,電力公司等屬於「自然性獨占的賣方市場」,較易有效服務買方。
3. 獨占者無須廣告,只須投資構築於科技研發以強化競爭優勢。

(三)獨占性競爭

1. 兼具獨占和純粹競爭的特性。
2. 買賣雙方之數目都很多,但是每個買方所提供的產品卻是不盡相同。
3. 消費者對賣方產品的需求和喜好愈高,賣方就愈容易操控價格。
4. 差異化策略正是獨占性競爭市場追求和努力的目標,因為競爭會模仿產品特性、功能或服務。

(四)寡占

1. 由少數的競爭者占據大部分的市場銷售量,提供無差別化的產品。
2. 寡占的賣方廠商都擁有龐大的消費群,而其任何行銷或銷售的行動皆會影響其他廠商。
3. 寡占廠商通常擁有雄厚的經濟規模、專業的生產和行銷技術。
4. 品牌寡占的力量,進而寡占市場的障礙非常大,大量的資本需求和現有廠商在大量化和專業化中所獲得的成本優勢均是構成新加入者的障礙。

5.寡占市場最易引發價格競爭，因為消費者也易因價格而改變忠誠。

(五)雙邊壟斷

供應者和消費者之間互相獨占，如工會和企業之間、專利者和生產者之間。

七、競爭的本質

據鄭自隆、洪雅慧、許安琪（2005）指出：

1.競爭是相同市場中各行銷者間的敵對狀態，基本上，任何能滿足需求的代替品皆會構成競爭。
2.一般性的競爭是最廣泛的定義──所有的行銷工作者為一般顧客而競爭。
3.較狹隘觀點：認為只有販賣可替代商品之行銷工作者才是競爭。
4.更狹隘的觀點認為只有提供類似產品的行銷工作者才是競爭者。

競爭的類別、定義與例子如下：

1.一般性競爭：為一般顧客而競爭，7-Eleven、金石堂和SOGO百貨皆是競爭者。
2.較狹隘觀點：販賣可替代商品，7-Eleven、頂好超市和家樂福量販店等。
3.最狹隘觀點：提供類似產品，7-Eleven和全家便利商店。

八、競爭思考──誰是競爭者、衡量自己的競爭地位、競爭策略之使用

菲利浦・科特勒（1985）在《新競爭》（*The New Competition*）一書提出：

(一)誰是競爭者

1.需求競爭：產品要滿足消費者何種需求？
2.產業競爭：產品要切入哪一類產業別作競爭？
3.形式競爭：產品以什麼形式作競爭？
4.品牌競爭：相似產品、價位、相同價格的品牌之爭。

(二)衡量自己的競爭地位

衡量自己的競爭，瞭解自己企業所處的市場結構和特性。

(三)競爭策略之使用

1.防禦策略：有採取保護現有市場占有率、增加自身的市場占有率、擴大整體市場三種。
2.攻擊策略：
　(1)正面攻擊：尾隨策略。模仿領導者的行銷或廣告策略，直接面對。
　(2)側面攻擊：尋找市場利基之做法。將市場區隔化，尋求差異化優勢。
　(3)圍堵攻擊：以點連成線的布局搶攻市場。

(4)游擊攻擊：打代跑的策略適合新品牌或無市場基礎。

九、產品生命週期觀——導入、成長、成熟、衰退期

　　產品生命週期理論是美國哈佛大學教授雷蒙德・弗農（Raymond Vernon）1966年在其〈產品週期中的國際投資與國際貿易〉一文中首次提出的。產品生命週期（Product Life Cycle, PLC），是產品的市場壽命，即一種新產品從開始進入市場到被市場淘汰的整個過程。弗農認為：產品生命是指市場的行銷生命，產品和人的生命一樣，要經歷形成、成長、成熟、衰退這樣的週期。就產品而言，也就是要經歷一個開發、引進、成長、成熟、衰退的階段。而這個週期在不同的技術水平的國家裡，發生的時間和過程是不一樣的，期間存在一個較大的差距和時差，正是這一時差，表現為不同國家在技術上的差距，它反映了同一產品在不同國家市場上的競爭地位的差異，從而決定了國際貿易和國際投資的變化。為了便於區分，弗農把這些國家依次分成創新國（一般為最發達國家）、一般發達國家、發展中國家。產品生命週期可分為以下四個階段（**圖6-5**）：

1. 導入期：產品創新和商品化歷程的開始，也是引進產品品類進入市場的先驅。其主要任務是刺激創新採用者和早期採用者取得配銷通路，因為市場沒有競爭者，因此需要投資高額的行銷預算和廣告以建立產品的認知，而利潤幾近零或負數。
2. 成長期：已有顧客基礎，也吸引早期大眾型的消費者購買，相對競爭者也開始進入市場共同加速市場成長。行銷策略著重開創新的市場區隔以延伸產品線，滲透市場取得高占有率，廣告的重點則從產品類別轉至個別品牌。
3. 成熟期：銷售量已趨平穩，晚期大眾型消費者也加入消費，市場競爭飽和，創造差異性和建立消費者購買忠誠與偏好是取得優勢之

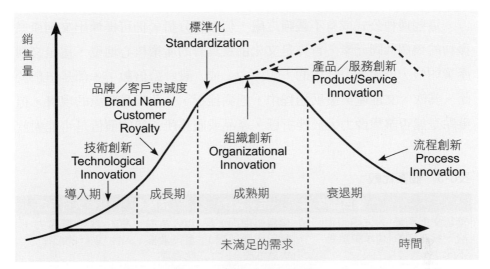

圖6-5　產品生命週期觀

處，廣告策略多規劃「生命週期延長策略」——延伸商品成熟的高峰。策略包括滲透新的市場區隔、差異化產品，或改變其他行銷組合。

4.衰退期：利潤急速下降，市場僅剩落後使用的消費者，而行銷目標以減少支出和榨取剩餘價值為主，淘汰弱勢產品、產品改良、重新定位，進入新的產品生命週期。

十、文創產業經營管理個案比較

　　文創產業的獨特性從文創產業經營管理個案比較：墨色國際、浩漢設計、法蘭瓷、大可意念四個個案可以明顯看出，茲整理鄭秋霜（2007）針對此四家業者的訪談重點如**表6-3**。

　　此外，整合各文創業者撰寫的「文創獲利方程式」（**表6-4**），更可看出務實管理，無疑是他們的創價能力發揮「乘數」效果的關鍵。

　　這些獲利公式或有不嚴謹之處，但仔細分析，仍可提煉出文創產業獲利的幾個共同元素。首先是文化創意具有的產業核心地位，這是文創產業的根，不論是公式中的「想像力」或「設計公倍數」，都是植根於此。其次，文創產業發展過程中，遇到挫折、失敗都是難免的現實，但重點是能否讓想像力大於挫折感，產品或服務所創造的價值是否能大於

表6-3　個案比較

	墨色國際	浩漢設計	法蘭瓷	大可意念
管理文創產業與一般產業的不同	人才培育與經驗傳承更重要	偏重知識面（經驗與內隱知識）與感性面	以人為本、人文藝術素養、人性化管理	激發想像力＋執行的紀律
核心競爭力	擁有自己品牌	設計系統競爭力（技術專精、資源整合、知識加值）	以科技為後盾，以人文藝術為訴求；以創意為核心、市場為導向的整體價值鏈	高度創意具有落實的資源掌握力
遇過最大挫折	工作團隊的重整	挫折都是能力、用心、執行不足	無	沒能力改變台灣環境
最大的挑戰	中國大陸通路發展	真正國際知名設計組織	品牌深耕	設計到品牌
經營秘訣	策略要繞著品牌的核心價值，操作不能離開創新創意	執行力＋組織力＋創新力	成就他人，成就自己！教育自己，教育他人！	創意必須能獲利，還要能夠數字化、被衡量管理
最缺乏的人才	全方位的創意總監	真正對文創產業有熱情的國際化與業務推廣人才	具有文化藝術涵養的國際通路人才	高度感性想像力＋理性執行力
發展文創產業，台灣最缺乏部分	整合	商業模式與實務經驗（如何獲利、發展與永續經營）	宏觀的文化認知	友善政策，良性循環
政府如何管理	政策簡化、落實與執行，不要日新月異	協助文創產業發展商業模式	更大格局的文化環境，求同存異	引領多一點，管理少一點

資料來源：鄭秋霜（2007）。

表6-4　文創產業獲利方程式

姓名	職稱	獲利方程式
陳立恆	法蘭瓷總裁	（文化＋創意）×創造的價值－無數次失敗的代價＝獲利
張輝明	三采文化總經理	（十二萬分感性×創意）＋（千萬要有理性×管理）＋（十分堅持×品質）＝獲利
謝榮雅	大可意念設計總監	想像力／挫折感×務實＝獲利
王永山	琉園執行長	創意＋行銷＋管理＝獲利
李雨珊	墨色國際總經理	（理性＋感性）×堅定的意志（紀律）＝獲利（註：因為需要很長時間才能獲利）
曾國源	藝拓國際執行長	設計公倍數（文化、市場、創意）×資源公倍數（人力、資金）×精準市場評估及管理＝獲利
葉兩傳	老子曰負責人	差異原創＋有效通路＋融入當地文化＋取信於媒體＝獲利

資料來源：鄭秋霜（2007）。

「無數次失敗的代價」，如果可以，就不會讓這個方程式出現負數，也才有可能出現獲利。因此，很多人都把務實管理、甚至堅強的意志，列入這個方程式裡，變成不可或缺的項目，甚至視為文創產業獲利能發揮「乘數」效應的關鍵；換句話說，必須有務實的管理，才有可能讓文創價值倍數化、極大化。此外，整合是重心所在，比如星光幫之所以如此成功，除了是建立一整套比賽流程及規則的創意管理外，更是落實比賽規劃就整合各方資源，將「產業化」機制納入，還在比賽過程中，就由專家、業者指導參賽者各種專業技巧，為跨入市場積極準備，打破「頒獎完，就結束」的魔咒，變成「頒獎完，才開始」，避免許多設計、創意比賽「只有比賽，沒有產業」的怪現象（鄭秋霜，2007）。

　　在創意管理上，浩漢設計總經理陳文龍不喜歡人家說「設計師是很隨性的」，或把「沒有靈感」當成理由，因為他相信，透過紀律及管理，靈感是「必然發生的偶然」；浩漢並靠著電腦化「知識管理平台」，管理散布於全球六個據點的設計師，成了亞洲最大的設計公司。再以創作紀律來看，已經成名的幾米，至今仍每天至少完成一幅插畫；世界

設計競賽「三冠王」謝榮雅，每天至少要畫五張設計圖。請問有多少人能持之以恆做到這樣？台灣文創產業是「文人興業」多於「商人從文」，這裡的「文」指的是文化人或創意人，也就是文化人想把才華產業化比商人從事或轉投資文化產業積極，這對文創產業的發展到底是幸或者不幸，已到了該正視的階段。想投入文創產業的人，看看別人的獲利方程式，可以重新務實地檢視自己的優劣勢，將有助寫出自己的獲利方程式（鄭秋霜，2007）。

Chapter 7

文化創意產業無形資產鑑價

行政院經建會在2003年選出研發服務產業、資訊應用服務產業、數位內容產業與文化創意產業等四大產業，作為未來我國重點發展的策略性服務業。2008年之前，這四種策略性服務業將得到政府策略性的扶植，以成為未來台灣的國家競爭力來源。當然，投資或參與這些國家重點培植的項目，必然擁有最大的獲利機會與事業前途。知識經濟時代打破科技與文化的藩籬，創造新的創意與商機。在這一波產業革命中，企業（或個人）從組織到產品與服務更加知識導向。

吳明璋、陳明發（2004）指出，回顧從工業時代到資訊時代的轉變，企業內部門之間的界線越來越模糊。過去以部門掛帥的本位主義受到質疑，各部門間的工作流程逐漸整合在一起。拜先進的資訊應用技術，企業資源規劃系統（ERP）、客戶關係管理系統（CRM）、供應鏈管理系統（SCM）、知識管理系統（KM）、電子商業（eBusiness）將企業內部之生產、銷售、人力、研發、財務部門資訊，以及企業外部（或產業供應鏈）之金流、物流與資訊流整合在一起。從資訊時代到知識經濟時代，人文與科技的交流越來越頻繁。硬梆梆的科技產品改頭換面，建立兼具全球性與地方性的品牌文化，成為帶動流行的消費性商品。兼具雅痞（布爾喬亞族Bourgeois）與嬉痞（波希米亞族Bohemian）特性的Bobos族創造新的消費文化。不管是Nokia「科技始終來自於人性」，還是微軟的「Where do you want to go?」，強調生活型態的行銷方式打開科技產品的大眾市場。內容產業的e化也顛覆傳統的消費習慣，社會大眾接受電子報、資料庫、MP3格式的音樂，以及透過網路串流技術的多媒體內容。業者從結合內容與資訊科技的特性，發展出數位資產管理（Digital Asset Management, DAM）與數位版權管理（Digital Right Management, DRM）的應用技術，創造數位內容產業的商機。

根據台灣財經評論（2010）指出，當前的社會是一個以知識與創意為基礎的知識經濟社會，知識與創意，足以在創造出美的事物之同時，產生更高的附加價值。文化創意產業的特性之一，在於原始創作的成本

高,而投資的風險亦高。是以,資金來源與行銷通路之開拓在「文化產業化」過程中扮演不可或缺的角色。現實環境中,文化人在募資創業上,由於國內文化產業鑑價機制不夠完善,導致困難重重、理想難圓。有鑑於此,文化創意產業鑑價機制之健全,乃是推行文化產業發展同時最迫切的議題之一。目前國內對於文化創意產業之推動,依產業之不同分別由經濟部、文建會、新聞局、內政部等單位負責發展,而當前唯一的鑑價機制乃是經濟部所建構之「文化創意產業鑑價融資機制」;是以,鑑價機制之完善仍有很長的路。藉由本文之探討,匯集各主管機關、專家與文化人,為國內文化創意產業鑑價機制的未來提出可能發展方向:(1)文化創意產業鑑價機制整合之可行性;(2)文建會於文化創意產業鑑價機制之角色——鑑價機制檢討與展望。

一、文化創意產業智慧資本鑑價

　　民國91年「文化創意產業發展計畫」的推動,是台灣政府首次將抽象的「文化軟體」視為國家建設的重大工程;如何評估以「智慧資本」、「創意資本」為主的新興產業價值,為本研究最關心之命題。本章以台灣之「文化創意產業」為對象,從實務觀點深入瞭解台灣「文化創意產業」發展之現況及困境,並藉由實證案例,闡明台灣文化創意產品之鑑價方法。

　　文化創意產業特質在於其多樣性、小型化、分散式,其就業人口和產值在全球持續保持成長,對於環境和生活品質的提升均有助益,是先進國家極力推動的產業。

　　洛桑管理學院公布2009年國家競爭力排名,台灣一舉從前一午的二十三名,躍升為第八名。2010年行政院主計處公布第一季經濟成長率高達13.27%,創下三十一年來單季最高成長,然而一般民眾卻感覺不到經

濟成長的跡象，主要是因為過去產業政策主要集中在以外銷出口的電子業
及大型企業，台灣製造業主要的生產部分50%是境外生產，因此，經濟成
長的果實集中在少數人身上，豪宅名車奢華品銷售大增，吸炭跳樓全家自
殺也大幅上升，貧富差距財富分配不均日益嚴重，造成社會不安、民怨
日增，埋下國家動亂的種子。為使國家長期穩定的發展，人民能安居樂
業，發揮台灣過去五十年所培養的優秀人力資源，文化創意產業可為發展
重點：以「創意」為核心，相對於傳統製造業，以知識、創意、人力智財
取勝的文化創意產業，能夠為台灣創造下一波的創意經濟奇蹟，也可以
使大部分在產業轉型中失去工作重心的優勢人力，能重新建立信心貢獻所
長，為國家個人建立安和樂利的社會而努力。

二、無形資產定義與特性

資產基本上可以區分為有形（tangible）與無形（intangible）兩大
類，一般常見的具體存在有形資產如動產、不動產等資產，而無實質
（substance）存在、無具體外形（physical form）、可移動所有權歸屬
特定人，或因為某人擁有該項權力所享有之效益者，則稱之為無形資產
（葉程瑋，2003）。我國會計研究發展基金會對於「無形資產」，定義為
無實體存在但是具有經濟價值的資產。我國會計學者鄭丁旺教授則認為
「無形資產」，所具備的五種特性，凡具備其一則屬之。

1. 無實體存在性，但具備法定賦予之權利：例如專利權、商標權，或
   是生產技術、製程、秘方等等。
2. 有排他專屬權：無形資產受到法律保障，或具備他人無法利用之排
   他專屬權利，例如商譽等。
3. 具有未來經濟效益：有形資產為表列現有的經濟實力，無形資產多
   半為表達未來所能達成的經濟效益。

4.提供營業使用：無形的權利可以提供營業使用，以取得收益。

5.無形資產效益之有效使用年限，超過一年者。

三、無形資產鑑價標準

　　無形資產鑑價的公信力是金融機構接受無形資產融資的關鍵，所以無形資產鑑價標準或相關規則，就有其必要及重要性，下面介紹國際上及台灣現就無形資產鑑價設立標準的情況：

(一)國際資產估價標準委員會

　　國際資產估價標準委員會（The International Assets Valuation Standards Committee, TIAVSC）於1981年成立，訂定與發表國際鑑價標準及程序指導綱要，藉以調和各國估價標準之差異，以作為國際財務報表之資產鑑價用途，然該指導綱要係以有形資產為主。OECD於1995年初訂定移轉訂價指導準則（Transfer Pricing Guidelines）第六章，包括專利、商標、文學、藝術、專門技術與營業秘密等，另對市場價值、鑑價方法之成本法與市場價值法加以定義之。於2000年制定「無形資產估價國際指南」，第一次將無形資產納入，參見其中估價指南No. 4—無形資產估價（International Valuation Guidance Note No.4-Valuation of Intangible Assets）。其中內容將無形資產定義：無形資產是以其經濟性而顯示存在的一種資產；無形資產沒有具體的物理形態，但為其擁有者或取了權益和特權，而且通常為其擁有者帶來收益。無形資產根據其產生的基礎可分為：權利類、關係類、組合類和智慧財產類。智慧財產是無形資產中的一個專門類型，通常受法律保護，非經授權不得使用，如品牌名稱和商號、著作權、專利權、商標、營業秘密或專有技術等。

(二)台灣智慧財產估價標準

在台灣部分，經濟部工業局為規劃智慧財產估價基本體系，制定「智慧財產鑑價基準」草案（2004年9月），以確保估價品質，並欲導入國際估價標準委員會相關課程。再者，為提升智慧財產評價之公信力與服務品質，經濟部TWTM（台灣技術交易市場）特擬定「智慧財產評價道德規範」草案（2005年9月），作為執業時之基本道德標準，智慧財產評價道德規範主要內容，係指針對智慧財產所作之專業評價，執業人員需兼具專業技能與職業道德，以提供誠信、客觀、公正與獨立之評價報告。

再加上，台灣的文創業者多是個人工作室或中小企業，作品侷限於手工少量客製生產，缺乏資金大量生產，達到商業規模創造更大的經濟效益。因此，站在政府單位建立機制和環境的角度，或許文建會可以跟智財局合作，找到智財的專家和律師，先教文創工作者如何保護好自己的著作權，要如何撰寫授權合約，讓商品因為大量授權而產生商業化的效益，產生資金來促成作品更進一步的商業行銷。

目前文建會的補助分兩部分，除了補助個人外，也鼓勵文創聚落，由文創工作者自行形成聚落，爭取政府的補助款。我建議政府在補助流程上，文件能否更簡化，同時加強協助中小型的文創工作者，建立完整的授權機制，做海外行銷機會的媒合，就像韓國，如果是海外客戶來買台灣的創作，政府不只補助韓國文創業者本身，還可以補助海外購買客戶，直接降低海外來台採購門檻，提高台灣文創產業的整體競爭力。

許多台灣創作者爭取到行銷海外機會，都在經濟或資金壓力下，或者不能確定產品到底能不能長銷或熱銷下，用一次性賣斷，直接拿回一筆頭期款的方式，便宜的賣掉他們的創作，而不是用分次授權的方式，賺長遠的創意財。面對這個關卡，我建議文創業者善用聯盟的力量，以產生比個人單打獨鬥更大的效益，同時還可以大幅降低成本。台灣的音樂和電影業者，已經開始運用聯盟，去擴大商業化的成功機會，其餘的業者，也可

以跟進。當一個聚落產生，不只容易教育、宣導、協助商業化或侵權訴訟，都能用更低的成本，更高的效率一站購足。同時由於聚落內同質性高，大家容易觀察到成功模式，進而產生模仿和學習。

不過一個聚落，必須從硬體到軟體，從產業的上游到中下游，都進行完整的規劃，而不是只是找一塊地，把大家聚在一起，做觀光銷售而已。聚落內可以設立一個中控辦公室，包括財務、法律都能一併協助聚落內業者洽談執行，從智財權的教育訓練，輔導業者將無形的資產商業化，做國內外的行銷，甚至協助業者和異業結合，以及輔導金的輔助申請等，這將對台灣文創產業，包括文化藝術工作者，或數位內容產業的發展，產生極大的助力。韓國的坡州出版城和藝術村，就是從民間力量形成聚落很好的典範。

最近中國大陸也有一些文創業者結盟的動作，大家也可以參考：(1)大陸浙江創立跨省紡織品版權聯盟；(2)中國作家聯盟：中國作家聯盟日前在北京成立，成員包含韓寒、李承鵬等多位作家與出版商，將向網路的盜版作品提出司法救濟，指名的目標包含百度、蘋果等知名業者，並聲稱不惜虧本向這些大企業提出告訴。作家聯盟表示，聯盟將負擔打官司的訴訟費用，並與作家分享所獲得的賠償金，作家得80%，聯盟拿20%。

四、文化創意產業無形資產評價的機會與挑戰

發展文化創意產業除了傳達文化意念及樹立國家形象外，亦可協助傳統製造業轉型，創造產品高附加價值，並開拓國際新商機，更可以結合發展文化觀光，商機無限。台灣與大陸簽訂ECFA之後，台灣文化創業又在政府的政策鼓勵之下，面臨了空前未有的發展機會，文化創意產業如果能把握機會，利用「無形資產評價」將無形資產產權化，取得產業發展的資金，將有可能在廣大的大陸市場，甚至於全球市場，大放光芒獲得成

功。文化創意產業的無形資產評價，在國內是一個全新的領域，即使美國這樣財務金融發達的國家，也正在努力發展當中，因此，我們也面臨不少的難題如：

1. 全新的評價標的，無範例可循。
2. 偏重於無形資產的評價。
3. 產業規模小，評價方式困難，成本與效益較難平衡。
4. 產業的財務資料缺乏。
5. 評價師法定地位不明。

因此，如何儘速的培養評價師及發展智慧服務產業，強化競爭力提高產品或服務之附加價值，將是文化創意產業發展的關鍵因素。

五、創意為企業智慧資產之本

不管是捕捉新的商機，還是面對不確定的環境挑戰，創意為企業永續經營之道。為了滿足客戶的需求，企業以創意為客戶量身訂做新的服務與產品。創意為知識型企業的特性。吳思華（2003）認為，所謂的知識型企業有三大特質：知識創新系統、網路組織（專業主導、行政統合）與創新氛圍／學習團體。不管是文化或是科技事業，最佳商品與服務的源頭來自於好的創意。儘管科技圈與文化圈擁有獨特的產業發展模式，兩大產業的共同語言就是創意。在創意的世界中，科技產業追求研發精神，文化產業強調原創特色。

吳明璋，陳明發（2004）指出，科技替代部分原有的工作，也創造跨部門溝通的機會。這意味著除了在原有熟悉的領域之外，每個人需要敞開心胸面對新的可能性。企業一方面提出留住人才方案，另一方面則建立智慧資產的機制（例如智慧財產制度與知識管理系統），加值運用這些創

意的商業價值。這就是我們進行本研究、撰寫本書的動機：以智慧資產萃取創意，發掘商機。不管是科技人，還是文化人（包括發揚傳統工藝的原住民），都可以從智慧資產的開發、管理與運用中受益。

吳明璋與陳明發（2004）指出，企業在轉型為知識（服務）密集時所面對到的共同課題：許多缺乏商業的創意束諸高閣，而缺乏創意的商業經營易於被模仿與抄襲。從最早的智慧財產（intellectual property）、知識管理，到智慧資本（intellectual capital），每一個探討知識應用的理念都有其理論與實務上的特性。在這些觀念中，通常「智慧財產」被視為法律議題，這也有其法律與商業交易上的重要性。畢竟，智慧財產視為受國家法律保護的企業資產。因此，我們希望在法律層面之外，能夠探討智慧財產的商業開發潛力，另兼具智慧資本的宏觀，因此本書採用「智慧資產」（intellectual asset）一詞來代表組織／個人最有價值的知識財。儘管科技產業與文化產業的邏輯與語彙各有不同，我們並不是要提出一個新的理論架構；而是透過本文的探討中，從共同的議題中找出交集的線索。

以提倡「小而美」觀念而聞名於世的經濟學者修馬克（E. F. Schumacher）（2000）提出發人深省的話語：「它（技術知識）能夠告訴人們在大自然或工程學上事物是怎麼運作的，但是完全無法告訴人生命的意義，也就無法療治他的疏離感或隱藏的絕望……他轉向了所謂的人文學科。」我們相信，在這樣的交流之下，文化人可以從科技人的專案管理與資訊應用中受益，科技人也可以從文化人的多元性中找到生命的價值（吳明璋、陳明發，2004）。

六、文化創意產業與智慧財產權

文化創意產業中對於智慧財產權之規定為何？依照「文化創意產業發展法」第三條對於文化創意產業的定義為：「本法所稱文化創意產

業，指源自創意或文化積累，透過智慧財產之形成及運用，具有創造財富與就業機會之潛力，並促進全民美學素養，使國民生活環境提升之下列產業：……」由此可見，文化創意產業與智慧財產權之間密不可分的關係，智慧財產權是保障文化創意產業發展的基礎。

　　文化創意產品的專案工作上，經常會與各界進行跨界整合的生產方式，於是會需要處理藝術授權的相關工作，所以，在此介紹其相關內容，而與文化創意產業專案工作上相關的智慧財產權等法規，至少包括：「文化創意產業發展法」、「著作權法」、「專利法」、「商標法」等法規，以及這些衍生的相關子法、行政命令等，所保障的權益包括像是著作權、專利權、商標權、營業秘密等（周欣嫻，2007）。

(一)智慧財產權所保障的對象

　　智慧財產權所保障的對象為何？智慧財產權是保障：文化或創意「原創精神」所「表達」的「對象」，其「經濟財產」的「權利」。智慧財產權相關法規主要是要保障「表達」出來的經濟價值，如果只是想像而無具體表達的對象，抽象智慧無法具體化則無法受到保障。換個角度說，在目前文創法所列的十六項產業類別中，只要具有各式各樣的「原創」價值且已在各種「表達」形式之下，是有被智慧財產權相關法規制度保障的可能性，但是，這卻不代表此被保護的對象擁有文化市場價值，在上市後能受到消費者們的青睞（周欣嫻，2007）。

◆原創性

　　相關法規對於「原創性」保障的類型為何？

1.屬於新發明（指利用自然法則之技術思想之創作）、新型（指利用自然法則之技術思想，對物品之形狀、構造或裝置之創作）、新樣式（指對物品之形狀、花紋、色彩或其結合，透過視覺訴求之創

作）或聯合新樣式（指同一人因襲其原新式樣之創作且構成近似
者）等。（專利法）

2.屬於相關的著作（指屬於文學、科學、藝術或其他學術範圍之創
作）等。（著作權法）

3.屬於品牌或產品的商標（以文字、圖形、記號、顏色、聲音、立體
形狀或其聯合組成。並足以使商品或服務之相關消費者認識其為表
彰商品或服務之標識，並得藉以與他人之商品或服務相區別）等。
（商標法）

◆表達方式

1.一般表達：相關法規對於智慧財產權的「一般的表達方式」為何？
也就是通常一般的各種表達方式，無論哪一種表達的形式，需在必
要時，能對外證明自己已經將原創精神表達的各項證明，所以，為
了避免產生爭議性，最好能公開場合進行發表，或者至少需要留意
能明確舉證表明自己原有創作發表時，在當時有關的人（著作人及
在場參與者）、事（表達的事件）、時（表達的時間）、地（表達
的地點）或是物（表達的對象）等，相關在產生爭議時能提出的具
體事實證據。

2.對產品對象的表達。

3.對商標的表達。

4.對專利的表達。

(二)文化創意產業之智財權的著作類型

在文化創意產業之智財權的著作類型為何？在「著作權法」中對於
著作人的著作保障之類型，能適用在「文化創意產業發展法」中不同的產
業領域，有關創作及著作的類型包括：

1.語文著作：包括詩、詞、散文、小說、劇本、學術論述、演講及其他之語文著作。

2.音樂著作：包括曲譜、歌詞及其他之音樂著作。

3.戲劇、舞蹈著作：包括舞蹈、默劇、歌劇、話劇及其他之戲劇、舞蹈著作。

4.美術著作：包括繪畫、版畫、漫畫、連環圖（卡通）、素描、法書（書法）、字型繪畫、雕塑、美術工藝品及其他之美術著作。

5.攝影著作：包括照片、幻燈片及其他以攝影之製作方法所創作之著作。

6.圖形著作：包括地圖、圖表、科技或工程設計圖及其他之圖形著作。

7.視聽著作：包括電影、錄影、碟影、電腦螢幕上顯示之影像及其他藉機械或設備表現系列影像，不論有無附隨聲音而能附著於任何媒介物上之著作。

8.錄音著作：包括任何藉機械或設備表現系列聲音而能附著於任何媒介物上之著作。但附隨於視聽著作之聲音不屬之。

9.建築著作：包括建築設計圖、建築模型、建築物及其他之建築著作。

10.電腦程式著作：包括直接或間接使電腦產生一定結果為目的所組成指令組合之著作。

(三)文化創意的原作及改編工作（周欣嫻，2007）

著作權的類型為何？

◆在著作人格權方面

著作人於著作之原件或其重製物上或於著作公開發表時，有表示其本名、別名或不具名之權利。著作人就其著作所生之衍生著作，亦有相同之權利。在未公開發表之著作原件及其著作財產權，除作為買賣之標的或

經本人允諾者外，不得作為強制執行之標的。此外，著作人格權專屬於著作人本身，不得讓與或繼承。

◆在著作財產權方面

著作人除另有規定外，專有重製其著作之權利。在表演人具專有以錄音、錄影或攝影重製其表演之權利。上述規定，在專為網路合法中繼性傳輸，或合法使用著作，屬技術操作過程中必要之過渡性、附帶性而不具獨立經濟意義之暫時性重製，不適用之。但電腦程式著作，不在此限。此外，著作人專有公開口述等相關權利。

(四)智慧財產權在創作上的權利關係

1.在職務工作方面：(1)僱用關係；(2)聘用關係。
2.非職務工作方面：(1)僱用關係；(2)聘用關係。

七、文化創意產業與藝術授權

文化創意產業如何做藝術授權？所謂授權，是將受到法律保障的權利，例如特定產品或服務相關之名稱、肖像、商標、口號、照片，專利等無形資產，透過各種授權約定讓與被授權者，換取權利金或其他形式報酬的過程，通常由授權人與被授權人（或雙方代理人）簽訂一份正式的授權契約以完成授權，藝術授權就是藝術品透過授權活動結合商品的商業模式，在合約簽訂完成之後，授權業者給付權利金並且取得代表創作者對外處理其作品、銷售、再製周邊商品，以及再次授權別的企業使用等事宜的權利。

周欣嫻（2007）提出一個初步的通用原則，就是雖然在不同的狀況

條件之下，我們可以去思考以下做法：

1. 智慧財產權的盤點：事先針對該文創產業合作案進行智慧財產盤點，清查所有會使用到之各項資源，列出清單並逐一分析各項是否需要依照智慧財產權等相關法規簽訂合約。

2. 人事時地物的授權：當我們完成該合作案的智慧財產盤點後，依照實際需求分別研商及簽訂各項藝術授權的相關合約，合約內容方向，主要以對於合作案最佳的發展方式為主，而合約內容的要項，則主要包括人、事、時、地、物等各項，以及雙方有關的權利及義務事項，包括：哪一些權利關係人及其關係、授權對象、使用時間、使用的地區、授權哪些方面的使用等，以及授權金、權利金等有關約定。

(一)個別的藝術授權方式

針對不同的人、事、時、地、物，做「個別」藝術授權之方式及類型為何？個別方式的藝術授權主要是針對文化企業的某一項專案中，對著作人其原創表達對象的授權契約，為某些文化創意產業公司等對某些原創作品（產品）的合作授權，當然也適用於各個相關政府機構（關）部門、文化創意產業相關的團體組織、基金會等的授權。以下分別以人、事、時、地、物等各項來加以說明有關個別的藝術授權方式（周欣嫻，2007）。

◆藝術授權「人」的方面

①合夥

此藝術授權的方式為經理人與創作人一起合作成為工作夥伴，成立文創企業或是文創團體組織，因為合夥成立公司或團體可以長期一起工作，培養默契共同討論原創作品成為市場的各項產品的跨界整合與運用方式。

② 簽經理人契約

經理人與創作人簽約成為其專屬的文創經理人，授權代理洽談各種文創領域的合作方式，並協助行銷個人品牌及產品，酌收代理佣金等。

◆ 藝術授權「事」的方面

有關藝術授權「事」方面的工作，可以分成專屬授權（專一全部授權）及非專屬授權（多方部分授權），一般在同一個專案授權中也可能同時包括此二類，也就是同一張合作契約中，某些屬於專屬授權、某些授權則是非專屬授權的方式，而在藝術授權的工作事務中，授權合作的方式也相當的重要，可分為專案合作及跨界合作方式，分述如下：

① 專案合作

以完成專案工作為目標，所做的人員組合以及取得所有需要運用的相關事務之授權，例如：像是組成專案合作團隊向政府爭取相關的標案、申請補助案、音樂或是藝術表演的演出版權、劇本版權、文學、美術、工藝、設計品的授權，或是影視媒體相關的權利等。專案合作方式，將依照文創產業不同類型的性質，包括以下方式：重製、口述、播送、上映、演出、傳輸、展示、改作或編輯、出租、散布等。

② 跨界合作

例如：邀集各領域的代表性創作者，一起跨界整合共同創作、演出、出版等工作，可能也是以專案方式進行跨界合作，但是有別於上述的專案方式只有串聯各領域自己原本的資源來完成工作目標，跨界合作的方式更是強調在不同領域之間，跨界共同合作生產出新的著作。

◆ 藝術授權「時」的方面

① 買斷或長期授權

像是直接買斷或是十年以上的授權等，也可以分成對於人本身（創

作者或品牌）或是創作對象物（作品或產品）的長期授權，因為一個產品的生命週期從開發、推廣到成熟期等，或在市場上讓消費者從認知到接受等，都需要一段較長的時間，廠商（被授權人）也需要付出極高的成本費用等，而創作者（授權人）也不需要一直在尋找合作的對象，而能專心的創作，所以，長期授權的合作方式對於雙方而言較為穩定。

但是，長期授權的合作方式，彼此也需要分擔較大的風險，原創的價值不足或是行銷不利時對於任一方都較為不利，所以，創作者要慎選好的廠商並評估自己創作最好的授權時間，而廠商自己也要計算合作期間各年期所花的成本及回收利潤，來確定合作的年期。此外，長期授權關係也可以培養彼此之間合作的默契，省去大量尋求合作對象及相互謀合等的時間及工作，畢竟這是文化創意產業並不是一般的產業，有時候彼此的相互信任及默契，遠比只是一張合約來得更為重要（周欣嫻，2007）。

②短期授權

短期授權的優缺點與長期授權正好相反，主要有以下兩種情形會使用短期授權，分述如下（周欣嫻，2007）：

1. 嘗試性的授權：短期授權一般會用在嘗試性的做法，例如：對於某個新人或是創新的產品等第一期的合作方式，某些狀況之下會先簽下短期嘗試性合作契約，在雙方謀合一段時間以及評估市場的反應情形之後，再進行後續的換約、擴約或延長合約等作業，因為一個品牌或產品要在目標市場族群中建立深刻的印象，需要花費較長的時間來從事行銷與經營，通常短期授權一般廠商不會花太多時間及成本進行行銷推廣工作，在另一方面，創作者本身要找到好的廠商也是不太容易，所以，如果雙方遇到具有潛力的對象也是可以簽訂短期但是可以繼續延長合作的方式，或是直接簽訂長期授權契約。

2. 臨時性的授權：像是在某些文化藝術節、傳統民俗節慶之開閉幕活動，或記者會等其他文化活動等，因為在短暫的時間內需要使用某

一些創作，所採取的短期授權方式。

◆藝術授權「地」的方面

①全地區通用

　　無論是專屬或是非專屬授權方式，除非是市場規模相當大的產品，一般文創產品分段地區授權在處理上較為複雜，一般授權都是儘量以各地區通用（例如國際代理授權等）為主，或是在大多數小型的合作授權契約中並未載明授權使用的地區等，全地區通用的授權對於雙方都較為單純，也因為減少複雜因素故較少出現授權瑕疵的情形，但是當瑕疵出現時因為授權的地區過廣，不僅需要更多的時間來釐清爭議，對於廠商、創作人、產品等三方聲譽都造成較廣的負面作用。全地區通用固然較為單純，但創作者自己也要仔細分析，因為將會一次就簽訂所有地區的著作財產使用權利。

②特定地區使用

　　因為特定地區使用為僅提供授權作為特定地區、某些場域等進行使用，在授權上相較複雜，也可能有授權瑕疵之虞，但是如果有經理人協助創作者處理這些授權事宜，也可以運用特定地區使用之授權方式。特定地區的指定授權方式主要分成兩種：

　　1.指定在特定區域：某些授權也只授權在一定地區內，像是在哪一個
　　　國家或城市的重製、改作、發行、代理等使用。
　　2.指定在特定場合：在授權契約中載明在特定的場合才能使用，例
　　　如：某些舞作指定在劇場空間中演出、某些音樂指定在藝文活動的
　　　現場、某些工藝借出到特定空間中展出，或某些產品只能限定使用
　　　在非公開的私人場所等。

　　此外，很多音樂及表演藝術團體的演出活動，也是僅限定在表演的場地進行演出，如果要將其表演複製出來到其他地區播放，則需要另一個

藝術授權的契約。

◆藝術授權「物」的方面

在藝術授權「物」的方面，針對授權的價金給付方式，一般分成授權金及權利金，授權金為授權開始時給付創作人授權廠商使用的金額，權利金則是廠商生產銷售時給付創作人的金額，如果授權案件較小，上述金額通常會合起來計算為一種，如果授權案件較大，除了上述兩個金額之外，還會有另一項為簽約金，簽約金顧名思義就是在簽約同時便需要給付的價金。此外，再針對藝術授權「物」方面的處理工作，還計有買斷及抽成等方式，分述如下（周欣嫻，2007）：

①買斷

買斷至少分成兩大部分：

1. 原創著作的著作財產權買斷：對於原創著作財產權的買斷便是一般的著作權契約，通常明訂著作人格權為創作人，而著作財產權移轉至買方，雙方同時議定授權合作生產哪一些產品。
2. 產品收購：為對於創作人的創作物進行買斷，也是收購創作人的創作物，再次轉手進行販售行為。

②抽成

抽成的方式至少分成三種：

1. 物的抽成方式：廠商、經理人與創作人以物的方式合作，以經理人代理或由廠商進行生產、行銷及推廣至市場銷售，依照其銷售數量及金額抽取佣金，各方都減少買斷產生的風險。
2. 人的抽成方式：同樣如上所述，只是某些文創產業適用以人為對象的合作方式，經理人與創作人雙方簽訂契約讓經理人成為創作人的代理人，從事行銷、推廣、仲介及跨界合作的機會，並從利潤中抽

取代理人佣金之方式。

3.事的抽成方式：專業經理人針對某一些文化專案合作（例如政府的標案需要組成工作團隊、執行專案事務等）、音樂或表演的演出，或是藝術節慶的使用，或是無形文化服務（例如文化觀光、發表會等），或是文化行銷（例如事件行銷等）的活動代理之整合，或仲介，或跨界合作等運用所收取的費用。

藝術授權相關契約及其注意要點

以法藍瓷與國立故宮博物院就「郎世寧──桃花戲春」系列瓷器的授權合作關係為例

郎世寧──桃花戲春

在文化創意產業中，藝術產業歸屬於核心產業類別，而藝術授權又是使藝術「產業化」的新興選項。所謂授權，乃是將受法律保障的權利，例如和特定產品或服務相關之名稱、肖像、商標、口號、照片、專利等無形資產，透過各種授權約定讓與被授權者（licensee）使用，並換取「權利金」（royalty）或其他形式報酬的過程。通常由授權者（licensor）與被授權者（多為製造商

或服務業者），或雙方代理人，簽署一份正式授權契約完成授權（Sabina Gockel, 2000）。而藝術授權就是將藝術品經由授權活動結合商品的商業模式，一般由藝術創作者和授權業者簽訂合約，授權業者給付權利金並取得代表創作者對外處理其作品、進行銷售、周邊商品再製，以及再授權企業使用等事宜之權利。藝術工作者可將創意結晶，以相當價格出售所有權利給他人；也可以保留所有權利，在取得類似租金一樣的授權費（license fee）或權利金後，允許他人享有某種程度的使用權利。藝術工作者透過授權方式，允許他人實施使用該項發明或創作，創作人不但可以享有權利金，而且也降低了自己投入經營市場的風險。基本上，藝術授權中的大多數情況，指的是在契約簽訂下，收取授權費獲權利金後，在一定範圍、時間、地理區域、產品或服務項目內，將著作權或商標權授權給他人使用。對藝術創作者來說，將創作品授權到各種不同的產品應用上，可以是一種累積和推廣知名度的方式。包括書籍、音樂、工藝、時尚，或是衣服、杯盤、卡片等生活用品，到處都可以看到藝術授權的痕跡。但同時也有許多藝術創作者認為，雖然將自身創作授權出去可以獲得相對應的報酬，但他們卻因為對這市場不瞭解而卻步。但根據國外業界經驗，唯有經過市場的考驗，創作品才能真正獲得肯定，創作者也才能不斷累積並擴大自己的名聲。

　　藝術創作者可從「人、事、時、地、物」五大面向去思考，再從著作物本身的性質以及法律上賦予它的權能，界定願意給對方的使用空間及範圍，就可確保契約約定內容之充足及妥適性。舉法藍瓷與國立故宮博物院就「郎世寧──桃花戲春」系列瓷器的授權合作關係為例，故宮珍藏中國歷史上相當豐富，極富價值的器物、書畫或圖書文獻等等，是世界上收藏最多中華古文物的博物館，而法藍瓷公司以貿易起家，在世界各地均有經銷或代理據點，其主要瓷器設計製造業務，走高品質高價位的路線，於市

場上已吸引特定的消費者族群，在全球瓷器品牌上，頗具聲名。
從故宮觀點而言，林曼麗院長推出的「Old is New!」口號，即期許
故宮可以扮演推手角色，將其所典藏的文物藝術品，轉化設計運
用於各類消費商品上，讓藝術融入一般民眾的日常生活之中，提
高中華古文物藝術在社會環境裡的能見度，此類衍生商品的設計
推廣，即需要藉助民間極具創意天分的設計人才；由於故宮本身
的定位為公務機關，雖擁有數量龐大的文物藝術品，礙於法令及
角色問題，恐怕無法像私人企業一般，自由推廣各項商業活動；
更因受到預算、人力及各項資源的限制，除博物館內的賣場及機
場賣店等幾個銷售據點外，未曾跨足海外的市場，通路不足，因
此更需要與私人企業合作。從法藍瓷的觀點而言，法藍瓷公司為
華人創立的公司，過去推出不少精緻瓷器，為能推出中華古文化
藝術的系列瓷器，即以最具代表性的故宮珍藏品為優先選擇。

　　對雙方而言，故宮典藏的無價及珍貴性，及法藍瓷訴求瓷
器高品質奢華的銷售理念，雙方的合作更可提高對方的品牌及形
象。因此，法藍瓷與故宮結合品牌及圖像之授權，由故宮提供郎
世寧畫作的圖像檔案，由法藍瓷的創作人才從中擷取元素，集合
設計的巧思及創意，將這些元素運用於瓷器上面，燒製出一整套
富具郎世寧畫作意涵的精美家用瓷器，包括茶壺、茶杯、端盤等
等；為表徵其來源之珍貴，故宮與法藍瓷也達成品牌合作的協
議，在各個瓷器上不僅註記法藍瓷的品牌，也註記故宮的品牌。
藉由法藍瓷海外市場的通路，故宮得以將其品牌推廣到世界各
地，而法藍瓷也仗勢著故宮典藏的質精形象，得以提升其本身瓷
器的優質市場地位，甚至更進一步建立法藍瓷為中華藝術瓷器的
代表及象徵。雙方合作關係，以品牌授權為主，圖像授權為副，
在法藍瓷與故宮簽訂的契約中，具體約明許多相關的重要事項，
如品牌授權及圖像授權可以使用的張數及規格、圖像衍生設計商
品的種類及數量、商品銷售期間及銷售通路及地區範圍、權利金

的計算方法及支付方式、違約時的處理等等。在權利金條件下，故宮為確保與法藍瓷的合作有一定的收益，保障其本身的權益，雙方採用「簽約金＋權利金」的方式，由法藍瓷在簽約同時先支付一定數額的費用，日後每銷售一項產品，再另外按照約定比例計算權利金，每一固定期間結算，支付故宮。藉法藍瓷與故宮合作一案的經驗可以發現，藝術授權，在締約前尋求合作對象時，即必須考量到自己及潛在合作對象的各項優缺點，雙方的優缺點可不可以互相彌補以發揮加分的效果。在選定合作對象，具體談論藝術授權合作的細節時，雙方合作的各項權利義務內容，即希望可以利用雙方哪些優勢條件，自己可以提供對方哪些優勢條件，希望對方如何彌補其劣勢條件，未來合作關係中如何互動等，即需用契約文字詳細敘明，以確保未來之履行，並避免在未來發生任何解釋上的爭執。

資料來源：國家文化藝術基金會（2007）。藝術授權手冊規劃計畫期末總結報告書。

(二)集體的藝術授權方式

集體管理組織和利用人協商授權時，可採用個別授權（work by work）的方式，也可採用「概括授權」（blanket license）的方式。在個別授權情形下，其管理就好像有如著作人親自執行一般。如創作人擔心其個人聲譽會因不當之利用行為而受影響，進而損及其著作人格權時，通常會希望採取個別授權的方式。

根據UNESCO出版之《作者權管理指南》的說明，個別授權契約，通常是與「非經常性之利用人」（occasional users）簽訂的。就舞蹈、視聽以及視覺藝術演出等著作而言，由於個別作者會根據自身的立場或著作類型，並考量劇院或是經紀公司的演出形式而設定不同的授權條件，因

此，個別授權的情形是相當普遍的（UNESCO, 2000: 25）。

此外，就戲劇著作之授權，也是採用個別授權的方式。如果戲劇著作是利用人表演的全部內容，那麼就會針對利用人的年收入適用最高的費率。至於針對一場或一系列演出所該收取的最低費率為何，則必須考量演出場所可容納的人數及利用人的預算（Daniel Gervais, 2006）。

對於個別授權，雖然係按作品及利用類型個別協商，但集體管理組織亦需考慮利用人之接受度及本國之社會經濟條件，故實際上並無法漫天要價。根據各國經驗，集體管理組織為了避免個別創作者要求過高的不合理費率，另一方面為了滿足利用人的需求，通常會設定一個費率範圍，再依個別利用人之實際利用情形，協商確定之費率。

在我國過去實務運作上，曾發生學校、機關或團體向集體管理組織洽商個別授權，但遭其拒絕之情形。其實，依照UNESCO專家的意見，原則上，如利用人係因短期內的單一活動（single event of limited duration），而需重製或表演單一或少數作品時，應允「非經常性利用人」簽訂個別授權契約（UNESCO, 2000）。依此原則，如中小學於升旗典禮或放學時播放特定樂曲，或機關團體於午休或下班時間播放特定樂曲，集體管理組織似應就此類情形，訂定相關之使用費率，方為合理。

除了個別授權方式外，集體管理組織最常採用的授權方式是「概括授權」。在概括授權方式下，集體管理組織會提供利用人一份完整的作品目錄，及載明授權條件之授權合約，並附上相關費率表。依照此種授權方式，集體管理組織須擔保「於利用人遵守授權條件之前提下，即可不受限制、任意利用全部或部分著作」，而不必擔心第三人出面主張權利（UNESCO, 2000）。

(三)創用與藝術授權（林憶珊，2011）

創用（Creative Commons）的概念是運用私權利創造公共財——以

特定方式開放創意著作的使用。正如自由軟體與開放原始碼的運動，Creative Commons的目的在於營造協力合作與社群意識，但採用的手段是自願且自由的。Creative Commons的授權條款是針對網站、學術、音樂、影片、攝影、文學、教材等其他形式的創作進行設計，致力於提供創作者一個兩全其美的方式，既保護了創作者的作品，同時鼓勵以特定方式來使用這些作品，而做法就是「保留部分權利」的聲明。因此，Creative Commons目前與未來計畫的單一目標即為：面對著作權制度與日俱增而對創作產生限制的預設規定，建立一層合理、具彈性的著作權機制。提供創作人一套標準化的公眾權授權條款，幫助創作人預告可能的所有使用人，允許他們在特定條件下利用其著作。

Creative Commons的目的除了要增加線上原始資料的總量之外，同時也要使大眾接觸這些資料更為便宜而容易。為達此目的，Creative Commons也開發了後設資料（metadata），能以機器可辨讀的方式，將作品與該作品是否歸屬公共領域，或該作品的授權狀態聯結起來。 以助於人們使用Creative Commons的搜尋應用程式與其他的線上應用程式，來尋找諸如可在保留原攝影者姓名的前提下自由使用的照片，或可無拘束地重製、散布或取樣的樂曲。

◆發展歷程

1. 2001年在公共領域中心（Center for Public Domain）的大力支持下，Creative Commons得以創建。Creative Commons設於史丹福法學院並獲得其大力支持，同時與該學院網路與社會研究中心共享空間、人員與想法。董事會負責管理少數的行政人員與技術團隊，並有技術諮詢委員會提供諮詢服務。

2. 2002年發布的Creative Commons授權條款，是依據美國的相關法律設計發展而來，為能使更多人得以享受藉由Creative Commons授權條款所創造的素材，使更多人可以投入分享創意的活動。

3.2003年推出iCommons計畫。將Creative Commons授權條款的授權條文（lawyer-readable）部分翻譯為各國語言，並在這個過程中透過公開討論的方式，確認Creative Commons授權條款在該司法管轄區域內的適用性。當Creative Commons授權條款與該司法管轄區域內的法律有所扞格時，則須以維持Creative Commons授權條款的精神為前提，作最小限度的必要修正。經由授權條款的譯稿加以認證，正式成為Creative Commons授權條款在某一司法管轄區域內的標準譯本。

4.2003年11月，中央研究院資訊科學研究所成為Creative Commons在台灣的iCommons計畫（Creative Commons Taiwan）的合作機構，進行Creative Commons授權條款華語（台灣）翻譯及公開討論，並與其他機構及創作者合作推廣Creative Commons，希望能藉此參與Creative Commons所推動的建立全球性公共資源庫的工作。

5.2005年10月，Creative Commons Taiwan計畫易名台灣「創用CC」計畫。將「創作」、「創造」、「創意」容納於「創」字，將「使用」、「公用」、「共用」容納於「用」字，並再保留原文縮寫「CC」，並以「我們創造，我們使用，我們CC！」為簡語，傳達「創用CC」的精神。

◆創用CC的授權條款

1.創用CC四種授權要素（**圖7-1**）：

圖7-1　創用CC四種授權要素

(1)姓名標示（attribution）：著作人或授權人允許他人利用其受著作權法保護的著作，但使用人必須按照其所指定的方式表彰其姓名，這是目前所有創用CC授權條款中預設必選的選項。

(2)非商業性（noncommercial）：著作人允許他人利用其著作，但不得為商業目的使用該著作。若使用人需因商業目的利用該著作時，可與著作人聯繫，以取得商業利用之授權。

(3)禁止改作（no derivative works）：著作人允許他人利用其著作，但使用人不得改變、轉變或改作其著作。

(4)相同方式分享（share alike）：著作人允許他人利用其著作，若使用人改變、轉變或改作著作人的原著作而產生衍生著作，唯有在使用人將該衍生著作採用與原著作相同、相似或相容的授權條款的前提下，使用人始得散布由原著作而產生的衍生著作。

2.六種不同授權組合：創用CC的四種授權要素可以構成不同的授權組合，以便於符合各種授權需求，其中由於姓名標示為授權條款之必備要素，而禁止改作與相同方式分享兩要素無法共存於同一條款中，因此共有下列六種不同授權組合（圖7-2）。

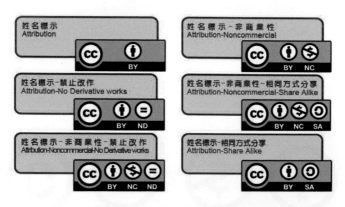

圖7-2　六種不同授權組合

八、文化創意產業面臨的難題與發展的關鍵因素

　　企業的價值是由「營運活動」、「投資活動」和「融資活動」等三大活動所造成的，基本上營運活動是創造價值的最大因素（Porter, 1985），但往往經營的環境變化、投資活動或融資活動也可能為企業帶來巨大的增值或者是虧損。因此，我們藉由企業評價可以找出企業的主要價值驅動因子，然後再去強化或創造這個價值驅動因子，使企業的整體價值提升，這就是最好的利用企業評價創造價值的模式。

　　外貿協會服務業推廣中心（2008）指出，發展文化創意產業除了傳達文化意念及樹立國家形象外，亦可協助傳統製造業轉型，創造產品高附加價值，並開拓國際新商機，更可以結合發展文化觀光，商機無限。台灣文化創業在政府的政策鼓勵之下，面臨了極佳的發展機會，文化創意產業如果能把握機會，利用「無形資產評價」將無形資產產權化，取得產業發展的資金，在台灣與大陸簽訂ECFA之後，將有可能在廣大的大陸市場，甚至於全球市場獲得成功。文化創意產業的無形資產評價即使在美國這樣財務金融發達的國家，也正在努力發展當中，而在台灣則是一個全新的領域。根據「創意台灣──文化創意產業發展方案」指出，台灣面臨的難題包括：(1)全新的評價標的，無範例可循；(2)偏重於無形資產的評價；(3)產業規模小，評價方式困難，成本與效益較難平衡；(4)產業的財務資料缺乏；(5)評價師法定地位不明。因此，如何儘速的培養評價師及發展智慧服務產業，強化競爭力提高產品或服務之附加價值，將是文化創意產業發展的關鍵因素（行政院文化部，2009）。

九、智慧資本之定義

1969年經濟學家Galbraith首先提出「智慧資本」的概念，並提出智慧資本是指「運用腦力的行為」（intellectual action），並非只是知識和純粹的智力而已，這意味著智慧資本為某種「價值的創造形式」（Roos & Roos, 1997）。在智慧資本的領域裡，有眾多學者相繼投入研究與實務探討，然而因學者們研究的主題與其涵蓋領域有別，故對於智慧資本對定義尚無一致的說法。如可增加公司價值者為之（Edvinsson & Sullivan, 1996; Stewart, 1997; Roos et al., 1998; Lynn, 1998; Knight, 1999）；或讓公司享有競爭能力者為之（Edvinsson & Malone, 1997）；或享有員工承諾與能力者為之（Ulrich, 1998）；或超出帳面價值之無形資產為之（Booth, 1998; Johnson, 1999），均可稱為智慧資本。Kaplan與Norton（1996）指出，智慧資本包括所有資產創造價值的資產，Edvinsson與Malone（1997）提出公司帳面價值和市場價值，兩者之間的差距即是所謂的智慧資本，Stewart（1997）認為智慧資本是指每個人與團隊能為公司帶來競爭優勢一切知識與能力的總和。綜合言之，智慧資本代表的是無形資產，但它具有邊際報酬遞增、規模報酬遞增、持續增值和不會折舊等特質；藉由「組織內部績效」來創造知識，將知識累積運用於公司中，使知識與其員工和客戶發揮最有效的槓桿效益，以發展成為公司未來具有經濟價值的商品，如Stewart（1991）所言，智慧資本將成為公司最有價值的資產及最有利的競爭力，它應得到更多的重視與探討。

十、智慧資產鑑價之挑戰與問題

在知識經濟（knowledge-economy）時代，企業須專注在如何有效管

理及利用智慧資產（intellectual assets）或智慧資本。行政院文化建設委員會文化創意產業專案辦公室（2009）指出智慧資產鑑價之挑戰與問題如下：

(一)挑戰

傳統的有形資產評價標準並無法適用於此種無形的智慧資產，因此，如何對智慧資產進行客觀的鑑價，乃成為發展知識產業的一個挑戰。

(二)問題

1. 問題一：智慧財產權之價值並非固定不變，而是會因各種因素加以變化，若要將此無形資產以鑑價的方式加以量化，將會遭遇許多的問題。
2. 問題二：由於智慧財產權的鑑價涉及無形資產的評定、技術作價或技術入股等問題，亦與權利金攸關，使得鑑價在智慧財產權中亦有不可忽視的重要性。另外，智慧財產權之價值亦間接的決定其權利金與侵害損害賠償多寡的問題，因此也必須決定其價值。
3. 問題三：智慧財產權之鑑價一般必須考慮技術創新的程度、法律保護的狀態（包括專利的類型、有效期限、權利範圍、所獲得保護的國家等）、授權與實施的情況（為專屬或非專屬授權、現有的授權情況）、技術開發的程度（有無其他替代技術或是否已經可以商業化生產）、生產成本或實施成本等因素，並綜合權利人與被授權人相關的因素作一個整體的判斷。然而，目前尚未發展出一套廣為國際間所共同接受的鑑價制度。

十一、文化創意產業的無形資產評價種類與方式

　　Razgaitis（1999）將常用的評價方法分成了六大類：(1)產業標準法（Industry Standard）；(2)等級法（Rating/Ranking Method）；(3)通用原則（Rules of Thumb）；(4)現金流量折現（Discounted Cash Flow Method）；(5)蒙地卡羅分析（Monte Carlo Method）；(6)競標法（Auction Method）。

　　周延鵬（2006）還提及無形資產評價方法：(1)成本法（Cost Approach）；(2)收益法（Income Approach）；(3)市場法（Market Approach）；(4)工業標準法（Industry Standards）；(5)等級／排序法（Rating/Ranking）；(6)經驗法則（Rules of Thumb）；(7)蒙地卡羅法（Monte Carlo）；(8)拍賣法（Auction）等。

　　陳威融（2002）提及之鑑價方式包括：(1)內部報酬率法；(2)淨現值法；(3)收入法；(4)市場法；(5)GBPA（成本法與市場法的綜合）。

　　林佳樺（2003）亦提及四種評估方法，包括：(1)收入法（Income Approach）；(2)成本法（Cost Approach）；(3)市場比較法（Market Approach）；(4)企業輪廓法（Global Business Profile Approach, GBPA）。

　　陸佳蓮（2002）提出利用選擇權訂價模型中的Black-Scholes模型，從成本和收入面計算技術及專利的經濟價值，進而計算出技術移轉價格，並和實際交易價格作比較。

　　李嘉孟與陳威霖（2002）提及傳統進行技術或專業鑑價的方法大約有三種：(1)經驗法則（Rules of Thumb）；(2)比較法；(3)淨現值（Net Present Value, NPV）或現金流量折現（Discounted Cash Flow, DCF）；(4)考慮周到的選擇權法。結論認為選擇權原理中購買一買權選擇權（call option）係取得以後可以在一特定時間用一預定執行價（executive price）取得某一種股票之權利，因此選擇權之價值與專利技術之價值兩者有相類似之處。

　　文化創意產業的特性使得傳統的評價方式如成本法、市場法、收益法等，無法適切的評量文化創意產業的內涵價值，但是仍有其他的方式可以運用而使文化創意產業的無形資產價值顯現出來，如**表7-1**所示。

表7-1　文化創意產業的無形資產評價方式

評價方式	內容
1.斯堪地亞市場價值（Intellectual Capital）	根據瑞典斯堪地亞公司發布的「智慧資本年度報告」，市場價值是由人力資本、組織資本、顧客資本等三種形式所共同組成，透過組織知識管理的活動，強化創造企業利潤的機會，此一平衡的組織架構，將可建構出最佳的整體企業價值。混合法：當企業採混合法評價時，不是僅著眼於投入成本之層面，或僅著眼於產出價值之層面，而是同時著眼於投入及產出兩個層面，斯堪地亞（Skandia）法即為一種混合法。斯堪地亞法是斯堪地亞Skandia公司衡量該公司智慧資本的方法。
2.平衡記分卡（Balanced Scorecard, BSC）	1990年由David Norton與Robert S. Kaplan所提出的「未來的組織績效評估方法」，亦稱平衡記分卡模式，主要是以財務構面、顧客構面、流程構面及學習與成長構面將組織的策略、架構及願景三者連結，將這些績效指標建立成一個資料庫，找出合理的參數作為無形資產評價的市場價值。
3.市場基準價值評估模式（Market-Based Valuation Model）	主要就是將：(1)技術總價值f（T）於總體市場產能的比率（％）；(2)商業總價值f（B）於總體市場的比率（％）；(3)智財權應用價值f（IP）於總體市場的比率（％）。依據三個構面評估比率與實際或預估市場的總體價值相乘，即可得到該項技術於市場的價值（MV）。
4.層次分析法（Analytical Hierarchy Process，AHP）	由美國學者Saaty（1980）提出的一種綜合定性定量的分析方法，可以將人的主觀判斷標準，用來處理一些多因素、多目標、多層次複雜問題。大致上可以分為四個步驟：(1)建立問題的梯階層次結構模型；(2)構造兩兩比較矩陣；(3)由判斷矩陣計算被比較元素相對權重（層次單排序）；(4)計算各層元素的組合權重（層次總排序）。這種分析的方法對於無形資產的分割，有一定的合理性，實際效果良好，操作簡單是評價無形資產的一個好方法。
5.DBOR模式（Domestic Box Office Receipt）	美國Cantor Futures Exchange, I. P.（Cantor Exchange）最近發展的新模式，類似期貨合約的做法，就是將影片未來票房收入，分割成小額單位，由投資人預期票房收入，當成期貨的履約價，可以降低影片開拍的資金風險，投資人可以分享影片賣座的利潤。

十二、文創產業智慧資本之評估模式

　　歸納上述文獻之理論與方法，有關智慧資本之評估模式大致可區分為供外部的智慧資本評價理論及內部的智慧資本衡量指標評估方法兩種角度。外部智慧資本評價理論可提供無形資產的整體性價值鑑價，而內部智慧資本衡量指標評估則可幫助企業經理人對於隱含性或非財務性的智慧資本指標，明確結合公司策略，判斷公司員工之執行成果，兩者各有不同的功用，主要視所需來選擇適合的評量方式（**圖7-3**）。

　　本研究融合Sveiby（1997）提出的無形資產監測系統之智慧資本要素，修正簡化上述評估模式，建構一個文創產業之智慧資本評估模式，包括了三種無形資產，分別為外部架構資產（品牌、商標、商譽、公司形

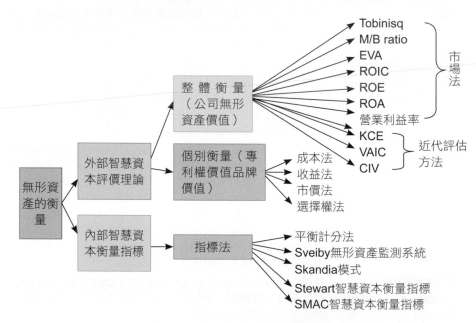

圖7-3　智慧資本之評估模式

資料來源：Edvinsson & Malone (1999).

象、口碑；與客戶、供應商、協力廠商人際互動關係）與內部架構資產
（專利、商業機密、企業文化、版權、特許權；組織策略、架構、願景及
作業流程、資訊管理系統）與員工個人能力（員工知識、學習與成長、技
能、經驗、教育、創新研發能力與社交技巧），如**圖7-4**所示。

本文將根據此評估模式之三種無形資產來檢驗以下之個案。

十三、個案分析：台灣文化創意產業智慧資本鑑價模式 之探討──以琉園為例（陳德富，2014）

在研究方法的部分，擇定個案研究法，個案研究則選擇台灣唯一具
上市上櫃股份、隸屬工藝產業中之「琉園」為研究對象，透過羅列大量次
級資料分析案例之產業特性與現況，進一步以新興鑑價理論之「風險淨現
值法」及「實質選擇權法」，分別鑑定該商品的產品價值，最後透過敏感
度分析，得出產品之鑑定價值。研究中個案實作內容如鑑價流程及方法的

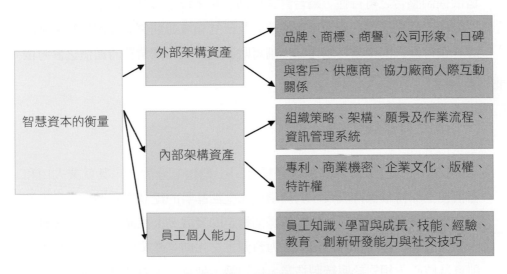

圖7-4　文創產業之智慧資本評估模式

選擇等機制，期望能提供作為未來政府、銀行及民間企業等承作文化創意財產融資及相關業務時鑑價之參考依據。從「知識經濟」到「創意經濟」，一個新的時代已然來臨。「創意」必須有機會被彰顯出其經濟價值，方能發揮強大的經濟實力。期望藉由文化創意產品鑑價制度的方法研究，能為台灣帶來新的發展及研究領域。

本文之主要目的為如何評估以智慧資本、創意資本為主的新興產業價值，本文以台灣之文化創意產業為對象，從實務觀點深入瞭解台灣文化創意產業發展之現況及困境，並藉由個案研究，闡明台灣文化創意產品之鑑價方法。本文探討智慧資產鑑價之問題與挑戰、文化創意產品鑑價種類與方式的研究等新興鑑價理論。透過本研究的分析探討，期能整合台灣文化產業與社會各界對於鑑價機制之理論與實務發展，以建立有助於文化創意產業永續發展之鑑價架構。

根據上述之智慧資本評估模式，本文選擇台灣唯一上市上櫃工藝產業中之「琉園」為個案研究對象，再經由大量次級資料分析之產業特性與現況，進一步探討其智慧資本之鑑定價值。最後，本文建議文化創意產業鑑價機制整合之可行性，為台灣文化創意產業鑑價機制的未來提出可能發展方向。期望能為台灣帶來新的發展及研究領域並期望能提供作為未來政府、銀行及民間企業等承作文化創意財產融資及相關業務時鑑價之參考依據。

(一)研究背景與動機

文化創意產業特質在於其多樣性、小型化、分散式，其就業人口和產值在全球持續保持成長，對於環境和生活品質的提升均有助益，是先進國家極力推動的產業。為使台灣長期穩定的發展，人民能安居樂業，發揮台灣過去五十年所培養的優秀人力資源，文化創意產業可為發展重點：以創意為核心，相對於傳統製造業，以知識、創意、人力智財取勝的文化創

意產業，能夠為台灣創造下一波的創意經濟奇蹟，也可以使大部分在產業轉型中失去工作重心的優勢人力，能重新建立信心貢獻所長，為台灣個人建立安和樂利的社會而努力。企業一方面提出留住人才方案，另一方面則建立智慧資產的機制，例如：智慧財產制度與知識管理系統，加值運用這些創意的商業價值。

2000年以後知識經濟時代來臨，知識經濟時代打破科技與文化的藩籬，創造新的創意與商機。在這一波產業革命中，企業或個人從組織到產品與服務更加知識導向（吳明璋、陳明發，2004）。創新、創意等智慧資產成為企業獲利與競爭力的重要來源，智慧資本成為知識型產業的主要價值來源，尤其在全球製造外包盛行下，當時許多學者提出企業的實體資產將大幅減少，而無形資產，特別是智慧資產將越來越重要。經過十年的發展，智慧資產的重要性確實日益提高，有些甚至取得專利、著作權、商標等智慧財產權的法律權益，但基本上這些權益主要是作為市場競爭的用途（如攻擊或保護）、交易的用途（如授權、移轉），或作為吸引外部投資者（如創投VC、個人投資天使Angel，或其他公司的併購）。再從世界潮流與趨勢來看，企業價值創造的驅動力已經從專利與科技研發，朝向更寬廣的創新模式拓展，如服務模式的創新，以及包含各行各業的創新，如文創產業或其他服務業。但不論是何種創新，最終還是要回歸對企業價值創造的貢獻，這也是最關鍵的部分（杜英儀，2010）。

一個從知識經濟到創意經濟的新時代已然來臨。隨知識創新及文化積累，近年來，創意日漸成為經濟核心動力，創意經濟已被世界先進大國認定為未來繼資訊經濟後，下一波主導經濟與社會之力量。創意必須有機會被彰顯出其經濟價值，方能發揮強大的經濟實力。文化創意產業以文化為底蘊，創意為核心是具有附加價值高、從事人員多樣化、結合人文素養與文化特色的高產值產業，正是台灣永續經營邁進文化大國的最佳策略，而文化創意產業要能蓬勃發展並且永續經營，必須導入經營管理及財務規劃的企業經營模式，因此，運用無形資產評價將文化創意的無形資產

資本化，然後透過合理化、產業化的財務規劃，將無形資產證券化，讓有意投資的投資人能充分的理解而投入資金，促進產品的精緻化及經濟規模促使產業的發展，而達成有效的經營管理，使文化創意產業能在兼顧文化創意及市場機制下能蓬勃發展而且能永續經營。

　　台灣和大陸簽署ECFA之後，文化創意產業將面臨一個極大的市場拓展機會，而要拓展這個機會除了創造、人員、技術之外，更需要加強管理及財務的規劃，活化資產創造價值，將無形資產轉化為有形資產成為改善體質的動力，才能掌握美好的時機，創造光明的前途。當前的社會是一個以知識與創意為基礎的知識經濟社會，知識與創意，足以在創造出美的事物之同時，產生更高的附加價值。迎接知識經濟時代，知識型產業崛起，企業創造價值的來源不再是倚賴有形資產，而是聚焦在能為公司創造競爭優勢的一切能力與知識的總和，即智慧資本的形成。許多企業為了強化其競爭利基，更積極的基於智慧資產而進行各種併購、策略聯盟、專利組合（patent portfolio, patent pooling）、授權等商業活動。而這些基於智慧資產而生的各種商業活動，更凸顯對智慧資產鑑價的需求。也因為如此，目前一些海外業者對企業的市場價值的評估，除了計算傳統的有形資產之外，還包括了無形資產。

　　文化創意產業的特性之一，在於原始創作的成本高，而投資的風險亦高。因此，資金來源與行銷通路之開拓在文化產業化過程中扮演不可或缺的角色。現實環境中，文化人在募資創業上，由於台灣文化產業鑑價機制不夠完善，導致困難重重、理想難圓。有鑑於此，文化創意產業鑑價機制之健全，乃是推行文化產業發展同時最迫切的議題之一。台灣政府於2000年起，將智慧財產技術服務納入新興產業，於次年底將「智慧財產技術服務」及「研發服務」增列於「技術服務業」範疇內，並制定為「新興重要策略性產業」的獎勵投資條例之適用範圍。新公司法第156條第五項，亦對於「技術作價、入股」進行修正。此一修正，等同於「技術抵充」之意義，即指公司股東可依照專利法或營業秘密法所稱之「配方」等

專有技術與知識，作為股價。此一新法修正對於台灣「無形資產與技術鑑價」的市場，帶來合法性與必需性的地位（葉程瑋，2003）。

　　由於文化創意產業，以往主要是以創作者為主的家族式小規模經營，面對產業化的經營常有力不從心的無力感，面對一個全新的經營環境，如ECFA的簽約，市場及競爭的強大壓力，都必須強化資金、管理、市場的能力，才能面對競爭而且開創新的局勢。不管是科技人，還是文化人包括發揚傳統工藝的原住民，都可以從智慧資產的開發、管理與運用中受益。

　　文化創意產業的鑑價目的，在於將有形或無形之文化創意資產，轉化成具體之市場價值與利潤，以取得資本進行產業之永續發展。因此，鑑價機制乃是產業價值評估的關鍵核心因素。目前台灣對於文化創意產業之推動，依產業之不同分別由經濟部、文建會、新聞局、內政部等單位負責發展，而當前唯一的鑑價機制乃是經濟部所建構之「文化創意產業鑑價融資機制」；因此，鑑價機制之完善仍有很長的路。

(二)研究目的

　　根據上述背景與動機，本文之主要目的如下：

1.探討企業如何以智慧資產萃取創意，發掘商機。

2.探討企業如何對無形的智慧資本進行管理、如何評價智慧資本與如何運用智慧資本籌資。

3.探討企業如何運用無形資產鑑價將資產活化、資本化，導入資金強化競爭力。

4.探討文化創意產業產業化最好的方式與文化創意產業成功的關鍵因素。

5.透過本研究的分析探討，整合台灣和海外文創產業鑑價機制之理論與實務發展，以建立有助於文化創意產業永續發展之鑑價架構模

式。

6.探討文化創意產業鑑價機制整合之可行性,並期望研究結果能提供
作為未來政府、銀行及民間企業等承作文化創意財產融資及相關業
務時鑑價之參考依據,為台灣文化創意產業鑑價機制的未來提出可
能發展方向。

(三)公司簡介

琉園股份有限公司(以下簡稱琉園)創立於1994年,原名為大觀水
晶公司,由創意人王俠軍擔任創意總監,王俠軍的二哥王永山負責公司經
營與管理,以「琉園」品牌水晶玻璃享譽台灣和海外。琉園作品兼具獨特
民族風格與現代設計感,除了獲世界各國博物館典藏,更是皇室、政府致
贈外賓、企業家、收藏家們的最愛。王俠軍不但是台灣第一個赴美學習玻
璃藝術者,更是第一個走向國際市場的台灣玻璃藝術家。1999年「琉園水
晶博物館」成立,2003年11月琉園正式掛牌上櫃,2005年公司資本額已達
2.95億元,員工數400人。主要服務項目為:水晶玻璃藝品設計製作與銷
售業務、水晶玻璃原料及書籍販售、水晶玻璃藝品諮詢顧問,並以全新的
國際精品概念店邁入琉璃精品行列。精品化路線,讓琉園業績與股價一路
往上衝。王永山發揮經濟學長才,緊密進行塑造琉園品牌計畫,包括從展

琉園水晶博物館

場出發打響國際知名度，以及如何在「藝術」與「營運」之間取得平衡
點。琉園從創意工作坊走到現今的企業化管理，靠的是專業分工，也因為
分工與兄弟間的信任，讓這家公司由小而大，更可望在近期內與國際知名
品牌談成策略聯盟，一躍到更大的舞台發展。

(四)企業之智慧資本的評估

本文對個案企業的智慧資本的評估，分析如下：

◆外部架構資產

①品牌（商標、商譽）

以「琉園」品牌水晶玻璃享譽台灣和海外，其英文名為tittot，取中文
「剔透」的世界發音，希望以極致取代精緻，融入中華文化，為世界打開
東方人文視野。讓琉園tittot成為華人第一個國際級水晶品牌。

②品牌形象塑造

琉園的英文品牌tittot，音同「剔透」，近年來雖已漸漸令人耳熟能
詳，為了讓品牌定位更精準，琉園請了曾幫雀巢、三星等國際大廠評量
過品牌的法國知名品牌顧問公司Brand DNA，為琉園進行「品牌總體檢」
（鄭秋霜，2007）。根據Brand DNA的評估，琉園品牌的DNA有六大特
色：

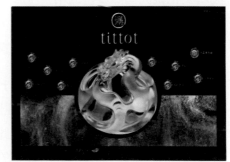

1. 作品顏色多彩繽紛、晶瑩剔
   透、造型獨特。
2. 具世界頂尖的精緻工藝技
   術。
3. 不只是設計，也有大件的藝
   術家作品。

琉園的英文品牌tittot

4.具中國文化內涵。

5.作品充滿情感及故事。

6.具現代生活、時尚感。

這些在國際專業品牌顧問公司所認知的企業DNA和王俠軍認為，琉園的企業文化與他向來堅持做文創產業需具備理想性、專業、時尚、工藝及文化五大元素，非常吻合：「雖然我們用字不同。」2006年是琉園的品牌形象更精準再造工程啟動年。「國際顧問提出的建議，可發揮畫龍點睛，讓琉園發展方向更為確定。」分析琉園品牌建立的過程，一開始就選定要以脫蠟鑄造工法，與其他競爭者有所區隔的策略，無疑是最重要的。擁有自有品牌，是台灣很多文化創意產業者的夢想。琉園不惜進行「國際體檢」品牌及再造品牌的做法，顯示琉園正走在從作品價值到品牌價值的新方向。可望為台灣文創產業開創一條通往國際精品品牌的新路（鄭秋霜，2007）。

③推動公司上櫃 成立國際品牌（財務資本化）

琉園於2003年公開上櫃，取得穩定的長期資金，建立品牌形象與開拓國際市場所需的債信需求與用意。琉園為求永續經營，以成立國際品牌為目標，因此決定推動公司上櫃，以公開集資的方式，達到公司國際行銷的目的，未來將更進一步推動股票上市計畫。上櫃其實是琉園決心把中國玻璃文化推向國際舞台的第一步，不僅代表琉園通過審核標準、擁有健全的內控管理、達到一定的獲利成長，也代表琉園將接受政府監督，在每月資訊公開的要求下，使企業治理的責任與經營體制更透明化。

④利用資訊階流建立品牌口碑行銷以提升公司形象

利用消費者的從眾行為、理性跟風行徑，及明星效應使得多數消費者特別眷顧特定作品或特定品牌，此類奢侈品，權威人士的中肯評價往往會造成市場有利的迴響，經由專家的肯定或競賽的獲獎，該產品的身價往往會因而大幅成長。權威人士的影響力相當大，鑑賞家所發表的相關資訊

會如瀑布階段式地傳遞到投資者再到蒐藏家，或直接由鑑賞家傳遞到蒐藏家，此一波波地傳遞，進而形成向上傾斜需求長龍的需求曲線。

⑤ 產品重新定位拉抬品牌價值

　　琉園過去一向是先製作出來才賣東西，且有把握做得出來才接單，但這在國際上卻受到很大挑戰，因為有些大型通路商，一下單就是幾百個，一個禮拜就要交貨，作品如果太少，他們很難幫琉園推廣。琉園重新思考如何滿足客戶需求，例如在上海落成的新廠，將原來的一條生產線，改為四條生產線，以便更能快速交貨。此廠原本分兩期興建，在顧問建議下，也決定第二期不建廠，而改建小公園，展示國際級琉璃作品，讓客戶感受琉園不只是作品生產者，還是美學生活提倡者。「現在的琉園，是整個思維、腦袋的改變。不只生產線、內部會計作業、市場反映等，都要調整成以滿足顧客為第一優先。」整個公司思維已經從過去的生產導向，轉向行銷導向。以第一線服務為例，以前客戶若要退貨，公司會先考量有沒有附上單據、依程序可不可以退再處理。現在若有人退貨，則「先退了再說」，在程序上，如果沒有單據，公司也只好摸摸鼻子，自行吸收。王俠軍說，一家百年品牌曾告訴他，「有30%純利，才稱得上有品牌價值。」琉園的產品應該分成兩條路，一條走高價位的藝術品，一條路則是不限量的精品市場。如此，才有規模，也才有實力進軍國際市場。將成為國際品牌。琉園國際化腳步從歐洲到中國，從藝術到精品，創造出驚人的商業價值，琉園執行長王永山認定那才是「品牌價值」。

⑥ 建立品牌及生活「態度」的關聯性（創意多重運用）

　　1999年琉園華人地區第一座玻璃藝術主題館成立，其中展出國際大師的珍貴作品之外，也展出琉園的作品，此外開設玻璃教室以及玻璃咖啡館等。此一推廣基地，引導更多的藝術愛好者領略玻璃藝術之美，鼓勵並提升創作水準，共同創作現代中國特有的精緻美感。此外，各樣的展覽與教學，帶動國際玻璃藝術交流，使此館成為台灣與國際玻璃藝術接軌的重

要節點吸引顧客的參與,並創造品牌與潛在顧客的關聯性延長產品生命的寬度及深度。期望以多元、開放的型態與寓教於樂的方式,讓更多的人親近玻璃、瞭解玻璃,於是博物館重新整修,擴建更多創作教學、示範表演、展覽與活動的空間。如今新的琉園水晶博物館,不但是玻璃藝術教育的推廣中心,本地人假日休閒的好去處,也是外國人指定參觀的著名文化觀光景點。琉園計畫與台灣民間企業合作設立大型水晶玻璃博物館,於2006年10～11月左右決定,另外基於大陸人士來台觀光效應,亦有旅行社業者與琉園接洽合作計畫,希望成為其旅遊路線之一,目前琉園尚在考慮中;由於中國大陸營運據點及生產線擴展順利,研究處認為琉園未來二至三年營運成長可期。

⑦客戶與顧客之關係

產業關係良好,與國際間重要的水晶玻璃藝術研究機構、藝術家、藝廊有密切之往來關係。透過與國際的知名機構的合作、交流能提高知名度並降低琉園的道德危機成本。掌握水晶玻璃藝品原料的上游供應商,直接向原產地(捷克)採購,議價空間大,並取得較佳品質的玻璃原料,達到直接原料成本的降低。

◆內部架構資產

①專利技術

在全球華人市場中,對於高層次玻璃加工技術的掌握,特別是在「脫蠟精鑄法」、「高準確度、高品質的切割、拋光與研磨技術」與「高層次的浮雕技法」等領域內,均能精確地掌握,並繼承中國的傳統,重新詮釋符合現代消費者需要的中國風水晶玻璃藝術作品。

②創新研發能力

琉園近年來不斷從事相關技術之創新研發以使產品的創意不被技術所侷限,並提高產品之品質,琉園開發成功之技術主要包括減少作品內部

氣泡技法，研磨（半）自動化設備、鏤空配飾技術、玻璃粉燒技術、作品防收縮技術、局部霧面研磨技術、超大作品技法、二次燒技法、層版玻璃內雕組合技法、多媒材組合技法等。工藝品與其衍生之著作，受到台灣著作權法之保護，其研發的獨特做法或機具可以申請專利權保障，但高價定價策略與品牌知名度，亦導致其他競爭者的模仿。然而，源自於經營者之產品獨特的創意與技術自信，琉園對仿冒品的危機並不太關注，不過在創意邁向產業化的過程中，這可能亦是琉園未來需面對的問題。

③**資訊管理系統**

琉園在價值資訊的經營上採用資訊階流策略（**表7-2**），先取得鑑賞家的認同，而達到影響送禮者與蒐藏者的宣傳效果，例如，獲選Museum Park Alfabia美術館前市民廣場永久陳列、英國第二大博物館Victoria & Albert del Vidrio、美國康寧玻璃博物館、台北及北京中國歷史博物館等蒐藏。利用這些鑑賞家的蒐藏事實，再運用現代資訊工具的資訊擴散，以及產業網路（王俠軍成立中華玻璃藝術協會，並舉辦多次玻璃展覽）的力量，來提升公司形象，並影響其在潛在顧客心目中的品牌價值。以此策略，不但得以強化公司的價值創造網路結構，提升琉璃在一般消費者心中

表7-2　精緻工藝產業的價值創造構形

價值創造構形	價值資訊階流
價值創造邏輯	提高顧客認同價值
主要技術	創造力
主要活動類別	口碑形塑以吸引超級顧客，爭取鑑賞家的認同，參加相關展示或競賽
主要互動關係邏輯	順序的、階段式流傳
主要活動互依關係	聯合活動、互惠
關鍵價值驅動力	聲譽
企業價值系統結構	與超級顧客關係的維持

資料來源：楊燕枝、吳思華（2005）。

所認知的價值，並促進社會流行趨勢的推動，增加一般消費大眾之類的蒐藏家群眾，也就是獲得理性跟風的效應（楊燕枝、吳思華，2005）。

④組織策略

除了藝術成就之外，琉園在製品的推廣與銷售方面，也著力頗多，近年來不僅在台灣有效經營了許多通路，並且成功地營造出品牌形象；琉園的行銷策略如下：

1.短期目標：利用品牌授權借力使力

除了品牌設計仍為琉園的核心之外，包裝，行銷和通路都建議採取外包的形式，由於琉園計畫朝全球化發展，若琉園要進入當地市場，需要授權當地經銷商的通路來銷售，一來可以節省成本，二來對當地的民情也比較瞭解；另外行銷方面也要因地制宜，以廣告來說，無論是設計一個全球通用的廣告，或是針對某市場量身打造的廣告，交給行銷公司來做應該比琉園自己包辦更有效率更有效果，因為廣告公司擁有齊全完整的資源設備，廣告的資訊也更強更敏感，更可以貼近當地的消費者喜愛的廣告，可彌補國際化人才不足，經濟規模不夠大之不足。所以將行銷、通路、包裝外包，而琉園本身可以省去不專長的部分，將餘力都投入核心的活動中，讓品牌獲得更廣泛的認知，並且在最低的風險下創造相對較高的價值，產業加值。

2.中期目標：策略聯盟

琉園與擁有九百個據點的國際知名品牌簽下合作意向書，只要時機成熟，琉園即可以策略聯盟方式，讓琉園的產品在全球九百個據點銷售。屆時，從現在的四十個銷售據點擴充到九百個點，琉園的爆發力將顯現，也將成為國際品牌。

3.長期目標

(1)異業合作：引進海外奢侈品集團資金及內部多方資源整合力量，

讓品牌效應更能多方擴散，藉由另一個強勢的品牌不僅可以強化產品的地位，作出市場區隔，累積顧客忠誠度，使產品持續長銷熱賣，不但提供企業在市場上的競爭優勢，也贏得進入潛在市場的機會。利用品牌優勢，整合其他品牌使用，或延伸品牌、開發新產品，滲透到新的市場。像是發行LV配件或進駐高級旅館等等。

(2)創立附品牌：將品牌價值區隔化，可讓部分產品定位走年輕及中低價位，培養日後主品牌的潛在顧客，亦能讓各個年齡層找到屬於自己的品牌符號，並非像目前只用產品通路來區隔各種目標市場。

歸納琉園的之策略運用如**表7-3**所示。

⑤內部組織架構

1.琉園的組織願景

琉園在經營願景上仍舊秉持藝術家追求卓越的特質，持續在藝術創作的水準與技法上不斷精進。未來將以現有博物館之規模予以擴展，朝向大型休閒觀光博物館的方向發展，並且更積極地開發產品，建立更為流通的品牌形象，並且更進一步在全球推展琉璃藝術之精華（國家文化藝術基金會創意ABC，2003）。

表7-3　琉園之策略運用

構面	策略運用
品牌塑造	聘請國際品牌顧問進行「品牌總體檢」確認企業文化
財務資本化	公開集資，流程透明化
資訊階流	建立口碑行銷及明星專家效益
產品定位	產品線及製程、供應鏈重新定位
創意多重運用	建立品牌與潛在顧客生活「態度」的連接性
行銷策略	分短、中、長三期目標

資料來源：作者整理。

2.關係企業組織圖

　琉園的關係企業組織圖如**圖7-5**所示。

3.琉園之公司組織圖

　琉園的公司組織圖如**圖7-6**所示。

4.員工個人能力

　琉園公司在琉璃藝術的創作成就方面有目共睹，其作品多年來受到全球藝術界的重視，並陸續受到台灣和海外各大美術館與相關機構的典藏。琉園的主業在琉璃製品的創作製造，近年來更以琉璃製作之技術研發與教學開拓經營面向，陸續突破既有技術的限制，開發創作新作品；並且將之規劃為教學內容，更廣泛地推廣琉璃藝術的創作與欣賞教育。琉園透過展覽與觀光機制的推廣，更進一步地深化琉璃藝術在藝術教育與創作領域的重要性。這也使得琉園公司成為一個跨越藝術創作、博物館經營、時尚行銷等多元領域的創意產

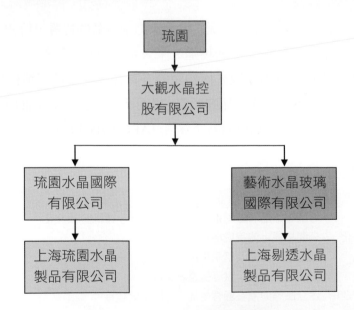

圖7-5　琉園之關係企業組織圖

資料來源：琉園股份有限公司網頁。

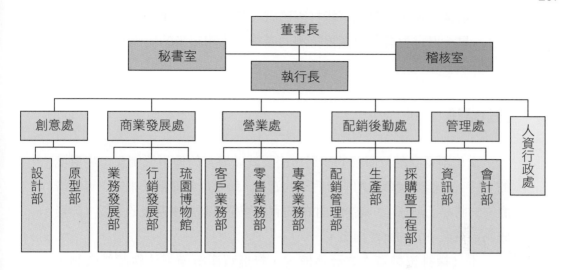

圖7-6　琉園之組織圖

資料來源：琉園股份有限公司網頁。

業範例。

琉園擁有台灣少數在玻璃藝術設計、製造、行銷方面的經驗豐富的專業人才與經營團隊，不斷為台灣玻璃藝術品產業及公司未來發展創造出新的產品、市場與機會。學習曲線仍處於高峰：近年來開始利用中國大陸人才與人力，降低人工成本，提高產品價格競爭優勢，作為進入國際市場的基層準備。琉園近年來逐漸把一些成熟度高的產品轉往成本較低的大陸設廠生產，但由於當地的人才素質較差，許多成本運回台灣後仍須再經加工處理，反而增加了營運成本。因此在生產線如何分工、雙邊人員如何溝通等方面，琉園仍有努力的空間。此外，琉園目前主要就是靠王俠軍的名氣在打響名號，這對於一家公司而言是極危險的事情。如果琉園要以永續經營為理念，則勢必要讓顧客是專屬陷入在琉園這個品牌上面，而不是讓顧客是因為「琉園是王俠軍的」這個理由而來。因此要有計畫地

培養人才，並且盡可能打團體戰、強調品牌，而不是塑造個人明星。但這對藝術這個很特別的產業及才剛起步的琉園而言都非易事。

(五)結論

文化創意商品及服務的成果，需要輔以健全的鑑價機制及市場環境的支持，方能度過草創初期及萌芽的過程，臻至成熟產業。未來主導經濟發展的將是「創意」，創意人才的培育及智慧財產鑑價制度的完備，無疑成為台灣競爭力的重要指標。

本文探討智慧資本之評估模式、無形資產鑑價方法與評價機制、智慧資產鑑價之問題與挑戰、文化創意產品鑑價種類、方式與程序的研究，以建立文化創意產業之鑑價架構模式。根據此模式，本研究對個案企業的智慧資本的評估，包括了三種無形資產，分別為：(1)外部架構資產；(2)內部架構資產；(3)員工個人能力。

品牌、商標、商譽的評估，包括品牌形象塑造、財務資本化、利用資訊階流建立品牌口碑行銷、產品重新定位拉抬品牌價值、建立品牌及生活「態度」的關聯性、行銷策略：短期目標——利用品牌授權借力使力；中期目標——策略聯盟；長期目標——異業合作、創立附品牌。客戶與顧客之關係的評估包括與國際間重要的水晶玻璃藝術研究機構、藝術家、藝廊有密切之往來關係與掌握水晶玻璃藝品原料的上游供應商。內部之組織架構的評估包括琉園之關係企業組織圖與公司組織圖。員工個人能力的評估包括經驗豐富的經營團隊：琉園擁有台灣少數在玻璃藝術設計、製造、行銷方面的經驗豐富的專業人才，學習曲線等。

無形資產未被公平鑑價的問題，將讓文化創意產業的資產在資本市場中被低估，包括品牌價值。為了快速建立品牌價值，急遽擴充產能及銷售點又以行銷為導向，若沒將客製化產品銷售比提升至40%（目前為

20％）其庫存壓力會很沉重。玻璃藝術創作容易被抄襲，智財權不易保護，且品牌經營管銷費用高。因此琉園採取以下策略：

1. 限量產品比重降低：歐洲品牌沒有限量的商品，賣的價格往往還可以比琉園的限量商品賣的還貴，可見是不是限量倒不見得是重點，重要的還是品牌的魅力，琉園在逐漸建立其品牌知名度和聲望之後，可望逐步調整生產策略，減少限量產品的比重，可以降低設計、生產成本。
2. 人才培養：有計畫培養新人，組成設計團隊，使創意源源不絕，長期地、逐漸讓顧客專屬陷入在品牌上面，而非作者個人身上。
3. 適當舉債：琉園既然已成為一掛牌上櫃公司，應可善用各種籌資管道，適當之舉債可降低資金成本。

發展文化創意產業除了傳達文化意念及樹立國家形象外，亦可協助傳統製造業轉型，創造產品高附加價值，並開拓國際新商機，更可以結合發展文化觀光，商機無限。文化創意產業面對市場的擴大，政策的鼓勵，應該有無限的潛能可以發揮，但因為以往小規模的經營方式，面對如此巨大的改變，確實有許多能力不足的地方，因此，更需要借助各種專業的支援，尤其是文化創意產業，產業化和商業化才能創造最大的價值，這一段最豐腴最肥美的價值，也是最需要各種專業人才的協助，智慧型專業服務團隊的協助，協助業者完成最後一哩路，藉由「無形資產評價」將無形資產化為產業營運資本，以營運資本充實文化創意產業的軟、硬體設施，然後在市場行銷，獲取更多的利潤及營運資金，如此，周而復始生生不息，可使產業日趨壯大，而達成產業化的目標。文創產業由於著重創意，主觀因素較重，風險相對也高，大好或大壞的可能性都有，資金募集上有結構上困難。文化創意產業要能達成產業化的目標，絕對不能只靠政府的補助，政府必須扮演更進一步的角色，政府應該要教導文創產業者，該如何保護著作權，以及需要授權時，要注意哪些事項；教導文創業

如要吸引創投業資金，創投業是如何評估新創事業，特別是文創業的智慧財產如何評估。唯有這樣才能使文化創意產業達成產業化的目標。

最後，透過本文的分析探討，期能整合台灣和海外文化創意產業鑑價機制之理論與實務發展，以建立文化創意產業永續發展之鑑價架構模式。期能為台灣帶來新的發展及研究領域，以達文化創意產業鑑價機制整合之可行性。並期望研究結果能提供作為未來政府、銀行及民間企業等承作文化創意財產融資及相關業務時鑑價之參考依據，為台灣文化創意產業鑑價機制的未來提出可能發展方向。

Chapter

8

城市文創園區經營與行銷

　　民國102年，文化部提出「價值產值化──文創產業價值鏈建構與創新」中程（102～105年）個案計畫之三大策略，為台灣文創產業發展奠定基石，更為台灣地方特色文創產業與城市文創園區經營與行銷開啟未來的美景。以下將分析探討全國的主要城市文創園區之經營與行銷策略。

一、松山文創園區（松山文創園區官網）

　　為滿足公益性期待，台北市政府文化局於2011年6月28日委託財團法人台北市文化基金會營運管理松山文創園區。並將松山文創園區定位為「台北市的原創基地」，期望透過台北市文化基金會的豐富經驗，達成園區培育原創人才及原創力的目標。因此，松山文創園區的規劃重點不在引進之產業，而在於如何激發創意與創新能量，以符合現今產業跨界、跨領域的發展趨勢，藉由「創意實驗室」、「創意合作社」、「創意學院」和「創意櫥窗」等創意四大策略領航，讓這裡不只是一個創意與創新能量的展現平台，更是可激發並培育創作精神的點子工廠。為了逐步落實上述策略，松山文創園區除了配合各項文創、藝文活動，亦積極辦理設計產業、視覺產業及跨界展演，其中更包含影視拍攝、記者會、長短期展覽活動、頒獎典禮、研討會、講座和服裝發表會等形式，充分活用古蹟空間並突顯其獨特氛圍，將歷史悠久的老菸廠成功蛻變成台北文化創意產業展現的新據點，成為國際矚目的文創新舞台。

松山文創園區

　　未來，松山文創園區的使命與任務除了持續促使產業互動、諮詢輔導、文創育成、美學體驗、推廣及行銷等多重功能發揮至最大效益外，更

將邀請更多大型文創展演活動，落實園區作為台北市創意櫥窗之理念，以全方位空間使用與多元化的經營概念，形塑松山文創園區成為全民生活美學體驗及設計認知之指標，達到園區所被賦予之多功能「原創基地」的重要使命。

台北市松山文化創意園區（Songshan Cultural and Creative Park），簡稱松山文創園區（原松山菸廠），位於台北市信義區，建於1937年，前身為台灣日治時期「台灣總督府專賣局松山菸草工場」，1945年更名為「台灣省專賣局松山菸草工廠」，1947年又更名為「台灣省菸酒公賣局松山菸廠」，1998年停止生產，2001年由台北市政府指定為第99處市定古蹟，並於2010年正式轉型定名「松山文創園區」。松山菸廠在光復後種植大量植栽，景觀優美，停產後已經成為台北市東區最大的綠地。除了松山文創園區，松山菸廠舊址目前還有台北文創大樓及興建中的台北大巨蛋，與松山文創園區分屬不同管理單位；且台北文創大樓為BOT模式獨立經營，不屬於松山文創園區營運範圍，兩者亦互不隸屬。

松山文創園區

(一)歷史

台灣菸草專賣制度開始於日治初期的1905年（明治38年），菸草的種植、加工及銷售均在政府控管之下，是當時台灣總督府為彌補稅收不足而實施的財政措施。台灣最早在1911年興建台北菸草工廠，專門負責菸草生產及加工製造。後值日軍發動太平洋戰爭，捲菸除供應台灣市場所需，也外銷華中、華南及南洋地區，供不應求，台灣總督府專賣局乃於

1937年在台北市松山地區（當時的興雅830番地）興建「台灣總督府專賣局松山菸草工場」。

　　松山菸廠是台灣現代化工業廠房的先驅，同時也是第一座專業的捲菸廠。規劃時即引入「工業村」概念，重視員工福利，附設有完整的勞工福利設施，例如：員工宿舍、男女浴池、更衣室、醫護室、藥局、手術室、福利社、育嬰室、托兒所等。興建時占地18.9864公頃。建築風格屬「日本初現代主義」作品，強調水平視線，形式簡潔典雅，面磚、琉璃及銅釘均為特別訂製的建材，做工精細，堪稱當時工業廠房之楷模。製菸工廠於1939年10月間開始開工生產，初期員工約1,200人。

　　1945年（民國34年）戰後，台灣省專賣局接收松山菸廠，並更名為「台灣省專賣局松山菸草工廠」。1947年，台灣省專賣局改制成立台灣省菸酒公賣局，松山菸廠再更名為「台灣省菸酒公賣局松山菸廠」，專製捲菸、菸絲及雪茄等菸草製品。1947～1948年間，產製樂園牌、無濾嘴新樂園牌菸，質優價中，頗受消費者喜愛；爾後陸續生產雙喜牌、無濾嘴寶島牌、克難牌、中興牌、勝利牌、珍珠牌、金馬牌、軟包長壽牌等四十餘種香菸品牌，為台灣戰後最具代表性的菸廠。菸廠持續擴充增產，1987年達到最高峰，員工約2,000人。松山菸廠年產值曾逾新台幣210億元，對國家財政收益貢獻非凡。

　　1998年，因都市空間規劃、公賣改制、香菸需求量下降、香菸市場競爭力下降等原因，松山菸廠停止生產，遷併台北菸廠，從而正式走入歷史。2001年，台北市政府將松山菸廠指定為第99處市定古蹟，其中辦公廳、製菸工場、鍋爐房、一至五號倉庫為古蹟本體，並將蓮花池、運輸軌道及台灣光復後新建倉庫一併納為古蹟保存範圍。2002年，行政院同意台北市政府將其規劃為台北大巨蛋體育館預定地。

　　松山菸廠在戰後種植大量植栽，景觀優美，是台北市東區最大的綠地。松菸停止營運之後，形成半人工、半自然的生態環境，生物棲地相當多樣化。植被可見海灣時期及沼澤溼地時期的植物，包括熱帶、亞熱

帶、暖溫帶及涼溫帶之植物。廠區內有水塘等水生及溼生環境，近年來常見動物有夜鷺、紅冠水雞、翠鳥、小白鷺、鯽魚、鯉魚、鯰魚等。松山菸廠是台北市東區較大且自然度較高的綠島，也是南港山系自然環境導入台北市區的綠色廊道中第一個生物中繼站。

2004年2月7日，台灣創意設計中心於松山文創園區開幕（李宥樓，2006）。2014年1月16日，美國在台協會與台灣創意設計中心合作，在松山文創園區開辦亞洲第一個「美國創新中心」（American Innovation Center）（唐佩君，2014）。而育嬰室在2013年為偶像劇《巷弄裡的那家書店》改裝成為戲中「閱樂書店」後，2014年以該名重新開放（閱樂書店Facebook專頁，2014）。

(二)建築

松山菸廠製菸工廠為二層單棟建築，在平面上為矩形，東西長約165米，南北寬約93米，占地4,500坪，入口在西側。建物中央前部南北橫向貫穿，將矩形分割成東西大小不等的兩部分，鳥瞰形態類似「日」字。較大的東側後段為封閉式的中庭空間，長約126米，捲菸生產線排列於矩形四周，依序有製盒、理葉、切葉、捲菸、包裝等生產部門。

中庭為巴洛克式花園，四個角落設直角三角形水池，中央設有噴

松山菸廠製菸工廠

晚香園

泉。較小的西側前端有辦公廳，為行政管理中樞；二樓則為員工食堂，後改為大禮堂。

(三)經營

為滿足公益性期待，2011年6月28日，台北市政府文化局委託台北市文化基金會營運管理松山文創園區，並將松山文創園區定位為「台北市的原創基地」。松山文創園區全區為古蹟建築，製菸工廠、倉庫建築古色古香保存完善，是近年國內外藝文展覽辦展的熱門場地。除了提供展覽空間，松山文創園區也推出自辦活動，包括總結台北市年度原創能量的原創

保存完善的古色古香建築

琉璃工坊

育嬰室（閱樂書店）

生態池

機器修理廠

台灣設計館

基地節、學生畢展主題月的松山文創學園祭，並且推出與公協會合作的133號合作社以及主打實驗性展演的LAB創意實驗室。

　　此外，由於腹地範圍與由台北文創開發股份有限公司所屬的台北文創大樓緊鄰，故兩者常被誤解為同一單位經營管理，也因此在台北文創大樓的租金爭議、商業販售與適法性爭議中經常受到波及。

二、華山1914文化創意產業園區（華山1914創意文化園區官網）

(一)華山歷史簡介

　　華山文創園區所在地的名稱由來，在清朝時期原稱三板橋庄大竹圍，至西元1922年，日治時期台灣總督府廢台北舊有街庄名，改稱「樺山町」。而「樺山」的名稱乃取自日本治台的首任台灣總督「樺山資紀」的名字而來，當時位於樺山町包含台北市役所（今行政院院址），樺山貨運站，台北酒廠等政府單位，是日治時期台北市都市計畫所規劃開發的地

區。其中樺山貨運站於1940年，因台北火車站改建，在樺山町增設貨運站，與台北酒廠的鐵路酒廠支線相連。至國民政府時期再將「樺山」改為「華山」，並沿用至今。

至於目前在華山創意文化園區所見的建築物及設施，其前身為創建於1914年（大正3年）的日本「芳釀社」，初期以生產清酒為主，並首創以冷藏式製造法克服氣候因素產製清酒，是當時台灣最大的製酒工廠之一，僱用員工達400人。至1922年（大正11年）台灣總督府實施「酒專賣制度」，頒布「台灣酒類專賣令」，實施專賣制度後先以租用再正式予以收購，改稱為台北專賣支局附屬台北造酒廠。1924年台北專賣局裁撤台北專賣支局，再更名為「台灣總督府專賣局台北酒工場」，並改以製造米酒及各種再製酒為主。

1945年，戰後由國民政府接收，改名為台灣省專賣局台北酒工廠。1949年，因專賣局改制為菸酒公賣局，再改名為台灣省菸酒公賣局台北第一酒廠。早年生產價格低廉、以樹薯為原料的「太白酒」成為一般民眾日常消費的最愛。大約從五十年代中期，米酒的產量逐漸增加，酒廠配合政府政策，研發各種水果酒，開始了台北酒廠的黃金時代，甚至獲得「水果酒工廠」的稱號，也開啟了「台北酒工場」的黃金時代。至1975年再度改名為「台灣省菸酒公賣局台北酒廠」，習稱「台北酒廠」，並沿用至今。

(二)台北酒廠

台北酒廠創設於日治時期的1916年，原為芳釀株式會社酒造廠，專製清酒、蝴蝶蘭、人參酒；1922年，由台灣總督府實施專賣制度予以收買，後因地價昂貴及台北水汙染問題嚴重，不利釀酒，台北第一酒廠的業

務移至林口、龜山一帶新廠，舊廠現作為華山文化園區使用。

目前華山全區範圍共7.21公頃，園區內的建築是以廠區進行階段性的擴建，具有台灣近代產業歷史上的特殊價值與意義，其製酒產業的縮影不但與百姓生活息息相關，更見證了從日治時期到國民政府時期的台灣酒類專賣的歷史。目前華山園區所保存完整的日治時期製酒產業建築群更是一座產業建築技術的博物館，兼容不同時期、不同類型之建築構造技術與工法，極具建築史學上的意義，也因位居市中心精華地段，又兼具都市整體發展的指標性意義。

但隨著經濟發展，位於台北市中心位置的酒廠，因為地價昂貴，加上製酒所產生的水汙染問題難以克服，於是配合台北市都市計畫，於台北縣林口購地設置新廠。1987年4月1日，台北酒廠搬遷至台北縣林口工業區，華山作為酒廠的產業歷史故事也畫下句點。其後1997年金枝演社進入廢棄的華山園區演出，被指侵占國產，藝文界人士群起聲援，結集爭取閒置十年的台北酒廠再利用，成為一個多元發展的藝文展演空間。「省政府文化處」與「省菸酒公賣局」協商後，自1999年起，公賣局將舊酒廠委託省文化處代管，省文化處再委託「中華民國藝文環境改造協會」經營。台北酒廠正式更名為「華山藝文特區」，成為提供給藝文界、非營利團體及個人使用的創作場域（何定照，2013）。精省後，華山藝文特區轉由行政院文化建設委員會管理，亦曾短暫委託「橘園國際藝術策展股份有限公司」繼續經營，除前衛藝術展演外，也引入設計、流行音樂等活動。

2002年起文建會開始計畫運用閒置的酒廠進行舊空間活化再利用，同時為解決華山長期藝術表演權與公民使用權之間的爭議，乃整併調整為「創意文化園區」，作為推動文化創意產業之特別用地。後來經過一年封園全面整修，在2005年底結合舊廠區及公園區的「華山創意文化園區」重新開放供藝文界及附近社區居民使用至今。轉型之後便針對周圍環境景

華山藝文特區

觀進行改造，將園區規劃為包含公園綠地、創意設計工坊及創意作品展示中心的創意文化園區，目的在於提升國內設計能力、國民生活美學，提供一個可讓藝術家交流及學習，甚而推廣、行銷創意作品的空間。

2007年2月文建會以促進民間參與模式，規劃「華山創意文化園區文化創意產業引入空間整建營運移轉計畫案」，並2007年12月由台灣文創發展股份有限公司依約取得園區經營管理權利（行政院文化部，2013）。

華山文化園區八德路方向廣場

(三)華山文化園區銘牌

華山1914文化創意產業園區（又名華山藝文特區、華山文化園區或華山1914），前身為「台北酒廠」，為台灣台北市市定古蹟。在1999年後，成為提供給藝文界、非營利團體及個人使用的藝術展覽、音樂表演等文化活動場地。此外，園區內也有多間餐廳、店鋪、藝廊等商業設施。

(四)閒置空間再利用

華山文化園區的四連棟區，也是多項文藝活動的聚集地，此為2008年台北國際書展華山預覽展。1997年，各領域之藝文界人士開始推動閒置十年的台北

多元發展的藝文展演空間

第一酒廠再利用為一個多元發展的藝文展演空間。這一年，金枝演社在華山騎摩托車演出舞台劇《古國之神──祭特洛伊》，警方以「中華民國刑法」竊占國土罪逮捕金枝演社創辦人王榮裕與金枝演社成員。李國修當時在現場觀賞，緊急連絡林懷民，林懷民至警局協助交保。這個事件也促成了華山藝文特區的建立（何定照，2013）。

　　台灣省政府文化處與台灣省菸酒公賣局協商，自1999年起，公賣局將舊酒廠委託台灣省政府文化處代管，台灣省政府文化處再委託中華民國藝文環境改造協會經營。台北酒廠乃正式更名為「華山藝文特區」，成為提供給藝文界、非營利團體及個人使用的創作場域。「華山」之名來自此區原為日本時代的樺山町，附近有樺山車站；「樺山」之名皆為紀念首任台灣總督樺山資紀而來。精省後，華山轉由行政院文化建設委員會（文建會）經管，2003年底開始委由「橘園國際藝術策展股份有限公司」繼續經營，並朝向「創意文化園區」的目標轉型。

(五)園區現況

　　經過一年封園全面整修之後，結合了舊廠區及公園區的「華山文化園區」，於2005年底重新開園，先行提供藝文界及附近社區居民使用。2007年11月6日，遠流出版公司、仲觀設計顧問公司與國賓大飯店共同創辦的「台灣文創發展股份有限公司」正式與文建會簽約，取得「華山創意文化園區文化創意產業引入空間整建營運移轉計畫案」（簡稱「華山園區ROT案」）「未來15年加10年」的整建及營運權。2007年12月6日，台灣文創發展公司正式進駐華山文化園區。

　　華山文化園區至今已舉辦多次藝文展演活動，園區內的舊建築物翻新、裝置藝術，吸引民眾前來參觀、拍照，也是台北地區婚紗照的熱門拍攝地點。

華山文化園區

(六)地理位置及交通

　　華山文化園區於1916年建立。位於台北市中正區忠孝東路、八德路交叉路口及金山南路、金山北路交叉口一帶。占地72,000平方公尺,主要為四連棟、烏梅酒廠、辦公室、果酒禮堂、行政大樓、藝術大街以及沒有開發到的部分。

華山文化園區

地址:台北市中正區八德路一段1號。

台北捷運:忠孝新生站1號出口、善導寺站6號出口。

台北聯營公車:205、232、232(副)、262(區間)、276、299、605、605(副)、605(新台五線)、669、忠孝新幹線。

(七)華山町

　　因為「華山町・藝術生活市集」、「華山町・耶誕響叮噹」、「華山町百攤・擺攤」等以「華山町」為名的主題活動的在該園區舉辦,所以也有人將該園區和周邊一帶稱為「華山町」(華山町創意市集)。

作者帶學生參訪華山文化園區

(八)華山塗鴉事件

　　華山文化園區在2006年10月底舉辦商業化的塗鴉藝術展,9月底,八名塗鴉青年,為了凸顯華山園區的荒謬,潛入進行塗鴉創作,文建會居然祭出「文化資產保存法」,準備對這幾名塗鴉青年以破壞古蹟的罪名起訴,如果罪名成立,最重將被處以五年徒刑。已被警方約談的BBrother已經在網路上發起連署,抗議文建會對商業化、圈定化的塗鴉大力擁抱,卻法辦真正的塗鴉行動(聯合晚報,2006)。華山園區原址是台北酒廠,在停產閒置十年後,由各領域的藝文界人士推動經營的一個多元發展的藝文展演空間。在閒置期間,許多邊緣的藝術家,就潛入廠區留下大批的塗鴉作品,在華山園區的保存過程中,這些塗鴉也被視為重要的文化創作,並成為華山園區自我宣傳的賣點之一。文建會不容轉圜的「依法行

政」，已經引起各界的不滿，除了網路上罵聲連連之外，BBrother表示，連署人數已經超過200人，裡面包括許多藝術界的老師。2006年，塗鴉客Bbrother與八名同伴於半夜潛入華山文化園區塗鴉並損毀烏梅酒廠，文建會因而報警並循線抓到Bbrother。面對三年至五年有期徒刑，Bbrother發表聲明並發起網路連署，批評起訴的文建會具有雙重標準。包括文化界與藝術界，有三百多名學者與藝術家聲援Bbrother。文建會主委邱坤良與Bbrother會見並表達善意，並撤回告訴。

華山塗鴉事件

(九)建物的故事

華山文創園區前身為「日本芳釀株式會社」，創設於1914年（大正3年），至1922年（大正11年）由日治政府實施專賣制度後，改名為「台灣總督府專賣局台北酒工廠」，1946年國民政府接收後再改稱「台灣省專賣局台北酒工廠」，1947年再改組成為「台灣省菸酒公賣局第一酒廠」。近百年來先後產製米酒、紅（露）酒、藥酒、燃料酒精、各式水果酒、紹興酒等釀造再製酒類，因此留下豐富且多樣性的製酒產業資產。目前華山全區範圍共7.21公頃，保留了自日治時期到國民政府時期完整的製酒產業建築縮影。

◆高塔區（古蹟建築）

為三層磚造水泥結構，建於
1920年11月，最早是作為釀造米酒
的空間，因分別於不同年代逐次修
建而成，整區樓高起伏錯落有致，
搭配局部木桁架及斜屋頂，呈現不
同時代的工法及建材特性。高塔

高塔區（古蹟建築）

部分的正面、平面都有嚴謹的對稱性，入口處原有一鑄鐵托架的木製雨
庇，而正面有山牆、拱圈、飾帶裝飾，牆面為洗細石，並有間隔合宜之溝
縫形成立面水平元素，搭配多扇直立木窗及木構弧拱窗，構成極具特色的
建築風貌。

◆烏梅酒廠（古蹟建築）

建造於1931年3月，原為「貯酒
庫」，貯放自製成品酒類。整體空間
為獨棟式廠房建築，長廊式的室內空
間，鋼骨鋼筋混凝土柱樑系統，加強
磚造結構，其中建築物的開窗都設有
窗柵，代表倉庫存物防曬的特性。其
中混凝土框架的斜撐樑、與屋架相接
的托樑石，大跨距的鐵骨屋架，三項
特色都具體表現了1930年代台灣工業
建築的技術水準。

烏梅酒廠（古蹟建築）

◆煙囪（古蹟建築）

煙囪係配合鍋爐設置，建於
1931年酒廠新工場建設時期，由專

煙囪（古蹟建築）

賣局委由日本東洋壓縮會社建造。煙囱底部內徑2.5米，頂上內徑1.2米，初建時高達50米，一度成為台北進步的地標。1970年代，煙囱因鍋爐燃料從煤炭改燃重油，乃截短煙囱3米。

◆米酒作業場（歷史建築）

建於1933年11月，其內部主要分為米酒及紅（露）酒製造場兩大空間。為磚造鋼筋樑柱結構之兩層樓建築，屋頂為三連棟南北走向，與平面兩製造場走向垂直，使室內空間極富變化。二樓為設置發酵槽而留下多處直徑約5米大的圓形穿孔，陽光灑入室內形成一、二樓間

米酒作業場（歷史建築）

視覺聯繫。米酒作業廠往煙囱方向有一處戶外庭園景觀，幽雅而靜謐。建築構件中，屋頂有銅製強制通風換氣塔，門窗及廊道開口的邊緣，以特別訂製的北投窯業會社未上釉陶磚進行裝飾，別有樸實之美。

◆四連棟（歷史建築）

四連棟建造於1933年3月，最初主要作為「紅酒貯藏庫」，在1981-1987年因金山南路拓寬，面積縮減，而改裝成四棟連續但長度不一的建築。空間特質為獨棟式長形廠房建築，室內為長廊式的空間，鋼骨鋼筋混凝土柱樑系統，加

四連棟（歷史建築）

強磚造結構，立面有山形山牆作為建築入口，山牆上拱頂石裝飾，牆面有弧拱窗、洗石子窗櫺、洗石邊框裝飾、水平裝飾帶，搭配內部大跨距的鐵

桁架石綿瓦屋頂，大尺度室內挑高空間，頗富現代建築特色。

◆行政大樓

前身為1914年清酒工場，為芳釀社時代第一批建築，於1922年作為總辦公室。立面採大量開窗，採光充足，內外牆均厚達1米，洗石子牆面，堅固又耐熱，冬暖夏涼，是一適合辦公之建築空間。

行政大樓

◆果酒大樓

建於1959年，一樓原為水果酒倉庫，二樓原為酒廠禮堂。禮堂保留一個鏡框式舞台，長廊及三面開窗採光，極具空間感。

果酒大樓

◆車庫工坊

建於1925年，由北至南依序原為「消防車庫、蒸餾室、酒槽及休息室」使用。

車庫工坊

◆再製酒作業場

建於1933年，長廊式獨立空間，大型角鐵屋架，北側外牆有長廊式作業平台。

再製酒作業場

◆維修工廠

　　建於1931年，酒廠都設有工場以檢修廠區機具門窗。南側小隔間為當時需領料之倉管空間；西北側玄關方形建築，其水平飾帶與廠房山牆巧妙連接。

維修工廠

◆蒸餾室

　　建於1933年，樓高三層，與米酒作業場相連，為製作米酒流程一環，樓層有許多因設置蒸餾機留下圓形穿孔。四樓屋突圓弧外觀，三樓露台及大型拱窗，窗緣為北投窯磚。

蒸餾室

◆鍋爐室

　　建於1931年，為鐵骨屋架，挑高一層磚造建築，內遺有與煙囪相連之磚砌爐口、鍋爐機具，表現酒廠記憶的時間魅力。

鍋爐室

(十)文創華山大事紀

◆水滸‧誰唬

　　做戲劇如上梁山，也許是逼上梁山，上山後愛上梁山，靠的都是夥伴，都是義無反顧，都是滿腔熱血，都是攻城掠地期望名揚四海，靠的都

是相信只要一起就能完成夢想，也許有一天，有的會受招安，有的去尋找新的歸宿，有的遁入空門有的走不到那一天，但人們會記住那些過往的精采事蹟，以及共聚大義的豪門義膽，今年七月，栢優座誠摯邀請您，華山開門見梁山，誰唬聲中知水滸。

◆張懸【城市。行腳】演唱會在華山

六月開始‧六個週末‧六個城市‧讓我們一起相約華山，在午後聆聽張懸&Algae。

◆2009君梵季末衣享「愛‧無限」 7月君梵家族品牌聯合特賣活動

轉眼間2009已過了一半，又到了年中君梵季末衣享時刻，為持續發揮「2009君梵季末衣享 愛‧無限」年度換拍主題，2009年7月23日起，一連五天，君梵再次將於台北華山號招全省貴賓一同感受君梵「愛無限」的溫暖，君梵不僅持續為您帶來如同以往多樣化的商品特惠，以及舒適的購物環境，更精心篩選ASTRIUM三品酬賓價配件，以及全台獨家精選男裝區，增添專屬您的自信光采！君梵用默默在背後支撐著時尚與美麗的堅定，帶給您耀眼的光采、一起擁抱2009季末衣享【愛‧無限】！

◆龐克三十系列三——打倒男孩合唱團@台北華山創意園區演唱會

宣洩年輕玩樂新主張，打倒男孩偶像團體假面，充滿活力的十足朝氣，將龐克不羈氣焰全然釋放，滲入些許EMO風格挾帶順暢聲線，跨越另類搖滾至流行區塊，受邀在Timbaland、Lil Wayne、Kanye West等一線嘻哈巨星冠軍專輯中助陣，Fall Out Boy魅力無法擋的快速征服各領域，無限High的實力帶來最熱血的新世代之音。

◆第六屆台北國際玩具創作大展TAIPEI TOY FESTIVAL 2009

2009台北國際玩具創作大展於7月9日至12日於華山創意園區東二館（四連棟）舉行。已邁入第六屆的台北國際玩具創作大展是亞洲唯一、相當大規模的玩具創作大展，備受國際注目，今年展場主要劃分六個國家展區，分別來自美國、加拿大、荷蘭、日本、香港及台灣，共計101個攤位展出，超過百位設計師的參與。

◆2009年暑假，「神話・創意」工作坊在華山

九歌兒童劇團與塞普勒斯Antidote劇團合作共同策劃《跨國界・神話～希臘兒童戲劇藝術交流計畫》2009年暑假，「神話・創意」工作坊在華山創意園區中七館首先開跑運用音樂、默劇、結合肢體運用的表演型態，玩創意戲劇以希臘神話故事為原型要讓台灣喜愛戲劇的朋友，感受歐洲兒童戲劇多元化表演方式，並對戲劇創作、創意發想與兒童戲劇教學增添豐富瞭解。

(十一)文創華山簡介

文建會為了落實推動文化創意產業發展的既定政策，創造文化創意之高附加價值，將華山文創園區定位為「台灣文化創意產業的旗艦基地」，並規劃三個引入民間參與經營的促參案，分別為電影藝術館OT案、文化創意產業引入空間ROT案及文創產業旗艦中心BOT案。其中以引入民間參與投資整建、營運的方式，所規劃的「華山

文創華山

創意文化園區文化創意產業引入空間整建營運移轉計畫案」（簡稱華山ROT案），其目的在使園區內古蹟、歷史建築、閒置空間及設施能活化再利用，並藉著跨界整合，帶動文創產業發展，使華山成為台灣創意經濟時代的典範。

在經過公開的甄選程序後，台灣文創發展聯盟取得優先議約權，並於2007年11月6日由台灣文創發展股份有限公司與文建會正式簽約，取得華山園區ROT案未來十五年加十年的整建及營運權利。華山在經過以短期活動為主的十年藝文特區轉型醞釀階段之後，正式定位為推動台灣文化創意產業發展的旗艦基地，也開啟了華山文創園區元年的序幕。

(十二)經營團隊事紀

2007/02/26　文建會公告「徵求民間參與投資華山創意文化園區文化創意產業引入空間整建營運移轉計畫案」。

2007/04/19　遠流出版公司董事長王榮文發起籌組台灣文創發展聯盟，參與華山ROT案投標。

2007/05/07　台灣文創發展聯盟取得文建會華山ROT案優先議約權。

2007/06/23　台灣文創發展聯盟正式登記成立台灣文創發展股份有限公司。

2007/11/06　台灣文創發展公司與文建會簽訂契約，取得華山ROT案未來15年加10年的整建及營運權利。

2007/12/06　台灣文創發展公司正式進駐華山園區，展開整建完成前之試營運。

2008/05/19　財團法人台灣文創發展基金會召開籌備會暨第一次董事會，推選王榮文先生擔任董事長。

2008/06/12　台北市文化局核准設立財團法人台灣文創發展基金會。

2008/06/13　財團法人台灣文創發展基金會完成法人登記。

(十三)文創華山理念

醞釀華山精華版（摘錄自台灣文創發展公司投標書闡述之經營理念與規劃內容）：

◆一塊園地──台灣文化創意產業的旗艦基地

在知識創價、文化創意領銜前行的時代，公部門對於閒置空間再利用，也有了不同的思維。文建會將位處台北市菁華地段的「華山文化創意產業園區」，定位為「台灣文化創意產業的旗艦基地」，給了我們一個想像──去描繪出經營一塊土地、一個空間的願景，而且相信這個動作可以開啟一個全新的時代。

華山文創基地

◆一份熱切的理想──把台灣文創資源與力量「動」起來

每個城市、每個國家都有自己寫故事和說故事的方式。經營一條河，可以感動無數個人，那是韓國清溪川拆橋挖路、整治河川，為文創產業另闢大舞台。東京自由之丘、上海新天地、波士頓昆西市場……都是因為創造了一個氛圍獨特的文化園區，而有了說不完的故事。華山，正是讓全世界看見台灣文創力量在躍動、在悸動的最佳舞台。

如果我們能動員全台灣最優秀的文創資源與力量，就能讓原本是酒廠的華山園區，再度延續出一段更為甘醇的故事。

◆台北的華山、台灣的華山、世界的華山

近十五年來，台北商業發展的中軸線改變了，商業重心逐漸從城西

移往東區，尤以台北世貿中心和台北101大樓作為地標。現在的華山，位於台北都市發展的L軸心線的中心點，左有首都門戶「雙子星四鐵共構大樓」、中央聯合辦公大樓及中央公園連結華山，右鄰「台北秋葉原」及Sogo商圈。未來的華山將是台灣文創新門戶，觀光客光臨台北的入口。如果我們把台灣最在地的文化資源在華山作最富創意的展現，必定能夠感動老外，在文創世紀裡繼續「讓世界看見台灣」！

◆世貿中心、孵夢基地、未來櫥窗、休憩勝地

基於以上認知，我們認為，要讓美麗的故事繼續精采、要讓全新的「文創經濟奇蹟」再臨寶島，這塊台灣文化創意產業的旗艦基地最適宜的角色性格，莫過於「世貿中心」、「孵夢基地」、「未來櫥窗」和「休憩勝地」。

①文創貿易的「世貿中心」

在這裡，有提供會議、展覽和演出的空間，讓海內外人士舉辦演講、論壇、溝通想法、交流觀念。有好吃的餐廳，還有展現最最「台灣味」的各種創意市集。從這裡，台灣與國際接軌，世界也走進台灣。

②文創產業的「孵夢基地」

華山既是文創產業發展基地，就是造夢和圓夢的實驗場。我們將用各種「母雞帶小雞」的方法來培育文創新秀；用不同的優惠方案，提供給潛力無窮的未來文創明星們，讓他們以華山作為夢想飛揚的起點。

③文化力量的「未來櫥窗」

我們要打造華山成為台灣文創力量集中呈現的「未來櫥窗」，展示「The Best of Taiwan」，讓世人在這裡看見「Best of Past」、「Best of Now」和「Best of Future」。讓319鄉在這裡統統動起來，用「最在地」展現「最國際」的魅力，吸引全台各地民眾及外國觀光客「到此一遊」。

④全民歡愉的「休憩勝地」

有趣味盎然的創意市集可逛、有齒夾留香的好吃美食可嘗、有舒適的綠帶空間放鬆壓力，還有許多可愛的空間藝術或景觀拍照留念。營造「休憩勝地」的氛圍，使得大眾來此皆留下歡愉的記憶。

◆百年樹木、百花齊放、百年樹人

國際知名的日本建築大師安藤忠雄，親自規劃打造的「淡路夢舞台」，從整地植樹到開發興建，歷時八年，最後以「淡路花卉博覽會」作為向世人展示成果的開場，讓全世界驚艷、歎服，也完成他「從百年樹木到百花齊放」的高遠理想。這樣的例子，在全球不只一二。他山之石，讓我們更相信一個文

百年樹木的華山

化園區不會只有硬體建築，或只是強調文化休閒娛樂展演等軟體內容，它應該是在人與空間、與自然三者融合為一的思維上，建構一個新的未來。而且，三者缺一不可。

因此，目前栽植了數十種樹木和花卉的華山園區，會是最佳自然生態教室。

未來將在此基礎上規劃一個生態花園，除了再栽植上百成千株樹木，並以汙水處理系統解決園區供水問題。還要邀集大眾票選「華山之花」，每年舉辦花季嘉年華等各種活動。我們要讓百年樹木，百花齊放，到百年樹人的夢想，在這裡成真。

◆文化時尚、美感生活、生態空間

華山創意園區涵蓋了文化創意產業從創作、製造、加值、流通到消費端等所有面向，是從參與到分享的過程，是生產、生活和生態「三生

並存」的環境。這裡是文創產業共同的舞台，隨處可見最有創意的生產，最in的「文化時尚」。這裡有得看、有得吃、有得買、有得玩，是「美感生活」的最佳體驗場。從種樹到育才的規劃和經營，使這裡成為人與環境永續的「生態空間」。

文化時尚空間

◆結富扶才、以藝領企

文化創意產業的核心價值是智慧財產。智慧財產的創價，在於有效的經營管理。為了推動台灣文創產業的發展，「結富扶才」將是重要任務。結富，是要整合社會上有雄厚財力、豐富資源以及有成功經驗的個人、組織和企業，參與擘劃華山的願景，共同守護華山的未來。「扶才」，是要發掘或邀請有想法、有潛力、有創意的明日之星或新興團隊，提供跨界的支援性服務，協助他們成就夢想。因此，我們要提出「以藝領企」的新主張。打破過去「文化是弱勢」的認知，重新標示文化創意的重要性、獨特性與時代價值，並且宣告企業資源為文化創意提供服務的時代已經到來。

◆Cool Play For Fun

一般人過去對「文化」的認識，可能是嚴肅、艱深、有距離的；現在文化加上創意，變成雅俗共賞、老少咸宜、土洋皆愛。我們要將華山文化園區打造成一個「酷玩」（Cool Play）的場域，創造一種歡愉的消費氛圍，一種全新的感官體驗。「酷玩」將是華山文化園區的基調。「酷」是指：時尚、前衛、實驗。「玩」是指：玩樂、享樂、娛樂。在華山，酷玩是要有創意的玩，是要玩出創意。在華山，Cool Play For Fun──four

fun——好吃、好玩、好看、好體驗。

◆六種融合

文化創意最可貴的地方，是因為可變，所以多樣；因為包容，所以豐富。常與變、動與靜、雅與俗、公與私、富與貧、母與子等「六種融合」，將是華山創意園區的一大特色。

未來華山空間的運用和展演內容的規劃上，將是常態與變動、動態與靜態、精緻與通俗的兼有並陳。這裡會有功能固定的展售空間，也有隨處移動的創意花車。這裡可邀請名家、名團或年輕新秀前來展演，也會有藝術家作品長留園區，作為標的與景觀。這裡可兼容如南管梨園樂舞的精緻文化，也可見街頭藝人的即興表演。

這裡也是公部門、NPO、NGO與私人資源，一線品牌與文創新秀，還有文創母雞與小雞（老手與新手）的融合並置。我們期待華山是文創資源的活水源頭，而不是封閉的交流場域，所以要打開大門，結集公部門和民間的力量，整合各種非營利組織、企業和團隊的資源，用之於華山，同時回饋社會。所以「結富扶才」的策略，還包括「減免優惠」方案，提供創意可期的新血，或有潛力但還未成熟的品牌，長駐園區或參與活動時的各種優惠條件。

◆新舊共構、新舊共生、新舊共榮

華山曾經以酒的香醇為眾人留下美好記憶，從現在起，我們將在此經營感動、經營故事、成就品牌，以文化創意續寫華山故事下一章。華山園區有三處古蹟（高塔區、烏梅酒廠和煙囪），三處歷史建築（四連棟、米酒作業場及紅磚區），在「以舊領新」、「新舊共榮」的整建原則下，整個園區的空間配置及氛圍的營造，是站在一個高點，觀照十三種類文創產業的需求及所有參與共享的民眾的期望，去思考和規劃，使華山成為展現各種文化創意的最佳舞台。

目前華山創意園區的規劃分為戶外與室內兩部分，戶外有戶外展演區（華山劇場、藝術大街、森林劇場）、戶外服務（停車場及入口廣場）與北邊公園綠地，可作為大型藝術作品展示、演唱會及小型表演活動場地；休閒區（千層野台）與餐飲服務區結合，平時提供民眾休憩之用，也可變身為小型表演場地。還有停車空間與園區入口藝文資訊站。

新舊共生

室內空間總面積將近四千坪，以展現文創成果、培育未來人才和提供文創資訊及餐飲服務來規劃空間功能。目前規劃園區東

華山室內空間與文創商品

北邊為表演藝術區，有烏梅酒場及再製酒作業場（以中小型藝術表演為主）、包裝室（提供藝術電影放映，由文建會外包廠商施工，由電影協會負責營運）。中間為展、售空間，有四連棟（開放式大型展覽空間，858坪），米酒作業場（1,100坪，可作為主題式展覽或創意商品展售空間）。另有小型展覽空間在果酒大樓一樓（畫廊，80坪）、果酒大樓二樓（作為排練空間），清酒工坊二樓（80坪，適合小型發表會、展覽）。還有培育明日之星的數位內容親子館，文創講堂提供各種文創產業人士精進專業知識、技藝及開拓視野的課程；園區南邊有營運管理中心，作為國內外文創諮詢和資源交流及服務的平台，另有園區餐飲休憩空間。

◆未來，我們看見……

這裡是一個開放的空間和舞台。不僅要凝聚在地人才資源，舉辦各

種活動，也會邀請全台各縣市具創意的藝文展演、有特色的名品名物，齊聚華山園區，使文化創意的吸引力和效應，從台灣文創產業同心圓的中心「華山創意園區」，向外擴散，期許未來能連結到國際舞台。

我們衷心期待——在這裡，看見台灣文化創意的未來。上了華山，就跨進世界。

我們希望能夠——透過華山這片文創產業的櫥窗，看見台灣文化創意過去的努力、現在的表現，及展望未來的可能。

武俠小說大家金庸筆下的華山，是江湖英雄「比武論劍」的擂台。台灣的華山，是十三種文創產業高手「競飆創意」的舞台。華山是未來文創產業面向世界的窗口，這裡是用創意、品質和未來性，作為能否拿到入場證的檢視標準。沒有三兩三，上不了華山。上得了華山，就能跨進世界。新華山時代即將登場。如果您認同我們的想法與做法，請和我們共同努力給華山一個值得期待的未來，為台灣寫下更多動人的故事。

三、寶藏巖國際藝術村（台北國際藝術村官網）

(一)緣起——從空間活化、聚落共生開始

2001年10月12日，台北市政府文化局於北平東路7號原為養護工程處辦公室舊址成立了「台北國際藝術村」，企圖透過閒置空間再利用的概念，將該場域重新規劃為藝術家創作與居住的空間。同時，結合台北的城市特色，透過藝術進駐計畫，促進國內外藝術家與在地社群的互動與交流，擔任連接起不同文化的橋樑，踐履藝術的社會責任，實踐以城市為本的多元文化發展，更賦予了它新的使命與面貌。

「寶藏巖國際藝術村」於2010年10月2日正式由財團法人台北市文化基金會藝術村營運部營運。1980年7月，寶藏巖被台北市政府從水源保護

地正式劃入臨水區的297號都市計
畫公園，全區面臨被拆遷的處境。
於是，經過社運人士及文史團體的
奔走，推動了一連串的聚落保存運
動。1999年，龍應台在擔任台北市
文化局局長時，以藝術村的概念，
作為寶藏巖未來的營運方向發展，
確立了日後設立藝術村的走向。日
後，因其特殊的地理環境與聚落生
態，以「共生」的概念，創造出生
態、藝術、社區的對話場域。

寶藏巖國際藝術村

(二)使命——藝術游牧、文化交流進駐計畫的實踐

　　藉由「藝術進駐計畫」（Artists-in-Residence），台北國際藝術村
和寶藏巖國際藝術村用聯結性的參與，建立起跨越國界的網絡。這個計
畫，提供國內、外藝術家創作與居住的空間，讓跨文化、跨領域的藝術
能量，在此相互撞擊、交融。因此，藝術進駐計畫創造了各種階層、年
齡、族群相遇與對話的場域。在這裡，從社區營造、在地創作所營造的公
民美學中，建構了一個充滿豐富和差異的感知世界。

　　我們期許這兩個藝術村成為藝術實驗室，它承諾每個藝術家、每個
人享有同樣的生活、同樣的開放與自由。它承諾人類創造力和想像力可以
在這裡充分表達，讓每個人擁有去欣賞彼此之間的差異。「台北國際藝術
村」和「寶藏巖國際藝術村」希冀藉由「平行空間」的概念，和當下社會
進行創造性對話；同時，成為「跨文化交流」的平台。

(三)兩村介紹

◆台北國際藝術村

　　位於中央行政特區的台北國際藝術村在「空間再生」的脈絡下，將一棟四層樓的舊建築重新規劃為藝術村。台北國際藝術村，並非只是具展演功能的展館，而是藝術家的「聚落」。有別於僅呈現作品的各式展演場

兩間大型展覽廳

藝術家工作室

村落餐廳

舞蹈室

鋼琴室

暗房

所，除了辦公室與三個多功能展演廳，更規劃了十三間藝術家創作及生活的工作室、舞蹈室、鋼琴室及暗房等，提供不同類型的駐村藝術家使用。同時，一樓除了展演廳，還有一間音樂酒吧，在晚上策劃一系列以爵士樂為主的現場音樂表演活動。而連接酒吧的庭院空間更成為駐村藝術家及在地藝文人士交流聚會之所。走上二、三樓，即是十三間藝術家創作與生活的工作室兼居住空間，每年在春、秋二季，透過「藝術家開放工作室」活動，對外開放讓民眾參觀。走上頂樓，設置了駐村藝術家的交誼廳及戶外展演空間。

◆寶藏巖國際藝術村

位於公館水岸旁的「寶藏巖國際藝術村」其歷史軸線除了包含市定古蹟的寶藏巖寺，更泛指從此廟附近延伸出的歷史聚落，此聚落主要由六〇及七〇年代所興建的違章建築所形成。這些建築依山傍水而建，蜿蜒錯落且複雜，呈現台灣特殊的聚落樣貌。2004年，寶藏巖正式被登錄為歷史建築，以聚落活化的形態保存下來。從2006年底，由台北市政府文化局開始進行聚落修繕的工程。2010年10月2日，「寶藏巖國際藝術村」正式營運，以「聚落共生」概念引入「寶藏家園」、「駐村計畫」與「青年會所」等計畫，用藝、居共構的做法活化保存寶藏巖，創造聚落多元豐富的

寶藏巖國際藝術村

樣貌。「寶藏巖國際藝術村」搭起了聚落居民，以及駐村藝術家之間的媒合平台，注入了寶藏巖新的生命力。目前寶藏巖國藝術村設有14間藝術家工作室，作為國、內外駐村藝術家工作及生活的空間。除此之外，也規劃了排練室、展覽室及戶外展演空間。從聚落下方臨河岸邊的綠地眺望，整片的斷垣殘壁綿延成為歷史斷面，更形成了閱讀寶藏巖豐富的歷史紋理與具歧異多義的空間結構的線索。設有7間房的「寶藏巖國際青年會所」預計於近期正式對外營運。青年會所將成為聚落的路徑，企圖透過它的空間向度，揭露時間的刻痕，體現一個人類聚落的「生活」場所，同時藉由「住居」開放於世界的體驗，亦即藉由自然的場所精神及人居的場所精神的結合和世界展開對話。

寶藏巖國際藝術村

成立時間：2010

國家：亞洲——中華民國

機構形態：附屬於政府組織

領域與媒材：不限

地址：台北市汀州路三段230巷14弄2號

E-mail：artistvillage@artistvillage.org

官方網站：http://www.artistvillage.org

電話：02-23645313

傳真：02-23642941

---

①機構簡介

　　寶藏巖國際藝術村位於新店溪畔，其歷史軸線除了包含市定古蹟的寶藏巖寺，更泛指從此廟附近延伸出的歷史聚落。此聚落的第一代居民多半隨著國民政府遷撤來台，為解決住的問題，1960～70年代在此地興建違

寶藏巖夜景與造園景觀

章建築。這些建築依山傍水而建，蜿蜒錯落且複雜，呈現台灣特殊的聚落樣貌。1980年，寶藏巖被台北市政府從水源保護地正式劃入臨水區的297號都市計畫公園，全區面臨被拆遷的處境。而寶藏巖經過多年的斡旋抗爭，1999年他們的家園仍遭政府強行拆除。

於是，社運人士及文史團體努力奔走，推動了一連串的聚落保存運動。1999年，時任台北市文化局長龍應台，提議活化社區、現地保存，以藝術村的形式保存歷史建築，轉化為創意聚落。2004年，寶藏巖正式被登錄為歷史建築，2010年寶藏巖國際藝術村正式營運，以「聚落共生」概念引入「寶藏家園」、「駐村計畫」與「青年會所」等計畫，用藝、居共構的做法活化保存寶藏巖，創造聚落多元豐富的樣貌。「寶藏巖國際藝術村」搭起了聚落居民，以及駐村藝術家之間的媒合平台，以「共生」的概念，創造出生態、藝術、社區的對話場域。

寶藏巖國際藝術村由台北市文化基金會經營管理，提供國內、外藝術家創作與居住的空間，讓跨文化、跨領域的藝術能量，在此相互撞擊、交融。在這裡，從社區營造、在地創作所營造的公民美學中，建構了一個充滿豐富和差異的感知世界。這裡能提供創作者自由與開放的工作與生活空間，讓創造力和想像力充分表達，成為「跨文化交流」的平台，也成為與大眾共創美學生活的基地。

②進駐計畫簡介

寶藏巖國際藝術村設有14間藝術家工作室，可供排練、展覽、表演、生活和創作。寶藏巖國際藝術村的駐村空間可多功能使用，創作媒材不限。每年3～6月開放台灣與國際藝術家申請。另外，設有7間房的「寶藏巖國際

藝術家工作室

青年會所」於2014年正式開始營運，以聚落的型態，邀請年輕藝術團體進駐，在此體現人類聚落的「生活」場所，也同時藉由「住居」體驗，來展開與世界各地旅者的對話和交流。寶藏巖國際藝術村結合了藝術、歷史、生態、環境，來此駐村的藝術家可結合此地的特有風格進行創作。透過駐村計畫，創意人才可以藉由各種藝術表現和當地社群與居民連結。

③駐村計畫

- 進駐期限：可提供三個月內駐村
- 同期間可接待藝術家人數：
- 獎補助：創作費、免費工作室、免費住宿
- 藝術家自付：交通費、生活費
- 申請方式：公開徵件
- 審查機制：由台北藝術進駐的審查委員徵選
- 藝術家回饋方案：展覽、工作坊、演講、表演或參與藝術家座談等
- 藝術家展演：展覽、工作坊、演講、表演或參與藝術家座談等

④進駐條件

- 環境：城市
- 接待語言：英文、中文
- 資源：起居空間—廚房、淋浴間和洗衣房、展演空間、展演活動策劃執行協助、宣傳推廣資源
- 工作室數量：14間
- 其他設施：
- 工作室形態與面積：可同時住宿和工作／3.4-11.8坪
- 住宿：獨立套房或共用廚衛浴
- 藝術家親友居住：可以攜伴，每人每週需支付800元（台幣）

⑤如何抵達

- 最近國際線機場：桃園國際機場

- 最近國內線機場：台北松山機場
- 最近火車站：捷運公館站、台鐵與高鐵台北站
- 開車：經基隆路，過羅斯福路後右轉汀州路，再左轉汀州路三段 230巷，車可停自來水園區停車場

四、台中文化創意產業園區（台中文化創意產業園區官網）

台中文化創意產業園區，其前身為公賣局第五酒廠的台中舊酒廠，因都市發展及環保考量遷往台中工業區。園區座落於台中市後火車站附近，占地5.6公頃，目前國內現存五大酒廠中保存最完整的一個。台中舊酒廠，並非單獨存在於城市之中。這個重要產業遺址，累積由日據時期遺址而至當代建築的脈絡，它的再利用規劃與整體城市發展息息相關，包括1930年代古綠川消失、1998年遷廠的喬木大移植及神社公園夷平等，重大開放空間及建築物體系的結構性變遷。因此，基地與未來大台中都市脈絡發展的互動關係也是本案關懷的設置主題。本案基地歷史脈絡簡述，將分為三部分，包括酒廠發展史、松尾神社及公園遺址及古綠川生態脈絡，以期有效建立園區基本歷史脈絡全貌觀。

台中文創園區

(一)酒廠歷史脈絡

文化部文化資產局（前為行政院文化建設委員會）所推動之台中文

化創意產業園區，原為台灣菸酒公賣局第五酒廠，又稱台中舊酒廠。其前身創立於日治時代的1916年，初為民營的「大正製酒株式會社」，因日本政府在1922年實施酒類專賣制度而被收歸官有，1945年台灣光復由台灣行政長官公署專賣局台中支局接管、1947年國府轉為公賣，由台灣省菸酒公賣局接管，短短不到百年，走過許多不同的歷史脈絡。

(二)大正製酒株式會社台中酒工場（1916～1922）

台中酒廠舊址最早是由日籍商人赤司初太郎（1874～1944）於1914年6月所設立的「赤司製酒場」。赤司初太郎原本在北海道經營木材買賣生意，1895年以日本陸軍御用之有馬組工頭身分來台，自此定居於台灣。1898年於雲林斗六開設雜貨店、旅館而發跡，遂開始經營樟腦、鐵路、糖業等。1914年在台中市設立「赤司製酒場」，1916年11月1日，赤司初太郎籌組設立「大正製酒株式會社」，旗下轄有台中工場、斗六工場及北港工場三個酒工場，總資本額達一百萬元，是當時台灣最大製酒公司。

(三)台灣總督府專賣局台中酒工場（1922～1945）

日本統治台灣期間，大舉投注資金進行各項建設，不但興建基隆港、高雄港等港口，並規劃各大都市、興建西部縱貫鐵路及廣設學校，這些建設都需要大筆經費。因此台灣總督府設立「專賣局」，先將鴉片、食鹽、樟腦及

台中酒工場

煙草納入國家專賣制度，以充實稅收。1914年，台灣總督府認為稅收不足因應各項建設開銷，即由專賣局長賀來佐賀太郎擬訂「酒專賣制度實施意見書」，卻遭總督府財務局反對，認為此舉必須收購全台現有二百多家民營酒廠，成本相當高昂。直到1922年，台灣總督提出以「發行公債」方式取得收購經費，並將這個計畫交由日本帝國議會討論，全台二百多家民營酒廠齊聲反對，並組成「反對酒類專賣同盟會」，但帝國議會以表決方式通過台灣總督府提案，於1922年7月1日正式實施酒類專賣制度。酒類專賣制度實施之後，大正製酒株式會社台中工場於1922年遭到政府徵收，先設立為「台灣總督府專賣局台中酒工場」。在此時期，除了原有徵收廠房之外，又興建臨時廳舍、宿舍、大型木造倉庫及鍋爐室等。後來，專賣局在此開設「台中專賣支局」，負責管理台中地區的專賣業務。1926年，「台中專賣支局」改稱「專賣局台中支局」，台中酒工場為其所管轄。此時期由於產量增加及化學工業化的發展，廠區內建築物大量擴建，並購買海南製粉株式會社工場用地，還興建輕便鐵路與台中火車站相接連，以方便原物料及產品之運輸。

(四)台灣省公賣局第五酒廠（1945～1958）

第二次世界大戰結束後，台灣省政府接管台中酒工場，取消「專賣」名稱而改為「公賣」，並將其改制為「台灣省公賣局第五酒廠」，繼續生產米酒及清酒。此時廠區內的日本籍人士，已全遭遣送回國，廠區中央的日本神社也遭到破壞。

(五)台灣省菸酒公賣局台中酒廠（1958～1998）

1958年，台灣省公賣局將其更名為「台中酒廠」。之後，為配合台灣飲用酒習慣的改變，逐漸停止生產特級清酒，生產線改生產黃酒，之後

又大量製造紹興酒，1970年更生產高品質的花雕酒。至於在米酒方面，1971年台中酒廠在實驗室林慶福主任的帶領下，找到了新種的醣化菌，可以更快速地生產米酒，使台中酒廠的米酒產量高居全台各酒廠之首位。然而在1970年代，台中市區逐漸開發，台中酒廠舊址已從原本的郊區變成市中心區。隨著附近道路的開闢及居住人口增加，此酒廠對於都市發展已造成妨害。且因酒廠為民生工業之一環，製造過程中會產生汙水及廢氣，也引起附近居民的反彈。再加上酒類製品生產量日益增加，原廠址已不敷使用，而必須另覓新址。1979年，台中酒廠派員到新開發的台中工業區（台中市南屯區）進行評估，1990年即斥資55億元，在台中工業區購買21公頃的廠地。1998年7月21日正式遷廠到台中工業區。

(六)閒置與台中文化創意產業園區設立（1998～）

台中酒廠搬遷至台中工業區新廠之後，舊酒廠留下大片工業遺產與歷史建築，足以見證日治時期迄今的台灣製酒產業發展歷史，於是2002年7月獲台中市政府登錄為歷史建築，而國有財產局將5.6公頃的土地及建物所有權撥交文化部文化資產局（前為行政院文化建設委員會），使得台中酒廠舊址得以完整保留，並獲文化部文化資產局（前為行政院文化建設委員會）規劃為創意產業發展計畫中的五大創意文化園區之一——「台中文化創意產業園區」，作為台灣文化創意產業推展基地，定位發展成台灣建築、設計與藝術展演中心。另外，掌管全台各地文化資產相關業務的中央主管機關「文化部文化資產局」亦設立於此。其政策推展目標為：有效結合地方政府、大專院校、民間及社區組織，形塑完整的文化資產保護網絡，建構符合文化資產發展之生態環境，並推動文化資產保存國際合作。

台中文創園區現況

(七)園區現況

　　台中文化創意產業園區，占地5.6公頃，前身為創立於1916年日治時期的民營「大正製酒株式會社」，在1922年日本政府實施酒類專賣制度後被收歸官有，1928年成為當時全台最大的釀酒工場。1945年台灣光復之後，酒廠兩度更名為「台中酒工場」、「第五酒廠」。1947年政府改菸酒專賣為公賣，由台灣菸酒公賣局接管，1957年再度更名為「台灣省菸酒公賣局台中酒廠」。隨著時代變遷，及因應台中市都市計畫規劃發展之需，台中酒廠於1998年搬遷到台中工業區新廠，留下大片工業遺址與歷史建築。2002年7月台中市政府將全區主要建物登錄為歷史建築，舊酒廠得以完整保留。現發展成為文化部五大文化創意產業園區之一。2009年11月以「台中創意文化園區」之名慶成開園，2011年2月，更名為「台中文化

創意產業園區」。舊台中酒廠從此由製酒工業遺址活化新生，蛻變成文化創意產業的推展基地。

台中文創基地

台中酒廠遺址

五、台南文化創意產業園區（台南文化創意產業園區官網）

(一)簡介

　　台南文化創意產業園區，占地0.56公頃，為文化部直屬台灣五大園區之一，現由南台科技大學委託營運管理。園區定位為南部地區文化創意產業整合發展平台，協助發掘具潛力之創意生活產業，進而發展創新的生活風格文化，是台南市最重要的文化景點之一。位置面臨台南市重要幹道上，緊鄰火車站及長途客運轉運站，周邊有火車站商圈、成大商圈，介於成功大學、台南火車站及台南公園之間，尤其在鐵路地下化後，更有助於連結周邊的成大商圈，在區位上具有人潮快速流動、聚集的優勢，藉此特性提供創意生活產業平台，進而吸引多元消費族群（周邊旅客、市中心區年輕消費族群、台南公園周邊休憩人群）。

　　園區有各類文創業者進駐，將在本園區內所設之創意生活館進行作品的展示，提供最直接之市場反應分析，並將優秀之作品與廠商進行媒

合，以幫助後續的量產與販售事宜，並可透過本園區所提供之社會資源媒合申請服務，得到來自政府方面的補助，以及與國外設計師共同研討設計，提升自家品牌之國際觀。園區也將舉辦文化體驗工作坊，開班教學，藉此擴大品牌知名度與曝光率，以利品牌之推廣與行銷。另外，園區將不定期舉辦各種推廣課程、展覽、講座活動，讓新創業者及學生學習關於品牌之經營與推廣銷售做法，以成為品牌茁壯之養分。

(二)園區現況

L棟倉庫創意生活館

1F

A區　有藝市
販售具臺南代表性之創意生活商品，包括金銀工、流行飾品及以蘭花為創藝設計元素融入生活體驗之商品。

B區　豆趣留聲
本區提供咖啡輕食，顧客可體驗現選新鮮生豆，並指定烘焙指數，客製化決定個人喜好口味。並藉由混合不同的豆子與烘焙深淺讓蕾感受如知名古典樂曲相同的高低起伏變化。

C區　第一展覽館
提供國內外藝術家、工藝家、畫家、攝影家等文創工作者舉行展覽、活動等，讓民眾在欣賞不同展覽時，增加國內外的藝術與美學知識，提升個人生活品味。

2F

A區　第二展覽館
提供在地文創藝術作品展演的空間，結合地方藝文團體及學校、較年輕前衛之展覽單位租借使用。

B區　特藝獨型工坊
結合極具潛力之特色工藝技師利用此場域透過前店後廠展售其作品。

C區　里賀小舖
以「旅行臺南」、「童趣」、「美好生活」概念為主題的文創商品小店，並邀請國內外文創工作者進行交流，提供一個文創工作者與消費者分享、結交朋友的地方。

3F

A區　CC創客室
提供文創業者、個人工作者進駐工作空間，發掘具創意生活產業化潛力文創團隊，並舉辦課程、講座、會議、顧問輔導等，以展現創客交流、創意無限的活力。

B區　藝CUBE DIY 體驗工坊
可提供15到45人使用之DIY課程體驗空間。

C區　產業辦公室
開放創意產業之相關單位承租，園區將設立輔導機制，協助其創業營運。

4F

A區　流行音樂中心
含音樂排練，開放流行音樂或藝文團體承租使用。

B區　文創講堂
大型展演、會議、職訓課程、推廣課程、文創商展使用。

資料來源：台南文化創意產業園區，http://www.b16tainan.com.tw/cmsdetail.aspx?cmid=11

(三)園區好店

◆創意生活館1樓──豆趣留聲音樂咖啡

　　豆趣留聲，國內第一家音樂咖啡配方專門店，堅持使用高海拔（SHB）小產區莊園豆作為配豆烘焙的基礎生豆，在配方咖啡豆的理念尚未在台灣普及時，就率先向消費者推廣，甘醇咖啡的概念，「是只有使用無添加任何化學香料、色素，還有上好咖啡豆的配方咖啡，才能烘焙出純淨自然與低負擔。」經過音樂與咖啡的結合，讓原本不相交的東西，擦出奇妙火花，希望每個人都能找到屬於自我的獨道健康咖啡。

◆創意生活館1樓有藝市──宥盛科技

　　為了發揚台南蘭花產業的驕傲，我們凝聚了十多家國際蘭展的優質廠商成立蘭創區，用來體驗、探索、展售「蘭花」相關的文化知識與商品。從台南的驕傲出發，未來將持續以台灣在地元素結合創新與文化，從此蘭花的美麗不再受限於脆弱短暫的印象，而是能夠藉由各種形象與技術的轉換，留存於生活中每個細節。

◆創意生活館1樓有藝市——搖滾地鐵

　　來自1987年的搖滾地鐵，專門以真
皮手工配件商品為主，如：前衛手環、
皮帶、個性商品以及牛仔、皮衣外型加
工等。店內另有上百款從60'S老搖滾，
到90'S的流行龐克搖滾歐美系樂團T
恤。歡迎喜愛搖滾樂的同好們，到此互
相交流心得。無論您玩的是主流搖滾風
或是次文化龐克風，都將秉持著搖滾精
神與您分享。

◆創意生活館1樓有藝市——黑白配創藝X益之佳手作

　　黑白配創藝飾品以自然景物及文化圖騰為題材，用幾條金屬線加上
天然石，將心中的線條以無造作的慢活心境，手作出具時尚與文創風格的
飾品。

　　益之佳手作擁有四十年的手藝技巧，彙集紙張之美，啟發文創新思
維，希望更多傳承，串起受益無窮之最佳緣分。

◆創意生活館1樓有藝市——昌柏國際

　　昌柏國際2012年起以alan shao's為品牌，設計製作時尚與文創商品並
參加台南國際蘭展，蘭花金箔茶餅參展，並通過台灣、中國日本等國新型

專利。刺繡蕾絲曾經是台灣紡織業的代表性產品之一：她細緻精巧的花紋，絲繡的典雅質感，作為首飾一直有著獨特的風格及韻味。我們運用現代的技術達到豐富的色彩表現，立體多變的造型更佳的耐用性，賦予刺繡蕾絲新的生命。透過色彩、造型的特點，我們得以更自由的將各種藝術元素運用蕾絲來做獨特且具有創意的詮釋。「水蕾絲」如水溫柔，似水變幻。我們用現代精緻的工藝與創意，重新展現台灣傳統的優雅風華。

◆創意生活館2樓特藝獨型工坊——關王刀企業社

　　關王刀企業社，擁有十多年設計工藝，專職於復甦古兵器文物。並以提供優質、實用的兵器工藝品為經營理念。

◆創意生活館2樓特藝獨型工坊——杉林葫蘆

　　杉林葫蘆藝術創作工坊成立於2006年，以推動杉林葫蘆產業，創造在地文創特產業為目標，歷經多年的努力，現已將葫蘆創作，由工藝品提升至藝術品的層次。

六、藍晒圖文創園區（台南市政府文化局，2016。藍晒圖文創園區，http://bcp.culture.tainan.gov.tw）

(一)簡介

◆過去

　　位於西門路與國華街間的新昌里舊司法宿舍群，部分為日治時期興建之木造日式建築，部分是民國51年所建的老式連排宿舍，此區域後稱為「第一司法新村」，從其巷弄轉角即可看見三面已被磨損之石碑紀錄，記載著司法新村興建歷程，此司法新村為當時台南監獄、台南看守所、高等法院台南分院及高檢署之員工宿舍。

◆現在

　　今日的司法新村歷經五十年的變遷，隨著台南監獄、台南看守所、高等法院台南分院及高檢署及內部居民之搬遷，以及鄰近街道興起、附近高樓大廈林立，多數空屋早已被攀藤植物與榕樹氣根吞噬屋角與紅磚牆面，呈現深具歷史痕跡的時代變遷。為賦予老舊宿舍新生命，並連結本市文化創意產業及老屋再利用之風潮，保存空間記憶、活化城市空間，整合地主國有財產署以及地上權所有者南監及院檢等意見，保留所有日式宿舍，予以修復轉型活化；未來將搭配「藍晒圖裝置藝術」，並融合原有之老樹、紅磚、綠蔭、新創與藝術等特質，以及隨處可見新舊交融的文化軌跡，兼顧創意開發與扶植方式經營，在眾多優質文創品牌業者與創意人才的進駐後，將使「藍晒圖文創園區」成為台南市最重要的文創聚落。

◆未來

　　台南是台灣最早開發之地，自荷據，以至鄭氏、清領與日治時期，在三百年間，台南皆是台灣文化與經濟重心之一，因多元文化背景所遺留下之豐沛文化資產與豐厚之文化底蘊，於台南都市空間逐漸形成了新、舊文化元素與景觀交錯、並存與融合之特色。

　　未來藍晒圖文創園區之旗艦區、微型文創工作室將進駐許多特色文創廠商與創意人才，並由文化局、園區營運管理中心及管理委員會共同行銷推廣及整合園區資源，搭配吸睛的「3D藍晒圖裝置藝術」，融合園區特有舊意、新創與藝術兼具共存之特質，並運用原有巷弄聚落空間之再詮釋，提供文創發展與扶植之機會，在新與舊之間，希冀建構出屬於台南脈絡，深具都市空間紋理之文創聚落。

(二)逛藍晒

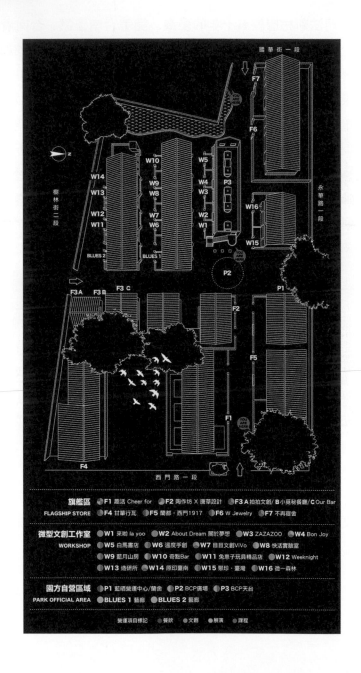

七、高雄駁二藝術特區（高雄市政府文化局，2016。駁二藝術特區，http://pier-2.khcc.gov.tw/home02.aspx?ID=$2001&IDK=2&EXEC=L）

(一)在駁二這個地方，衝突是一股美好的力量

　　被歷史塵封的陳舊倉庫，時光凝結了種種發展跡象，因為藝術文化的呼聲被解放，不斷注入創意靈感而重獲新生，日漸茁壯。在舊與新的衝突中，衝撞出的是勃發的生命力。位於碼頭旁的倉庫群藝術特區，出出入入的除了車輛還有船舶，湊熱鬧的不只是人群還有海風，開闊的海天視野一如遼闊無垠的思緒。在海陸交界的衝突裡，寬廣的是耀眼的未來。負責營運管理的公部門與天馬行空的藝術家，雖然各自擁抱夢想，但在這個場域裡相互協調步伐，修整方向，一起邁向共同的理想。在行政與藝術的衝突間，磨合成緊密的夥伴，建構駁二在每個人心中的形象。

(二)美好的力量，需要時間醞釀與心力累積

　　2000年，雙十煙火第一次不侷限在台北施放，決定南下高雄綻放，為尋覓適當的放煙火地點，人們發現了港口旁駁二倉庫的存在，一群熱心熱血的藝文界人士於2001年成立駁二藝術發展協會，催生推動駁二藝術特區作為南部人文藝術發展的基地。2006年，高雄市政府文化局接手駁二藝術特區，高雄設計節、好漢玩字節、鋼雕藝術節、貨櫃藝術節、高雄人來了大公仔、Live Warehouse駁二音樂演唱會，每一個充滿城市創意特質的展演，活力豐沛的在駁二不斷呈現嶄新的概念與樣貌，構築海港城市的魅力文化與生活美學。

(三)累積與醞釀,將適時的迸發

　　無論過去或現在,駁二藝術特區都是高雄人不可缺少的倉庫群。過去儲放魚粉與砂糖,供應港口川流的繁華歲月,現在匯集設計與創意能量,豐富每一個自由想像的靈魂。過去港邊載送貨物的西臨港線鐵道,現在成為高雄最熱門的自行車道,貫穿駁二藝術特區,而駁二的倉庫群跳脫使用僵制,以藝文與世界接軌,開啟新世代的對話。特殊的環境位置在全台的藝文場域中獨樹一格,駁二這個極具特色的藝文空間,同時也是民眾最佳休閒場域,踩著自行車可以遨遊西臨港線的海景風光,公共空間裡可以發現令人驚喜的藝術作品,映著藍天豔陽,隨處都是拍照的絕佳場景,搭配不同時節精心推出的特色展演,讓民眾的每次到訪都能擁有不同驚豔!

(四)駁二藝術特區

　　駁二藝術特區(The Pier-2 Art Center)是一個位於台灣高雄市鹽埕區的藝術園區,以前衛、實驗、創新為理念來打造國際藝術平台。「駁二」係指第二號接駁碼頭,位於高雄港第三船渠內,建於1973年6月12日,原為一般的港口倉庫。2000年高雄市政府因尋找中華民國國慶煙火施放場所,偶然發現這個具有實驗性的場域。但因年久失修,進駐單位針對舊建物的狀態進行空間的各項整建工程,於2002年3月24日完工。

　　在藝術家及地方文化工作者推動之下,結合文建會閒置空間再利用的專案資源,駁二藝術特區為高雄市社區總體營造的代表性作品。歷經高雄駁二藝術發展協會與樹德科技大學發展地方藝術工坊經營,駁二藝術特區成為台灣南部的實驗創作場所。2006年,駁二藝術特區由高雄市政府文化局接手經營。

　　駁二藝術特區由高雄市政府文化局接手經營後,便舉辦一系列的高

雄設計節、好漢玩字節、鋼雕藝術節、貨櫃藝術節及高雄人來了大公仔等藝文展覽。2010年，高雄市政府文化局邀請這牆音樂進駐月光劇場，於每週末舉辦流行及獨立樂團音樂演唱會。2015年，高雄市政府文化局接手營運管理月光劇場及C10 Live Warehouse。

2010年索尼電腦娛樂進駐新開闢的九號倉庫，設置數位產業中心，進行遊戲軟體研發及測試；2012年8月，該址由兔將創意影業股份有限公司進駐，進行3D轉換以及視覺特效服務。2011年，C3倉庫委外由帕莎蒂娜國際餐飲公司規劃為倉庫餐廳。2016年1月29日，委外由in89豪華數位影城經營的「in89駁二電影院」（映捌玖駁二電影院）正式開幕。

為滿足逐年成長的參訪者，與舉辦更多元的藝文展覽，2012年高雄市政府文化局開始租用台灣糖業公司的蓬萊倉庫，使得駁二藝術特區的倉庫建築擴充至14棟，並於2012年5月4日至5月16日在新場域順利舉辦2012青春設計節展覽活動。大義倉庫群於2013年底啟用，駁二總計有25棟展場。

鑑於由高雄市政府文化局直接經營之因素，區內工作人員組成模式與其它私人機構稍微不同。除了公務行政管理、常設展覽正職以及特殊展覽工讀之外，亦有替代役文化服務役役男在此服役；同時，也於每年暑假招募實習生，讓更多青年學子得以有機會接觸到第一線的展場工作。

◆開放時間

每週一～週四：10：00～18：00

每週五～週日：10：00～20：00

◆現有展館

①大勇倉庫群

- C1／C2（In89藝術電影院）、C3（帕莎蒂娜駁二倉庫餐廳）、C4（誠品生活駁二店）、C5、月光劇場（Live Warehouse）
- P2、P3、自行車倉庫／本東倉庫（本東倉庫商店）

圖片來源：Ichiko5134

②藝術廣場

・七號倉庫、九號倉庫（兔將創意影業股份有限公司）

・駁二塔

③蓬萊倉庫群

　　B3、B4、B6、B7、B8（哈瑪星駁二線小火車）、B9（高雄正港小
劇場）、B10（In Our Time電台食堂）

④蓬萊廣場

圖片來源：Ichiko5134

⑤鐵道雕塑公園

圖片來源：Ichiko5134

⑥大義倉庫群

C6（趣活in STAGE／禮拜文房具／有酒窩的LuLu貓／典藏藝術餐廳／陳瑞明手工吉他）、C7（駁二舊事倉庫／火腿藝廊／創夏設計實驗所／PO_I客製衣／Lab 駁二）、C8（未藝術／繭裏子／Danny's Flower／好,的／夏天藝術車庫／AOL.LIVING）、C9（隨囍髮廊／伊日藝術駁二空間／Now & Then by NYBC）、C10（LIVE WAREHOUSE）、C11（微熱山丘）

圖片來源：Ichiko5134

◆軼事

在2015年夏天於園區內的C8、C9大義倉庫屋頂上，蓋了兩座隱藏版公共藝術「泳池天台」，並打造寬闊平台可在高處近看港邊各式船舶與不遠處柴山美景。其中C8屋頂上的泳池供遊客走入水面下的泳池內恣意遊玩，或與岸上友人互動及拍照；而C9屋頂上的泳池則是在水面下放置鏡子，在水中鏡射天空雲影與觀者（周昭平，2015）。但因設計創意明顯和日本金澤21世紀美術館的泳池裝置藝術雷同，引發外界質疑抄襲（鄭博暉、陳凱茂，2015）。駁二介紹此公共藝術作品時也說到，「與藝術家林德羅·厄利什創作的《泳池》有異曲同工之妙」（江貞億，2015）。高市

文化局解釋，兩處泳池作品雖有雷同處，但「泳池天台」非抄襲之作，而是重新打造出不同巧思的泳池作品，讓民眾不用出國也能近距離欣賞公共藝術的無限可能（黃佳琳，2015）。

在事件爆發後，駁二坦承是援引原作概念，雖有不同手法，並強調並非藝術家創作的公共藝術，為駁二公共設施的一部分（周昭平，2015）。另外，高市文化局表示，「泳池天台」以「倉庫整修工程」名義公開招標，是駁二公共設施而非「公共藝術」，雖然也經委員會審議，卻不是依《公共藝術設置辦法》辦理，所以設計該案者不是「藝術家」，審查者也不是視覺藝術專家（楊明怡、黃佳琳，2015）。被抄襲的阿根廷藝術家林德羅・厄利什將此事全權交給他在亞洲的日本經紀人處理（吳垠慧、吳江泉，2015）。卻又在當日晚間，高雄市文化局長史哲透過媒體公開發表致歉文，分別向原創者、高雄市民以及藝文界工作者道歉（石秀華，2015）。

◆交通

①高雄捷運

- 搭橘線鹽埕埔站（O2站）1號出口，沿大勇路向南步行約5分鐘即可到達
- 搭橘線西子灣站（O1站）2號出口，沿西臨港線自行車道向東步行約2分鐘即可到達「駁二蓬萊倉庫」
- 搭高捷系統環狀線第一階段工程至駁二大義站（此站又叫作環狀線第一階段工程C12站，環狀線叫作駁二大義站）

②高雄公車

- 搭公車至駁二藝術特區站（公車叫作「駁二藝術特區站」）
- 搭公車至捷運鹽埕埔站（五福四路）（公車叫作「捷運鹽埕埔站（五福四路）」）
- 高雄市公車覺民幹線

八、花蓮創意文化園區（花蓮觀光資訊網區，2016。花蓮創意文化園區，http://tour-hualien.hl.gov.tw/Portal/Content.aspx?lang=0&p=005070001&area=3&id=67）

　　由花蓮舊酒廠修整而成的花蓮文創產業園區是文建會在台灣推動的五大文化創意產業園區之一。位於花蓮市區精華地段的園區擁有廣大的腹地，昔日的釀酒廠房依舊存在，林立於園區內，但轉型為釀製創意文化之芬芳場域，樸實無華的設計反而呈現出過去酒廠的風貌，是遊客拍照、參訪散步的好去處。園區內各式的廠房經過改造後紛紛成為藝術空間，在老舊的外表下蘊藏著是文化意涵，舉凡展覽場、小劇場、倉庫、辦公廳無一不有懷舊風與現代感同時呈現的步調，也是花蓮許多重要藝文活動發生的地方，有興趣的遊客不妨走走看看，說不定會有意想不到的驚喜展覽！

(一)歷史人文

　　花蓮酒廠最早是在1913年時，由「宜蘭振拓株式會社」於花蓮港廳花蓮港街租得土地1,520坪，並成立「花蓮港工場」（今花蓮酒廠舊址），以製造紅酒、米酒為主。1944年，二次大戰末期，盟軍大肆空襲台灣本島，因有日本兵於酒廠屋頂攻擊飛機，花蓮酒廠因而成為目標，有三分之二遭受嚴重損害。而在國民政府接受後，依舊維持其釀酒功能，1960年後，原先的廠區已經飽和，汙水排放問題日益嚴重，幾經挑選與目標重新設定，因而在1988年結束舊廠業務將廠房遷至美崙新廠。隨著酒廠遷廠也結束舊花蓮酒廠六十餘年的製酒歷史。舊花蓮酒廠原址，除配銷所繼續使用外，其餘土地閒置十多年後，目前由文建會規劃為花蓮創意文化園區，成為今日面貌。

(二)舉辦活動

　　花蓮文創產業園區屬於大型之藝術展演空間，這幾年陸續承辦了花

蓮許多藝文活動、藝術節與展覽，更是擁有花蓮唯一較為完整的小劇場空間（俗稱黑盒子）的園區，成為不少劇團欲嘗試小劇場演出之地，豐富的展演空間與寬敞明亮的視野，是許多花蓮大型藝文活動的聚集地。過去由於硬體設施尚未健全，雖尚未發展出屬於園區自己的特殊旅遊活動或節慶，但現今已逐漸邁入軌道，又從單純創意文化轉型為文化創意產業園區，建議遊客前往時可先運用網路查詢最新的活動訊息，保證會讓您的旅程更有收穫。

(三)園區旅遊服務中心

園區旅遊服務中心原為酒廠行政中心，建於西元1927年，為日式RC以及KINGPOST工法之鋼筋木構架建築，空間內保留日治時霧玻璃、底氣窗、銅門把、燈具、檜木窗櫺等殖民遺跡，經修復後可窺見日治時原貌，現規劃為園區旅遊服務中心。該中心的空間設計以花蓮的四季更迭為主題，呈現不同季節的洄瀾美麗：春有如夢似幻的山景，木瓜山、奇萊山多有新綠；夏日的花蓮，有黑潮為太平洋帶來不同層次的藍與白；秋天是豐收時節，不論是閩客南島，都期望滿穗的小米和水稻；冬季有偶來的白雪，悄悄在中央山脈降臨，這些季節腳蹤都是一幅幅美麗的花蓮風景，當遊客造訪此地，期盼您停下腳步，感受空間氛圍，享受只屬於園區的美好時光。

(四)每個小角落

文化創意是在每個角落發生的，園區內格外明顯。如尋找廁所時會發現，那塊男女廁的招牌是用酒瓶做成的；丟垃圾的垃圾桶是用木造的米酒看板製作的；盥洗台則如同過去國小時的小碎花磚塊拼貼而成；酒甕林立在每個不起眼的角落扮演著他的角色；水溝蓋的圖樣則是不同的酒標籤製作而成；遠處的交通號誌牌不起眼，定神一看上面寫的是「停，前有創

意」。由生活中集結起來的創意是無限延伸的，就看每個遊客怎麼去細細發覺這些有趣的小玩意兒。多留心，放慢腳步，創意就在你身邊。

停，前有創意——老酒廠釀出新文化

服務電話：03-8313777

交通地址：花蓮縣花蓮市中華路144號

門票資訊：不須門票

開放時間：展館開放時間：週二至週日上午09:00至下午17:00

官方網站：http://www.a-zone.com.tw/

◆老酒廠釀出新創意，散步看展的好地方（寶小銘的天空，2014。花蓮文創園區~~老酒廠釀出新創意，散步看展的好地方，http://roxfungkimo.pixnet.net/blog/post/391404224）

　　花蓮文創園區，不僅是花蓮許多重要藝文活動的展演場所，更是遊客散步、拍照、看展的好地方。來花蓮市區遊玩時，不妨來這裡走走看看，說不定會有許多意想不到的驚喜呢！

「花蓮文創園區」是花蓮市區熱門的旅遊景點，位於市中心鬧區，卻有著鬧中取靜的氛圍，是散步、看展的好地方

這裡前身是花蓮舊酒廠，歷史最早可追溯至1913年，隨著時代變遷，這裡已不再生產酒了。原本閒置的廠房建築在轉型後，已成為藝文展演空間

園區內保留了許多日式建築群，雖然歷經整修，但仍能感受到濃濃的和式風情

過去作為米酒發酵工廠的「酒文化體驗館」，展示著舊酒廠時期的文物

文化館內還與漫畫《老夫子》合作，擺放許多可愛的公仔和創意商品

這是漫畫家設計的老夫子形象酒吧，裝潢活潑卻又不失時尚感

雖然我們對老夫子漫畫並不熟悉，但看到這些逗趣的展示，也覺得挺新鮮有趣

還真的可點杯啤酒暢飲呢！

特展區定期有許多關於酒文化及酒藝術的展覽

這個創意作品稱為「開・創」，利用舊報紙類回收再製成的酒瓶蓋，是館內必拍的重點

二樓空間這處3D地景藝術也是遊客拍照的好地方

漫步在園區裡，穿梭在走廊上，似乎能感受到濃濃的懷舊風情

整個園區外圍沒有圍牆阻隔，民眾可以來去自如，或逛展，或散步，或遛狗，這就是最簡單的小確幸

走著走著，我們發現這有階梯可以上去

這是一處觀景平台～～

在觀景平台視野開闊，可以眺望整個園區景觀

假日時還有創意小市集~~

創意市集裡是挖寶的好去處，也是在地文創工作者施展身手的好地方

每一個小角落都充滿文化創意，多留心、放慢腳步，創意就在身邊

「生活概念選品館」～為有效推廣地方文化，　這是理想大地飯店設的「理想店鋪」，主要是
園方與各式地文產業店家合作，在館內設櫃販　販售自家推出的蛋糕
售在地各類特色商品

還提供試吃、試飲的服務。我很喜歡理想店鋪
的「蜂巢蛋糕」，所以晚上離開花蓮前，遊客
又跑來購買。

琳瑯滿目的各式藝品、文創商品，讓人看得目不暇給

這裡設館的目標就是期望藉由「文化生活化」，透過飲食、藝文創作等讓「生活創意化」

一棟棟老建築承載著歷史風華，老舊的外表下都蘊含著深層的文化意涵，值得細細品味

夜間有著與白天截然不同的景觀，我覺得更美了！

晚上再跑一趟文創園區，其實主要目的是要購買理想店鋪的蜂巢蛋糕，只是夜間的迷
人景色，又讓人想多停留一會兒

館內還不時有展演活動，當天晚上我就欣賞了在地樂團的精彩表演

　　花蓮文創園區，不僅是花蓮許多重要藝文活動的展演場所，更是遊
客散步、拍照、看展的好地方。來花蓮市區遊玩時，不妨來這裡走走看
看，說不定會有許多意想不到的驚喜呢！

悠閒靜謐的氛圍,漫步其中還滿浪漫的!

花蓮文創園區

地址:花蓮市中華路144號

電話:03-8312111

開放時間:園區戶外空間為24小時全天候開放,各棟展館開放時間詳
見官網

門票:園區為免費參觀(除網站上公開售票的展演活動外)

官網:http://www.a-zone.com.tw/

文創產業
行銷管理篇

　　本篇將從傳統的STP行銷策略、以4P、4C、4V所形成的整合行銷、文化行銷、文化品牌經營行銷、文化消費、國家文化行銷、文創產業故事行銷與體驗行銷策略來探討文創產業行銷策略，最後分析文創產業行銷個案──鶯歌陶瓷臺華窯之經營行銷策略。

Chapter
9

文創產業STP行銷策略

　　台灣文創產業發展至今，「創意」與「內涵」的價值確實逐漸被看見了，但如何把「創意」與「內涵」賣出去，創造正向循環的價值交換體系，也就是常常被提及的「永續經營模式」，是文化創意能不能產業化，為文創工作者打造良好工作環境的關鍵策略，或許你早已了然於胸：就是要把行銷做好！

　　但對於文創工作者來說，行銷比較像是基於市場經驗累積而來的直覺，看到行銷大師提出的什麼行銷四力、行銷七力就暈頭轉向，畢竟真槍實彈的商場靠得可是即時反應，而非無從得知如何應用的學術研究報告，而文創產業的產品或服務，確實與傳統產業、製造業、科技業等容易被量化計算的價值結構迴異，試圖想要在有限的市場規模與成功模式中歸納出一些法則，相對於市場發展已久的歐美國家是比較困難的。那到底有沒有所謂的行銷撇步，可以提供這些剛起步或無法負擔行銷顧問人事費用的文創工作者（企業）運用在行銷策略上呢？

　　本章綜合各種文獻與從事各種文創產業行銷工作者的經驗分享，在此簡單歸納或簡化出一些原則，希望能嘉惠文創工作者（企業），導入基本行銷原則，發展出適合自身產品或服務的行銷策略，更早進入市場、提高市占率、提高獲利率。

一、文創行銷平台在改變了

　　文創產品——如出版、遊戲、行動裝置的Apps、電視、電影等數位創作的題材最適合數位平台的行銷。

　　金流管理——透過逐漸成熟的第三方支付功能，如美國Paypal、台灣的「豐掌櫃」和大陸的「支付寶」等。

　　行銷交易平台——如iTunes為例，由於長期和Paypal合作，最近啟動了擁有iTunes商店美國帳號者，可以透過Paypal在蘋果的Apple's iTunes選

購佳節禮物；Amazon、Apple或Google都早已行之多年，近年來更有本土化的積極作為，幫助各國的文創者將其產品推向全球市場。

2012年，蘋果公司的iTunes Store就開張了台灣商店，曾經上架的台灣文創影音或遊戲產品很多，如五月天、張惠妹等，近來最夯的《看見台灣》也發行音樂版，電影《翻滾吧！阿信》等，都已經知道可以藉這個系統來行銷，搶搭數位平台的趨勢絕對是未來的網路行銷主流之一。

Google Play除賣Apps或英文書籍外，台灣本土出版品也上架了。

出版品於印成紙本書籍前都是數位化的製程，所以要將數位檔轉成Google圖書所需的格式很簡單；電子書無印製和運送的成本，邊際成本趨近於零，賣一本就賺一本了。

網路科技是「你在看電視，電視也在看你」，任何瀏覽行為都是被計算的，內容可以被加上服務，而且連結再連結，就會形成永無止盡的內容衍生，令人目不暇給。

據eMarketer調查，2013年美國成人已有20％的時間用在行動裝置的瀏覽上，較去年同期的12％上升了2/3（滑動人生），且所有傳統媒體的收視或閱覽等全都直直落：電視由42％降至38％，廣播從14％跌到12％，桌上型電腦自26％滑落至20％，紙本則從6％減少至只剩4％而已。文創產業的平台板塊正在快速移動，低頭族快速繁衍中，行動裝置市場正在擴大。

盜版是許多文創產業者的痛，尤其中國大陸在這個問題上更是惡名彰昭。如果只就網路侵權而言，那麼科技的保護方式是越來越嚴謹了。如此運用機器判斷侵權的科技也越來越厲害，內容提供者大可不用太煩惱科技加密等技術，真正遏止盜版主要的障礙在國家的態度。假如台灣連乞丐都可以手持一支智慧型手機接受第三方支付的施捨，那就是行動裝置達百分百的分布，平台板塊完全移轉的時代到了，就算是小額付款享用數位創作或親友互贈文化小禮也都不再是問題了。

文化創意產業科技化──近年來，政府將文化創意產業列為國家發展

重點計畫，並將抽象的「文化軟體」視為國家建設的重大工程，目的在於希望文化創意產業的發展，能結合人文藝術與資訊科技，透過有效率的資訊科技工具（如網路行銷），使藝術創意快速的被商品化，創造高附加價值的效益。

2002年行政院制定的「挑戰2008：國家發展十大重點計畫」中，將文化創意產業品牌建立，明列為重點產業發展策略，有鑑於此，許多文化創意產業開始思索如何透過資訊科技來建立品牌，而整合行銷即是資訊科技演化下的產物，透過科技的使用，可執行多元的行銷活動，使傳播工具能產生綜效整合，有利於品牌發展的規劃。

二、什麼是STP理論？

市場區隔（Market Segmentation）的概念是美國營銷學家溫德爾‧史密斯（Wendell R. Smith）在1956年最早提出；此後，美國行銷學家菲利浦‧科特勒（Philip Kotler）進一步發展和完善了溫德爾‧史密斯的理論，並最終形成了成熟的STP理論：市場細分（Segmentation）、目標市場選擇（Targeting）和市場定位（Positioning）。它是策略行銷的核心內容。

市場──經濟學家所謂的市場，是指買方和賣方為滿足他們的相對需求，聚集交易物品和服務的地方；另一定義則是針對行銷人員，以行銷規劃的主要目的之一──找尋有吸引力的目標市場而言。透過目標市場的找尋過程，協助定義市場，掌握市場機會。

確認目標市場後，行銷人員必須以策略行銷，發展行銷目標與計畫。策略行銷的精髓運用STP公式，選定目標市場進行區隔或區隔市場再定目標對象；爾後發展產品定位。

STP公式──市場區隔（Segmentation）、選定目標市場（Targeting）、定位（Positioning）。STP Process如**圖9-1**所示。

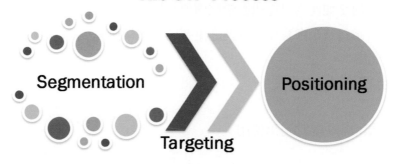

圖9-1　STP Process

(一)目標行銷過程

　　目標行銷過程（target marketing process）如**圖9-2**所示。市場區隔階段主要為確認有意義的顧客群；選定目標市場階段主要為選擇要為哪一個區隔市場服務；定位階段主要為建立與改善品牌權益去選擇目標市場，可透過行銷4P組合策略。

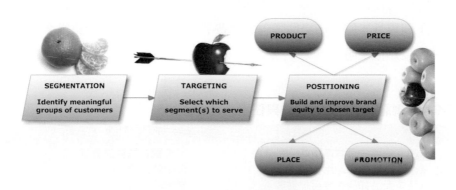

圖9-2　目標行銷過程

以創意產業行銷為例（**表9-1**），目標顧客需要什麼創意產品，其商品組合為何？如何為目標顧客帶來價值？如何維持與改變產品組合以達永續發展？這些都是創意產業行銷之重要問題與任務。

(二)目標市場的選擇

目標市場的選擇可以使用：

> 大眾行銷（mass marketing）→區隔行銷（segmentation）→利基行銷（niche）→微觀行銷（micro）

1.大眾市場策略：界定整個市場皆為潛在購買者，並以一套行銷組合去滿足需求的策略。行銷人員找出不同的消費族群中共同的需求和特性，結合市場為一共同市場以相同的產品滿足之。
2.市場區隔策略：基於市場異質化，在廣泛的市場中以若干層面描繪各個次市場，即將較大的市場區分為較小市場的分解。

(三)市場區隔的條件

1.同質性：同一市場區隔內的消費者或目標對象，對行銷組合變項產生類似反應。

表9-1 創意產業行銷之問題與任務

問題	任務
• 目標顧客需要的創意產業產品是什麼？ • 創意產業合適的商品組合是什麼？ • 創意產業產品如何帶給目標顧客 • 如何維持與改變創意產品組合，以求永續生存與發展	定義顧客需要與價值 設定該價值 傳遞該價值 維護／更新價值組合

2.異質性：不同的市場區隔內的消費者或目標對象，對行銷組合變項產生類似反應。

3.足量性：市場區隔的規模必須使企業產生足夠的利潤。

4.可操作性：市場區隔所使用的量化或質化的變數，必須有利於行銷組合和消費者。

(四)市場區隔的方式

1.地理因素：依區域、市鄉鎮、人口密度、氣候等特性。

2.人口統計：年齡、性別、所得、職業、教育、宗教、種族、國籍等變數。

3.心理統計：社會地位、生活型態、人格特質等心理變項。

4.產品攸關變數：產品使用量、使用型態、品牌忠誠、利益尋求等變數。

5.社會文化：價值觀、行為規範、法律和民俗等。

(五)市場區隔的策略

1.集中策略：市場區隔後選擇一特定目標市場，發展一套行銷組合執行之。以工業品或寡占市場型態的企業易見。

2.差異化策略：針對不同市場區隔發展不同行銷組合之行銷策略。可獲取較多的潛在顧客和多種目標市場。

3.無差異化策略：市場區隔後再將其中一、二個合併較大目標市場，以一種行銷組合因應之。

三、文化產品的定位

定位（position）是以某種方式定義產品和形象使其與競爭者相比，有一種意義，且有優越的差異點以致於在心中占有一獨特、明確的位置。

定位關鍵有三個：(1)單純化；(2)一致化；(3)獨特化。

四、STP具有十大價值

1.精準的描述行銷目標。

2.較明白瞭解顧客需求與動機。

3.較清楚洞悉顧客購買動機與不買之理由。

4.較有效的分配運用人力資源與財務資源。

5.較有能力評估公司行銷促銷之競爭優勢與劣勢。

6.較精準的確認促銷資訊之運用。

7.提供較好之整合行銷管控。

8.較迅速的回應外部環境之變遷。

9.設計出「反應性產品」（responsive product）來滿足市場上需求。

10.經由市場相對地位之分析，市場區隔能幫助我們評估市場之競爭態勢。

五、產出（output）行銷模式

(一)市場區隔

我們在日常生活中很少有一項產品都適用於任何一個消費階層，所以在進行市場分析的相關工作之後，強化並建立以自己產品（或文化品牌）的獨特性，以此強烈的特色來塑造產品（或品牌）形象與識別，做好市場的區隔工作。

(二)選擇市場目標

從產品市場中找出可利基的市場目標，預估短中長期的市場目標，選擇大眾市場、哪一類的小眾市場或分眾市場等。

(三)定位

進行本項產品（或品牌）的文化定位與市場定位，因為產品本身強調文化的特性，新的文化創意需要與社會生活文化之間有較佳的密切關係，即使為舊的歷史文化也必須找到新的文化定位，重新詮釋並給予新的生命力，創新的文化也必須到自己的文化定位，才能形塑形象，增加產品（或品牌）的識別度。

文化如未定位，則產品（或品牌）極容易變成較為膚淺（或甚智慧扭曲原有文化特質），如果無法形塑出文化氛圍及獨特風格，是相當不利於長期經營。對於文創產品（或品牌）而言，文化定位的重要性幾乎就等同於市場定位。

六、「六芒星」基本行銷模式

　　「六芒星基本行銷模式」補充了性質比較偏向於「產出」思考觀點的「STP基本行銷模式」，加上性質比較偏向於「投入」（input）的「IOF基本行銷模式」之視野，形成兩個三角形重疊「六芒星」圖形，為從「投入到產出」基本行銷模式，並如以下說明：

(一)內端

　　為先衡量自己「內部單位」本身的優劣勢，也就是文化機構、文化企業或文化團體各單位本身對於該項文化品牌或是文化產品的優點及缺點，以及內部的優勢、劣勢、潛力、威脅等分析（SWOT分析），包括單位本身的研發、材料、生產技術、行銷工作等各方面的優缺點，屬於考察內部的角度。

(二)外端

　　為評估「外部市場」相關品牌或是產品產業目前的發展狀況，以及計畫推出的品牌或產品在目前市場上的優勢、劣勢、潛力及威脅等因素之分析（SWOT分析），以降低發展風險，增加成功的可能性。

(三)未來端

　　為分析內部單位本身與外部市場間的「未來走向」及相互連結之關係，以預估未來品牌或產品推出後，短期、中期、長期可能發展的趨勢及潛力；預估未來整體社會的走向、相關市場性質等與本次推出內容之關

係；以及規劃因應之策略，估計品牌或產品其生命週期與未來趨勢間之可能關係。

七、STP策略以高雄駁二特區為例

　　若以人口特性之職業及教育程度，以及地理特性之區域來做區隔，駁二顧客族群大多是高中及大學以上程度的學生，南台灣的文創市場也以駁二為最主要場地。若以台北華山1914做區隔，也是高中及大學以上民眾為主，這個年齡層的民眾最能夠接受新鮮的資訊與藝術，具有創意的點子也能由此激發，培養美感素養定位在藝術為出發點的市場，駁二是個展演空間，所展出的商品都較新穎且具有創意及設計感，產品豐富且獨特，已成為具有指標性的藝術殿堂。

本章以4P、4C、4V所形成的整合行銷探討PCRV行銷組合（P行銷概念：行銷4P六力；C行銷概念：行銷4P4C、文創4C產業／行銷5C導向；R行銷概念；V行銷概念）、整合行銷傳播（Integrated Marketing Communication, IMC）、創意產業國際行銷策略。

一、PCRV行銷組合

「P、C、R、V」的行銷組合觀點，主要是：

1. 「P行銷」是站在「生產端」的角度來看行銷組合之要素。
2. 「C行銷」是站在「消費端」來進行分析。
3. 「R行銷」主要是從「經營端」的角度。
4. 「V行銷」則是以「交換端」來分析。

(一)P行銷概念

◆行銷4P

1960年McCarthy提出了行銷4P組合理念，以產品策略、價格策略、通路策略及推廣策略作為品牌市場行銷工具。其中，產品策略指的是產品組合決定、產品線調整、產品屬性定位、品牌定位、包裝設計、新產品上市等策略。價格策略則設計定價方法、價格調整、折扣及付款方式等。至於通路，係指凡將產品送達到目標客戶手中所採用的各種活動都屬之（Kolter, 1991），因此包括了配銷、中間商選定、上架、運輸等。推廣策略是以整合性的行銷概念來考量各種傳播方式，例如：廣告、促銷活動、公共關係、直效行銷等。何謂文化創意產品的「行銷4P」？根據行銷大師科特勒（2002）指出：

1.產品（product）：文創產品至少可分為有形及無形的文創產品，文創產品需滿足目標市場對象的各項機能需求的產品，或是對於文化生活風格之需求，或是象徵社會地位、價值或意義的文創產品等各項產品。在過去對於某些藝術工作者而言，許多文創產品的生產過程是一種文化創作活動，不過，從行銷觀點，文創產品要以能滿足目標市場（消費對象）的各項需求之下所生產的相關產品，也就是，文創產品需要以文化市場為前提，先由市場分析導出能被產出的各項產品，而不是只是像目前許多創作者僅以生產者個人創作興趣為基礎。

2.價格（price）：價格也一樣是文化創意產品基本行銷組合中的重要因素之一，在此價格因素中需要讓目標市場（消費對象）感覺到該產品的「文化價值」高於「產品價格」，這是文化創意產品定價的基本原則。

3.通路（place）：相關的零售通路，包括：

  (1)店鋪零售：包括大型綜合專門店（大型書局等）、專門店（時尚、服飾、工藝等專門店）、百貨公司、賣場、博物館、美術館等文化展演設施、藝術市集、展示會場、便利商店等。

  (2)無店鋪零售：包括文化服務方式（藝術節、地方傳統節慶、藝文展演活動等）、直效行銷（直接信函、DM邀請卡、郵寄目錄、e-mail、msn、電話行銷、電視購物等）、網路行銷（音樂、表演節目或文化觀光的網路訂票、網路購物平台、網路商店等）、自動販賣機（小型紀念品、遊戲軟體、例行性商品等）等。

4.推廣（promotion）：包括各種行銷推廣計畫、廣告計畫、媒體計畫、促銷手法、公共關係等整合行銷推廣工作，目的在於如何將文創產品運用各種行銷策略及工具，推廣至原本所鎖定的目標市場對象。

◆行銷10P

> 行銷10P＝前4P＋後6P

科特勒認為，只有在搞好戰略行銷計畫過程的基礎上，戰術性行銷組合的制定才能順利進行。因此，為了更好地滿足消費者的需要，並取得最佳的行銷效益，行銷人員必須精通產品（product）、地點（place）、價格（price）和促銷（promotion）四種行銷戰術；為了做到這一點，行銷人員必須事先做好探查（probing）、分割（partitioning）、優先（prioritizing）和定位（positioing）四種行銷戰略，同時還要求行銷人員必須具備靈活運用公共關係（public relations）和政治權力（politics power）兩種行銷技巧的能力。這就是科特勒的10Ps理論。但是本文指的10P對此有所微調，將行銷4P加上服務行銷的3P：成員（people）、過程（process）、實質證明（physical evidence），最後再加上公共關係（public relations）、合作關係（partnership）、規劃（programming）成為10P。

1. 成員（people）：態度、專業度、外表、行為與產品之風格、調性相同；無形文創商品，表演者、導覽員、引路人（董事長遊程）扮演重要角色。
2. 過程（process）：各過程與文創商品及品牌之一致性，各階段工作掌握度、活動流暢度、整體流程設計。
3. 實質證明（physical evidence）：原真性，文創商品與當地文化深層本質之協調性。
4. 公共關係（public relation）：創造信任感、知名度；媒體、政府、社區、其他企業等。
5. 合作關係（partnership）：跨界合作，例如佳佳西市場旅店。

6.規劃（programming）：整合前述9P，整體思考各環節與目標市場
　對象之關係、預計達成效益，並從事人員、經費、時間及品質之各
　項管理工作。

◆行銷4P六力

台灣搜尋引擎優化與行銷研究院（2009）指出，「行銷六力」就
是：商品力、客戶力、行銷力、故事力、感動力、服務力（**圖10-1**、**表
10-1**）。

行銷四力對文創產業實用嗎？行銷人都知道行銷4P：產品力
（product）、價格力（price）、推廣力（promotion）、通路力（place
& distribution），依據文創產業的特質，再加入網路社群時代的大環境
因素，除了4P外，綜合1981年布姆斯（Booms）、比特納（Bitner）提
出新增符合服務性質的3P：人員力（people）、流程力（process）、環
境力（physical environment），與近代網路時代行銷策略制定強調的行
銷六力：商品力、客戶力、行銷力、故事力、感動力、服務力，重新詮
釋成較適用於現代台灣的文創行銷五撇步，如**表10-2**所示（風行草偃
WindCatalyst，2012）。

圖10-1　行銷六力

資料來源：台灣搜尋引擎優化與行銷研究院（2009）。

表10-1　行銷六力

行銷六力	內容
1.讓商品自己去說話 （商品力）	網路行銷中跟傳統行銷相同，商品具備品質、價位、獨特的競爭力，仍然是最重要的因素。有些客戶注重的是商品的品質，只要合乎品質要求，其他因素就不太重要；有些客戶注重的是商品的價位，只希望價位便宜，並不在乎其他的因素；也有客戶注重的是商品的獨特性，只要商品與眾不同，其他因素都無所謂。因此企業就必須評估市場，推出的商品必須具備哪些競爭力。
2.讓客戶當你的業務 （客戶力）	要讓客戶在網路上變成你的業務，替商品進行口碑行銷，除了被商品或服務感動之外，就必須要有誘因，例如由宣傳的成績能夠計算回饋佣金，或者藉由宣傳能夠以折扣進行合購、團購。
3.讓非廣告隨時曝光 （行銷力）	現代人對於傳統的廣告越來越有排斥的現象，除非廣告內容有趣味性、感動性，或者廣告能夠提供實質的優惠，否則很難具有廣告效益。因此網路行銷就必須善用網路特性進行「非廣告」，也就是不像廣告的廣告，讓網友在搜尋資料時、網友分享訊息時、網友在瀏覽資訊時，都能隨時出現商品的「非廣告」訊息。
4.用故事去感動人心 （故事力）	故事力不是要去造假一個商品的故事，而是要傳達商品的品牌理念或者商品的發展過程。每個商品的背後一定都有一個感人的故事，商品的品牌一定都有想要傳達的理念，這兩個來源就是故事力的著力點，商品的故事能夠感動人心或是引起共鳴，就能夠讓商品具有生命，讓消費者想要擁有。
5.用客戶的角度思考 （感動力）	當網友開始接觸到你的網站或者網路商店時，各種界面、流程、訊息等，就已經開始在影響網友是否購買商品。如果能夠在每個環節讓人感動，網友就會變成你的客戶。只需要用客戶的角度去思考，就能夠知道如何運用感動力。
6.用服務去強化黏度 （服務力）	前面提過，在網路世界中的顧客忠誠度較傳統世界低，因為隨時可以轉往另外的網路商店購買同樣的商品或服務，因此服務力在網路行銷中就扮演重要的角色。這個服務力不只是被動的服務力，還必須是主動的服務力，也就是提供客戶原本沒有預想到的服務。網路上的服務成本與傳統世界不同，企業必須思考如何產生低成本或零成本的服務。

資料來源：台灣搜尋引擎優化與行銷研究院（2009）。

表10-2　行銷六力與文創行銷五撇步

行銷六力與文創行銷五撇步	內容
1.產品力×人＝感染力 Product×People ＝Appeal 文創行銷第一撇步：產品輻射出強烈的感染力，本身就是最佳行銷策略！	現今市場上產品開發仍以原有產品為主，加以形體或技術上的創新發展而成，而文創商品最大的價值在於開發過程中加乘「人」的元素，前端瞭解並預測使用者需求而導入「本質創新」，推出市場上未見的原創產品，或者開發過程中導入「內涵創新」，在形體上賦予文化內涵，可能是創作過程的意義，或者一群人、一個鄉鎮的故事，所傳達的並非獨善其身，而是對群體有「感染力」的內涵，正好符合社會上、社群間的「潛在心靈需求」，可能是彌補了集體記憶中的缺憾，或者回答了某個對人性的集體疑問，也或者是過去美好的集體記憶所帶來的連鎖效應，從近年來大賣的電影，如《那些年，我們一起追的女孩》、《海角七號》等也可看出端倪。
2.價格力×人＝市場力 Price×People＝Market Power 文創行銷第二撇步：定價策略深諳經濟環境與消費者心態，方能具備在商業戰爭中勝出的市場力。	新產品無論是要打進成熟市場或者開創一個新興市場，首要目標都是在市場上站穩腳步、擴大市占率，應優先採取「顧客導向定價法」，優先取得市場占有率，在顧客心中留下印象、養成品牌客群後，才能談差異化、競爭力價格，連帶產品周邊效應，才能進一步大幅提高獲利率；最好的案例就是舉世聞名的Apple電腦，當年推出Power Macintosh G系列電腦時，由於單價偏高又容易損壞，上市後卻銷售平平，更不用說蘋果當年市占率只有不到10%，於是賈伯斯在觀察消費者行為的過程中想到，何不推出一個讓大家不知不覺對蘋果上癮又價格實惠的音樂播放器，先擴大市占率呢？於是2001年蘋果推出iPod系列，訴求輕便機型、簡潔介面、價格實惠，一舉讓蘋果一路走上巔峰，如今已是全世界智慧手機與平板電腦品牌知名度最高、市占率最高的國際品牌，帶來龐大的商業利益。
3.推廣力×人＝新媒力 Promotion×People＝New Media 文創行銷第三撇步：推廣始終來自於人性，「人」才是文創產業的最佳媒體！	一般提到「推廣」自然會聯想到廣告或行銷活動，更進一步是運用「名人」、「話題」、「置入」等公關操作方式來推廣，而如今因應各類日新月異的「新媒體」，早已讓推廣市場進入戰國時代，如何不被市場淘汰、快速應變已是所有推廣者的優先任務，但對於大部分時間著眼於創造、生產、管理等應接不暇任務的文創業者而言，推廣似乎是一門永遠不得其門而入的學問，只能任憑所謂「推廣專家」堆砌出來的策略文言文與絢麗數字不斷轟炸，卻還是摸不著邊際的效應難以評估。

（續）表10-2　行銷六力與文創行銷五撇步

行銷六力與文創行銷五撇步	內容
3.推廣力×人＝新媒力 Promotion×People＝ New Media 文創行銷第三撇步：推廣始終來自於人性，「人」才是文創產業的最佳媒體！	文創業者的核心價值既是「內涵意義」，推廣力一定要扣緊產品力（感染力），從一開始進行產品開發時，就要導入一氣呵成的「內涵價值」，始終如一地傳達意義，無論是用故事來詮釋，或者著眼於新媒體運用，重點都是在於隱身媒體兩端的「人」，一端是創作者信念與概念的傳遞，一端則是消費者感動與共鳴的回應，不僅是有人流的地方是有效媒體，能深諳人的趨向性、彈性而快速反應、並取得消費者信任的媒體，才能成功且確實地導向目標消費群，因此文創業者運用的媒體不應侷限於「被定義的媒體」，最大媒體即是「人」，運用消費者本身的傳播力，自然會幫你開發各種主流、非主流媒體，大幅加速你的「推廣力」。 文創行銷五撇步之感染力（產品）、市場力（價格）、新媒力（推廣），是許多台灣文創業者比較熟稔的策略，是成功行銷的基礎建設，由於台灣大部分文創業者本身是「內涵價值」的創作人，或至少是原始創作者，長年專注在提升產品競爭力，即使加上了市場力與新媒力，能夠成功地把「內涵價值」轉成「經濟價值」要倚靠的是以下兩個關鍵行銷力：通路與服務，這也或許是目前文創業者遇到的最大挑戰，同時也是最需要與其他產業合作，高度講求「各按其職、團隊合作」的兩大行銷撇步。
4.通路力×人＝流程力 Place×People＝ Process Power 文創行銷第四撇步：盡可能搬走流程中的各種障礙物，加上以人性為主要成分的「通樂」，就是高通路力！	通路不只是一個販售產品或服務的店鋪或網站，指的是從消費者如何接觸到商品或服務、進行購買、直到商品或服務抵達消費者手上，甚至延伸到售後服務為止，整個過程就是各種流程的緊密結合，其中包含資訊流、金流、物流等各種FLOW所建構出來的系統，更進一步說，是將「內涵價值」轉換成「經濟價值」，接著對消費者產生「身心靈價值」的價值交換系統，少了這個系統，再怎麼有價值、物超所值的產品或服務，都無法賣出、無法價值轉換，更無法談如何在市場產生影響力。 另一方面，WEB 3.0時代的來臨，不只是促使推廣市場進入戰國時代，也讓原本的通路市場產生「質變」，傳統的實體通路面對虛擬世界的挑戰，虛擬世界也面對競爭者眾的高速戰爭，誰能成功整合虛實體通路，創造出敏捷的人性化界面與系統，誰就擁有高度競爭力，關鍵在於如何建構一個高度貼近人性的價值轉換系統；觸控面板技術拿掉不符合自然人性的鍵盤與滑鼠後，大幅降低使用數位網路工具的門檻，立刻將原本的市場擴大到

（續）表10-2　行銷六力與文創行銷五撇步

行銷六力與文創行銷五撇步	內容
4.通路力×人＝流程力 Place×People＝ Process Power 文創行銷第四撇步：盡可能搬走流程中的各種障礙物，加上以人性為主要成分的「通樂」，就是高通路力！	原本不使用電腦的族群，文創業者以其高度創造力，又何嘗不能建構出更貼近人性的通路系統呢？ 除了少數的整合性平台建置者，絕大多數的文創業者不會從頭開始建置一個全新的通路系統，台灣國內市場規模較小，已存在許多與虛實通路相對應的金流與物流系統，特別是台灣的「便利商店」已是舉世聞名的通路奇蹟，徹底「便利」了我們生活的各個層面，提供更多意想不到的通路功能，文創業者應該要善用已存在的通路系統，專注在針對目標客群的策略布局與流程品管，將專業的事情交給專業的業者，團隊合作即可大幅提升通路力。 這裡提供文創業者幾個關鍵問題來檢視通路布局： 1.目標客群是誰？生活習性怎麼樣？ 2.目標客群習慣在哪裡出沒？實體店鋪？虛擬商店？其他？ 3.目標客群習慣怎麼樣決定購買？口碑推薦？多方比性價？ 4.目標客群喜歡怎麼樣付帳？有哪些因素降低其消費意願？ 5.目標客群喜歡怎麼樣收到產品或服務? 速度要多快？ 6.目標客群在消費過程中會遇到什麼困擾？有什麼其他考量？ 7.過程中拿掉什麼或增加什麼，可以加快其購買速度？ 8.競爭者在購買流程中有什麼樣的競爭優勢？
5.服務力×人＝沾黏力 Service×People＝ Viscosity 文創行銷第五撇步：將價值內涵導入服務流程，善用體驗與情境塑造工具，讓消費者瘋狂黏上你！	前面提及產品、價格、推廣、通路已幾乎完備了行銷策略，或足以讓文創業者一舉攻入市場，然而擴大市場占有率不是單點式攻擊的一次性勝利，而是縝密結構式的攻城掠地，決勝關鍵是「沾黏力」；熟稔電子商務市場的業者都知道，網購市場過去以流量作為價值評估指標，至今已演變成「沾黏度」爭霸戰，沾黏度意指顧客忠誠度的綜合評估，其評估項目大致為： 1.回流度：點閱後加入會員比例、再度回訪機率等。 2.活躍度：除了造訪外，實際參與各種活動的機率，如：留言、上傳檔案、下單購買等。 3.增生度：除了本身使用外，甚至會推介朋友加入，如：邀請加入社團、團體訂購等。 沾黏度著重與消費者建立長期的服務關係，無論經營實體或虛體店鋪業者都深知服務品質的重要性，除了初次購買經驗外，往後所提供的物流服務、售後服務或延伸

（續）表10-2　行銷六力與文創行銷五撇步

行銷六力與文創行銷五撇步	內容
5.服務力×人＝沾黏力 Service×People＝ Viscosity 文創行銷第五撇步：將價值內涵導入服務流程，善用體驗與情境塑造工具，讓消費者瘋狂黏上你！	性服務，都需要縝密地嵌入服務流程中，才能與消費者保持良好而長久的關係，好了服務品質有時大過產品本身的價值，其所提供的高附加價值甚至會形成價差，對於某些生命週期長的非消耗型產品來說，如：家電、家具等，更是重要的行銷策略。 對文創業者來說，最好的沾黏力莫過於善用其「內涵價值」，也就是前面所談到「產品 X 人＝感染力」，當產品或服務的核心價值具感染力，只要在服務流程中貫徹其產品精神，再加上體貼人在過程中的各種顯性與隱性需求，自然會創造出美好的消費體驗；另一方面，文創業者在新媒體與虛實整合的戰國時代下，不能忽略服務過程中「情境」、「體驗」、「模擬」等全方位服務環境的建構，這絕對會是文創業者獨特的優勢，以設計商品來說，以照片或各種數位工具創造出使用模擬情境，讓消費者透過體驗更快獲得所要表達的精神，當然會更快說服消費者購買商品，再以流行音樂來說，唱片公司都知道流行音樂已經無法靠唱片銷售生存，演唱會所創造出可能是虛幻或是酷炫的情境，或者偶像劇、MV、甚至是跨平台的情境創作，才是流行音樂最大的經濟效應，相同原則皆可運用到其他文創產業項目中，創造屬於文創產業的沾黏力！

資料來源：風行草偃WindCatalyst（2012）。

(二)C行銷概念

◆行銷4P4C

行銷4P、5P、6P、7P，講的都是P，這些都是以賣方為中心的講法，應該要有以買方（顧客）為中心行銷4C。

1.Product Customer benefit（效益性）：以顧客來看這個產品對他們是不是有效。

2.Price Cost to customer（成本價值）：以顧客來看這個價錢訂得合不

合理。

3.Place Convenience（便利性）：顧客是不是很容易取得。

4.Promote Communication（溝通互動性）：因為Promote是個單向性的，Communication才是雙性向的溝通，才能考慮到顧客的需要。

◆文創4C產業

相對於高科技的3C產業，創意生活是4C的文化創意產業。第一個C代表文化的（cultural），創意生活產品是以日常生活文化為出發點的創作。第二個C指的是精選的（collective），創意生活產品是從文物中精選出足以代表文化特色的元素，加以轉換創作的日常生活用品。第三個C是愉悅的（cheerful），創意生活產品是賞心悅目的，令人愉悅的。第四個C是創意的（creative），創意生活產品是綜合日常生活文化的創意商品；這就是創意生活產業的4個C，其概念如**圖10-2**所示（Lin, 2008）。

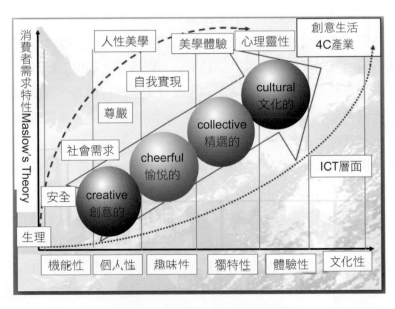

圖10-2 文創是4C的創意產業

資料來源：Lin (2008).

◆網路行銷5C導向策略

網路行銷5C導向策略是由行銷學學者Stern（1997）提出，指的是顧客導向策略（customer orientation）、創造導向策略（creativity orientation）、引導導向策略（conduct orientation）、競爭導向策略（competition orientation）、協作導向策略（coordination orientation）等五項，說明如下：

1. 「顧客導向」策略：當企業在做網路行銷時，必須以滿足個體的現實需求為經營出發點，針對網友的購買能力、偏好以及使用行為做調查並分析，以推出符合網友需求的新產品和各式行銷方案，此為「顧客導向」策略。

2. 「創造導向」策略：企業為了超前網友的現實需求，開發出新產品、新勞務來滿足網友的潛在需求或隱性需求，此為「創造導向」策略。

3. 「引導導向」策略：由於網路屬於網友主動使用的一方，因此企業就要正確的引導網友而產生有效的消費，此為「引導導向」策略。

4. 「競爭導向」策略：因為網路資訊傳遞快速，網路上的競爭者手法很容易被網友作為比較，所以企業在做網路行銷時，就要主動去偵查競爭對手的各種網路行銷手法，包括網路價格、網路服務、個人化網頁等等，此為「競爭導向」策略。

5. 「協作導向」策略：因電子商務的影響，企業必須做協作導向策略，來吸引網友。目前網路行銷上的「協作導向」策略大致上有三項，包括對手間的協作導向、供應鏈上的管理協作以及業務鏈上的協作。由於企業間為避免網路上的惡性競爭而造成兩敗俱傷，網路業者大多會採取有限的相互協作以取代網路價格競爭，此為對手間的協作導向。而在供應鏈上的管理協作是指網路業者為確保產品滿足網友需求，常會與產品供應商互相協助開發產品。當企業的網友

非最終用戶時,企業還必須與中間商相互協作,共同協定行銷策略,並且發掘網友實際的需求。供應鏈上的管理協作特別強調時間上的協同,如在低庫存或是零庫存時,供應商能隨時掌握,縮短商品供應時間。最後是業務鏈上的協作,企業所開發的產品與其他相關企業在業務上的協作,以滿足網友的需求。

◆行銷4C

隨著市場競爭日趨激烈,媒介傳播速度越來越快,4Ps理論越來越受到挑戰。1990年,美國學者羅伯特‧勞特朋(Robert Lauterborn)(1990)教授以「請注意消費者」的理念提出了與傳統行銷的4P相對應的以顧客需求為導向的4Cs理論。4Ps行銷組合向4Cs行銷組合的轉變,具體表現為產品(production)向顧客(consumer)轉變,價格(price)向成本(cost)轉變,配銷通路(place)向方便(convenience)轉變,促銷(promotion)向溝通(communication)轉變(李晏墅,2008)。

根據廖世璋(2011)指出,文創行銷4C內容如下:

1. 顧客(customer):無論是有形或是無形的文創產品,將以顧客為基本導向來生產各項產品,所以,目標市場的消費者需求是產品生產的基礎關鍵之一,獲得客戶價值(customer value)是相當重要的行銷產品組合之基礎要素。

2. 成本(cost):不只是文創產品的供給端生產單位的各項成本,而是強調需求端消費對象本身的成本,此成本除了需反應出在上述中,有關文創產品本身的文化價值大於價格之外,還包括目標市場的消費對象他們的社會成本、交通成本、機會成本、購買成本、風險成本等。

3. 便利(convenience):便利性也不只是在搜尋資訊及購買時售前的便利性而已,還包括產品在使用中及售後的各項服務。在一般討論使用中及售後服務的便利性,看似僅僅與有形的文創產品類型較為

相關，其實不然，對於無形文創產品的表演藝術活動，或傳統藝術節慶、文化觀光等其他文化服務相關產品來說，也相當的重要，例如：觀看表演活動時進入座位的導引、演出的說明、相關服務設施（像是茶水間及廁所等）等，或是各項旅遊導覽解說服務等都是相當強調便利性，而且這些都會直接影響顧客的認知價值，提升了顧客價值可以讓消費大眾逐漸成為品牌或產品的忠實會員。

4. 溝通（communication）：是以顧客為導向的溝通工作，在有形文創產品方面的溝通，尤其是消費者消費的產品對象為涉入性高的文創產品，更是需要更多的溝通與解說，例如：像是高單價的原創畫作及藝術品在進行交易拍賣及收藏工作時，都需要對有興趣的買家做更為專業、詳盡且深入的說明等工作。而對於無形文創產品類型來說，例如表演藝術活動之購票規定、演出時手機關機、字幕或翻譯、演出後的問卷調查等，也都是溝通工作；或者像是在文化觀光活動時，旅遊地區的有關食衣住行等各項品質水準、文化導覽，甚至是在地方上的文化禁忌等，都需要先向遊客溝通說明。此外，好的溝通工作有助於消費對象產生以客為尊的尊榮感，能增加顧客價值，而好的顧客回饋之意見也能作為日後相關產品的修正建議，幫助產品提升更佳的品質。

◆行銷10C

> ### 行銷10C＝前4C＋後6C

根據廖世璋（2011）指出，行銷10C之後6C，內容如下：

1. 客製化（customization）：客製化所指的是，文創業者為每位消費者量身訂做，或讓消費者自行量身訂做的能力。
2. 內容（content）：消費內容為文化

3.脈絡（context）：消費內容為文化，文化為主文（text），地方發展為上下文（context）。文創商品不能僅展現創意，還需與企業或地方脈絡聯結，以避免膚淺、複製或抄襲。

4.協同合作（collaboration）：與消費者共創體驗，例如DIY活動、互動導覽裝置。

5.社群（community）：產品因顧客對該文化瞭解與興趣所以才會消費，故該文化社群經營便十分重要。例如博物館等文化機構志工、企業粉絲團、部落客、FB等網絡社群。

6.變化（change）：市場隨著流行趨勢、生活潮流、價值觀不斷變化，在變動過程中如何掌握消費者需求。

(三)R行銷概念

4R行銷理論是由美國整合行銷傳播理論的鼻祖唐‧舒爾茨（Don E. Schuhz）在4C行銷理論的基礎上提出的新行銷理論。4R分別指Relevance（關聯）、Reaction（反應）、Relationship（關係）和Reward（回報）。該行銷理論認為，隨著市場的發展，企業需要從更高層次上以更有效的方式在企業與顧客之間建立起有別於傳統的新型的主動性關係。

1.關係（relationship）：

(1)媒體的公共關係：媒體經營有助於自身文化形象的提升與知名度的擴增。

(2)消費對象關係：基於文化認同而產生消費的文化族群，值得經營成為會員。

(3)相關產業關係：包括產品生產線的上中下游產業，及相關的水平產業之產業關係經營，成為跨界合作的夥伴。

(4)社會及地方關係：社會人脈關係的經營及地方形象的經營等工作。

2.獎勵（reward）：志工、會員經營。

3.精簡（retrenchment）：資訊爆炸年代，如何簡化資訊、凸顯重點、利用關鍵資訊管道。

4.關聯（relevancy）：商品需凸顯原有文化價值，建立在此文化領域專業形象與品牌特質。

(四)V行銷概念

◆B. Lauterboum（1990）

在1990年以後，學者B. Lauterboum認為需以消費者（買方）來提出行銷組合概念：

1.變通性（versatility）：產品應滿足消費者需求與欲求為主，並融合環境趨勢的變通性為考量。

2.價值感（value）：傳統定價以製造商成本或競爭為考量，忽略提供消費者物超所值得滿足感和無形的價值感，建立續購忠誠度。

3.多元化（variation）：通路的設計以消費者便利購買且具多元化選擇。

4.共鳴感（vibration）：從過去的單向推廣，到聆聽消費者聲音的雙向互動並獲得消費者的共鳴。

◆廖世璋（2011）

整體而言，基於整體市場的變通性，去創造價值，並藉由市場多元化的方式，在市場中產生共鳴。根據廖世璋（2011），說明如下：

1.變通（versatility）：消費者在日常生活相關的需求，在某些時候往往來自於變動的生活方式及趨勢，變通性就是要在文創產品構思時，掌握目前生活潮流的演變與特質，能在這些社會文化現象及趨

勢中找出利基點，例如：目前在國內流行的「宅經濟」市場、「樂活」的文化觀光市場、「綠活」的綠色產業、「慢活」的文化服務產業，或是「藝活」的藝術文化活動產業等。此外，在地方歷史傳統文化如何在現代日常生活中占有一席之地，或是就原有的文化特質中加入新元素，轉換中能突顯原有文化獨特價值又能符合現代生活需求，也是變通性思考之路。

2. 價值（value）：文化創意產品所販賣的不只是基本的產品機能，不可取代的文化價值往往是產品能以較為高價交易的重要關鍵之一，所以，讓目標市場對象能獲得他們要的價值是重點。通常民眾的文化價值觀來自於社會結構，價值觀與社會潮流有密切關係，不同的社會階級也有屬於該階級不同的以及要追求的價值觀，辨認這些並與產品及品牌交互運用，只要目標市場對象認為價值高於價格、值得擁有等，便會有機會產生消費購買的行為。

3. 多元（variation）：文創產品的文化原料具有特定的文化屬性，要讓文化以多面貌方式呈現在社會大眾的現代生活之中，並不是去改變原有的文化底蘊，而是可以透過所謂的創意思維去變化出很多元形式的產品。例如：在有形的文創產品方面，將某一具有地方特色的少數民族所使用的生活器具，改變成為符合現代日常生活中食衣住行活動需求的生活器具，這些可發展成為系列性的文創產品，呈現出少數民族文化的現代生活風，並能成為一種品牌形象。或是在無形文創產業方面，少數民族的傳說故事，設計以更屬於現代潮流的演出形式來進行表演，讓文化底蘊不變但以創意的形式呈現。此外，不只是上述針對文創產品本身的變化而已，產品外加的服務、產品的通路、促銷推廣活動等相關工作也很重要，因為產品講究創意，所以，一般民眾會期待能更具有突破性的多變的、多元化的思考策略。

4. 共鳴（vibration）：共鳴性就是對產品或品牌產生文化認同，產品

或品牌背後有一個單位機構來主持，共鳴性就是這個主持的單位機構能否以文化內容及產品形式來換取目標市場對象的共鳴性。所以，產品內在的文化底蘊如何以產生魅力的角度重新再詮釋，以及產品的外在形式如何以魅力的角度重新再設計，或是整體產品如何透過行銷包裝產生魅力等，都是要讓目標市場對象產生共鳴性的重點。而故事的運用也可以提升消費對象的共鳴性，因為故事讓消費者在消費過程中充滿感動或趣味性等效果，不過，並不是只要故事就會有加值的效用，故事本身的性質攸關是否容易產生好的共鳴，例如：屬於愛情的故事比較吸引人。此外，故事共鳴的程度影響市場的規模大小，也就是愈是知名的故事所隱藏的潛在消費者愈大，將此故事轉為文創產品到消費市場，其販售的成功機率也較高。另一方面，共鳴性來源出自於民眾的正向互動，所以，參與的過程以體驗方式進行，或是事後的意見調查工作與成立會員俱樂部等，也是產生共鳴性的操作方式之一。

二、整合行銷傳播（IMC）

(一)整合行銷傳播之定義

整合行銷傳播定義的發展，由最早1990年美國廣告代理商協會（AAAA）的定義，其著重行銷溝通整合的過程，如何使傳播工具發揮功能性整合與綜效，以達最大傳播效益。其後，美國西北大學麥迪爾學院Schultz（1993）提出定義：「整合行銷傳播是由顧客及潛在消費者出發，以決定及定義一個說服傳播計畫所應發展的形式及方法。」美國科羅拉多大學教授Duncan與Moriarty（1998）修正定義為：「策略性地控制或影響所有相關的訊息，鼓勵企業組織與消費者和利益關係人雙向溝通，以此創

造雙贏互惠的長久關係。」從這些角度來看台灣文化創意產業，企業應將營運核心聚焦於消費者與品牌的溝通，並與利益關係人建立雙向的關係。

(二)整合行銷傳播架構

Lin（2000）提出一個整合行銷傳播架構（**圖10-3**），針對整合行銷傳播的程序與效益進行檢視和評估，進而利用系統思考概念來探討整合行銷傳播架構的六大構面之整合要素，幫助管理者進行行銷策略規劃的整合性探討歸納，以制定出符合需求的整合行銷傳播策略。

針對整合行銷構面的各項變數加以說明（Duncan, 1994 & Lin, 2000）：

1. 認知整合：企業在推動整合行銷傳播策略之初，必須認知到外在整體環境（經濟、社會、科技、文化、政治）之變化，並瞭解企業所需要的經營模式來回應市場環境的改變，也由於新的市場趨勢的演變、消費者需求的多樣化，促使企業必須採取不同的傳播策略與戰術，和消費者乃至於不同的利益關係人進行互動。

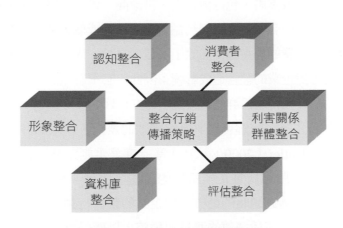

圖10-3　整合行銷傳播架構

資料來源：Lin (2000).

2.形象整合：形象的整合，講求視覺形象與口語傳播質感，此構面的特性是，企業會體認到傳達一致的訊息與感覺的重要性；因此，全體員工必須維繫好公司的商標及形象，並且建立良好的溝通管道及共識。

3.資料庫整合：資料庫整合的特色在於資料庫的形成，資料庫建立時的資訊內容，一開始首先具備各層次客戶的基本資料，隨著行銷活動與客戶的接觸，使得資料庫的內容亦逐步增加，包括：消費者的質疑、埋怨、稱讚、建議等資訊，都將進一步的加以記錄在資料庫當中。

4.消費者整合：整合行銷傳播的重要特性是將消費者與潛在消費者，都納入整合傳播的思考架構中，進行所有接觸點的整合。企業可以透過市場調查，配合銷售經驗來預測潛在消費者的購買習性，並從中蒐集消費者對於產品未來趨勢的看法，使企業能充分的掌握經由訂價、通路、產品展示、服務作業等所傳達的訊息，有效管理所有的商標接觸點，並得到良好回應。

5.利害關係群體整合：利害關係群體是指在組織內／外與組織績效有利害關係的人或團體，包括債權人、供應商、員工、股東、客戶、社區及政府等，所有與企業整體利益有關的組織或個人都算是企業的利益關係人。企業的利益關係人除了消費者之外，尚有許多其他的利害關係群體會對企業的經營造成影響；因此，必須有效的辨識與公司發展有關的主要利害關係群體，與他們建立良好的溝通管道。

6.評估整合：為了瞭解目標與實際績效的差距，績效的評估就變得非常重要，Kotler（2000）認為企業過度著重制定及檢視財務目標，忽略了其他用來衡量企業績效的方法。因此，執行整合行銷傳播時，亦必須透過適時的稽核，使企業的整合行銷活動更有效率，並透過整合行銷傳播績效的測量與稽核，以確保整合行銷傳播有效的執行。

三、整合行銷策略——以高雄駁二特區為例

(一)行銷廣告功能

1.告知：生產導向時期——告知消費者即可有銷售。
2.說明：產品導向時期——著重產品的詳盡說明。
3.說服：銷售導向時期——以不斷地說服訊息催眠消費者購買。
4.提醒與創造需求：行銷導向時期——以行銷組合策略吸引消費者購買。

(二)廣告

運用廣告的方式觸及更多的潛在顧客，更能夠將最新消息暴露在社會大眾的眼前，將廣告投入媒體、廣告文宣或是社群網站較能具體得到成果。

(三)人員

駁二園區裡有很多志工人員參予，透過接觸能夠產生雙向溝通，也能夠與顧客產生共享資訊的溝通，志工人員也可以主動帶領顧客往不同的場地進行參觀，這也是一種推廣的行銷方式。

(四)促銷

針對高中以上的視覺傳達、設計創作相關等等科系的學生推廣駁二這塊園地，不論是在租借場地進行運用，或是畢業專題的發表場所等等，給學生一個降價措施，刺激他們的需求，學術資源串聯，並達到促銷

的目的。

四、創意產業國際行銷策略

(一)創意產業的行銷觀點

1.創意產業定位：文化整體輸出，整合行銷台灣文化產品，販賣感動——不只是商品的生產，更是一種文化自覺運動，用產品說故事。
2.產品定位、通路規劃、設計元素：以市場導向發展創意產業的產品策略發展。
3.創意產業國際行銷是一場與世界的「時間競爭」、「成本競爭」、「創意競爭」。

(二)國際品牌行銷規劃——文創展

近年各國新興的展覽類型，以文化創意產業為主的博覽會，目前以亞洲居多，適合文化創意產業公司或文化單位等參展，亦適合由產業與公部門文化單位共同組成國家館參展。

(三)參展類型

1.綜合展館。
2.廣播電影電視。
3.動漫遊戲創意展館。
4.文物及博物館相關／文化單位。
5.設計創意。

6.文化旅遊觀光／旅遊商品館。

7.出版集團。

8.各國文化創意國家館。

9.畫廊與藝術品交易館。

10.青少年文化創意館。

11.創意禮品與工藝品。

12.其他。

中國北京國際文化創意產業博覽會──每年12月／北京，針對中國大陸市場。

台灣國際文化創意產業展覽會──每年10月／台北，台灣新開展覽，針對台灣市場。

韓國光州文化創意產業博覽會──每年9月／光州，
針對韓國市場

五、文化創意產業之經營與行銷策略個案分析——以鶯歌陶瓷為個案研究（陳德富，2012）

本研究採取質性研究之深度訪談法進行，主要根據兩項要點：廠商知名度、是否有顯著的商業活動，篩選出一家最具有代表性的陶瓷廠商業者作為研究對象。本研究將以鶯歌陶瓷產業為個案加以分析研究並探討台灣優良陶瓷廠商，分享其創新的研發精神、自創品牌的歷程、靈活的經營策略、行銷通路的拓展，提供台灣陶瓷業者參考。研究發現要推廣鶯歌陶藝的文化創意產業，必須先落實生活美學教育的推廣，擴大台灣的國內市場需求，並且鼓勵創新，提升競爭力，繼而以整體行銷手法將屬於鶯歌特有的陶瓷品推銷至台灣的國內外市場，而這需要台灣全體國民的共同參與。採取策略合作／聯盟結合傳統陶瓷文化與產業，發揮創意，建立台灣全國知名品牌與陶瓷產品年度評鑑制度（品牌的驗證），建構陶瓷產業發展的軟硬體環境實為當務之急。

(一)緒論

◆研究背景

過去台灣經濟曾面臨到高度工業化的局面，以大規模製造業為主的生產型態，台灣製造優勢在人力資本相對便宜的鄰國挑戰下已逐漸失去優勢，漸漸被其他開發中國家所取代，台灣除了往高科技的方向發展之外，須建立起更有競爭優勢的生產組織型態，強化以知識經濟為基礎的競爭力。事實上，知識經濟附加價值最高的就是以創意設計為核心的領域，尤其是源於藝術美學創作的設計，於是「文化創意產業」就此應運而生（孫豪志，2003）。文化創意產業結合台灣的文化魅力與創新創意並將其應用於發展商品之中。文化創意產業是近幾年來最受矚目的議題，

最早是由文化建設委員會（以下簡稱為文建會）於1995年提出「文化產業化、產業文化化」概念，並且在2002年政府正式宣布文化創意產業納入台灣的國家重點發展目標。過去的文化產業僅限於地方特產、傳統工藝方面，而和現今的文化創意產業相比除了擴大產業範圍以外，更把文化和設計、創意發展帶入產品之中，進而提升傳統產業的附加價值；文化創意產業的發展目標為開拓創意領域，讓台灣不再只靠工業製造，而是將創意設計作為核心的生產領域，讓台灣的文化特色能夠在國際間傳遞。

自日治時代開始迄今，台灣陶瓷產業發展已有百年歷史，1960年代以後日臻成熟的仿古陶瓷及代工外銷市場，顯見台灣陶瓷技術已具世界水準，與外國知名瓷器相比，精美程度不遑多讓。台北縣鶯歌鎮素有「台灣景德鎮」之稱，其發展陶藝品的歷史已有百年之久，所發展出的種類也相當繁多。台灣陶瓷業發展至四十年前達到顛峰並在國際市場上占有一席之位，吸引許多外國買家紛紛前來下單、代理外銷。但近二十年來，在台灣之國內人工昂貴、鮮有專業設計師投入等因素影響下，已逐漸失去國際競爭力，淪為仿骨董工藝及國際品牌的代工、加工處，仿冒抄襲相當嚴重。雖至如此，以內、外銷合計，2001年台灣的陶瓷業總產值還有兩百一十億元，實在不能小覷。

◆研究動機

2001年兩岸同時加入世界貿易組織（WTO），因大陸市場的開放，使得原以代工為重的鶯歌頓時失去市場，對陶瓷產業衝擊很大，窯廠陸續外移，還留在台灣的窯場都苦惱著思考未來的轉型方向。台灣陶瓷業並非沒有可以比美國際品牌的技術實力，只是多數的業者不願耗費鉅資及時間去積極培養本土設計師，反倒情願到中國大陸去採購，因此造成業界人才、精品斷層。像是「法藍瓷」，便是從代工轉戰而自創品牌的業者，不但創下一年五百萬美元營業額的佳績，旗下設計師更拿過百萬元台幣紅利。但成功轉型的業者畢竟仍屬少數。

　　藉由文化創意的運行也能夠產生許多的商機，除了能夠增加就業人口之外，還能夠把當地的特色融入商品之中，把商品銷售到顧客手中進而促使文化交流，目前有許多的產業藉由融入文化創意讓商品大賣而成功的案例，如鶯歌臺華窯與台北101合作所生產的101大樓陶瓷酒瓶，在還沒開始公開販售的期間就早已被訂購一空，其中訂購者裡也不乏許多外國顧客，致使原本隨處可見的陶瓷酒瓶，再加上當地特色之後能產生極大的價值差異。此外，生活中隨處可見陶瓷產品，但台灣陶瓷產業依然難以生存，加上產業大量外移以求降低成品，使得產業競爭更為劇烈。因此本研究將以鶯歌陶瓷產業為個案，並加以分析研究。本研究探討台灣優良陶瓷廠商，分享其創新的研發精神、自創品牌的歷程、靈活的經營策略、行銷通路的拓展，提供台灣陶瓷業者參考。台灣之國民也可透過其用心經營的故事，珍視生活中的陶瓷用品。

◆研究目的

　　根據上述背景與動機，本文將要探討文化創意產業中的陶瓷業，並以台灣著名的鶯歌陶瓷作為研究的對象，並結合深度訪談，獲取更多的資料及數據，本研究探討的主要目的有：(1)探討鶯歌陶瓷老街發展現況及其面臨的問題與解決之道；(2)分析文化創意產業如何根留台灣，永續經營的競爭策略；(3)分析政府對於推動整個陶窯產業所扮演的角色與探討地方政府推動鶯歌陶瓷文化創意產業之成效為何？(4)瞭解文化創意產業轉型升級與異業結盟的行銷策略；(5)對鶯歌陶瓷老街的業者及地方政府提出行銷建議；(6)對鶯歌陶瓷發展文化創意產業應如何行銷提出建議，以期有助於地方傳統文化產業的永續發展。

(二)台灣陶瓷產業現況分析

　　台灣陶瓷產業的方向也從最初的普遍性、實用性漸漸轉為精緻美觀

的藝術作品,而台灣這片土地上融合了不同的族群、不同的文化,因此有著豐富歷史文化資產的特有優勢,再加上現今科技創新的技術,及各地區對陶瓷產業的積極推廣與展示,例如鶯歌的陶瓷博物館、南投集集的蛇窯村等,未來可發展屬於本地獨特的陶瓷產品及品牌,並讓我們的陶瓷作品在國際間能發揚光大(游德二,2004)。台灣目前有很多陶瓷窯場分散在各地,許多窯場則明顯集中於特定地區。清朝初期時,陶瓷產業尚不發達,窯場較少,主要分布於台南、南投、鶯歌和北投等地。直到日治時期陶瓷業才開始有明顯的發展,其中比較重要的地區由北而南,大致有北投、鶯歌、公館、沙鹿、水里等地。1960年之後,主要窯場集中於北投、鶯歌與苗栗等地,其他地區的傳統窯場則逐漸沒落而關閉。

◆鶯歌陶瓷產業的發展概況

鶯歌鎮的開發最早在清朝時期,在乾隆、嘉慶時期慢慢具有規模,而陶瓷業是在嘉慶年間被帶到台灣來,但只有零星幾間陶瓷工業產生,鶯歌陶瓷重大發展時期是在台灣光復以後,台灣光復之後鶯歌的窯場快速增加,但北投窯場的規模仍然比較大。產品的部分仍然是以粗陶為主,但逐漸轉向民生用品和建材為主。1970年鶯歌陶瓷引進了天然瓦斯後,改善了產品的品質,鶯歌窯場不斷地引進現代化的機械和現代化的技術讓產品的品質和產能持續提升,因此讓陶瓷成為了台灣的陶瓷重鎮。自從政府大力推廣鶯歌陶瓷觀光後,銷售量真的衝高很多,卻沒有賺得更多,因人潮多、銷量多、中國貨也多,這「三多」使得產品走低價化競爭,盤子原本一個一百元,開放進口日用陶瓷後,中國製只要三十元,手拉坯以前一個一千五百元,中國製只賣八百元,客人因無法分辨產地與品質,多數選擇低價購買。近年來進口陶瓷以大量、低價方式進入台灣產業市場,對鶯歌陶瓷產業發展造成極大衝擊。

①發展歷史

鶯歌製陶自1804年(清嘉慶9年)吳鞍作陶開始,已超過兩百年,鶯

歌製陶從清朝一直到日治時期前期，型態大致相同，是在日治後期在台實施工業化之後，引進台灣的工具、技術及原料，才間接影響到鶯歌的陶瓷產業的體質。在日治時期時，日本窯業輔導區其實並無包括鶯歌，是於南投、北投、苗栗等地推動窯業政策，雖然如此，但日本對於鶯歌的建設仍是不遺餘力，例如：修築鐵路、發展對外公路、創立學校（今鶯歌國小）等，都成為鶯歌重鎮的重要基礎。但光復之前鶯歌仍以農業為重，直到1970年代後才成為台灣重要的陶瓷重鎮，1980年代後從事陶瓷相關產業就業人口比例很高，居民的生活已和陶瓷產業密不可分。鶯歌歷史發展大致可分為三個時期。

鶯歌陶瓷的重大發展是在台灣光復後，光復初期，台灣與日本的貿易合作結束，日製的陶瓷品輸入台灣必須課以關稅，不敵廉價的中國陶瓷，後因國民政府遷台，與大陸斷絕往來，兩岸的交通因此受到阻隔，造成進口陶瓷的供應中斷，為了填補市場空缺，使得鶯歌陶瓷業迅速壯大，此時即為台灣發展陶瓷產業的重要轉捩點。而鶯歌在1951年當中，窯場的店家數從二十多家增為四十多家，且大多生產碗盤，碗盤的製造，使得鶯歌陶瓷業逐步建立起陶瓷王國。1960年代中期以後，由於禁燃生煤、禁止採土政策的影響，限制了北投陶瓷的生產，也促使北投陶瓷從業者轉至鶯歌。因鶯歌地緣的關係，承襲其技術和人力資源，成為台灣新的陶瓷中心。

台灣手工業推廣中心也積極將陶瓷產品行銷到全世界，為台灣賺取外匯，但因利潤低且風險高，業者反而注重內銷市場，一直到1965年，陶瓷的進出口才出現第一次的順差。之後台灣陶瓷也參加美國西雅圖舉行的萬國博覽會，開啟了陶瓷的外銷之路，因此政府才開始重視陶瓷的進出口，並於1960年代末期對陶瓷業採取重點輔導，成立陶瓷工業改進工作小組、提供陶瓷技術及原料改進的試驗服務，透過訓練及講習，提升技術能力；在外銷方面，有外銷退稅鼓勵措施及融資貸款服務，這些因素都加速了陶瓷業出口貿易的成長。

1971年，鶯歌引進天然瓦斯後，陶瓷品品質由石陶器轉而向瓷器發展，朝向資本密集和技術密集的自動化機械生產，或是朝向高附加價值的藝術陶瓷發展，鶯歌此時已成為名符其實的台灣陶瓷重鎮（陶博館，2012）。鶯歌製陶以1970～1980年為產業最興盛繁榮的年代，1980、1990年代受到全球經濟影響，需要勞力較密集的企業資金外移，陶瓷外銷市場漸漸萎縮，導致陶瓷產業沒落。2001年兩岸同時加入世界貿易組織（WTO），因大陸市場的開放，使得原以代工為重的鶯歌頓時失去市場，對陶瓷產業衝擊很大，窯廠陸續外移，還留在台灣的窯場都苦惱著思考未來的轉型方向。

②陶瓷老街

鶯歌陶瓷老街位於尖山埔路一帶，為鶯歌陶業最早聚集之處，許多陶業發跡之地。老街於2000年在重新規劃下，入口有一座仿文化路成發居的閩南式紅磚建築，還有一隻鐵製的藝術鶯歌鳥；從前彎曲的尖山埔路經截彎取直並鋪上岩石改變成330之徒步區；道路旁原本老舊的陶瓷廠房也重新規劃整修，改成營業用的商店；還有整齊統一的路燈、咖啡色遮雨棚，各商店的門柱以紅磚妝點，綠色植物錯落其間並結合當地產業的素材如陶瓷座椅、陶製垃圾桶等等。

③陶瓷博物館

占地1.2公頃是台灣首座專業陶瓷產業藝術館。主要功能為：展示台灣陶瓷並蒐集保存、典藏、展示、研究、推廣，並透過學術研討、交流、研習、教育，拓展國際視野，促使地方產業升級，推動台灣現代陶藝進軍國際舞台。陶博館負責推動兩年一次的陶瓷金質獎、台北陶藝獎。陶瓷公園內有散落著美國陶藝家作品的水池、台灣陶藝名家設計的陶瓷座椅、一個穿越台灣陶瓷歷史的步道、加上綠樹、山丘，是一處非常適合大眾休閒、親子遊憩的場所（新北市政府，2011）。

④鶯歌陶瓷產業之中央與地方政府相關推動計畫

　　文建會推動文化創意產業「陶瓷產業發展」旗艦計畫，以環境營造、資源整合的角色，逐步建構本土陶瓷文化，促進台灣陶瓷產業的發展。在此策略下先推動陶瓷商品與生活文化結合，擴大台灣市場需求；再結合創新材質與台灣特色的設計，提高商品附加價值，並期待透過整合行銷及品牌形象的建立，逐步拓展海外市場。此計畫是提升台灣陶瓷水準、推向國際舞台的第一步，讓陶瓷生活化、生活精緻化，讓「美感」與「文化創意」成為生活之所需，帶動產業的整體產能、建立產品品牌。

　　而新北市文化局近年來積極推動陶瓷文創產業發展，透過國際陶瓷藝術節、打造三鶯之心空間藝術特區、陶瓷藝術園區工程建設等計畫，運用在地資源以打造鶯歌在地的產業核心價值，塑造「鶯歌陶瓷」的品牌形象，提升鶯歌城市吸引力競爭力，並透過地方政府相關政策與行銷的活動辦理，實踐鶯歌產業在地化、文化化的理念，說明如**表10-3**。

(三)研究方法

　　Miller（1992）指出質性研究的資料蒐集方式，主要可經由觀察、錄製及訪談三種方式取得。Malhotra（1993）認為深度訪談法是由面談者使用非結構性、直接的方式與受訪者接觸，是一種單獨的、個人的互動方式，用來發覺受訪者基本的動機、信念、態度等。在深度訪談的過程中，訪談者應盡可能使用最少的提示和引導問題，鼓勵受訪者在一個沒有限制的環境裡，針對訪談主題盡可能談論自己的意見。由於在調查陶瓷產業的行銷模式與策略的過程中，會遇到各種不同的溝通情境，且每位當事人在處理經營管理的方式或策略上各有不同。因此，本研究根據研究的性質和目的，決定採取深度訪談。

　　質性研究選取樣本在於其代表性，而非數量多寡，因此在樣本選擇方面主要根據新北市鶯歌區陶瓷文化觀光發展協會、鶯歌文化觀光網及

表10-3　鶯歌陶瓷產業之中央與地方政府相關推動計畫

計畫	內容
1.文建會推動文化創意產業「陶瓷產業發展」旗艦計畫	 文建會委託台北縣立鶯歌陶瓷博物館規劃「精緻陶瓷餐具開發設計暨推廣計畫」專案，開發設計精緻且實用生活化的餐具，作為達到「展現台灣主體」、「引領生活風潮」、「登上國際舞台」的指標。而這次與鶯歌陶瓷博物館合作，就是借重鶯歌地區優異的傳統陶瓷工藝，並以台灣文化為主體的全新設計理念，突顯台灣文化的多元性，並在全球化的陶瓷產業中突圍，讓世界看見新世紀台灣的新風貌。藉著推出「台灣品牌—驚艷陶瓷」，讓我們重新領略美好的生活品味，運用文化美感與行銷將台灣推上國際舞台。此計畫即是開發一整套台灣之國產精緻陶瓷作為促進台灣陶瓷品牌形象的指標。本項精緻陶瓷研發過程，徵得石靜慧建築師與鶯歌臺華窯等優良廠商，另外還邀請到台灣知名設計師陳俊良，以跨越材質的限制，設計並開發出兩組精緻陶瓷雛形，本套陶瓷研發，除了在器型外觀上，能夠符合國際級水準外；同時能符合市場上的需求，所以，還特別徵詢台灣五星級飯店主廚、經理等專業的意見，以及陶瓷業者和百貨業者之實戰經驗，共同開發製作十套精緻陶瓷希望能透過跨領域合作示範設計的方式，將台灣的文化創意產業生根並推向世界舞台。
2.國際陶瓷藝術節	國際陶瓷藝術節是文建會每年所規劃福爾摩沙系列的活動之一，活動不僅凝聚了鶯歌地區的活動力，也藉由多樣的主題活動與國際陶藝的交流等，擴展台灣陶瓷的領域，並吸引更多人到鶯歌體驗在地陶瓷文化與生活。例如今年的陶藝節特別推出「百年風華」學陶活動，內容有主題展覽、動手捏陶、裝飾彩繪、陶瓷文化之旅、窯烤麵包等一系列活動，內容豐富，吸引許多外地觀光客一同體驗台灣陶瓷文化的舊風情、新創意（陶博館，2011）。

（續）表10-3　鶯歌陶瓷產業之中央與地方政府相關推動計畫

計畫	內容
3.三鶯之心空間藝術特區	由新北市政府文化局在三鶯陶花源入口處規劃的「三鶯之心‧空間藝術特區」，有別於一般公共藝術的設置，三鶯之心結合了景觀設計以及整體空間規劃的公共藝術特區，再加上全區以象徵鶯歌本土文化產業與土地自然結合的「煉‧土」為策劃主軸，除了呼應鶯歌陶瓷產業的本質特色，也象徵人文環境與素質的培養就像是「煉土」一樣的點石成金。所以，本案基地空間的規劃，以「轆轤般的旋轉能量」、「以火煉土的成陶過程」、「地景藝術的轉化」、「土的本質」等四個內涵進行具土地與人文的實質對話，邀集台灣四位知名公共藝術家，創作出「坯」、「走泥」、「王者之杖1804」以及「瓷意生活」四組大型藝術品，並結合河畔自行車道打造成的一座空間遊憩區。將鶯歌兩百多年的歷史及其構成的在地文化融入整個基地空間，儼然成為三鶯陶花源別具特色的藝術地標（卓文慶，2009）。
4.台北縣鶯歌陶瓷嘉年華	「鶯歌陶瓷嘉年華」活動為提升鶯歌陶瓷文化特色，帶動鶯歌地區產業的商機及活力，並以親子互動、環境綠化、創意造景、藝術與生活等概念規劃設計一系列相關主題動靜態展示與推廣教育活動，並結合時下最流行的單車與登山活動突顯鶯歌的休閒風，因此藉由活動的舉辦，來展現鶯歌人文魅力、拉近民眾與陶瓷的距離，成為與國際文化休閒觀光接軌的橋樑。期望鶯歌陶瓷在成功地由傳統產業轉型為藝術文化創意產業後，更向「國際陶瓷文化城」的目標邁進。活動目的包含：(1)整合地方產業資源，帶動地方商機；(2)結合親子活動，推廣陶瓷文化；(3)開發觀光資源，發展休閒旅遊，整合觀光資源及陶瓷行銷，增加地方文化特色的曝光，促進產業經濟效益。行銷鶯歌創意景觀，形塑地方環境美化意象。

台灣陶瓷品牌經典特展網站中的陶瓷品牌目錄，依兩項要點：廠商知名度、是否有顯著的商業活動，篩選出一家最具有代表性的陶瓷廠商業者作為樣本個案研究對象，並以日用品陶瓷及藝術品陶瓷廠商為主，廠商皆位於鶯歌陶瓷老街，且擁有自家品牌，**表10-4**為選擇訪談之陶瓷廠商與政府單位。

表10-4　訪談之陶瓷廠商與政府單位

公司名稱	受訪者身分	訪談日期
臺華窯	呂董事長	100/05/18
鶯歌陶瓷博物館	職員	100/05/18

訪談結束後，藉由研究者的分配將錄音檔內容轉成逐字稿，逐句聆聽受訪者述說的內容，以忠實地反應受訪者的原意，在彙整成一篇完整的逐字稿，作為資料分析的本文。將整份訪問逐字稿列印下來，再仔細閱讀受訪者述說的內容，並輔以研究者訪談時的觀察手札，依研究目的加以分類，整理分析後，據以撰寫論文。本研究將研究範圍界定為文化創意產業中的陶瓷產業，陶瓷種類包含日用品陶瓷及藝術陶瓷，而衛生陶瓷、建築陶瓷、工業陶瓷等皆不在研究範圍內。而因人力、物力、時間、金錢等資源上的研究限制，故僅針對鶯歌陶瓷業作為研究對象。

(四)臺華窯簡介

臺華窯成立於1983年，早期開始專營手拉坯生意，銷往外國，在鶯歌陶瓷代工的全盛時期，它曾為香港燒製白坯，外銷青花瓷，賺取高額的外匯。然而，代工只是重複前人腳步，毫無自己面目，榮景終將不會長久，遂於1987年戮力轉型，以創新精神為軸心，標示融古貫今：「現代人要做屬於現代人的陶瓷品，才能表達我們時代的精神，表達出屬於我們

時代的意象。」站在創新的基礎與多贏的基調上，1999年前更斥資設立「臺華藝術中心」，定期展出精湛的彩瓷藝術、現代畫作以及宏廣的收藏，精心布置成為一個具有國際水準的藝術櫥窗，展現耀眼的「台灣光華」，吸引無數中外人士流連忘返，迄今參觀過的國家達二百餘。除了創造還是創造的臺華窯，就像活水不斷，日日傳唱美麗經典。也因此作品多元，符合各客層需要，「只要說得出來的，都做得出來」。臺華窯陶瓷精品及餐具精緻多樣，1988年起榮獲總統府青睞，或為總統府運用，或致贈外賓，形同「官窯」。2005年，更在設計師陳俊良操刀下，以「天圓地方」國宴餐具系列勇奪「亞洲最具影響力大獎」，再次證明臺華窯優越的工藝技術。

「向今日挑戰，呈現明日之作；勇於開創、才能突破現狀，不斷創造、才能不畏模仿。」是臺華窯多年來始終秉持之精神，如今此精神化為無數美麗遍布全球，從美國雙橡園到德國法蘭克福機場，乃至全球的君悅飯店系統等，都看得到、用得到臺華窯的作品。產品銷往五大洲，也常被國家元首選為贈送外賓之首選，更是外交部指定的外賓參觀點，超逾二百餘外國賓客元首參訪紀錄。日本亞細亞航空譽臺華窯為「鶯歌故宮」，連戰先生則讚有「台灣故宮」之美譽（臺華窯官網，2011）。

◆特色與設施

根據臺華窯官網（2011），臺華窯的特色與設施介紹如下：

①品牌精神

走過代工之路，臺華窯將以人文藝術的現代陶瓷，創造雅俗共賞的陶瓷美學，讓人一想到China，就想到臺華窯，在中華民國陶瓷史上，留

下一席之地。如同臺華窯品牌精神
——小篆的「器」字，在每一件作品
裡，扎扎實實烙印出一調無法複製的
品牌之路，且看今日陶瓷域中，臺華
窯將引領新世紀風流。

②琳琅滿目的門市部

　　明淨寬敞的門市部供應各式各
樣的陶瓷作品，提供顧客賞心悅目的
陶瓷；從知性生活到藝術生活化，各
有千秋；只要喜歡，也許十元就是布
置亮麗藝術生活的開始。門市中有各
種不同繪畫風格的創作提供大家作選
擇，因為灌注了台灣多位藝術創作者
的心血，使得這裡的產品與老街其他
的陶藝創作風格有很大的差異。在不
斷研發新的素材與產品的種類前提
下，使得產品日趨多元化、精緻化、
藝術化，顧客層面益加多樣化。市場

逐日擴展分布於世界五大洲，許多國內外五星級休閒中心大飯店亦紛紛傳
真訂購量身打造陳設及日常用器皿，如世界凱悅、希爾頓、香格里拉、西
華、晶華等。「臺華瓷器」十餘年早已將台灣瓷器躋身國際舞台。

　　臺華窯努力跳出傳統封閉的風格，積極進勇於開創的工程，突破現
狀；不斷創造，無畏抄襲與摹仿；打破彝瓷業界製作過程，釉藥配方等神
秘色彩，呈現出多元、精緻、透明、藝術的風貌。

③傳統手拉坯工場

　　臺華窯是全台最大的傳統手拉坯工場，它擺脫過往陰暗、神秘的色

彩，從原土煉製成坯、陰乾、上釉窯到浴火鳳凰船脫穎而出，整個陶瓷煉製過程至歷現，開放性作業，不論參觀、實作，都能讓人刻骨銘心。

④優雅創作空間

這是臺華陶瓷的孕育室，畫師們在專業悠靜的畫室，一筆一筆畫出千千萬萬個美麗的圖案，為陶瓷添上美麗的衣裳，創造視覺的夢幻。

⑤藝術中心

展示歷年來臺華窯努力經營的美麗成果，並提供台灣之國內外藝術家們發表各類作品的另類空間。讓國際色彩激盪出更多創意的精靈，這是一個發表作品的新空間，風貌多采待知音嚮導。

⑥藝術研創室

提供畫家們恣意創作的空間，將畫直接彩繪於陶瓷上，突破了平面畫作的揮灑格局，創造了「永不褪色」的藝術生命，開拓了一片「新台灣」的藝術創作空間。

優雅創作空間、藝術中心、藝術研創室

表10-5 臺華窯之經營行銷策略

經營行銷策略	內容
一、積極的與世界的藝術接軌，開拓國際市場	積極的與世界的藝術接軌，才能讓全世界都可以藉此欣賞到所謂台灣的陶瓷藝術實力。過去鶯歌陶藝只著重在代工的工藝上，現在則已經提升到更高的藝術創作境界，我希望藉此能讓鶯歌陶藝倍增價值，台灣的陶藝創作領先大陸至少十年以上，這是台灣的驕傲，只要不斷創作就無畏模仿，台灣掌握了技術與資源，只要堅持走自己的路，絕對有無限的願景。 近幾年，臺華窯固守台灣本地市場，更積極向國際和中國大陸開拓，呂兆炘強調光是餐具市場產值就很雄厚，近幾年許多國際連鎖五星級大飯店揚棄骨瓷、白盤，都以有飯店Logo餐具來提升格調、品味以及用餐氛圍，很多總裁、地區經理都指定要臺華窯的產品，連總統府國宴，外賓造訪時使用的杯盤，都是臺華窯的，餐具下方還會附上「說帖」，說明這是來自台灣自創的品牌。呂兆炘表示，陶瓷是很生活化的器具，也可以是很時尚、古典或前衛的藝術品，臺華窯沒有自我設限，不強調單一客層，絕不會以現狀滿足，只會堅持以客為尊，將台灣陶瓷發揚光大。
二、無壓力開放空間的參觀模式	無壓力開放空間的參觀模式，是十五年前臺華窯創辦人呂兆炘帶著外國客戶在鶯歌陶瓷老街到處參觀時，頭次前來的客人不解地詢問他，為什麼不能照相？為什麼不讓同行業者入廠參觀？這原是台灣陶瓷業恪守多年的不成文行規，意在不讓同業有盜製機會，但如果一眼即能看穿做法並加以仿冒、複製，表示這作品技法不夠精湛特出，甚至無技術可言。因為外籍友人的一席詢問，促使呂兆炘反其道而行，不僅致力於開發技術，並成為台灣第一家開放成門市經營的窯廠，還訓練專人為顧客導覽，甚至設計簡易的DIY入門課程。
三、自創品牌，增加價值	1983年5月臺華窯成立，當時香港是國際五星級飯店陶瓷陳設品、餐具等設計及供貨中心，臺華窯生產白坯給香港的彩瓷工廠，香港在白坯彩繪加工，利潤暴增三、四倍，如果是彩繪的陶瓷藝品利潤更可觀，呂兆炘心想這錢為啥不自己賺？臺華要有自己的品牌，要有自己的產品。1986年大陸市場開放，臺華窯就研發青瓷、紅釉、烏金、鈞釉、寶藍等色釉，呂兆炘認為，彩繪加工的附加價值留給自己外，利用彩繪技術能讓產品多元化，臺華窯的經營更加靈活。
四、異業結盟	轉型，由「異業結盟」開始。1995年首開產業教育化之風氣，在鶯歌創立百人共享的「陶藝研習中心」。不僅推廣陶藝，讓捏玩陶土、拉坯上色的課程，成為每個人獨一無二的體驗，亦致力培育師資，樹立臺華與眾不同的口碑。秉持日日新的一貫精神，臺華技術不斷錘鍊，把高溫釉彩功效發揮到淋漓盡致，無論是油畫厚重的肌理，或是釉色共融的水彩效果，均能躍然於各式陶瓷作品中，因此，在臺華窯三樓設立的「畫家研創室」，開發了多達五百種以上的高溫釉彩，徹底將釉藥水彩化、水墨化。二十多年來負責人呂兆

（續）表10-5　臺華窯之經營行銷策略

經營行銷策略	內容
四、異業結盟	炘開發了水彩式的釉藥，拒絕為降低成本引進大陸的產品，堅持從生產粗坯到成品全部都在台灣生產與創作。 十年前他開始陸續結合了三、四百位藝術家於陶瓷品上揮灑，如第一屆國家藝術大師鄭善喜、年輕創作者蕭進興和陳士侯等等紛紛在臺華生產的陶瓷上面留下了令人激賞的創作。看上釉彩的豐富度以及陶瓷至少千萬年不褪色的「傳世」特點，不少知名畫家，便以此為畫室，畫出千年不朽之「彩瓷藝術」。如此「產業藝術化」之理念，使得臺華窯與藝術家建立起合作無間的緊密關係，並迸發出無限的創意。臺華多年來都是國宴陶瓷餐具指定的提供廠商，也是全世界凱悅飯店指定的餐具提供者，呂兆炘認為台灣的藝術創作一定要跟世界接軌，讓外國的人士看到台灣的創作就忍不住要買回去，這樣才能真正為台灣的陶藝創作打開嶄新的格局。也因許多藝術家的加入，讓臺華窯由工藝品蛻變成代表中華民國現代精神的彩瓷，改寫陶瓷古老、傳統包袱的形象。也就是在多元化的新時代中，老東西走出了新意象。 設計師柯鴻圖與臺華窯以異業結盟，雙品牌精神合作設計開發，將日用器皿的融入人文精緻藝術的內涵，提升生活美學的品味。此外，與不同產業的異業結盟包括新光三越二十週年慶「好禮相伴」以臺華窯國宴湯盅作為滿額禮贈品、台灣菸酒公司研議一百一十週年紀念酒瓶型設計、工研院「限量陶瓷藝品RFID身分認證計畫」合作開發會議、韓國正官庄公司洽談酒瓶設計、101大樓「101窖藏33年藝術珍釀高粱」與臺華窯合作開發與行銷、臺華窯加盟店於福容集團淡水漁人碼頭輪船飯店開幕。
五、走出代工舊線路，以「創意」重新出發	臺華窯與餐飲業合作十多年，最近觸角更遠及大陸北京及日本餐飲業。呂兆炘之前在營造業界服務，二十八歲才投入陶瓷市場，當時他看到陶瓷材質陸續應用在生活各層面，甚至航太科技上，認為發展前景無限，於是一頭栽入。創業後，僅短暫三年榮盛期，台灣陶瓷業大環境便開始崩盤，和大部分窯廠同屬代工層級的臺華窯也面臨轉型存續問題。呂兆炘選擇轉戰生活藝術精品，但培植人才、開發技術、延聘創意設計師……，在在需要投入大量的時間和經費，這不是臺華窯能夠獨力負擔的，因此當他得知文建會發展陶瓷計畫正公開招標時，即把握機會，一舉奪標。放眼望去，全球陶瓷業集中在台灣、大陸、日本，而行銷經驗比大陸成熟的我們，應有較好的優勢。「多媒材的運用、個性化餐具、質精而量少樣多的產品，應是未來台灣陶瓷業的發展方向，」呂兆炘看好台灣陶瓷未來市場，也希望陶瓷業者都能走出代工舊線路，以「創意」重新出發。

（續）表10-5　臺華窯之經營行銷策略

經營行銷策略	內容
六、逆境中創新成長	「只要是陶瓷，這裡什麼都有，什麼都賣，什麼都不奇怪」臺華窯負責人呂兆炘表示，在台灣整體陶瓷產業萎縮的困境中，臺華窯積極設法創新、突破，打出自己的品牌，堅持走自己的路，才能永續經營和成長，小到幾塊錢的陶偶，大到數十萬元的陶瓷藝品，這裡都能提供一系列設計、生產和販售服務，臺華窯因此榮獲「工藝之店」名銜。負責人呂兆炘認為，陶瓷製品必須跳脫以往的窠臼，將陶瓷產業與文化結合走向「產業文化化」、「產業藝術化」，將產品加入藝術家、文化等因子，才能提升產品價值。 在轉型和經營理念上，呂兆炘表示，人才是根本，要提供員工一切必備的製作技術與知識，並鼓勵提出改善方法與創新形式，其次，釉藥表現與圖樣風格是無限延伸與多變化的，他和每個員工都得具備變化與創新的能力與想法。臺華窯不自抬身價，不好高騖遠，接受小量或特殊規格訂單，以掌控品質與產生創意商品；此外，臺華窯也以開放參觀工廠、舒適的門市裝潢及開設陶藝教室等行銷策略，讓自己在台灣陶瓷業逆境中成長。1996年以後因藝術家參與彩繪創作，他們不拘章法的技巧與觀念，開啟員工多元視野和學習，連帶影響工藝師的風格與技法，加速臺華窯多元化的發展，窯廠還有了豐厚藝術人文氣息。

◆經營行銷策略

　　透過次集資料分析與深入訪談臺華窯負責人與陶瓷博物館職員，本研究歸納臺華窯之經營行銷策略如**表10-5**。

(五)結論與建議

　　台灣景氣不佳，陶業市場亦受極大衝擊，為突破經營上的困境，除了研究開發富有創意且精緻的陶藝品外，更重要的是朝「觀光休閒陶業」轉型與發展，將窯廠開放成為觀光旅遊的據點，提供遊客及愛陶者玩陶、燒陶、賞陶的絕佳場所，因而更能提高窯場的附加價值。而透過國際陶瓷藝術節、打造三鶯之心空間藝術特區、陶瓷藝術園區、鶯歌陶瓷嘉年華更將

陶藝大眾化、生活化，希望能成為鶯歌觀光休閒的窗口，更與其他文化創意產業業者策略聯盟，設立一個多功能休閒展售的空間，重點在於推廣生活休閒的陶瓷藝術；遊客可參觀裝飾陶瓷生產線、大型陶瓷展售門市部及創意陶瓷精品DIY、陶藝教室、展覽藝廊，這種兼具商業、展示、教育等，對於推廣功能的觀光休閒主題園區，將是鶯歌陶藝產業轉型的新契機。

　　從整體環境觀之，鶯歌具備發展文化創意產業之條件，而建立一個具代表性的共同品牌勢在必行，必須先設法讓當地居民產生認同感，而主動成為鶯歌傳統產業的代言人，真正落實「在地人，關心在地事」的理念。最後，透過有計畫的整合行銷策略，必能打響「鶯歌文化產業」之品牌知名度，吸引台灣本地國民前來探訪消費，帶動地方產業經濟之發展，並且將鶯歌傳統之文化歷史加以保存、紮根與推廣。研究發現要推廣鶯歌陶藝的文化創意產業，必須先落實生活美學教育的推廣，擴大台灣之國內市場的需求，並且鼓勵創新，提升競爭力，繼而以整體行銷手法將屬於鶯歌特有的陶瓷品推銷至台灣之國內外，而這需要全體民眾的共同參與。採取策略合作／聯盟結合傳統陶瓷文化與產業，發揮創意，建立全台知名品牌與陶瓷產品年度評鑑制度（品牌的驗證），建構陶瓷產業發展的軟硬體環境實為當務之急。針對鶯歌未來文化產業的發展，本研究提出以下建議：(1)從生活中落實美學教育並加以推廣；(2)透過創新的設計以提高競爭力；(3)和地方社區結合，推廣體驗行銷；(4)透過形象行銷來推廣陶藝產業——地方形象行銷與國際形象行銷；(5)採取策略合作／聯盟；(6)建立陶瓷產品年度評鑑制度與全台知名品牌。

文化行銷

一、文化行銷的基本概念

文化是一種使命，文化行銷勢在必行。文化是經濟的帶動者、文化是內容的原創者、文化是地方的營造者、文化是地方的行銷者、文化是創新者、文化是觀光的創造者、文化是社會資本。文化行銷勢在必行的觀念如下（鄭自隆、洪雅慧、許安琪，2005）：

1.文化復興是未來走向。世界走向文化復興因素：
　(1)工廠太多，精緻走向太少：強調自動、標準化，缺乏文化內涵。
　(2)消費者的新需要：全世界有30%屬中產階級。
2.文化與經濟不可分割。
3.全球化品牌融合。
4.文化保存日益重要。
5.各地利基展現。
6.科技仍然不斷革命。
7.以文化創造商機。
8.文化資源能量的累積。

二、文化行銷的內涵（鄭自隆、洪雅慧、許安琪，2005）

文化是一種生活方式，當「文化」成為「商品」也就需要行銷，「文化行銷」應回歸行銷基本原理。「文化」一詞源自拉丁文Cultura，社會整體生活方式的呈現，不同社會，衍生不同文化，文化也會形塑成組織行為基準。

行銷是一種交換，兩種層次的交換：

1.第一階段：「商品與金錢的交換」──透過銷售獲取利益。

2.第二階段：「廠商企業提供價值或服務與消費者心理的滿足產生交
　　換」──所以必須透過行銷長期的歷程獲得消費者忠誠。

三、文化行銷是怎麼回事（陳明惠，2009）

文化行銷須強調「顧客第一」與「顧客滿意度」。文化行銷是一種
「創造價值」與「增加附加價值」之過程及努力（Value Creation Process
& Value Adding Process）。包括以下三種過程：

1.選擇價值過程。
2.提供價值過程。
3.溝通價值過程。

四、文化行銷與行銷文化（鄭自隆、洪雅慧、許安琪，2005）

文化行銷是「文化行銷」？還是「行銷文化」？文化行銷的重點在
於將文化產品導入市場，也就是透過各種行銷策略進入文化市場達成經濟
目的。一般行銷的中心理念就是「市場導向」（market orientation），而
文化行銷除了市場導向之外還包括「文化導向」（culture orientation）。
在任何產品中，品牌是符號標籤、產品是具體形式，重點在於文化特質內
涵，所以用一個比較明確的說法：「文化行銷其實是在行銷文化。」所
以，我們再次強調自己的品牌或產品需要運用文化的差異特質，來進行各
種行銷組合及行銷策略，並且企圖推出的不只是一種品牌或產品，而是一
種文化。例如：各種在社會上普遍存在的「迷文化」或是「宅經濟」等現
象，都是此文化特質與商品行銷之間，緊密扣連、互動而被強化出來的結
果。

五、何謂文化行銷？

文化行銷的內涵：「文化行銷」從字面上理解，至少有四種意義（鄭自隆、洪雅慧、許安琪，2005）：

1. 各種文化產品或形式的行銷：如影像製品、書籍、舞蹈、雜技等，這裡它們也是商品，自然有其目標顧客群，這些群體又有他們的需求特點，這與一般產品或服務的行銷沒有什麼兩樣。

2. 利用各種文化產品或形式來協助商品的行銷：如汽車新品發布會上的時裝秀、歌星現場表演、背景音樂的播放、背板上布置的名畫等等。

3. 考慮作為社會環境的文化影響下的行銷：行銷學的泰斗菲利浦·科特勒，儘管沒有明確提出「文化行銷」這樣的概念（包括文化、亞文化和社會階層）是影響購買決策的最基本因素，那麼，什麼是社會學意義上的文化呢？按照社會學家戴維·波普諾的定義，指的是一個人類群體或社會的所有共用成果，包括物質的，也包括非物質的，如果你是在香港行銷，那就應該考慮香港人的價值觀、語言、知識等非物質文化和建築、交通、飲食等物質文化。

4. 為了形成一種有利於競爭和銷售的文化而行銷：文化可以理解成一種包括品牌形象、內涵、忠誠、獨特社群（由現有的和潛在的消費者構成）文化等多種元素的東西，這種東西一旦形成，將使品牌的擁有者再與其他競爭者獲得其社群的支援，而處於優勢。

六、文化行銷的類型

有關文化行銷的類型，包含：總體行銷與個體行銷、營利行銷與

非營利行銷、有形文創產品行銷與無形文創產品行銷等，分述內容如**表 11-1**。

表11-1　文化行銷的類型

類型	內容
一、文化市場的總體行銷與個體行銷	1.文化市場總體行銷（例如國家為了有效提升整體或是某一個領域的產業，而進行整體的文化創意之行銷工作，像是香港、紐西蘭等觀光旅遊行銷）。 2.文化市場個體行銷（某一類型的文化單位對於自己任何的產品，進行消費市場的研究調查分析、消費者行為模式分析、產品的定位、行銷組合及媒體計畫等，進行企劃並執行工作）。
二、文化市場的營利行銷與非營利行銷	1.文化市場之營利行銷（所做的行銷工作，主要目的在於獲利）。 2.文化市場之非營利行銷（有時候政府部門的文化機構，以及第三部門的非營利組織，有助於提升自己的文化形象）。
三、有形文創產品行銷與無形文創產品行銷	1.有形文創產品行銷（是針對具有物質性的文創產品所做的行銷策略工作，像是各項出版品、工藝品、家具、飾品、時尚服飾、建築、廣告及平面設計等各項產品）。 2.無形文創產品行銷（是針對非物質的文創產品類型進行各項的行銷策略工作，包括各種音樂及表演藝術活動、傳統民俗活動、藝術節慶活動、文化觀光、導覽活動、文化專業諮詢服務、文化教育學習等各項產品）。

資料來源：鄭自隆、洪雅慧、許安琪（2005）。

七、文化行銷的主題

有關文化行銷的主題，計有以下幾種不同的類型，包括：以空間區分、以產業主題區分、以活動（或事件）主題區分、以人物主題區分等，分述如**表11-2**。

表11-2　文化行銷的主題

類型	內容
一、以空間區分	1.空間規模大小：包括國家整體的文化行銷、區域文化行銷、城市文化行銷、社區文化行銷等。 2.空間主題特性：包括像是博物館行銷、古蹟文化資產行銷、歷史聚落行銷、藝術文化園區及藝術村行銷、建築行銷、觀光風景區行銷、自然地景行銷、文化地景行銷等及其他相關空間主題。
二、以產業主題區分	可以分成有形及無形的文創產業主題，二者包括：展覽行銷、表演行銷、事件行銷、特色產品行銷、品牌行銷、歷史文化行銷、文化設施及藝術園區行銷、電影行銷、電視行銷、文學行銷、故事行銷、圖書行銷、創意生活事件行銷、大型演唱會行銷等及其他相關產業主題等。
三、以活動（或事件）主題區分	國家慶典行銷、傳統民俗節慶行銷、藝術文化節行銷、大型展覽行銷、話題事件行銷、藝術市集行銷等及其他活動相關主題。
四、以人物主題區分	名人故居行銷、名人遺跡行銷、名人的食衣住行特色用品行銷等及其他相關著名人物主題。

資料來源：鄭自隆、洪雅慧、許安琪（2005）。

北投文物館的文化體驗活動

一、前言——博物館在轉型

今天台灣約有七百多座大大、小小的公私立博物館。博物館的功能已從早期的四大功能（典藏維護、研究詮釋、展示規劃、教育推廣）到近代五大功能（加上「休閒娛樂」一項），再到當代六大功能（再加上「經濟產業」一項）的持續發展中。

北投文物館館景
資料來源：北投文物館提供。

為何會有這樣的發展呢？在於大環境的改變，人們生活需求面的影響，文化深度旅遊與文化觀光的興起，使得博物館也跟著轉型。博物館是地方文化發展的重要指標，它是輔助學校、社區以

及社會教育的終身學習場域，具有傳承文化的目的，並帶動經濟產值以及推展文化觀光的價值。因此，博物館與文化觀光，成為21世紀大家在強調休閒娛樂與經濟產業兩大功能下的主要課題與趨勢。博物館的轉型，也就在這兩大功能的推動下，朝複合式經營的模式進行。在博物館與文化觀光發展的帶動下，觀眾學習的模式也隨之起了變化。從過去DIY教學到今天的各種文化體驗活動，觀眾年齡層從小學生轉變為上班族的成人階層，其教育推廣的深度與廣度加強了。觀眾在學習中，不只動手做一件事或一樣成品，而是將所要學習物品背後的文化內涵一起體會與融合，將知識轉換成生活美學，提升了人們的生活品質與美學教養。

　　推動文化體驗活動所牽涉到的不只是博物館本身所扮演的角色，而是整個地域性、生活圈或是周遭生態環境的文化內涵。如何建立「社區共榮、生命同體」的意識，整合地方造景、造產與造人資源，由「營運活化」、「文化培力」與「產業加值」三大價值加值應用模式，進行文化深度旅遊與民俗體驗，已成為時下博物館在教育推廣與文化觀光推動的重要樞紐。以博物館作為平台，建立地方網絡，連接地方社區的發展，整合運用產、官、學、媒等資源，逐步形成地方文化特色，進而擴大觀眾的認同與共識，積累文化內涵能量，並拓展產業產值，促進博物館創新發展與永續經營，運用行銷策略，帶動文化創意產業的經濟效益。

二、北投文物館的轉型

　　北投文物館的建築始建於1921年，時為北投地區最高級的溫泉旅館──「佳山旅館」。園區占地800多坪，現為台灣僅存最大幢的純木造二層日式建築，約300坪，別館陶然居典雅細緻，別有洞天。傳聞日治晚期曾為「神風特攻隊」招待所，1945年後作為外交部宿舍，後轉售民間。1998年台北市政府指定為市定古蹟，現為財團法人福祿文化基金會經營管理。2002年起，聘請古蹟修復專家、傳統匠師進行修復，歷時六年全面整修，於2008年重新

開幕。服務內容含括：文物展覽、藝文表演、會議宴席、場地租用、創意懷石料理、各種文化體驗課程，以及台灣文創藝品展售等。結合歷史建築、台灣及日本文化藝術展演、台灣原住民族文化專題展覽，發展為嶄新多元的文創園區。

　　北投文物館在經過漫長的古蹟整修之後，即以多元化的複合式經營模式重新啟用，朝向文化創意產業平台或中心的目標進行。由於九十二年前「佳山溫泉旅館」的大手筆建置300坪的純檜木建築，因而奠定了今天北投文物館擁有文化創意產業的四大產業產值，即二樓大廣間60帖約30坪榻榻米的宴會廳及檜木舞台屬於「表演藝術產業」、一樓怡然居餐廳的台灣創意懷石料理是「創意生活產業」、一樓入口禮品坊以台灣原住民族、客家及閩南文化特色的伴手禮呈現「工藝產業」，以及5間精緻特展區的「視覺藝術產業」，我們強調的是台灣文化的亮點。北投文物館的內在采風，包含了古蹟、庭園、展覽、茶宴、樂舞、禮品，得天獨厚的機緣，加上多元活化的策略，使文物館得以轉型為精緻的博物館品牌，更朝「服務好、品質佳、有創意」的企業理念邁進。

三、知性‧獨特‧文化體驗‧豐富五感

　　為了將九十二年的古蹟氛圍深度展現出來，並結合特展的內涵，推廣服務客製化，我們提供了各項文化體驗課程，這些體驗課程不只具有獨特性，更能深入文化層面，讓參與者豐富五感，並親身體驗一期一會的珍貴，帶回去的是滿滿的知性、感性與幸福。因此，近年來我們一直推動的是屬於綜合藝術美學的「日本茶道體驗」、「和菓子體驗」、「和服體驗」、「香道體驗」以及配合茶文化特展推出的「土耳其茶文化體驗」等觀眾學習活動，其成果極受歡迎，即從參與者透過臉書的反應及感受，以及不斷有朋友揪團前來報名中顯現出來。後續我們仍將不斷推出符合文物館特色的各項文化體驗。以下簡述五項文化體驗內容。

(一)日本茶道體驗

　　日本茶道源起於宋代的點茶文化，目前在台灣，有日本茶道裏千家的「台北協會」與「北投協會」，會員已有上百位，大家都喜愛日本茶道文化。對日本茶道所呈現的綜合藝術美學與最高境界「和、敬、清、寂」，經由體驗課程瞭解「一期一會」的真意，感受那超脫世俗的精神享受與日本文化的細膩。在北投文物館，觀眾可以體驗到最正統的日式茶道。我們邀請到的是台灣第一位取得日本裏千家茶名的祝曉梅老師擔任講師，她同時是東吳大學推廣部的茶道講師，學習茶道多年，教學經驗豐富，擅長以淺顯易懂的方式帶領學員學習瞭解茶道。除了優秀的師資，我們擁有完美的體驗空間，二樓的大廣間，不論是在空間亦或是建築所呈現出的氛圍，都非常適合體驗茶道。觀眾可以試著想像在大廣間裡架上鮮紅的野點傘，傘旁是典雅的黑色御圍棚，桌面上擺放著精心挑選的茶道具，配合四季變換點綴符合時節庭花及短冊。一旁，亭主（舉辦茶會之主人）流暢的動作，用最真誠、最為對方著想的心，做好每個細節，打一碗茶，獻給最重要的客人。在茶道體驗課裡，觀眾不僅可以享用到最純正的日式抹茶及和菓子或干菓子，還可以體驗自己打茶的樂趣，人生的一碗自己親手打的茶，一定別有一番滋味！我們每個月持續推出日本茶道體驗活動已有五年餘，非常受到歡迎，也希望大家揪團前來報名，只要報名超過10位，即請老師前來教學，體驗時間約1.5小時，收取費用含門票及參觀導覽。

祝曉梅老師（左三）在教學的情形

資料來源：北投文物館提供。

(二)和菓子體驗

　　日本京都的和菓子承襲千年傳統，為了引出抹茶的香味，日本茶道中總是搭配著和菓子一同食用。和菓子除了味覺以外，

還重視視覺的美感。隨著季節的變換，和菓子也呈現了四季的氛圍。為讓更多觀眾在體驗日本茶道之餘，能夠動手做出精美的豆沙糕點，一起感受如同在京都體驗和菓子般的幸福滋味。和菓子最魅惑人心的不外乎「上生菓子」，是可以吃的極品藝術。日本古代文人雅士，以茶會友吟詩作對時佐茶的高級菓子。現代的茶道教室、茶會等活動偶有依循古禮，以季節為主題，風花雪月為名，而量身訂做專屬的上生菓子。我們特別邀請唐和家和菓子工作室的負責人吳蕙菁老師前來授課。課程中老師會先介紹和菓子的歷史，再親手製作兩顆上生菓子，樣式隨季節變動，有青楓、有水鳥、配合文物館的葫蘆文化特展而推出葫蘆造型的和菓子，極受歡迎。體驗時間約1.5小時，收取費用含門票及參觀導覽。

(三)和服體驗

「和服」代表日本服飾的傳統特色。日本「和服」亦稱「吳服」，「和」字源於大和民族；早期日本皇室及貴族所穿的和服樣式皆源自唐朝，而「吳服」專指絲綢面料，是三國東吳時期傳入日本的民族服飾；可見早期中日文化交流深深牽動著日本和服的發展。明治時期日本政府極力推動現代化工業，「洋服」大量取代了「和服」，傳統服飾漸漸式微。大正時期，女性主義的抬頭與1923年關東大地震之故，女性發起了服裝西洋化的行動，拒穿「和服」成了流行潮。然而，時代轉入到今日的平成年代，「和服」再度成為重要場合與活動的潮流服飾，逐漸被定位為節慶或祭典的正式熱門衣著。為了讓民眾體驗到日本優雅與內斂的衣飾文化，穿上美美的和服留影紀念，特別邀請鄭姵萱老師（京華日本舞學苑）提供完

祝曉梅老師（左二）教學情形
資料來源：北投文物館提供。

吳蕙菁老師在教導製作和菓子情景
資料來源：北投文物館提供。

鄭姵萱老師（中間站立者）團隊與和服體
驗學員合影
資料來源：北投文物館提供。

整的和服及配件，花上一、二小時的裝扮，引領民眾在繁雜忙碌的心靈處再次啟動生活審美藝術。收取費用含門票及參觀導覽。

(四)香道體驗

香道，一般多以為源於日本，事實上係中國人發明的，資料可查自宋朝品香即為文人雅士的一種休閒活動，今日隨物質生活的提升亦帶動精神生活的昇華，開始有一群現代的雅士因沉醉「沉香之美」亦推廣「品香」的活動，將品香的藝術融於生活樂趣中。為了推廣香道藝術，我們特別邀請許文濱老師將一些香道的基礎概念、使用方法介紹給喜愛沉香的觀眾，讓大家認識「品

小朋友努力製作線香的情景
資料來源：北投文物館提供。

許文濱老師讓大家認識香道的器具
資料來源：北投文物館提供。

香」對人們內在修養與外觀氣質有絕對的助益，不妨利用品香靜下來調調氣息，提升自己的智慧。許文濱老師的體驗課程首先介紹中國香道的精神、美學與歷史，再介紹各國沉香產區地理位置，接著欣賞坐忘谷香道示範，最後讓學員親自體驗製作線香。需要注意的是，上課學員當天不可噴灑香水，手部不可擦乳液，為了避免品香爐殘留味道，影響香氣。且品香體驗過程不宜配戴戒指、手環、手錶、長項鍊等貴重物品。體驗時間約2小時，收取費用含門票及參觀導覽。

(五)慢活樂活的體驗

　　博物館在轉型，過去以展覽和教育推廣為主，現在以附設餐飲及禮品坊作為休閒娛樂的場域，同時推出生動具內涵的各種文化體驗活動，提升觀眾學習的深度與廣度，也讓博物館轉換成文化創意產業的平台，且在文創產業中扮演重要的角色。今天的北投文物館已摒除一般人對於博物館的刻板印象，轉型為慢活樂活的情境，提供觀眾學習多元休閒的文化體驗與知性之旅，讓人們可以放慢腳步好好享受不同的氛圍與體驗活動。同時讓人們感受到博物館的文化藝術核心與意義，讓觀眾學習在博物館群間漫步悠遊，提升生活品味與美學修養。

資料來源：李莎莉（2013）。〈博物館觀眾學習的轉型──以北投文物館的文化體驗活動為例〉。《博物館簡訊》，專題報導──博物館觀眾學習，第63期，2013年3月號。

八、行銷的本質

　　根據Kotler與Armstrong（2007），行銷觀念即強調顧客的重要性和消費者的滿足，且認為行銷活動必須以顧客為主要考量。透過一系列而達成

組織目標的活動，提供產品、服務或觀念以滿足消費者需求，即為行銷觀念。行銷觀念落實於企業組織或活動內，就具有市場導向行銷觀念。企業必須整合組織內各項資源，共同致力於滿足顧客長期、廣泛的需求，同時兼顧企業組織目標，以為永續經營之道。行銷組合與觀念延伸──行銷演進的歷史：生產導向─產品導向─銷售導向─行銷導向─消費者導向─消費者滿意─整合行銷。

1. 生產導向：認為消費者喜愛任何買得到且買得起的商品，因此工作重點為改善生產和配銷技術。
2. 產品導向：產品導向時期，廠商相信消費者喜愛品質功能極具特性的商品，因此致力於追求品質提升與改良。
3. 銷售導向：廠商被迫於競爭環境必須以銷售和促銷吸收消費者，著眼於產品的大量銷售創造利潤。
4. 行銷導向：傳統4P（產品、價格、通路、推廣）以廠商（賣方）立場思考。
5. 消費者導向：以4C（消費者、物超所值、便利性、溝通）消費者（買方）立場著眼。
6. 消費者滿意：4V（多用途、多價值、多元化、多共鳴）。
7. 整合行銷：以廣告、人員、促銷、公共關係整合行銷溝通達到最大傳播效益。

九、文化行銷的意義

根據黃維邦（2007），文化行銷的意義可分為：為營利、為形成一種生活型態、為滿足消費者體驗、為永續經營而文化。

(一)為營利而文化

文化是很難定義的，因此它的成本可多可少。文化往往與效率背道而馳，很容易落入為文化而文化的陷阱，而忽略了文化行銷的目的。從經營的角度來看，文化是顧客在超出有形的商品和可以描述的服務內容之外所希望而且實際又得到的東西。你為顧客提供的這種東西越多，顧客對你的依賴就越多，你在顧客的心中就形成某個固定的聯繫或形象，這種聯繫超乎有形的產品或可計量的服務，很難因為競爭者的加入而輕易改變，這才是文化經營的魅力。行銷者要面對的是，必須在成本控制和提供更多的服務以促進特定社群文化的形成中做出平衡。

(二)為形成一種生活型態而文化

「文化」是一種生活型態，其形成係由一群人的「生活主張」，經由更多人的認同，形成一種「生活型態」。例如，一群人基於節能減炭，主張騎自行車救地球，而孕育出一種生活品味，當愈來愈多人跟進即會形成一種生活型態。

(三)為滿足消費者體驗而文化

「滿足體驗」是文化創意生產力的終極競爭關鍵，在市場機制中，賣方以其專業創造「滿足體驗」的娛樂產品，消費者因認同或需要其「體驗」的價值。買方與賣方、需求與供應達到和諧的平衡，市場就能健康活潑的成長。文化這個產業不像其他行業可藉由生產力提升而獲利，不會因為製程創新、技術提升而縮短生產作業的時期：一個鋼琴家、舞者、電影導演、演員、畫家的養成與訓練，所投入的時間與人力，百年來依舊一樣，科技再怎麼進步，這個產業的專業，還是需要一步一腳印地累積。

(四)為永續經營而文化

　　文化產業除了行銷學上的四個P，就是人、服務流程和建構硬體設備。這些都是文化資產的一部分，來自文化內涵的台灣可用這些來強調優勢，別的國家無法取代。文化進入行銷範圍後，所展現的即是為永續而戰的執行力嗎？有三個條件：(1)有無被具體定義；(2)是否有足夠的數量維持事業永續經營；(3)所有接觸的地方，如音樂、食品、語言等都可以變成事業的通路。

　　如何經營？如果只是生活產業，對經濟發展有限，但變成文化產業，對社會貢獻更大。但是，有些經營者反映，辛苦回收的價值不夠，好不容易開發的創意，一下子就被人抄襲智慧財產權。創意產業是動態的，不停的，創意來自於如何演變，如何讓別人非買你的產品不可才是成功的。

十、創意產業的特殊性

　　根據文建會所述：「源自創意與文化積累，透過財產與應用，具有創造財富與就業機會，並促進整體生活環境提升的行業。」而英國官方的概念則是：「創意產業起源於個人的創造力，技能和才華，透過產生與開發為智慧財產權後，具有開創財富和就業機會的潛力。」

1. 創意產業價值鏈式產製流程：操作資源（人才、文化、生活）→內容（創意者→創意內容）→市場發行操作（商業化→製作產出→行銷→配銷通路→最終消費者）。
2. 創意產業行銷的問題與任務：
   (1)問題：目標顧客需要的創意產業產品是什麼？創意產業產品的商品組合是什麼？創意產業產品如何帶給目標顧客？如何維持

與改變產品組合，以求永續生存與發展？

(2)任務：定義顧客需要與價值、設計該價值、傳遞該價值、維護／更新價值組合。

十一、文化創意的基本元素（廖世璋，2011）

文化力、文化創意的邊陲性、文化創意需要社會有容忍空間、瞭解需求與供給、文化創意是一種生活型態的提案、在地經驗、是自由但團體的、需有熱情的投入、多元動態組合、跨業跨領域的合作資源整合、異業結盟再造多元文化、文化創意的藝術本質。

十二、文化創意在回歸最單純的切入點（鄭自隆、洪雅慧、許安琪，2005）

文化創意在回歸最單純的切入點就是說一則動人的故事：

1. 「說故事」，現代行銷的新趨勢。
2. 故事創造力為品牌加分：你行、我也行、儀式化行為、文化關懷、公益感動、精神意義的傳說、故事接龍、生活片斷。

十三、有形的文化創意產品行銷企劃（廖世璋，2011）

(一)文化行銷企劃之主要流程

行銷企劃之流程包括：開始從企劃目的、IOF行銷分析及STP行銷定

位（簡稱六芒星模式）、PCRV不同參考端的行銷組合、替選組合評估、定案及推出產品、執行行銷策略及管理、媒體宣傳計畫、方案檢討等工作項目。

(二)外在、內在、溝通三者整合之企劃概念

從消費者溝通的層面，必須瞭解消費者內在的需求與動機以及外在影響消費的因素，需要整合的層面分為品牌端與消費者端。

(三)產品、品牌及行銷三者整合之企劃概念

產品、品牌及行銷策略等三者的關係，為具有互為影響性及一致性，在品牌、產品、行銷等三者「三合一」共同整合企劃下，其有關的企劃流程主要包括：

1. SWOT分析：優勢、劣勢、潛力、威脅等各項分析工作。
2. 品牌及產品定位：也就是包含文化定位及產品定位等工作。
3. 品牌形象策略及產品設計策略：包含文化印象及產品構想與設計等工作。
4. 產品行銷策略：就是各項行銷組合方式的分析與評估等工作。
5. 媒體傳播計畫：各項媒體的管道類型、議題及發布時間等各項工作。

文化創意產業是一種流行，也是一種趨勢，文化創意的商業化流程是必要的，商業化過程包含創業和行銷。

(四)企業成功的四大基石

1. 評估機會。

2.策略領導。

3.組織能力。

4.持續力。

(五)市場成功三要素

1.靠直覺。

2.靠機會。

3.靠執行力。

(六)行銷企劃三層次

1.實踐行動的規劃。

2.各種可得資源評估。

3.仔細推敲的目標。

(七)行銷企劃三力原則

企劃構思要有創意力、企劃內容具有說服力、企劃專案具有執行力。

(八)行銷企劃流程三步驟

1.Think：(1)行銷問題的釐清研究；(2)行銷資源分配與建議；(3)行銷
策略分析擬定。

2.Do：(1)嚴格的控管與執行；(2)預算的控制；(3)效率、機動、彈
性；(4)危機處理。

3.Review：(1)行銷廣告成果追蹤調查；(2)檢視問題；(3)下一階段的
策略建議。

十四、行銷策略過程（廖世璋，2011）

> 策略過程：消費者需求➔商品開發、定位➔整合行銷傳播主題設定

(一)消費者行為策略

係指消費者對商品或服務，表現出尋找、購買、使用、評估等四種行為。

1.消費者需求。
2.精確區隔消費者：S區隔；T選定目標市場；P定位。
3.消費的區隔與分類，分為：(1)已經存在消費者；(2)潛在消費者。

(二)行銷策略

1.商品開發與定位。
2.品牌經營。
3.傳播策略（主題設定、建立責任評估準則）。
4.執行策略（基本行銷策略工具：4P；支援性行銷工具：資料庫行銷、關係行銷；說服性傳播工具：與消費對話、廣告行銷、直效行銷與公關行銷）。

(三)目標行銷之步驟（STP）

1.市場區隔：確認區隔基礎、剖析區隔市場。
2.市場選擇：衡量區隔市場吸引力、選定目標市場。
3.市場定位：目標市場定位、針對目標擬定行銷組合。

十五、企劃立案（鄭自隆、洪雅慧、許安琪，2005）

企劃書撰寫，撰寫企劃書提案技巧5W2H1E：敘事（WHAT）、何因、何時、何地、何人、預算、怎麼進行、評估。

(一)企劃思考

創業流程和行銷歷程在企劃思考階段包括：

1.掌握機會。
2.策略領導。
3.組織能力。
4.持續力。

(二)提案技巧

提案技巧包含五種思考的面向：

1.嚴謹的策略。
2.與客戶共鳴。
3.精采的表達。
4.縝密的說服。
5.問題解決者。

(三)提案特性

提案是廣告公司向客戶作有關廣告活動、企劃或是結果的報告，通常具有兩種特性：

1.傳播過程，即溝通的過程：「五動律」——動腦、動口、動手、動容、動心。

2.行動的過程：「五多法」——多讀書、多思考、多歷練、多觀摩、多演練。

關於提案的構面與內容，彙整如**表11-3**所示。

表11-3　提案的構成、準備功課、心理建設與提案者作為

提案的構面	內容
提案的構成	1.界定提案目的 2.確定提案的架構 3.充實提案內容 4.想通提案的論點（強化體質）
提案準備功課	1.提案內容準備： 　(1)資料整理 　(2)思考過程、構思 　(3)時間管理 　(4)提案切入方式 　　• 條列重點 　　• 卡片分類法 　　• 字首法 　　• 反論、對比法 　　• 借力使力法 　　• 傳話法 2.提案輔助工具準備： 　(1)口語提案與企劃書面內容的結合 　(2)準備小抄 　(3)專業術語應該淺顯易懂 　(4)模仿別人 　(5)輔助工具
提案心理建設	1.提案恐懼症： 　(1)不習慣在大眾或陌生人面前說話 　(2)害怕產生自我否定及傷害自我形象 　(3)缺乏自信或負面思考方式 　(4)不知如何講與不知道要講什麼

(續)表11-3　提案的構成、準備功課、心理建設與提案者作為

提案的構面	內容
提案心理建設	2.克服恐懼、戰勝自己： (1)充分準備與演練 (2)積極正向的想法、態度與自我對談 (3)深呼吸與薩娜芙擠壓法 (4)激勵自己 (5)表現出自信的樣子與肢體語言 (6)把注意力集中在聽眾與演說內容上
提案者作為	企業發言人角色扮演與工作實務： 1.統一對外發布消息口徑： (1)新聞稿的寫作 (2)從容大方的接受訪問 (3)簡報技巧 2.注意角色扮演與態度： (1)誠信的態度 (2)不可過度自我膨脹 (3)不要過度以專業自評 (4)公私分明

Chapter 12

文化品牌經營行銷

一、品牌的定義及功能

(一)品牌相關定義

依據美國市場行銷學會（ＡＭＡ）的定義是：品牌是一個名稱（name）、術語（term）、標記（symbol）、符號／象徵（sign）或者設計（design），或以上項目綜合，其目的是用來辨認某個銷售者或者某群銷售者的產品或服務，並使與競爭者的產品和服務區別開來。對於企業，品牌是一項具有策略意義的無形資產。對於消費者，品牌的作用可以從實用功能、情感功能和象徵功能等多角度來考察，在情感上，品牌能喚起消費者的以往體驗，是時間維度上的一個恆久紐帶。在各種品牌定義中，可知品牌為企業物質文明和精神文明的統合。品牌在形式上是一種標識，一種感知符號、聲音符號，歷史及聲譽的形象與品質的承諾，其跨越了視覺辨識上的功能，使消費者能夠辨識產品或服務與其他產品的差異，並使消費者在屬性、價值、文化、利益、個性、消費者等方面，獲取不同意義，進而使消費者與產品產生除物質之外，心理層面之連結，積累顧客對產品的忠誠度。

(二)品牌功能（廖世璋，2011）

品牌的功能可分對內與對外兩大部分的主要功能：(1)對內部分為涉及事業體單位本身；(2)對外則是外面的消費市場。

品牌是為了協助消費者視覺的辨識，從生產者角色，品牌係用以區隔競爭者，從社會者角色，品牌用以監督企業責任與企業公民的角色。品牌管理包括品牌知名度、品牌忠誠度、顧客滿意度、知覺品質、品牌聯想及其他品牌資產，區分為六個階段：

1.創造品牌特色。

2.追求品牌績效。

3.建立品牌意象。

4.分析品牌評價。

5.塑造品牌感覺。

6.顧客品牌共鳴。

可簡化為三個主要方向：

1.計畫：創造品牌特色並發展品牌策略及行銷溝通計畫。

2.執行：整合資源，執行品牌行銷溝通計畫。

3.考核：與消費者對話，以修正計畫並形成持續的品牌管理。

二、品牌定位相關理論

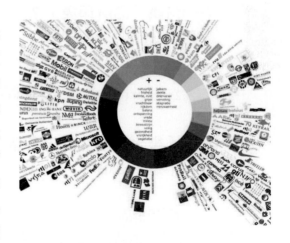

品牌建設的首要著重於企業文化與品牌文化，針對目標市場進行品牌定位，這直接關係到企業品牌行銷策略的成敗關鍵，也是企業實施品牌行銷活動的基礎。企業透過準確的品牌定位，就可以確立市場中的競爭優勢，從而在市場競爭中立於不敗之地。在品牌定位的諸多學術研究中，品牌定位理論可分為兩大部分：市場定位與心理定位兩大面向，兩者相輔而成。市場定位是選擇與確定市場之程式，此程式包括瞭解市場需求，分析企業與競爭者之優勢與劣勢，並擬定形象、價格、功效、技術等定位的品牌行銷策略。心理定位目的則在試圖使企業或產品能

在市場定位因素之觀點具有獨特性，然後利用行銷工具（例如廣告、公共
關係、銷售點等），促使產品能夠移入消費者購買決策中。不論是市場定
位或是心理定位，其意義都在於使企業、產品或品牌能在消費者的價值
判斷上，相較於競爭者具有差異化與競爭優勢。本文核心是品牌文化主
軸，以心理、精神與感知層面的利益及心理定位層面進行討論。在同質化
的產品、甚而同質化品牌日增的競爭潮流中，品牌文化之特點將使品牌定
位有清晰之脈絡依據，且由於品牌文化之獨特性格，不易模仿性和持續性
之特點，能夠成為品牌長青之競爭利器與品牌持續創新方針。品牌定位即
對現有顧客心理或是未來潛在顧客心理的定位或再定位。品牌定位以顧客
為中心出發點，力求品牌定位模式能夠達到在顧客心中強勢占位。品牌
建立如何確保其品牌定位能夠占住目標消費者之心中關鍵位置，其品牌精
神、文化讓消費者所能接受，符合消費者之精神層次認同與需求為品牌成
功的重要基石（王新新、王李美玲，2010）。

(一)何謂「品牌印象」？（廖世璋，2011）

1.品牌印象來自聯想。
2.因素：(1)特徵；(2)利益；(3)態度。

(二)「幾米繪本」文化商品品牌延伸的啟示（鄭自隆、洪雅慧、許安琪，2005）

1.文化商品必須「行銷」。
2.文化商品必須銷售「故事」。
3.文化商品必須與「大眾媒體」結合。
4.文化商品必須長期經營。

(三)品牌知識（廖世璋，2011）

1.搜尋的成本。
2.交易的成本。
3.使用的成本。

(四)品牌知識建構（鄭自隆、洪雅慧、許安琪，2005）

1.品牌知覺：就是品牌知名度，目的在於形成消費者的品牌回憶及確認。
2.品牌印象：品牌印象來自與聯想有關的四個子題：
  (1)品牌聯想類型：三要素──特徵、利益（功能性利益、符號性利益、經驗性利益）、態度。
  (2)品牌聯想強度：來自使用者經驗的頻率，以及所暴露的傳播工具的量與質。
  (3)品牌聯想偏好：係消費者經評估後，所產生的品牌偏好。
  (4)品牌聯想獨特性：在眾多品牌聯想中所突顯該品牌的獨特點。品牌聯想獨特性也強調USP──獨特銷售主張及定位；建構USP有三個要件：
    • 須強調特定的商品利益。
    • 廣告所主張特色必須是競爭者無法模仿。
    • 訊息必須明確，可以在廣告清楚說明。。
    定位方法可以有如下的思考：
    • 第一定位：如第一高峰玉山。
    • 對比定位：兩者品牌比較。
    • 特色定位：如藍晒圖。

(五)消費者滿足（鄭自隆、洪雅慧、許安琪，2005）

消費者滿足來自三個階層：

1.工具性需求滿足：功能性的滿足。

2.社會性需求滿足：以消費來突顯社會階級。

3.心理性需求滿足：文創產品DIY滿足成就感。

(六)策略聯盟（Porter and Fuller, 1986）

◆策略聯盟型態

策略聯盟以合作型態來分，可分為：

1.X為垂直聯盟：為企業間垂直的分工（幾米之上中下游廠商）。

2.Y為水平聯盟：為企業間水平的分工（雲門與異業間的合作）。

◆策略聯盟必備條件

一般而言，策略聯盟必須具備如下的條件：

1.聯盟者。

2.目的。

3.互惠關係。

4.有一定的期間。

5.參與企業或機構仍保持獨立性。

(七)費雪賓模式

費雪賓模式（Fishbein Model）是指消費者對於產品品牌的態度

（attitude），是受消費者對該產品品牌的所有考慮屬性所抱有的信念（belief），以及對該屬性的權重（weight）相乘積的加總而得。費雪賓模式（Fishbein, 1967），其公式如下：

$$A_{kj} = \sum_{i=1}^{n} W_{ki} \; B_{kij}$$

k：消費者
j：品牌
i：屬性
n：屬性的數目
W：權重（Weight）
B：信念（Belief）
A：態度（Attitude）

◆費雪賓之行為意向模式

行為意向主要受到態度以及主觀性規範二者之牽動：

消費者接受行銷訊息的說服，有時基於對產品利益點的理性思考，有時基於感性或柔性資訊如音樂、代言人改變消費者對產品的評價態度的說服與改變和個人認知涉入有關係。消費者必須具備足夠的動機，才會處理說服性的訊息，消費者個人主觀判斷消費行為所引起的可能回應。強調其他人的意見對於消費行為上的影響。

消費者對品牌先有強烈的情感反應，此一情感反應再直接表現在行為。最後，才發展出信念來支持其行為。消費者首先依照他們的情感、情緒與想像，而以一種整體的基礎來評比品牌。當整體的感覺不錯時，消費者便會採取購買行為，而對於該品牌的屬性信念則是在購買行為之後才形成的。

站在「消費者」的情感、行為、認知，這三種情況而言：

1.情感方面：每個人對於任何東西或產品，講究是一份「緣」字，因

為在消費者的價值觀裡，會考慮許多層面之後，才會考慮是否要買
這麼一來東西買了之後才有份「情感」，那麼就會去珍惜它、保護
它，不是嗎？

2.行為方面：消費者的行為一切取決於個人的「購買慾望高低」而論
定。現在消費者一個共通最大毛病就是，只要在商品貼上「限量
品」大家都會強先買到這樣的產品，自己覺得很了不起的樣子。

3.認知方面：一樣的產品對於消費者是相當重要的，那是因為產品的
信譽度、知名度、信用度等等的認知，對於消費者的心態是相當重
要的，不是嗎？

三、品牌忠誠與品牌資產相關理論

王新新、王李美玲（2010）指出，品牌策略並非基於只是創出一個
新品牌名稱、一個圖騰商標，更重要的是如何呼應消費者需求後，使忠誠
的顧客產生持續購買行為而使品牌資產獲得積累。關於消費者對於特定品
牌所表現的忠誠度行為，學界有許多理論與實證研究，對於品牌忠誠度的
定義，學者傾向有兩種概念，一為行為的忠誠，另一為態度上的忠誠，品
牌忠誠度的提升就代表著品牌資產的累積。品牌資產相關概念與評量學說
豐富，大致視角下的品牌資產概念，可從財務觀點、市場觀點、顧客觀點
三個方面探討。Aaker（1991）認為品牌資產是與品牌、品牌名稱和標誌
相聯繫的，能夠增加或減少企業所銷售產品或提供服務的價值和顧客價值
的一系列品牌資產與負債。他將品牌資產構成劃分為五個方面：(1)品牌
忠誠度；(2)品牌知名度；(3)品質認知度；(4)品牌聯想；(5)品牌資產的其
他專有權。由這五個方面構成的品牌資產，不僅能為消費者提供價值，同
時也能向企業提供價值。Aaker認為強勢品牌之所以有價值，能為企業創
造巨大利潤，是因為它具有高度的知名度、良好的知覺品質、穩定的忠誠

消費者群和強有力的品牌聯想（關聯性）等核心特性。

(一)品牌權益之意義與功能

「品牌權益」一詞來自會計學，以財務觀來看，品牌權益是商品或服務冠上品牌後所產生的額外現金流量；從公司觀點而言，品牌權益來自於品牌所帶來的策略性、競爭性優勢，因為有知名度的產品，可以替公司新產品及延伸品牌提供行銷基礎，並阻擋競爭者的攻擊，或減少進入市場的障礙。

品牌權益可分為品牌忠誠度、品牌知名度、知覺品質、品牌聯想及其他專屬品牌資產（競爭優勢）等五大構面。品牌權益可提升行銷計畫效率，強化品牌忠誠度、高價出售商品或服務。

(二)品牌忠誠度之意義與建立品牌忠誠度之策略

◆品牌忠誠度之意義

品牌忠誠度包含四種意義：

1.偏見的選擇行為。
2.重複購買行為。
3.抗拒品牌轉換。
4.高度的購買機率。

品牌忠誠度乃品牌價值之核心，一旦企業產品或服務建立品牌忠誠度後便可有以下的價值：

1.降低行銷成本。
2.維持老顧客、吸引新客群。
3.提供交易槓桿。

4.有時間回應競爭者威脅。

◆建立品牌忠誠度之策略

建立品牌忠誠度之策略如下：

1.瞭解消費者需求。
2.接近消費者。
3.管理及衡量顧客滿意度。
4.提供出乎預期的服務。
5.資料庫行銷。

四、品牌文化相關理論

　　王新新、王李美玲（2010）指出，品牌文化是品牌在經營中逐步形成的文化積累，代表著企業和消費者的利益認知、情感歸屬、文化價值觀，為品牌與傳統文化及企業個性形象的總和。與企業文化的內部凝聚作用不同，品牌文化凸顯企業外在的宣傳、整合優勢，將企業品牌理念有效地傳遞給消費者，進而在消費者的心靈裡占有一席之地。品牌文化為凝結在品牌上的企業精華。Scott David（2000）將品牌形象設計為品牌價值金字塔（brand pyramid）模型，該模型顯示，品牌形象的基礎是品牌的屬性，而最高層次是品牌的信仰和價值，這正是品牌文化的核心價值所在。

　　品牌既是文化的載體，品牌本身也是文化的表現。根據各種對品牌文化的定義，品牌文化應包括三個層次的內容：首先是外層品牌文化，即品牌文化物化形象的外在表現，它包括品牌的名稱、包裝、標識、色彩等，這是品牌文化最基本的要素。其次是中層品牌文化，即品牌在管理、行銷活動中所滲透的社會文化的精華及民族文化的成果總和的展

現，它包括品牌口號、廣告內容、公關活動、品牌管理方式、品牌行銷方法等，使品牌文化得以體現。最後是品牌的深層文化，即品牌文化的精神，它包括品牌理念、品牌價值觀、品牌情感、品牌個性等，這些都是在長期的品牌建設過程中形成的，它滲透在品牌的一切活動中，也是品牌文化的靈魂和核心（王新新、王李美玲，2010）。

品牌文化理論認為產品是品牌的基礎，顧客為品牌經營的中心。對消費者而言，產品的功能性價值是購買品牌產品的前提，如果產品失去了其本身應有的功能性價值，該品牌將難存續。顧客是品牌經營的中心，現代企業要以消費者的需求為導向，以顧客滿意為目標，有效整合企業的各項資源，實現經營目標。品牌經營的目的不是企業的自我識別，而是品牌的市場價值，是品牌帶來的顧客價值。因此品牌唯有與消費者結合方有價值，文化是品牌的靈魂所在，強調品牌要符合社會文化的發展，要與消費者的文化背景、宗教和政治相融合。品牌行銷策略構建的不是產品或企業的符號，而是消費者對企業的認同，這種認同是以文化為基礎和歸宿來進行的（王新新、王李美玲，2010）。

歸納上述文獻探討，可知品牌文化是企業文化在行銷過程中的集中表現，是決定品牌構造的價值取向、心理結構、行為模式和符號表徵的綜合，也是品牌構造的價值內核。品牌文化是品牌所反映的企業文化與消費者文化的結合，是企業和消費者共同作用下形成的對品牌的價值認定，是體現企業精神，滿足消費者需求的最重要內涵。因此，有學者提出品牌文化就是品牌的核心價值理論觀點，認為品牌文化才是品牌的核心價值，它決定了品牌存在的方式、演變的路徑，品牌文化是品牌的精神理念，是企業和消費者共同構建的價值觀。

五、文化品牌與一般品牌的關係（廖世璋，2011）

文化品牌與一般品牌的關係為何？有關文化品牌與一般品牌之關係，一般品牌無所不包，但是文化品牌比一般品牌更強調透過文化（或藝術）的觀點去思維品牌的開發與經營等，也期望能透過文化品牌產生自己的風格與特色。其中主要的概念是「品牌文化化」及「文化品牌化」的雙層意義。

第一，在「品牌文化化」方面，將一般的品牌引入文化元素作為經濟生產的思維，品牌因為文化而凸顯特色、建立風格、提升消費者的識別度及形象。

第二，「文化品牌化」主要是文化藝術領域不僅以創作的觀點，而是以品牌經營的觀點去經營文化藝術產業，諸如：視覺藝術、音樂及表演藝術、工藝創作、服飾及產品設計等各項創作。

此外，我們再從對外部方面及對內部方面等不同層面進行討論，來分析「文化品牌」與「品牌文化」之關係，分析如下：

第一，在對外部方面，我們對外建立的「文化品牌」，目的在於強化消費大眾的認知及印象，並且以此所生產的各項產品都有一致的調性，在消費者心中將形成一種特定的「品牌文化」特質。

第二，在對內部方面，在建立品牌同時也會對內部員工們共同形成屬於該單位的「品牌文化」，該文化使得員工彼此分享規定以外的整個文化氛圍，共同工作邁向一個目標清楚的「文化品牌」。

文化品牌的類型可分為：

1.企業文化品牌：例如臺華窯、琉璃工坊、琉園、法藍瓷等。
2.公有文化品牌：例如故宮、陽明山等。
3.組織文化品牌：例如慈濟、法鼓山、佛光山等。

4.個人文化品牌：例如幾米、雲門舞集等。

5.地方文化品牌：例如鶯歌陶瓷、水里蛇窯等。

文化品牌的類型

六、構成文化品牌的要素（廖世璋，2011）

一般品牌主要由品牌本身、產品及事業體三者為基本要素。構成文化品牌的七個要素為：

1.起源故事：品牌就是故事，人會以故事的形式去思考，因為故事能滿足消費者的好奇心，且大多數的人都會追尋傳奇。例如：初次相識剛見面的人會問：你是哪裡人？所以，出身的故事是最讓人感興趣的。此外，有時消費者會喜歡透過商品來消費背後的某些故事，例如：消費者自己喜歡的明星，他們便會想要透過許多商品進一步瞭解明星的故事。

2.信念：品牌要問自己的信念為何？信念就是你希望人們堅定相信的

概念。因為信念就是相信，許多信念就是企業存在的價值，信念可以定位出企業的特質差異形成力量。

3.象徵：象徵是意義的濃縮，讓別人對於一種品牌的性質與價值立即產生共鳴。此外，也可以作為具有社會意義的象徵。而有時聲音或氣味的訊息都可以用來表達象徵。

4.儀式：在日常生活當中充滿儀式，所謂「儀式」就是「將品牌或是概念的接觸點，變得很愉悅、吸引人、有品質、簡化、輕鬆、好玩」。像是新的產品、政策、思維推出時都可以利用儀式來凸顯其重要性，像是某些百貨業的開幕，或是新書發表會來個簽名會儀式等，許多儀式可以透過參與體驗達到趣味性。

5.非我族類：就是去區分哪一些不是你的族群的人，如此反能掌握自己的特質，發揮潛力、凸顯出自己的信念。

6.通關密語：語言決定身分，醫生、演員、教師、程式設計師、店員等都有一套屬於自己的關鍵行話，通關密語不只是專業術語，更是瞭解實務經驗，凝聚團隊力量的關鍵。此外，新生語言具有力量，每一種信仰都會自創新的語彙，對相信的人特別具有意義。通關密語幫助消費者來完成一整套的產品消費過程，讓他們感到愉悅。

7.領導人：事業體需要領導人且領導人象徵組織的個性，缺少領導人則企業會群龍無首，領導人的風範有助於品牌加值。領導人的傳奇故事能成為品牌行銷的主角，也有助於建立品牌特色。

幾米品牌15周年企劃：前進日本大地藝術祭

　　繪本作家幾米，1998年首度發表《森林裡的秘密》和《微笑的魚》，之後陸續完成《向左走・向右走》、《月亮忘記了》、《地下鐵》、《星空》、《躲進世界的角落》等多部知名作品。目前已出版45本繪本，溫柔清新的風格與深刻寓意，開創圖文書中的成人繪本時代，不僅感動台灣讀者，也透過十多國的譯本、

超過1,000萬本的全球發行，深深觸動亞洲、歐洲、美洲等地眾多讀者的心。經營幾米品牌的墨色國際，十多年來以幾米的圖像創作為出發點，透過繪本出版、影視動畫改編、跨領域整合行銷、周邊商品開發，塑造幾米的文化品牌形象，獲得廣大讀者與消費族群的認同支持，持續創新繪本前所未有的附加價值，確立幾米「由文化內容衍生為文創品牌」的特殊地位。2008至2014年，於兩岸三地成功舉辦多場大型巡迴展覽，也累積許多規劃設置公共藝術裝置的經驗，包括近幾年廣受好評的宜蘭幾米文化廊帶、南科台積電幾米公園、信義房屋月亮公車等，讓幾米的故事美學、人文哲理與整體環境、場域對話，和在地生態相互連結，成為親近繪本與藝術的絕佳媒介。

這段從幾米走向幾米品牌的路途，我們一直秉持創意、創新的精神，在每次的品牌成果中展現新穎面貌，持續與讀者和觀眾

分享我們獲得的新啟發。在幾米品牌邁入第十五年的此刻，我們與大家分享成長喜悅的方式，不是舉辦久違的售票展，而是走出台灣，前往日本參加全球最大的國際戶外藝術節——「越後妻有大地藝術祭」，讓長期積累的能量在第十五年綻放出耀眼的光芒。三年一度的日本新潟縣「越後妻

有大地藝術祭」始於2000年，以農田作為舞台，藝術作為橋樑，連繫人與自然，將座落在面積760平方公里、200多個村莊中的藝術作品當作路標，引導旅人尋訪。歷屆參與藝術家來自40多個國家，參觀人數超過150萬人次。大地藝術祭試圖探討地域文化的承傳與發展，重振在現代化過程中日益衰頹老化的農業地區，找回地方的自信與認同，以及爺爺奶奶的微笑。成功推動農業結合藝術、文化與觀光的大地藝術祭，是相當值得我們師法取經的對象，2013年與台東比西里岸部落的合作，就是受到大地藝術祭的啟發。期望此次參與藝術祭，可使品牌內涵更加充實，並將獲得的經驗轉化為更多想法，帶回台灣這片土地。大地藝術祭於2012年啟動「JR（日本國鐵）飯山線藝術計畫」，希望透過電車路線與藝術的結合，讓這條從東北到西南貫穿越後妻有地區的JR支線，可以重新活絡起來，增進越後妻有與其他區域的互動。這一屆，主辦單位特別委託我們於飯山線的土市站與越後水澤站，分別設置藝術作品，展現幾米品牌與當地人文互動的成果，並將來自世界各地的讀者與觀眾帶進越後妻有，傳遞大地藝術祭的真實感動。為了讓作品發揮更大的效益，我們提出一個完整規劃：

一、繪本出版

幾米以JR飯山線為故事場景，加入越後妻有獨特的生活與風貌，全新創作繪本，書名為《忘記親一下》，將由台灣大塊文化與日本現代企劃室於兩地接力出版。故事中，失去父母的小男孩——小樹，和他的布丁狗一起，搭乘一輛無人電車，踏上拜訪外公的旅程。難過的巨變使他忘

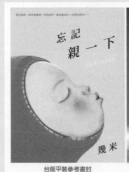

台版平裝參考書封　　台版精裝參考書封

記許多美好的曾經，唯有夢境與旅途中多變的風景，鼓勵他要好
好長大，也慢慢喚醒他的回憶。對深愛的人事物，親一下，就會
發現奇蹟；親一下，就會發現堅強長大的勇氣。你我都可能是小
樹，希望我們永遠都不要忘記親一下。

二、展覽裝置

　　我們將幾米的新創繪本融入越後妻有的生活特色，轉換為兩
座長期留置的裝置作品。運用當地特有、可因應寒冬大雪、被暱
稱為「魚板屋」的弧形屋頂倉庫為基礎，搭配繪本角色的立體雕
塑，讓魚板屋具有幾米作品溫暖、清新的風格與色彩，並邀請居
民一起將繪本中的鄉間風景彩繪在外牆上。希望這兩座充滿幾米
風格的裝置，能成為吸引眾人前往、促進當地聚會交流的重要場
所，居民也可在裝置中進行更多活動，例如周邊商品販售、小型
圖書室、咖啡館、市集等。

三、周邊商品

　　從繪本發展多款周邊商品，於裝置現場與藝術祭主要展場
SHOP區販售，為藝術祭及當地居民創造收入。

四、周邊活動

舉辦座談、表演藝術活動、親子活動等，促進台灣與日本當地的交流合作。

五、藝術祭串聯

和在地居民合作，選定幾米繪本中的圖像，在飯山線電車上沿途可看見的魚板屋上做彩繪或輸出包覆，讓魚板屋成為說故事的媒介，再搭配於多個主展場所做的主題展示，串起整個大地藝術祭。

六、藝術祭小旅行

與風尚旅行社合作，推出「大地藝術祭・幾米小旅行」，規劃特定路線、和當地居民或志工交流、安排特定導覽人員解說；在行程中也會參與周邊活動，讓旅人獲得特殊體驗。大地藝術祭的籌備過程，從炎夏走過寒冬，就像一場漫長的旅程。自2014年夏天開始，我們多次前往日本探勘規劃，看過被翠綠群山圍繞、滿布稻田的米鄉，也體驗過冬季的厚重大雪將它冰封成雪國。我們想在越後妻有留下精采的藝術作品，和當地建立深厚的情誼，讓來自世界各地的參觀者透過大地藝術祭，認識幾米與台灣。此次的作品將永久留置於當地，但考慮到作品每年有將近一半的時間會處在厚達4公尺的雪堆裡，提升了製作成本與挑戰性。且因主辦單位提供的預算有限，僅1,500萬日幣，光是在日本搭建裝置空間的基礎工程便超過1,200萬日幣。剩下不到300萬日幣的預算，實

在難以負荷我們多次的差旅、展品製作,以及團隊到日本與居民一同彩繪、布展的費用。

　　在預算不足的情況下,要完成展品製作已非常辛苦,其他如藝術祭串聯、周邊活動,以及希望拍攝的展覽紀錄片,可能更難付諸實行。因此我們發起募資計畫,希望集合眾人的贊助與支持,使這一系列的規劃能夠完整,讓作品可以將交流、對話的效益發揮到最大值,凝聚大家對地方發展、文化跨界交流的重視,同時在幾米品牌力求蛻變的歷史中寫下重要的一頁。若募資計畫順利達成,我們也會持續更新在大地藝術祭的活動紀錄,和大家分享共同完成的豐富成果。若大家曾在閱讀幾米繪本、觀賞改編音樂劇或電影、體驗裝置的過程中,獲得心靈的共鳴,對幾米品牌來說就是最大的鼓勵,也是我們持續進步的動力。謝謝各位在過去十五年的一路相伴,我們即將往下一個十五年邁進,並在路途中不斷開創新的風景,期盼這段進步的路途有更多人的共同參與,讓幾米作品的感動與幾米品牌的精神能永遠傳遞下去。

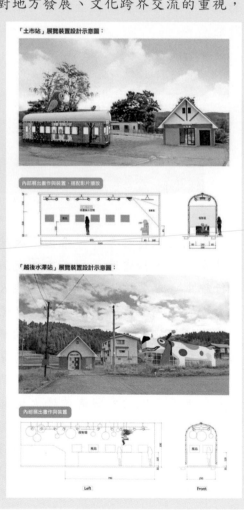

「土市站」展覽裝置設計示意圖:

內部展出畫作與裝置,搭配影片播放

「越後水澤站」展覽裝置設計示意圖:

內部展出畫作與裝置

Left　　　　Front

七、風險與承諾

　　回饋品在數量確認後會陸續生產，預計八月開始寄送，如有延遲或交貨問題，我們會再向各位贊助者說明。回饋品圖檔與實體樣式會略有差異，將以實品為主。贊助者限定的藝術祭分享會，地點會在台北，限定一場。由於場地尚在確認中，可報名參加的人數屆時將依場地可容納的人數為主。分享會確切時間、地點、人數、報名方式等進一步訊息，將於贊助期間結束後，以電子郵件通知每位贊助者，報名至額滿為止。不變之處，敬請見諒。

資料來源：墨色國際（2015/08/02）。〈從台灣到日本，繫上贊助者專屬名牌！〉，幾米品牌15周年企劃：前進日本大地藝術祭，https://www.flyingv.cc/project/6815

七、文化品牌經營（廖世璋，2011）

(一)建立品牌形象與品牌識別

◆品牌形象與品牌識別之異同

　　品牌建立的基本工作，主要是透過各式各樣的行銷手法及媒體傳播，在消費者心中產生品牌的「品牌形象」及「品牌識別」，而二者看似相同卻有一些差異之處，包括如下：

1. 要塑造「品牌形象」重點在於建立品牌自我的特色，然而「品牌識別」的重點，卻是在於如何顯現品牌與品牌之間差異特質。
2. 「品牌形象」的塑造在於品牌在消費者心中是否能留下「深刻」的印象。

3.「品牌識別」更是著重在自己的品牌與它廠的品牌,在消費者心目中是否能留下品牌「區隔」的印象。

◆建立品牌形象的步驟

1.尋找文化底蘊。

2.分析文化找出特質。

3.強化此文化特質的論述。

4.透過品牌化及符號化具體強化表達此文化的特質。

5.以品牌的商標文案及各項產品來共同建立起文化形象等過程。

◆品牌形象的建立

1.從重要產品。

2.從單位的文化。

3.從地方文化。

◆品牌識別的區隔

1.品牌識別圖形。

2.品牌形象與社會關聯模式。

3.品牌識別稜鏡。

(二)品牌價值管理

1.評估工作。

2.創造工作。

3.管理工作。

(三)品牌識別的企劃方法

品牌識別的企劃方法為何？

◆先進行「大眾」對品牌市場現況的分析

分析自我品牌及不同品牌的市場定位及市場區隔狀況，以及各個品牌的優勢及劣勢等，進行消費者市場及產值等分析，並找出品牌可定位的機會。分析內容如下：

1. 品牌內部環境：內部員工對於品牌的效忠程度、凝聚力、未來願景及認同程度等分析。
2. 銷售外在環境：品牌在市場上的問題，包括像是其相關優勢、劣勢、機會、威脅等SWOT分析。
3. 品牌的識別效果：消費者對於品牌的定位、個性、本質、特性等辨識度，以及整體形象與品牌忠誠度等分析。
4. 整體分析：結合上述三者的整體性、整合性分析，例如品牌識別與消費市場對象的關係是否緊密聯結，有否其他擴張的可能性等。

◆對「分眾」進行品牌分析

1. 公共場所隨機取樣調查法。
2. 問卷調查法。
3. 分組專題討論法。
4. 個別訪問法。
5. 複合式方法。

◆進行品牌定位的推動策略

根據上述的調查分析，找出品牌的定位及行銷策略，可鎖定消費者最關心的議題，例如：生活趨勢或社會事件、可引起社會話題等議題，都

是品牌推出時可操作的策略。

◆品牌形象及辨識度的建立

從市場調查反應而來的條件下，以品牌清楚特有的定位，來顯現出自己的品牌文化、品牌個性、品牌本質等市場特性，並以造型、色彩、質感、線條及符碼等外顯於物，而建立品牌的內在意義價值，形成自己的獨特性而能提供消費族群辨識。

◆強化品牌的消費者認同工作

許多品牌在推出時都會與消費者作密切的聯繫與雙向溝通，可修正品牌定位及品牌辨識度的差異，並在溝通之中同時建立消費者對於品牌的忠誠度。

◆進行品牌管理的經營工作

對於品牌建立之後，在各階段推出的產品，其產品種類與品牌的關係，以及產品本身品質的控管等，都會影響品牌形象，所以在品牌經營過程需要進行品牌的管理工作。

八、掌握創意變生意的核心價值（鄭自隆、洪雅慧、許安琪，2005）

(一)置入式行銷的潛移默化

1. 產品置入：以付費方式，有計畫的以不引人注意的拍攝手法，將產品放置電視節目、電影中，影響觀眾對產品的認知。
2. 產品置入行銷與傳統廣告透過商業化媒體購買時段的行為不同。早

期置入性行銷比較接近節目贊助形式，節目本質不會做太多修正，不是付費廣告，因為廣告的意義中，廣告主對內容的控制較強。同時，這種行銷手法是透過生活型態與情境溝通，以和緩的方式對消費者進行說服性溝通。

3.在今生金飾置入流星花園偶像劇後，現在的整個環境置入飽和，此法已開始產生多元的變化：(1)螢幕畫面置入，亦即視覺呈現；(2)腳本台詞置入，亦即聽覺呈現；(3)戲劇情節置入，亦即將產品設計成戲劇情節的一部分，結合視覺與聽覺置入，增加其戲劇的真實感。

4.操作置入式行銷實應注意廣告時段的產品廣告不能與置入的商品情節放的太靠近，以免有節目廣告化的嫌疑。

5.產品置入主要由製作單位負責，廣告時段則由業務單位負責，不可諱言，提供置入的產品，業務方面也比較容易接到廣告。

6.置入性行銷的效果：產品置入對消費者的影響是一種轉換的概念，一種情緒的轉移，引導個人對產品產生正面的情緒認同。情節連結度會對品牌回憶度和品牌辨識度產生影響。情節連結度高比情節連結度低有較高的品牌回憶度和品牌辨識度。消費者對高品牌知名度的產品置入比對低品牌知名度的產品置入有較高的品牌回憶度和品牌辨識度。

(二)文化需要資本考量

1.既然文化創意產業是一種「產業」，要做生意，首先要有「文化資本」。文化創意產業的資本包括：(1)受智慧財產權保護的音樂；(2)文化、美術品或動畫造型等創作；(3)可作為創作背景的場域如歷史遺跡、自然景觀或外景拍攝地點；(4)創造人才；(5)呈現區域特色的語言、風俗或民俗活動。

2.文化創意產業的最後兩個字是「產業」，當然要將本求利，產業的重要觀念是消費者導向，得去迎合消費者的需求，藝文界孤芳自賞的腦袋需要翻轉，只是，藝術文化、特別是表演藝術的價值，原本在於一場無可複製的經驗感受，在於獨一無二的原創內容，面對文化創意產業項目中，居於核心的表演、音樂、美術項目，又該如何量化、標準化或自給自足呢？

3.行政院政務委員會首先將文化創意產業的產業鏈，由內而外分為三層：(1)核心是美術、戲劇、音樂、文化等；(2)第二圈是應用面的廣告設計、建築設計、媒體；(3)最外圈則是衍生出來的製造、服務、觀光等，這也是最容易產業化的部分。

(三)文化品牌化

1.文化產品品牌化才有可能進一步轉化文化大眾產品。

2.對於投入人數眾多、製作成本高的表演藝術，衍生性商品的產值可能只占收入的一小部分，然而對「現場感」要求較低的文化創意產業，如美術、出版等，仍可以透過印刷、錄音、電影、網路等科技的結合，帶來傲人的利潤。

(四)文化資產「無形鑑價」

1.文化資產化是一項長期的發展歷程思考。首先該做的是「觀念的提出」。畢竟當文化成為產業時，接受挑戰的不僅止於文化、傳統的產業觀念也都面臨重新定義的考驗。長久以來，不論政府或民間，對於價值的認定，完全是製造業的標準。

2.對於經過OEM（代工）、ODM（代客設計）到OBM（自創品牌）的傳統產業，文化創意更是讓夕陽產業旭日再起、加值再生的關鍵。

3.傳統的陶瓷、服裝、工藝等產業，在分毫不差的代工中打下量產基
礎，之後進階到代客設計，摸索出國際趨勢、市場走向，然後在令
人耳目一新的創意中自創品牌。

九、從Brand到Icon，文化品牌行銷學

　　沒有歷史，品牌只是空泛的記號，唯有成為文化圖騰的品牌，才能
讓消費者熱情擁抱，永垂不朽！諸如可口可樂、哈雷、福斯等這些標誌品
牌儼然已成為行銷傳奇，但英國品牌策略研究專家道格拉斯‧霍特教授
（Douglas B. Holt）卻認為，這些廣為流傳的故事仍不足以永垂不朽。霍
特廣泛研究了傳奇圖騰性品牌（iconic brand）發展的歷史軌跡後，呈現給
我們一個截然不同的模型，一種足以彰顯出重大意涵的品牌策略。

　　在書中，霍特（2009）指出，品牌得以躍升為圖騰，並非因為它獨
一無二的特質或好處獲得凸顯，而是因為它創造出自己在國家民族文化
中一種心之所向的高度價值。圖騰性品牌藉著「演繹」神話，展現出犀
利的文化衝突——以及由此所激盪出的高度慾望與焦慮。這些簡單的故
事——通常都透過有力的廣告廣為傳播——得以撫平文化衝突，協助民眾
對於自己的身分擁有較佳的認同感。

　　時至今日，品牌的建立多半仍仰賴廣告公司的直覺式創意而非源於
意向性策略。霍特（2009）闡述了建立一個新的文化品牌行銷模型的普遍
性原則，對於諸如對象區隔、目標族群設定、定位、品牌資產、品牌忠誠
度等核心行銷原則，進行了大幅度的修正。提出了一些反直覺性作為的洞
見：

1.經理人如何被品牌經營的短視近利蒙蔽了眼睛，以致於與文化商機
失之交臂。

2.文化崩解如何在提供新品牌機會的同時，也對既有品牌產生威脅。

3.為何一路走來始終如一可能成為品牌的致命傷。

4.為何追隨潮流可能永遠也沒機會建立起圖騰性品牌。

5.如何在溝通之際創造出品牌信賴感。

6.為何把注意力放在品牌大多數客戶的身上，反而可能毀了這個品牌的價值。

7.為何電視廣告能夠打敗好萊塢，成為傳遞有力神話的主要管道。

　　霍特運用非常具有說服力的方式，讓我們看到圖騰性品牌的建立，乃因其將焦點放在文化，而非產品上。經理人為了生存競爭，必須停止將品牌創意委外製作，轉而朝建立「文化行動人」組織的方向扎根。

Chapter

13

文化消費

一、文化消費的概述（MBA智庫百科）

　　文化消費（cultural consumption）是指用文化產品或服務來滿足人們精神需求的一種消費，主要包括教育、文化娛樂、體育健身、旅遊觀光等方面。在知識經濟條件下，文化消費被賦予了新的內涵，文化消費呈現出主流化、高科技化、大眾化、全球化的特徵。

　　文化消費的內容十分廣泛，不僅包括專門的精神、理論和其他文化產品的消費，也包括文化消費工具和手段的消費；既包括對文化產品的直接消費，比如電影電視節目、電子遊戲軟體、書籍、雜誌的消費，也包括為了消費文化產品而消費各種物質消費品，如電視機、照相機、影碟機、電腦等，此外也需要各種各樣的文化設施，如圖書館、展覽館、影劇院等。

二、文化消費的歷史與內涵（MBA智庫百科）

　　文化消費是指對精神文化類產品及精神文化性勞務的占有、欣賞、享受和使用等。文化消費是以物質消費為依託和前提的。文化消費需求的增長總是受制於社會的生產力水準的發展，因而文化消費水準能夠更直接、更突出地反映出現代物質文明和精神文明的程度。這裡指的「文化消費」，並不只是一般所言的對文化的消費，或者說僅僅是消費某一樣被標示為文化的東西，文化並不是一系列的課題或文本，而是一個不斷創造與生成的過程。從經典社會學家有關文化消費的理論入手，可試圖表達這樣一種觀點：文化消費是一個社會行為，永遠都受到社會脈絡與社會關係的影響，人們在文本與實踐的消費中，也在創造文化。因為在文化消費的過程中，進行消費的個體，並不是抽象的單一的個體，他們有著不同的文化

背景、消費經驗和不同的理解能力，正像馬克斯‧韋伯所說的：「每個人所看到的都是他自己的心中之物。」因此文化消費絕不是文化創造的終結，而僅僅是剛剛開始。從這個角度去理解，文化並不是先製作好，然後被我們「消費」；文化是我們在日常生活的各種實踐中創制出來的，消費也是其中之一。文化消費就是文化的創制。

文化消費的歷史在西方可以追溯到50年代末與60年代初。在這個時期中，歐洲與美國首度出現相對來說足夠富裕的勞動大眾，有能力不再只是照顧「需要」，而可以從「欲望」的觀點去進行消費——電視、冰箱、汽車、吸塵器、出國度假，都逐漸成為常見的消費品。此外，勞動大眾在這個時期開始利用文化消費的模式，去關聯出他們的認同感。正是在這個時期，「文化消費」開始成為一個重要的文化課題。

三、精神源泉（MBA智庫百科）

需求作為人的行動的驅動力，是指人的一種存在狀態，即生理存在、社會存在和精神存在的狀態。人的這三種狀態始終處於匱乏與充實之間交替循環。當人的這三種狀態處於被感覺到的匱乏狀態時，便構成了人的需求。因此，需求是滿足人的生理、社會和精神存在的再生產所必不可少的要素和動力。根據需求滿足的層次，美國人本主義經濟學家馬斯洛把人的需求分為五個層次，即生理需求、安全需求、社交需求、尊重需求和自我實現的需求（**圖13-1**）。

後來，他把人的需求增加為七個層次，其中生理需求、安全需求、歸屬需求屬於初級需求，受尊重的需求和自我實現的需求屬於中級需求，而求知需求和求美需求則屬於高級需求。繼馬斯洛之後，美國行為激勵學派心理學家奧德費（C. P. Aldefer）於1969年在〈人類需求新理論的經驗測試〉一文中，又對需求層次進行了補充，把人的需求按照其性質壓

圖13-1　馬斯洛需求層級金字塔

縮為三種，即生存需求（existence wants）、相互關係的需求（relatedness wants）和成長發展的需求（growth wants），簡稱ERG理論（**圖13-2**）。

根據馬斯洛需求層次理論和奧德費ERG理論，人的需求層次建立在

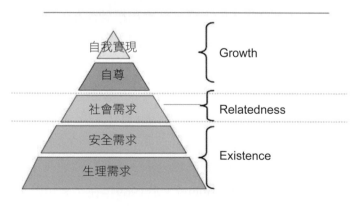

圖13-2　ERG需求理論

滿足上升的基礎之上，表現為一個從低層次到高層次的漸進過程，消費需求發展的這一梯度遞進或上升的規律是經濟社會生產力發展的自然歷史過程。當人們的基本需求得到滿足後，必然追求身心健康、精神充實、自我完善等高層次的精神需求。因此，在生產力水準迅速提高、經濟高度發達、產品豐富的現代經濟社會，人們的消費早已超出了滿足基本生存需求的功能層次階段，而更多地進入具有滿足精神消費、享受和發展消費的高層次功能階段，文化消費正是這樣一種消費形態。

文化消費是指人們根據自己的主觀意願，選擇文化產品和服務來滿足精神需求的消費活動。它的基本特徵體現在兩個方面：一方面它所滿足的是消費主體的精神需求，使主體感到愉悅、滿足；另一方面是滿足主體需求的物件主要是精神文化產品或精神文化活動，如美麗的風景和感人的藝術品。但還需要透過接受教育、培訓使自身的人力資本增值等，這也正是文化消費非物質一面的體現。

四、文化消費是實現國民幸福的路徑選擇（MBA智庫百科）

文化消費活動作為一種典型的非物質追求活動，其發展、成熟、規模的擴大決定於生產力的發展、剩餘產品規模的大小以及居民收入水準的提高。中國大陸改革開放以來，社會生產力得到極大的提高和釋放，剩餘產品的充足為文化消費提供了堅實的物質基礎，而經濟越是發展，人們越需要文化消費，精神產品在經濟總量中所占的比重也將越大。隨著收入水準的提高，人民群眾的溫飽問題已基本解決，對文化消費數量及品質的要求日益增加。加之中國市場經濟的發展，文化消費需求日益多樣化，文化產品和服務的生產方式與文化資源的配置方式也有了很大變化，為人們的多樣化選擇提供了基本保障。

文化消費實現國民幸福的路徑選擇如下：

文化產品與服務的選擇➔文化產品的價值實現➔人力資本提升
與人的全面發展➔精神愉悅，幸福滿足➔社會的和諧發展

(一)合理選擇文化產品與服務

　　優秀文化產品不僅可以陶冶消費者的情操，提高消費者的文化素
養、道德水準、科學知識水準和生活品質，而且對社會的發展與進步具有
積極的意義，從而產生不可低估的外部正效應。而不良的文化消費，不僅
危害消費者本人創造美好生活，還會對社會和他人帶來消極、不利的影
響。同時，文化消費就其總體而言，外部正效應較強於外部負效應。這是
因為，一般的消費品受益者僅僅在於消費者本人，文化消費卻遠不僅是個
人獲得知識和精神滿足的手段，它更具有極為顯著的外部正效應，是培育
健全人格、提升國民素質的根本因素。每個人的文化消費支出的增加、個
人文化修養和素質的提高，有利於造成良好的社會環境，會使社會中的每
個人都受益。

(二)文化消費機理的基本運行方式體現在文化產品的價值實現過程中

　　作為客體的文化產品與作為主體的人——文化消費者相互作用，客體
對主體產生一定的作用和影響，對主體產生一定的效應，使客體為主體服
務，同時客體也實現了自己的價值。文化產品由於能夠滿足主體不斷增長
的多樣化的精神和物質需求而具有價值。文化產品的存在形式有兩種：一
種是有形的、實在的、物質的；一種是無形的、觀念的、精神的。文化產
品的價值是多要素的統一：它是主觀與客觀的統一；是意識與存在的統
一；是抽象與具體的統一；是社會價值和經濟價值的統一；因而也是精神

價值與物質價值的統一。

　　文化產品的價值體現在其作為客體與作為消費者的主體相互作用的結果。即客體對主體產生一定的作用和影響，對主體產生一定的效應，使客體為主體服務。只有這樣，才能說客體（文化產品）對主體（文化產品的消費者）具有價值。只有透過各種不同的途徑在與主體結合的過程中，不斷地被主體發現、感知、體會、理解、認識、評價，從而對主體產生積極效應，為主體服務，促進主體發展、完善，使主體更美好，這就是文化產品的價值實現。因此，從社會群體角度來看，我們把握文化產品的價值，不僅要認識它的內在價值，而且要把握文化產品的潛在的價值，例如：審美價值、思想價值、學術價值、道德價值等向社會實踐效益的轉化。這種轉化就是文化產品的社會價值實現。它具體表現為，促進了社會科學文化水準的提高，推動了人們在思想道德、精神風貌、智育和文明行為方面的發展。

(三)促進人力資本提升與人的全面發展

　　文化消費使得消費不僅僅是因變數，而且也可以是一個引數，一個導致某種社會結果的原因。例如，由於階層在文化消費的質和量上的不同，導致了不同階層的文化消費體驗和消費行為模式的不同。同時，文化消費具有滯後效應，影響個人日後的生活機遇和生活品質。如教育消費投入代際差異，有些內容的文化消費（如大學的專業教育）的結果要經過漫長的時間，在短期內不易顯見等等。

　　精神文化消費是高層次消費，人們的消費不能以「物質福利」為滿足，更重要的是滿足精神文化需要；不能以「必需品」為滿足，而應該滿足日益豐富的、高層次的享受和發展的需要。人的能力的培養必須透過精神文化消費，特別是透過接受教育和技術培訓等高層次精神文化消費，才能使他們變成「各方面都有能力的人，即能通曉整個生產系統的人」。

同樣，人的價值觀的構建、思想品質的塑造、科學文化水準的提高、藝術
修養的培育等都有賴於高品位的精神文化消費。如讀一本好書、看一場好
的電影、聽一首優美的音樂、欣賞一幅美的圖畫都會使人與之產生感情
共鳴，使人的思想受到良好的薰陶，人的素質就會發生潛移默化的良好變
化。在現代工業文明社會，物質產品堆積如山，但如果只注重物質享受而
忽視健康的高品質的精神文化消費，就無法實現人的身心健康和全面發
展，只能導致人性異化，使人變成物的奴隸。因此，在物質財富以驚人的
速度增長的同時，必須十分重視健康的精神文化消費，使物質消費與精神
消費達到有機統一，才能避免人性異化，才能提高消費品質，使「人以一
種全面的方式，也就是說，作為一個完整的人，占有自己全面的本質」。

(四)增加主體愉悅和幸福感，促進主體完美

文化產品的消費以全面提高主體素質為最終目標，而物質產品是以
其有用性來滿足人們的衣食住行等生存、生活需要的，依賴性和必需性是
物質產品價值的基本特徵。物質產品的價值實現為精神產品的價值實現提
供了必要的條件和環境。精神產品價值的最終實現是在與主體的相互作用
過程中，對主體產生積極的效應，為主體服務，促進主體發展、完善，使
主體更美好，從而不斷滿足人們對真、善、美價值追求的需要，提升文化
消費主體的幸福感和滿足感。

五、中國大陸民眾「文化消費」發展概述（行政院大陸委員會，2015）

行政院大陸委員會指出，隨著兩岸社會經濟快速發展及民眾收入水
準提高，「文化消費」在一般民眾消費結構中的需求正速迅成長。「文化

消費」是指民眾在教育學習、享受藝術、休閒娛樂等活動中，為獲得知識、精神享受與滿足而出現的消費行為。「文化消費」作為文化產業鏈上的終端環節，既是文化產業發展的動力，也是文化產業發展的目的。

據大陸有關單位發布的「中國文化消費指數」指出，從大陸民眾消費水準和可支配的時間來看，其文化消費的需求正呈現多元化趨勢，且不同階層群眾對於文化消費能力差異性大，其中又以城鎮民眾文化消費占主導地位；此外，大陸東部地區民眾的文化消費能力及意願，亦較中部和西部地區民眾為高。

另一方面，台灣民眾的文化消費特色主要包括：可支配所得越高的家庭，其文化消費支出偏重於硬體設施；年輕及高教育群體參與度較其他群體高；以及民眾普遍在音樂類型活動花費金額較多等。此外，台灣文化產業具有多元的創意人才、設計、服務與管理等優勢，也促成文化相關產業蓬勃發展，文化消費選擇具多樣性，並提高民眾文化消費意願，而文化產業發展也已成為台灣在國際競爭的軟實力。

整體而言，儘管當前大陸民眾對文化消費的態度，正從過去單一且封閉的型態，轉向開放、多元的方向發展，但當中也存在文化消費層次和品味有待提高、公共文化設施相對較少、文化產業鏈發展緩慢等問題，致使當前大陸民眾的文化消費水準整體相較仍偏低。因此，未來兩岸如能持續透過文創產業、藝文團體等相關領域的互動與合作，以台灣豐富的文化內涵，結合大陸廣大市場與資源，相互分享推動文化發展經驗，將能帶動各自文化消費人口成長，並有助提升兩岸文化交流的質量。

(一)當前中國文化消費中存在的問題

◆文化消費總量較低

有研究顯示，當人均GDP1,000美元、恩格爾係數44%時，城鄉文化消費應占個人消費的18%，總量應該是10,900億元。根據國家統計局的

修正資料，2001年我國就已達到人均GDP1,000美元，但2004年的實際文化消費總量只有3,740.5億元；當人均GDP達到1,600美元，恩格爾係數為33%，文化消費應占個人消費20%，消費總量應為20,100億元。據國家統計局發布的資料，2005年我國人均GDP達到1,700美元，而實際文化消費總量卻只有4,186億元。所以，「2007年：中國文化產業發展報告」稱，中國居民的文化消費總量過低，居民文化需求的滿足程度不足1/4。

◆文化消費結構層次較低

從上述文化產業布局看，全國消費格局不平衡。從消費支出結構看，城市居民的學雜費、保育費支出占絕大比重，比例為82.88%，農村的比例為77.48%，文化消費支出較低。從文化消費支出結構看，城市消費書報雜誌的比例為16.03%，文娛消費中耐用機電消費品的比例為61.73%，而農村消費書報雜誌的比例僅為3.72%，其餘的都用來消費耐用機電消費品，從文化消費熱點看，非教育性知識文化消費較少，熱衷於休閒消遣性、娛樂性、低俗、炫耀擺闊、封建迷信、黃色、暴力、盜版等消費。

◆造成上述問題的深層次原因

主要有心理層面、經濟層次、社會政治層面和全球化等方面。具體來說：

1. 文化消費心理的支配。文化的心理特性決定了文化消費活動是一個心理運動的過程。文化消費作為一種文化體驗、情感享受和對自身發展、社會關係、地位的追求，受文化觀念、消費觀念、價值取向支配，文化認同將激起消費，文化偏愛將執著並擴大對其消費，文化抵抗將拒絕對其消費並增加文化偏愛的消費。

2. 文化消費經濟能力的制約。文化的經濟特性決定了文化消費活動是一個經濟運動的過程。文化消費活動受市場經濟價值規律作用，文

化消費總量和結構受消費大眾的收入水準及其收入分配制約，而中國市場機制尚未成熟，人均GDP水準不高，最終消費占GDP的比重和居民消費率僅為51.1%和38.2%。

3.文化消費社會環境的影響。文化的社會、政治特性決定了文化消費活動是一個社會和政治運動的過程。文化產業存在商品性與藝術性、意識性的矛盾，經濟效益與社會效益、政治利益的矛盾，文化管理存在市場機制作用與政府規制、管理和調節的矛盾，文化消費存在社會價值取向、民族風俗習慣、消費空間時間與個人需求的矛盾。

4.文化國際競爭的影響。文化的國家特性決定了文化消費活動是國家間競爭的運動過程。文化是一種軟實力，而且有助於硬實力的提升，發展文化產業成為國家策略和國際化城市戰略，開放和反開放文化產業和文化市場的鬥爭在WTO內外一直進行著。由於中國文化資金實力、科技水準、創新能力、國際貿易競爭力較低，出口文化硬體商品占大部分，文化軟體出口相當薄弱。

(二)發展中國文化消費的對策

◆引導樹立正確的文化消費觀念

引導樹立以科學發展觀為統領的文化消費觀念體系。文化消費觀念是在一定的指導思想下和文化中形成的，必須以先進的思想為指導，吸納先進文化。首先，引導樹立先進的文化觀。

◆強化對文化消費的經濟調控

強化對文化消費的經濟政策和經濟槓桿調控。文化產業化、市場化使文化產品和服務供給、分配發生轉變，必須重新定位消費主體，形成居

民消費為主、出口為輔、單位或社區消費為補充、政府消費為引導的文化消費主體格局。由於文化產品和服務的特殊性、層次性，甚至還可能有非文化、反文化的東西，因此，應對文化消費政策做合理調整，有區別地採取鼓勵或限制政策。鼓勵高層次、高品質的知識文化、精神文化消費和文化產品出口、文化企業「走出去」，限制低俗、劣質的文化產品和服務消費以及外國文化產品進口規模、市場份額，形成本國文化消費為主、引進外來有益文化消費為補充的文化消費結構。

◆加強文化消費的法律建設

文化消費也離不開法律的支援與規範，要健全相應的法律法規體系。嚴格勞動法，以保障和增加勞動者自由支配的時間。按照消費者權益法制定文化產品和服務的消費法規，使消費者文化消費權益得到法律保護。制定相關的消費法律、道德規範、行為標準和守則，加強對不科學、不合理和反文化的低俗、迷信、色情等消費的法律和行為約束，防止非理性、非文化消費引致文化產業結構畸變。

◆合理進行文化消費的行政管理

文化的特殊性決定了文化消費管理政治性、政策性很強，既不要使消費背離社會主義精神文明根本要求，也不能打擊消費者的合理消費，管理要以發展科學合理的文化消費作為出發點和落腳點。要從體制、制度、職能、程序、方法、手段上進行合理管理，改變管理者眾多，管理不善的狀況。實行集中監控與分級管理相結合，整合政府管理職能和行為，加強宏觀指導和管理。

(三)由物質消費向文化消費轉變

現代家庭消費的重點正在由物質消費向文化消費轉變，這是和家庭

由溫飽向小康轉變相關的。所謂文化消費包括用於文化、娛樂、休閒等方面的消費，也包括用於學習和智力方面的投資。隨著人民物質生活水準的提高，文化生活水準也在不斷提高；隨著溫飽問題的解決，向小康邁進，人們用於文化方面的消費也逐年增多。我們可從許多方面看到這一變化。

(四)中國文化消費熱點領域

中國文化消費異軍突起，成為頗具特色的個性化消費熱點。文化產業被公認為朝陽產業。

統計資料顯示，截至目前，僅文化部門主管的文化娛樂業、音像業、演出業、藝術品經營業等門類的產業單位已達22.3萬個，從業人員91.9萬人，年上繳稅金20.2億元。中國圖書出版單位五百多家，出版業總資產達700億元，年文化消費能力達到5,500億元。知識智慧性消費與娛樂消遣性消費並存，是時下中國城市文化消費的鮮明特徵。在城市居民的文化消費結構中，文化耐用消費品、教育消費占了較大比例。隨著經濟的發展和收入水準的提高，人們越來越追求生活的品位和檔次，文化消費支出大幅飆升，成為拉動消費需求增長的一個不可忽視的「熱點領域」。

文化消費發展速度之快，超出了很多人的估計。在今天的中國，每年文藝演出四十餘萬場、電影四百多萬場。現代商業社會產生並流行的文化類型，以現代資訊傳播和複製技術為手段，以工業化、模式化為生產方式，以大眾傳媒為主要載體，以都市消費大眾為對象，是一種娛樂性、休閒性的消費文化。如娛樂影視、流行音樂、通俗文藝、時尚報刊、商品廣告、時裝表演、電腦遊戲等等。

◆門檻高

第三屆北京國際戲劇演出季成為當時北京觀眾談論的焦點，「國

來京旅遊的國外旅遊者在北京之夜劇場觀看北京歌
舞劇院有限公司推出的演出

家舞台藝術精品工程」十大精品劇碼、彙聚眾多明星的話劇、歌劇、舞
劇、音樂劇⋯⋯場場座無虛席，火爆異常。隨著國民經濟持續快速增
長，人民群眾生活水準日益提高，居民消費結構開始由物質產品向服務類
產品、特別是精神文化的消費服務類產品方向轉移，某些地區、行業的文
化消費呈現出節節攀高、紅火異常的大好形勢。

　　然而，卻有專家指出，當代文化消費存在著相當嚴重的問題乃至危
機。很多人提到文化消費就是一個字「貴」，因價格上望而生畏而對其敬
而遠之。一方面是審美上享受不來，一方面是價格上接受不了，文化消費
的「門檻」到底高在哪兒？

(五)中國文化消費「怪」狀多

　　每當臨近「五‧一」黃金週，全國各地演出盛行，一些劇院、音樂
廳每晚座無虛席，演出過程中掌聲不斷。然而，劇團的負責人和演員就是
笑不出來，因為座無虛席對票房來說，不過是「虛假繁榮」。大部分觀眾
是透過不同途徑拿到贈票的，只有小部分觀眾是自己掏錢買票進場。很

北京兒藝推出的《迷宮》、《Hi可愛》

多人看過演出讚不絕口，可是叫好的同時它卻不叫座。要票現象積重難返，主動掏錢去看演出遠未形成氣候。

有人可以為了一頓飯一擲千金，卻捨不得花幾十元去看演出。但例外的是，對於討孩子喜歡、有益孩子身心的演出，家長都心甘情願地掏錢。北京兒藝推出的《迷宮》、《Hi可愛》等兒童劇碼，幾乎場場爆滿，三、四百元的家庭套票尤其受歡迎，都是全家出動來看演出的。

(六)觀念決定消費結構

一部分觀眾被「炒作」牽引，盲目消費，比如芭蕾舞只認俄羅斯的團，只看《天鵝湖》；嚴肅音樂只聽交響樂等。在文化消費上唯孩子是從，也是一種認識上的偏頗。還有一些單位將發給職工演出票作為福利，一些人以要票為榮耀，這些都成為文化消費的阻礙力量。

第二，在消費品的數量與消費者的真實需要之間、在消費品的品質與消費者的精神期待之間存在著嚴重的脫節。

此外，演出院團的供給不夠創新，服務不夠多樣。票價的制定過於

死板，沒有對消費群和所提供產品進行品質分級，高昂的票價普通百姓自然承受不起，一些消費者雖然付出了金錢，也沒有享受到相應的服務。

◆雙管齊下促進文化消費

文化消費是經濟發展和人民收入水準提高的歷史趨勢和必然選擇。培養人們形成健康的、高品位的文化消費觀念，一方面生產出大量真正有價值的文化消費品；另一方面透過學習、教育和有效的引導，提高消費主體的審美水準與精神境界。首先應提高居民的文化素質，培養文化消費主體。二是積極推進文化體制改革，加強文化消費市場的制度建設。

(七)結構變化

文化消費作為在文學、藝術、教育、科學等方面的支出和消費活動，已越來越為人們所關注。在消費結構上也出現了一些新變化，娛樂性、享受性、消遣性的精神文化消費占的比例偏大，而發展性、智慧性文化消費卻表現不足。文化消費結構的這種變化及其背後深層次的原因，值得我們分析和研究。文化消費尤其是教育性消費的投入，目的是為了換取知識，贏得不斷進取有為的智力支撐。

文化消費與物質消費不同，主要是在生理需求以外尋求精神依託，它是一種心理需求，而這種心理上的需求，並不是出於人的生物性本能，而是受文化環境和社會文化意識的影響而產生的。它既是一種有形的習慣，更是一種無形的信仰。當今之世界，科技日新月異，資訊、技術、知識不斷發展。在這種形勢下，偏低水準的文化消費，結構失衡的文化消費，就意味著可能在國際競爭中落後，甚至被淘汰。文化消費如同一把尺子，能衡量出一個民族的進取精神和狀態。因此，大力提倡健康的結構合理的文化消費，提高居民的文化消費水準，是實施文化戰略的關鍵一環。

(八)北京文化消費缺口1,378億 故宮文創也要「互聯網+」

（南華早報，2015）

　　北京故宮博物院院長單霽翔認為把傳統文化和現代生活有機結合起來，形成惠民的文化創意才是關鍵。2015文化創意產業（北京）研討會圍繞「創業創新——提升文化消費新動力」主題展開，與會的各行各業專家就「互聯網+」如何為文化創意產業之路發表各自看法。按照目前的情況，北京的文化消費占總消費的15%左右，相比全球發達國家地區較低，專家估計相關消費缺口為1,378億元人民幣。

　　中國人民大學王琪延教授代表「北京文化消費指數研究」課題組發表了「2014年北京文化消費指數」的報告（下簡稱《報告》）。王琪延認為，2014年北京市居民文化消費占總消費的15%左右，與全球同比還處於較低層次，消費缺口約在1,378億元人民幣左右。王琪延說，結合發達國家文化消費占總消費30%左右估算，而北京只占到了15%，這說明了和發達國家和地區比，北京的文化消費還有很大的發展空間。

　　今年來北京故宮博物院在文創產品開放方面成績斐然，故宮淘寶也成了文創產品「互聯網+」的成功典範。故宮博物院院長單霽翔認為，把傳統文化和現代生活有機結合起來，形成惠民的文化創意才是關鍵。單霽翔表示一是要關注人們的生活，以社會公眾的需求作為導向。他指了下自己手上49元的手機殼，就是故宮的衍生品，價格便宜趣味性又強。目前故宮研發的文創產品已經超過了七千種。因為兩岸皆有故宮博物院，難免會被拿來做比較。台北故宮「朕知道了」膠帶既結合故宮文化又充滿實用性的文創紀念品走紅在先，去年北京故宮推出的「朕就是這樣漢子」的扇子被網友批為抄襲台北故宮的創意。單霽翔亦坦言北京故宮開始做文創產品是受到了台北故宮的啟發。

　　二是要以時代前沿為依託，要推廣產品就要關心人們怎麼生活，怎麼過碎片化的生活。單霽翔強調故宮已經開始加大網站的傳播力度，更多

北京故宮推出「朕就是這樣漢子」的扇子被網友批為抄襲台北故宮創意
資料來源：中國新聞網

的引入互聯網＋數位化技術，如今故宮博物院網站每天點擊率都超過一百
萬人次。故宮微信公眾號上線後有大量的粉絲關注，還有如介紹文創產品
的「每日故宮」等六款APP都受到廣泛好評。單霽翔指今年他們的得意之
作包括，把南唐顧閎中的《韓熙載夜宴圖》做成了APP，可以在裡面聽到
琴聲和看到宮娥優美的舞姿。

六、發展文創須培養人才和消費者（郭玫君、李永萍，2014）

為維護文化產業的多元性，大陸多位文化界產官學界代表呼籲政府
的手應慢慢放開，引入市場力量，不過，台灣文化創意產業聯合協會榮譽
理事長李永萍給了不同的思考方向，「若文創產業的核心價值是多元，政
府管太多絕對有損多元，但市場的庸俗化就不傷害多元嗎？」她說，市
場當然重要，但並非解決問題的唯一方法，因為一旦完全回歸市場商業
機制，可能出現穿越劇、諜報劇當紅，市場就一窩蜂朝此發展的情況。
「現在全世界的文創都一樣，都在比賽誰擁有最好、最多的跨界經理人

才（策展人）。」她說，政府要把手放開，但必須以不干預的方式提供資源，透過非營利性專業組織來支持文創發展，創造吸納各式人才的環境。

「不只養人才，也要養消費者。」李永萍說，台灣經驗顯示，若不培養消費者，他們不懂得台灣設計有價值，反而擁抱那些台灣代工的國際品牌。要讓消費者買帳，必須整體推動深入消費者的運動或自我意識，讓消費者喜愛自己土地、家鄉與文化。

七、士農工商都要文創上身（陳建豪，2009）

政府大做文創利多，消費者也愈來愈願意為好設計埋單，現在從農業、製造業、養老院、生技業等，都爭相搶進這波熱潮，不僅用文創豐富內涵，還大玩文化行銷，為舊產業再創新價值（**表13-1**）。別再以為，所謂的文創產業，只是藝術、設計、影視等傳統幾類，事實上，幾乎各行各業，都有機會跨界成最夯的文創產業！只要加上超乎消費者期待的設計、創意、生活風格、新價值理念等，許多產業都能搖身一變，加入文創行列。這也是此刻台灣正在發生的熱門趨勢。「新一代的消費者，已經是用價值觀，來決定他願意花多少價錢買你的產品，而不再是秤斤秤兩的買賣。」社會觀察家、東吳大學社會學系副教授劉維公指出，這也是為什麼愈來愈多科技業、製造業、傳統產業，甚至服務業，都要向文創靠攏的原因。

這樣的趨勢，從法藍瓷的一場年度新品發表會上，可以看出端倪。從代工到自創品牌，並成功走向國際市場，法藍瓷無疑是台灣文創業者的成功典範，不過在這場新品發表會中，他卻找來「農產品」「製造業」者站台？法藍瓷總裁陳立恆甚至大聲宣稱，這些人可是最新型態的文創業者！這天出席的農產品業者代表，是永豐餘集團小公主何奕佳所領軍的永

表13-1　士農工商都要文創上身

行業	內容
一、製造業——捷安特從生產車架跨足生產時尚	除了農產品，製造業者也能跨足文創？受邀來到法藍瓷新品發表現場的，還有捷安特女性車主品牌Liv/Giant（麗／捷安特）首席設計師周駬。她強調，據估計現在每天有上百人都在單車環島；單車已經不只是一項運動，更是一種生活態度！因此自行車行也是一種生活風格的文創產業。周駬舉例，捷安特推出女性專用車種，就是瞭解女生騎車除了是運動，最好還能帶點時尚感，不要弄得髒兮兮的，因此除設計單車外，還設計專給女生的車衣以及單車美容服務，要塑造出「搖滾玫瑰」（Rolling Rose）的生活態度。
二、農業——永豐餘有機農產事業	「堅持對土地的倫理，我們栽種出來的，除了是有機農作物外，還更是藝術品！」何奕佳要推銷的，不只是蔬菜水果，還有人跟土地的關係，以及人對食材的情感、慢食生活。消費者果然也被這樣的堅持打動。永豐餘有機農產事業成立不到幾年，營業額已經突破億元大關，固定的會員訂戶接近萬人。「體力比較不好的長輩，我們也會鼓勵、接送他們到鄰近的家樂福賣場，這倒不是因為要他們買東西，而是要他們去看看新東西。」養生文化村主任李陳菁淵強調。 加入新觀念與科技充實垂暮生活：為了讓銀髮族展開新生活，園區內也開設許多課程，包含電腦、聲樂等，這裡許多老奶奶還會跟遠方的孫子在網路上MSN得很起勁！事實上這些課程不但讓銀髮族與時代接軌，也能幫助復健。例如，想要學跳舞的銀髮族，必須先接受膝蓋等處的醫師健檢，如果發現身體無法負荷，醫師就會開出復健單，想要跳舞、想跟別的銀髮鄰居一起上課，就成為復健的最大動力。 在園區中，居然也有籃球場？這並不是要長輩們拚老命，而是希望當兒孫來訪時，孫子輩可以有玩樂場所，讓養老院不再是一個暮氣沉沉的空間。在住戶中，還不乏退休的英文系教授或是音樂家，養生村鼓勵專業退休的銀髮族為附近的中、小學開設英文、音樂等課程，讓園區也經常有小朋友們活潑熱鬧的聲音。楊麗珠指出，他們讓銀髮族最後一段生活，變得充滿希望與活力，相當受到歡迎，目前也正規劃繼續在中南部，成立更多養生文化村。
三、生技業	雅聞用香氛魅力取得文創認證：除了老人院可以用創意經營外，就連原本讓民眾覺得有點距離的生技公司，也可以用文創魅力創造出新一波的人潮與錢潮！成立二十八年的雅聞生技，以製造價格偏中高的化妝品與保養品為主，銷售對象大多為是國內外的SPA或專業美容業者。不過在一年多前，雅聞創辦人紀敏吉看上陸客來台潛力，在3,000坪的廠房內，花費兩千多萬興建魅力博覽館。讓遊客可以DIY護唇膏、沐浴乳，也可以參觀化妝品、保養食品如何製成。

（續）表13-1　士農工商都要文創上身

行業	內容
三、生技業	一踏入館內，從天而降的香氛雨灑形成迷濛輕霧，十多種香味交織其中，再配合上四周的香草、蕨類等南國植被，特殊的氛圍設計，讓許多來訪旅客留下深刻印象。將冰冷的廠房，變成被香草圍繞；情侶們還能來喝杯咖啡，雅聞魅力博覽館在日前同樣也獲得經濟部工業局的「創意生活」認證，加入了政府所定義的文創行列。轉戰文創產業，紀敏吉靠的更還有長年的業務經驗。他派出業務團隊，巡迴全台十多天、拜會二十多家旅遊業者，主動告知新景點成立。結合好創意與業務能力，博覽館在約兩年的時間，已經創下五十萬人次遊園紀錄，同時帶進約八千萬的營業額！擁有博覽館的品牌形象，也「意外」幫紀敏吉拓展大陸經銷商。「來訪的大陸合作伙伴會很訝異，台灣業者也有自己的『形象館』！因為他們只在普羅旺斯、巴黎看過一些精品業者有這樣做過。」紀敏吉透露，這一年多來他在大陸的經銷商據點增加一百多個，其中不少是因為看到博覽館，而對雅聞品牌信心大增。
四、行銷設計、藝術授權業	文創化妝師幫老產業換新妝容：雖然各行各業，都有機會靠文創魅力加值，然而卻不是每個業者，都有能力自己作這樣的提升。因此，不少專門幫傳統業者變身的設計公司陸續出現。Exp設計工作室就是一例。靠著協助將老式飯店，翻新成最時髦的設計旅店，如新尚旅店，並維持九成以上住房率，Exp一戰成名，成為新型態的文創化妝師。除了接下飯店、餐廳業者的委託外，Exp最近甚至也接下診所客戶。「我們的建案，在規劃時就會探討這塊地原本的歷史情緒，或是特別性在哪裡。」看到自家建案總被搶購一空，李彥良認為文創經營理念幫助很大！在消費者價值觀決定產品價格的年代，可以預見的是，將會有愈來愈多的業者將向文創產業借力使力，甚至顛覆原本產業的經營模式！

豐餘生技。「堅持對土地的倫理，我們栽種出來的，除了是有機農作物外，還更是藝術品！」何奕佳要推銷的，不只是蔬菜水果，還有人跟土地的關係，以及人對食材的情感、慢食生活。消費者果然也被這樣的堅持打動。永豐餘有機農產事業成立不到幾年，營業額已經突破億元大關，固定的會員訂戶接近萬人。

八、文化消費研究

　　文化與消費結合。文化消費是一種趨勢。我們可以從現在幾支廣告片，來看到、嗅到、感到一種新的生活趨勢、新的消費文化。從具體的廣告影像中，我們看到信用卡賣的不只是單純的信用卡，而是背後的生活風格。現在產品賣的不只是單純的吃喝生活上的生理的滿足，而是生活風格的享受。

　　資本主義強調賺錢的弊端被文化向下修正了。文化創意與地方、社區的人本思想有關，不是用科技，而是放入一個文化產業，產生了放大的化學效果。現代的消費者希望得到是一種不同的體驗，以前消費談的是理性、感性，或是炫耀社會地位，但是現在強調的不是彰顯地位或是理性消費，而是想到一個地方體驗不同的日常生活經驗。許多次文化，如同性戀文化、台傲客文化、當迷世代文化，都是可以發展的商機。觀光或農業產業可以參考、觀察消費文化，試著把產品變成流行性商品，就可以分散風險。今天，越來越多文化與消費緊密結合，現代人越來越以文化的角度詮釋與體驗消費，越來越以消費的角度看待文化發展與積累（鄭自隆、洪雅慧、許安琪，2005）。

九、文化消費之趨勢為何？

　　根據鄭自隆、洪雅慧、許安琪（2005）文化消費之趨勢如下：

1.新性別觀：
　　(1)都會美型男：雄性規則打破讓全球男性清潔保養品成長幅度是女性的兩倍。男性愛美合理化。
　　(2)彈性的同性關係：男男或女女並不一定就是同性戀。

(3)女力不可擋：台灣受高等教育的女性5.58高於男5.25，可看出女力的成長。

2.新年齡觀：

(1)銀髮金礦族：退休金和養生觀已是這群人的重點。

(2)單身家戶：個人主義興起，據統計男女性30～45歲單身占人口數的四分之一。家庭功能外包是普遍現象。

(3)青年回巢：顛覆以往單人享受獨居的生活形式，搬回家與父母同住可增加自我消費力。

3.新族群觀：

(1)血統上多元族群：世界資料顯示，全球流動人口5.52對新人中就有一對是異國婚。而台灣則是每百個新生兒中就有8個是外籍婦女所生的混血兒。

(2)意識型態上族性認同：現在正面臨種族模糊的世代，最會唱RAP的不是黑人是白人，最會打高爾夫球的不是白人是黑人。

4.當迷現象：(1)波特利人生：人生以殺時間為目的；(2)KUSO族：日文無所不可惡搞的想法；(3)無名氏萬歲：反映偷窺文化和對無名氏的支持；(4)九位一體：男性購買鑽戒；(5)冷它一下：日本戰鬥營；(6)台傲客：布袋戲和閃亮三姐妹突顯又土又洋的特殊文化。

男性保養品　三年成長七成（盧昭燕，2011）

　　女性保養品市場已趨飽和，為何男性保養品市場去年卻能成長到十二億？台灣男性保養品產業商機蓄勢待發。根據巴黎萊雅集團（L'Oréal Paris）調查，女性保養品市場逐漸飽和，近年僅有個位數字的成長；然而過去三年來，男性臉部保養品市場高達成

長率70%，去年更成長到十二億，台灣男性愛美商機吸引百貨專櫃和開放櫃通路紛紛推出新產品。

◎男性購物習慣不同，百貨公司提供不同的設計

　　台灣萊雅集團化妝品香水事業部總經理陳敏慧表示，位於新光三越信義新天地三樓男性專屬樓層的MENCARE studio，是全球首座結合三大男性保養品品牌和一香水品牌的男性專屬櫃位，男性消費偏好簡單方便，這樣的服務方式，「從頭到尾，一次滿足。」新光三越信義新天地促販課課長李昭賢表示，開幕半年以來，相較於過去依附於一樓女性保養品專櫃的男性商品，只能吸引到一成男性購買，現在男性專櫃顧客有80%都是男性自行前往，陳敏慧更發現高達九成顧客都是第一次到訪，平均諮詢時間半小時以上。克蘭詩品牌（CLARINS MEN）去年在SOGO復興館成立男性克蘭詩旗艦櫃，男性顧客做臉護膚之餘，還能享受邊坐按摩椅，邊打電動、看運動節目的多重享受，公關廣告部經理曾儀透露四月旗艦櫃將再南下在台中新光三越現身。

◎抗老意識抬頭

　　台灣男性仍以清潔和保濕用品為最大需求，不過隨著男性保養品愈來愈多，現在也開始走分齡保養的訴求，男性抗老商機逐漸發展。台灣萊雅消費用品事業部公關經理張郁瑋說，巴黎萊雅專業男仕系列的開放櫃產品，過去二年每年成長一倍，今年積極經營抗老產品；主打熟男的蘭蔻（LANCÔME）男仕專業保養系列，37%顧客超過四十歲。不管是年輕型男還是熟男，愛美畢竟是人的天性。

◎「PPEC」通路特性

　　「MENCARE studio」雖然是集合四大保養品的男性商品，但其實是要營造一種男性會接受的「PPEC」通路特性（陳順吉，2007）：

①Professional

　　男性消費者其實對於如何保養自己的肌膚並沒有太多的瞭解與涉獵，因此往往因為不瞭解而隨意保養，甚至是不保養。而一般的保養品專櫃的專業諮詢服務又多是從女性膚質的觀點，其實並不能符合男性消費者的需求。因此對於想要保養的男性而言，能夠有一個專櫃是男性專屬的空間，而且不僅是販賣商品，還能提供專業諮詢服務，將能對男性消費者產生吸引力。

②Personal

　　雖然現在「型男」風當道，男性重視保養已是一種趨勢，但是在傳統觀念影響下，仍有許多男性覺得去專櫃詢問保養訊息或購買保養商品會讓人覺得「娘」，因此「MENCARE studio」設在A11男性專屬樓層，營造出一種金屬色調的lounge風格，兼具時尚與品味，有別於一樓女性專櫃明亮但是鬧哄哄的氛圍，讓男性消費者不再懼怕臨櫃諮詢甚至選購。除此之外，根據實際觀察，他們的服務人員多為男性。筆者覺得這也是一種很重要的關鍵：雖

然男性總是喜歡看美女，但這是在可以展現男性魅力的情境下，男性喜歡與漂亮的女生互動，但是對於較難以啟齒的諮詢（例如保養資訊），其實男性服務人員反而讓人有種輕鬆的感覺，也比較有說服力。

③Experiential

雖然女性專櫃已經漸漸有會員免費護膚與諮詢的服務，但是就男性保養品牌而言，提供護膚與諮詢服務仍是首創，除此之外，按摩椅也可讓男性在臨櫃消費的過程中，比較舒適且放鬆，此時將更能放下武裝，接受專業的諮詢服務與建議。藉由體驗，讓男性消費者也能更加對自己的保養有進一步努力的動力。

④Convenient

對許多男性而言，單是具有保養相關知識已是一大門檻，更遑論要去比較各家品牌的保養品之間的異同以及跟自己的適合程度。大部分男性消費者總是希望能夠在一個專櫃上擁有一定的選擇，且可以一次買足自己想要的保養商品。「MENCARE studio」集合四大熱門保養品牌的男性商品，正提供了這樣的便利性，讓消費者可以擁有好的選擇對象，且一次購足，又能累積兌換適合男性需求的滿額贈品。

十、文化消費之消費者

(一)我們都是消費者

美國哈佛大學教授雷蒙德・弗農（Raymond Vernon）1966年以產品生命週期之概念界定消費者：

以產品生命週期之概念界定消費者：行銷規劃中，產品進入市場皆

會經歷產品生命的四個時期（有些商品例外），即導入、成長、成熟、衰退四期，而行銷人員則各依不同時間擬定行銷策略，針對不同的消費者特性進行所謂的市場區隔概念。

有關市場區隔概況依據消費者對新產品在採用時間上的分布，採羅吉斯的說法：

1. 創新者：產品初進市場——市場先知先覺者（導入期）。導入期之消費者，產品創新和商品化歷程的開始。
2. 早期大眾：產品市場知名度打開——市場後知先覺型（成長期）。成長期消費者，已有顧客基礎，也吸引早期型的顧客加入購買。
3. 晚期大眾：產品知名度穩定、市場狀況趨於飽和——後知後覺型（成熟期）。成熟期消費者，銷售量已平穩，晚期消費者也加入。
4. 落後者：產品逐漸被淘汰或取代——不知不覺型（衰退期）。衰退期消費者，銷售及利潤急速下降。

(二)以歪腰郵筒文創商品為例

創新者為產品初進市場——市場先知先覺者（導入期）。導入期之消費者，產品創新和商品化歷程的開始，以蘇迪勒颱風打歪的歪腰郵筒被設計成文創商品為例：

◆歪腰郵筒文創商品

一場颱風幾乎重創全台，卻也無意中吹出了一個令人驚豔的「創意」——台北市南京東路與龍江路口的一對郵筒因遭強風吹落的招牌砸中而致「歪頭」，模樣可愛而討喜，引發民眾瘋狂前去「朝聖」，直到大半夜都還有人搶著跟它們合照。若說這是「美麗的意外」，大概沒人會反對。「意外」，卻「美麗」，這其實就是對「創意」最簡單的註腳，而它竟是透過一場風災來詮釋，既諷刺又跳tone，卻也饒富修辭意味。歪頭郵

歪腰郵筒文創商品

筒帶給大家最大的啟示是，原來創意未必是什麼高深莫測的學問，有時只
要一點「反常」，最尋常的東西也能成為最炙手可熱的藝術品。

　　歪腰郵筒又被稱作微笑萌郵筒，或者分別依照其顏色而稱呼為小紅
和小綠，是中華民國台北市中山區兩個遭到颱風蘇迪勒侵襲而被招牌砸歪
的郵箱，由於其造型可愛而獲得民眾的高度關注。之後中華郵政響應民眾
的要求而同意考慮將歪斜的郵箱予以保留，並且進一步發展成為台北市另
類景點（黃義書，2015）。對此網友很快便將歪腰郵筒的姿勢和先前阿
帕契打卡案做比較，並且戲稱這是「阿帕契郵筒」（陳柏亨，2015）。
而勞動部勞動力發展署中彰投分署青年職涯發展中心在新成立的創作工
坊中，服務人員也使用Yahoo!奇摩首頁的新聞相片，並花費兩個小時而
以3D列印製作歪腰郵筒的模型，藉此宣傳自身3D建模設計和製作課程以
及提供青年創業發想、產品製造設備與合作媒合平台的創客基地（郝雪
卿，2015）。

　　衛生福利部疾病管制署在其宣導登革熱疫情防治的海報上，也立刻
添加了歪腰郵筒的設計（魏忻忻，2015）。同時也有網友分享「歪腰郵筒
產生器」的網址，只要上傳圖片後便可以經過簡單步驟獲得與歪腰郵筒的
合照（江明晏，2015）。

◆「歪腰郵筒產生器」來了～不用到現場！免排隊！

來自by KANGXI的作品「歪腰郵筒產生器」，直接上傳照片即可
網址：http://bending-postbox.ga/。

歪腰郵筒產生器

松山文創結合歪腰郵筒

依「文化創意產業發展法」規定，文創產業指「源自創意或文化
積累，透過智慧財產之形成及運用，具有創造財富與就業機會之潛力，
並促進全民美學素養，使國民生活環境提升之下列產業」。按照這樣的

定義，郵筒之所以歪，是風力造成，並非人類的創意，也和文化積累無關，歪腰郵筒不是文創。

◆規劃專利及商標權

但之後郵局的反應，與歪腰郵筒的成形，應該已是兩個階段。一般正常的認知，郵筒的用途是收納信件，而颱風吹壞設施應該修復，但這次郵局的回應方式，跳脫制式的反應，順著人們在社交媒體上的小確幸風潮，乾脆開放郵筒所在地成為景點，甚至讓真郵差上陣配合人們拍照打卡，現場出現排隊人潮，氣氛一片歡樂。

在郵局跳脫制式反應、不急著修復郵筒、而開放郵筒讓郵差上陣陪人們拍照打卡時，這就是一種具有「創意」的回應。而這樣的創意，也具有創造財富的潛力（想像未來郵局可以收費拍照，或開發歪腰郵筒系列商品）。若要說此次歪腰郵筒賣萌有美中不足之處，便是歪腰郵筒似乎沒有想到智慧財產的保護。固然，郵筒歪腰是自然之力造成，非人所致。但智慧財產種類繁多，也並非都需要人類的創意發明，商標也可以是其中一

郵局開放歪腰郵筒所在地成為景點，配合人們拍照打卡，現場出現排隊人潮

種。何況若要開發歪腰萌郵筒系列商品，更需要系列的設計專利、著作與商標權的規劃與配合（江雅綺，2015）。

◆歡樂所在商機所在

有人或許會認為，歪腰郵筒就算有「創意」，其創意也實在沒什麼高明。但認為「創意」必須很高階才能成為具有商業潛力的產業，這可能又是一種誤解。蘋果公司（Apple）的手機之所以在眾家手機廠商中一枝獨秀，依靠的不是什麼高端的技術發明，反而是友善的使用者介面和時尚的外觀設計。文創產業的代表迪士尼（Disney）公司也是一個例子，單單比較動畫技術，台灣人才輩出，但為何一旦到了產業運用層次，台灣落後這麼多？其關鍵與其說在高明的技術，不如說在於人的思維與商業運作的模式。每次看政府所補助的產學合作計畫，許多都強調要有前瞻技術的發明。能夠有前瞻技術的發明，對產業當然非常重要。但是許多產業商機，事實上不限於先進的技術。這次郵筒事件正是一個很好的例子。歡樂之所在，商機之所在，風力造成的萌郵筒不是文創，但透過人力智慧運

蘇迪勒颱風造成北市龍江路的兩支郵筒歪腰，意外成為拍照熱門新景點，大排長龍，甚至有新人到場拍婚紗（記者胡經周／攝影）

用，萌郵筒可發展成文創，希望這是此次風災過後，為台灣帶來的一點正面效益（江雅綺，2015）。

台北市南京龍江路口的兩支郵筒在颱風夜遭招牌砸歪，歪腰的「小紅」和「小綠」吸引民眾參觀、拍照。中華郵政董事長翁文祺表示，大批民眾聚集拍照已對交通造成衝擊，最快週四晚間將搬移到博愛路北門郵局的人行道上，龍江路口會再另裝兩個全新郵筒。中華郵政原本預定2015年8月13日搬遷「歪腰郵筒」，但因郵筒太熱門，搬家引發負面批評，中華郵政順應民意暫時原地保留。翁文祺說，歪腰郵筒風潮，透露出台灣人在風雨中仍保持一定的幽默感，若郵筒移到新地點後，會擺放立牌說明郵筒在颱風天遭砸歪的過程，中華郵政也將推出紀念品，設計有趣的紀念明信片；現在網路上已經出現公仔、T恤等文創商品，他鼓勵年輕人發揮創意，中華郵政不會介意版權問題。最萌的颱風受災戶「歪腰郵筒」爆紅，許多民眾前來排隊搶拍，有公關公司請出「OPEN小將」和「LOCK小醬」到場與民眾一起歪腰，趁勢宣傳電影（邱瓊平，2015）。

◆台北「歪腰」郵筒紀念郵戳 今明限定

日前被看板砸歪的龍江路兩支郵筒「小紅」和「小綠」，吸引許多民眾參觀、拍照，造成周遭交通混亂。中華郵政表示，最快2015年8月13日下午歪腰郵筒搬移到博愛路北門郵局的人行道，也將擺放立牌說明，也將順勢推出文創商品，包括歪腰郵筒公仔、個人化郵票等。中華郵政特別製作郵戳，只要在2015年8月12日下午五點至明天下午五點前將信件投入龍江路歪腰

台北「歪腰」郵筒紀念郵戳
資料來源：中華郵政提供。

郵筒，就會蓋上特別郵戳紀念（徐子晴，2015）。

◆「歪腰郵筒」太熱門，腦筋動得快的台灣及大陸商人已生產相關文具商品

　　蘇迪勒颱風橫掃台灣，「歪腰郵筒」小紅小綠「意外」爆紅，每天吸引大批人潮合照，國外媒體《紐約郵報》、英國廣播公司（BBC）、英國《每日郵報》（*Daily Mail*）爭相報導。腦筋動得快的台灣商人，已生產相關文具商品，在露天拍賣已有「歪腰郵筒」紀念磁鐵、鑰匙圈、名片座販售。也有插畫家跟上歪腰風，畫了App貼圖，「綠哥紅妹」的模樣萌翻了（鍾元，2015）。

　　由於「歪腰郵筒」太熱門，腦筋動得快的台灣及大陸商人，已生產相關文具商品。台灣有飯店業者設計出「歪腰郵筒」的杯子蛋糕，也有玩具業者設計積木版「歪腰郵筒」超吸睛，足見「歪腰郵筒」具有商機（鍾元，2015）。

　　「歪腰郵筒」也紅到大陸，中國大陸「淘寶網」已經出現了以「歪腰郵筒」為主題的手機殼，分別有紅綠歪腰郵筒、紅歪腰郵筒、綠歪腰

歪腰郵筒紀念磁鐵、鑰匙圈、名片座與插畫家歪腰風App貼圖「綠哥紅妹」

郵筒、紅正常郵筒、綠正常郵筒等五款不同的款式。歪腰郵筒刮起旋風，前兩天在現場維持秩序並和民眾合照的郵務稽查人員楊振貴、黃如麟，也因為「超會演」而爆紅，他們今天已交班給其他同事。楊振貴笑說，郵筒引發話題，真的是出乎意料之外，民眾太熱情了，他在現場兩天，身體已經撐不住，不只喉嚨痛，雙腳也因為一直蹲馬步相當痠痛，不過看到大家這麼開心，他也覺得很開心。楊振貴指出，有中南部民眾包團到台北參觀，還有外國遊客到場一探究竟，以日本和香港遊客最多，也有馬來西亞、新加坡遊客。黃如麟說，郵筒在颱風天被招牌砸歪，身為稽查，有義務隨時出動，這是工作責

歪腰郵筒杯子蛋糕

任，在現場看到民眾對歪了的郵筒這麼好奇，能為郵局做點事很值得。台北郵局表示，除了穿著制服的郵務稽查，現場也有多名穿著便服郵局人員，由於民眾太多，今天已要求到場的郵務稽查只要指揮交通、維持秩序，不再跟民眾合照，但可視情況幫民眾拍照（鍾元，2015）。

以「歪腰郵筒」為主題的手機殼

十一、以消費者生命週期之概念界定消費者（鄭自隆、洪雅慧、許安琪，2005）

　　主要視消費者作購買決策時，依所需資訊多寡、所耗時間多少、所努力的程度三項因素，提出涵蓋三種購買型態的「消費者生命週期」的基本架構：

1. 極度解題型：首次購買某一產品，通常要花費許多時間在蒐集資訊、處理資訊及購買決定上。極度解題型消費者通常屬深涉購買，且對高涉入度之商品為之，尤其是PLC的導入期之商品。
2. 限度解題型：某一類產品已略有使用經驗，因此無需大量資訊，只需就原有經驗忽略或新的訊息再加以注意即可決定。限度解題型消費者通常屬選擇性深、淺涉購買，對於PLC的成長期之商品，依高低涉入度商品之屬性來區分購買行為。
3. 例行反應型：購買決定多為直覺式，甚至已有某種程度的品牌忠誠。例行反應型消費者通常屬典型的淺涉購買，成熟產品不需資訊協助，直接反射購買。

十二、家庭生命週期（FLC）

　　家庭生命週期（Family Life Cycle, FLC）概念最初是美國人類學學者P. C.格里克於1947年首先提出來的（張敦福，2001）。家庭生命週期的概念源自Evelyn Duvall與Reuben Hill的發展學理論（Developmental Theory）（Olson & DeFrain, 2000: 96）。其著重於家庭的過程，當家庭經歷形成（formation）、發展（development）、擴大（augmentation）與衰弱（decline）等階段之時，每一個新階段帶來新的發展工作，家庭成員在不

同的過程中發生不同的互動方式，使家庭隨之產生變化。常用來衡量家庭生命週期的人口統計變數包括：婚姻狀況、在家的子女人數、在家的子女年齡、家長的工作狀況等（蕭夙君，2001）。其概念對社會學、人類學、心理學等研究中都有莫大的意義，例如透過對家庭生命週期的分析，可以更好地解釋婦女就業、家庭成員間的關係、家庭耐用消費品的需求、處於不同家庭生命週期的人們心理狀態的變化等（黃千珊，1999）。

消費者隨著年齡的增長，對產品和服務的需求不斷地發生變化，對食品、衣著、家具、娛樂、教育等方面的消費會有明顯的年齡特徵（楊利勤，2009）。

(一)家庭生命週期階段

人的一生中，由於婚姻與孩子狀態的不同，會經歷不同的家庭型態。消費者在不同的家庭生命週期階段會有不同的需求。

家庭生命週期階段：單身→新婚→滿巢期→空巢期→鰥寡獨居

根據Kotler認為每一階段都有不同需求將呈現不同購買型態，分為九個不同階段：單身期、新婚期、滿巢一期、滿巢二期、滿巢三期、空巢一期、空巢二期、獨居一期、鰥寡獨居二期。

(二)傳統家庭生命週期

根據楊利勤（2009），傳統家庭生命週期可分為以下九期：

1.單身期：指還沒結婚的單身漢，收入不高需求不多，尚未籌組家庭的族群，例如：學生打工族。

2.新婚期：指剛結婚完無小孩階段，財務上比較寬鬆尤其雙薪家庭所

謂頂客族。

3. 滿巢一期：指剛生一小孩年齡小於6歲，其中一人停止工作收入變少，新的需求增多。

4. 滿巢二期：指家中小孩大於6歲上（上小學階段）仍須照顧，其中一人可接加工產品在家做。

5. 滿巢三期：已婚夫婦與家中子女已達高等教育階段。指結婚一段時間，子女也會打工賺錢擁有自己的收入，減輕家人負擔。

6. 空巢一期：指老夫妻相依為命，子女都不在身邊，由於年紀大健康逐漸下降，導致購買保健用品增多。家中子女大多已獨立並離家，而父母仍在就業。一般來說，為家庭財務狀況最佳的時期。

7. 空巢二期：指老夫妻退休後，靠著退休金生活，注重健康。這階段小孩已獨立，多已結婚自組家庭，不與父母同住，且父母也已退休。

8. 鰥寡就業：指其中一人過世，處於退休階段，如有工作且還有收入，或如沒工作小孩不照顧（獨居老人）。

9. 鰥寡退休（獨居）期：指剩一人收入減少且老年人體力不足消費能力下滑，形成節儉生活。配偶之一已過世，家庭只剩下一人，已退休。所得很少，財務狀況端看年輕時的儲蓄或是子女的奉獻。

傳統家庭生命週期之消費者特性可分為三大階段：青年（35歲以下）、中年（35～64歲）、老年（64歲以上），其消費者特性如圖13-3所示。

一個典型的家庭生命週期可以劃分為以下六個階段：形成、擴展、穩定、收縮、空巢與解體六個階段。每個階段的起始與結束通常以相應人口（父夫或妻子）事件發生時的均值年齡或中值年齡來表示，家庭生命週期的各個階段的時間長度等於結束與起始均值或中值年齡之差。比如，某個社會時期一批婦女的最後一個孩子離家時（即空巢階段的開始），平

階段	婚姻狀況		家中小孩情況			消費者特性
	單身	已婚	無	<6歲	>6歲	
青年（35歲以下）						
單身	●		●			所得自主高、飲食、休閒為主
新婚		●	●			以兩個人為單位的消費
滿巢期第一期		●		●		財務狀況較緊、孩子的消費為主
中年（35～64歲）						
滿巢期第二期		●			●	子女的教育費為主
滿巢期第三期		●			●	汰舊老舊的器物
空巢期第一期		●	●			財務佳，旅遊、休閒、自我進修
鰥寡獨居一期		●	●			保健食品、老人住宅
老年（64歲以上）						
空巢期第二期		●	●			必要性支出為主，如健康、醫療
鰥寡獨居二期		●	●			醫療、看護、愛及關懷

圖13-3　傳統家庭生命週期之消費者特性

資料來源：楊利勤（2009）。

均年齡是55歲，她們的丈夫死亡時（空巢階段的結束）的平均年齡為65歲，那麼這批婦女的空巢階段為十年，以下是一個普通家庭生命週期與消費關係的劃分（**表13-2**）。這種方法是不完美的，因為我們沒有考慮如單親家庭、無子女家庭等形式（楊利勤，2009）。

(三)非傳統的家庭生命週期（林建煌，2015）

由於人們價值觀改變，對於家庭、婚姻等看法不同，進而有新的生命週期。

1.單身期延長：成年子女不結婚與年邁雙親居住，如啃老族、寄生族。

2.新婚期延長：夫妻選擇晚點生小孩或不生，如雙方都在上班形成頂

表13-2　家庭生命週期階段

階段	內容
一、青年單身期	參加工作至結婚的時期，一般為1～5年。這時的收入比較低，消費支出大。這個時期是提高自身、投資自己的大好階段。這個時期的重點是培養未來的獲得能力。財務狀況是資產較少，可能還有負債（如貸款、父母借款），甚至淨資產為負。
二、家庭形成期	指從結婚到新生兒誕生時期，一般為1～5年。這一時期是家庭的主要消費期。經濟收入增加而且生活穩定，家庭已經有一定的財力和基本生活用品。為提高生活質量往往需要較大的家庭建設支出，如購買一些較高檔的用品；貸款買房的家庭還須一筆大開支——月供款。
三、家庭成長期	指小孩從出生直到上大學前，一般為9～15年。在這一階段裡，家庭成員不再增加，家庭成員的年齡都在增長，家庭的最大開支是保健醫療費、學前教育、智力開發費用。同時，隨著子女的自理能力增強，父母精力充沛，又積累了一定的工作經驗和投資經驗，投資能力大大增強。
四、子女教育期	指小孩上大學的這段時期，一般為4～8年。這一階段裡子女的教育費用和生活費用猛增，財務上的負擔通常比較繁重。
五、家庭成熟期	指子女參加工作到家長退休為止這段時期，一般為15年左右。這一階段裡自身的工作能力、工作經驗、經濟狀況都達到高峰狀態，子女已完全自立，債務已逐漸減輕，理財的重點是擴大投資。
六、退休養老期	指退休以後。這一時期的主要內容是安度晚年，投資和花費通常都比較保守。

資料來源：楊利勤（2009）。

　　客族。

　3.滿巢期空巢期消失：結婚不生小孩，在歐洲國家明顯使得國家祭出優渥方案。

　4.離婚率高：造成單親家庭多或不同形式家庭。

(四)家庭生命週期對消費行為的影響（MBA智庫百科）

　　家庭是影響消費者個人最鉅的重要團體，兼具初級團體與參考團體之影響力，家庭對消費者的影響：一方面來自家庭成員間緊密的聯繫關係，另一方面則是家庭因血緣與親密關係，對消費者具有直接與最終的影響。家庭作為收入與支出的經濟單位，家庭成員之間建立個別與共同消費

者之優先性，消費者在社會化的過程中，受到家庭消費習慣的影響與薰陶
最多。消費者的家庭狀況，因為年齡、婚姻狀況、子女狀況的不同，可以
劃分為不同的生命週期，在生命週期的不同階段，消費者的行為呈現出不
同的主流特性（**表13-3**）。

　　一個人在一生中購買的商品好似不斷變化的，消費者還根據家庭
生命週期階段來安排商品的消費。同樣的，一個人一生中的心理生命週
期，也對其購買行為產生一定的影響。

表13-3　家庭生命週期對消費行為的影響

家庭生命週期	對消費行為的影響
一、青年單身期	處於單身階段的消費者一般比較年輕，幾乎沒有經濟負擔，消費觀念緊跟潮流，注重娛樂產品和基本的生活必需品的消費。
二、家庭形成期	經濟狀況較好，具有比較大的需求量和比較強的購買力，耐用消費品的購買量高於處於家庭生命週期其他階段的消費者。
三、家庭成長期（I）	指最小的孩子在6歲以下的家庭。處於這一階段的消費者往往需要購買住房和大量的生活必需品，常常感到購買力不足，對新產品感興趣並且傾向於購買有廣告的產品。
四、家庭成長期（II）	指最小的孩子在6歲以上的家庭。處於這一階段的消費者一般經濟狀況叫好但消費慎重，已經形成比較穩定的購買習慣，極少受廣告的影響，傾向於購買大規格包裝的產品。
五、子女教育期	指夫婦已經上了年紀但是有未成年的子女需要撫養的家庭。處於這一階段的消費者經濟狀況尚可，消費習慣穩定，可能購買富餘的耐用消費品。
六、家庭成熟期（I）	指子女已經成年並且獨立生活，但是家長還在工作的家庭。處於這一階段的消費者經濟狀況最好，可能購買娛樂品和奢侈品，對新產品不感興趣，也很少受到廣告的影響。
七、家庭成熟期（II）	指子女獨立生活，家長退休的家庭。處於這一階段的消費者收入大幅度減少，消費更趨謹慎，傾向於購買有益健康的產品。
八、退休養老期（I）	尚有收入，但是經濟狀況不好，消費量減少，集中於生活必需品的消費。
九、退休養老期（II）	收入很少，消費量很小，主要需要醫療產品。

資料來源：MBA智庫百科。

(五)家庭中的購買角色

家庭中的購買角色可分為以下八種：

1. 發起者：弟弟提議購買電腦。
2. 守門者：哥哥負責蒐集與篩選資訊。
3. 影響者：姊姊提供電腦相關資訊。
4. 決策者：爸爸拍板定案。
5. 購買者：哥哥親自去光華商場選購。
6. 使用者：都是妹妹在使用電腦。
7. 維護者：哥哥對電腦做簡單維修。
8. 處分者：媽媽將電腦丟棄。

(六)家庭決策的基本型態

家庭決策的基本型態可分為以下兩種：

1. 一致型購買決策：是指家庭成員同意購買決策本身，但對於達成該決策的方式有不同看法。
2. 調適型的購買決策：指的是家庭成員具有不同的偏好與優先順序，因此無法達成一個能滿足所有人最低要求的購買決策。

(七)家庭消費決策類型

一般而言，家庭消費決策的方式可依家庭權威的中心而劃分為數種類型；其中，根據學者H. Davis所進行的研究顯示，家庭消費決策主要可分為四種方式（**圖13-4**）：有些家庭中，每位家庭成員都有權相對獨立地作出有關自己的決策，因而被稱之為自主型模式；有些家庭的消費決策則取決於丈夫或者妻子手中，由丈夫或者妻子具有購物決策的支配權和主導

圖13-4　家庭消費決策類型

資料來源：股感知識庫。

作用，是為丈夫主導型或妻子主導型。此外，購買決策亦有可能是由家庭各成員共同協商所作出的結論，則是聯合型的家庭消費決策方式。舉例來說，家庭購買家電用品、家具用品時，多以丈夫的意見為主，而食品、兒童用品等商品則多由妻子做決定。遇到價格高昂、全家受益的大件耐用消費品，或者是教育、娛樂、旅遊方面的支出時，則往往會透過共同協商的方式來決定。家庭中的孩童，亦有機會在家庭進行購買特定類型商品的決策時發揮影響力，例如在購買點心、糖果、文玩具等用品時，孩童的意見相對而言就較為重要（YiJu, 2014）。

(八)家庭與消費者行為（曾光華，2014）

◆家庭對消費者行為的重要性

　　家庭是塑造消費者的品牌認知、教育消費者如何購買的重要管道。家庭是非常普遍且重要的主要團體，也是行銷人員最基本的分析單位。

1.父母對小孩的影響。

2.小孩對父母的影響（少子化→父母更聽信小孩的話）。

◆家庭結構的改變（單身）

1.單身比率節節上升。

2.台灣的單身商機：

(1)集合了單身與銀髮的雙重商機。

(2)理財金融、旅遊、生活休閒（如一人用餐的餐廳）、房產、寵物
等行業。

(3)同居：台灣歷年來比例逐漸升高。

3.日本的單身商機：婚活——指為結婚所從事的積極活動。

◆家庭結構的改變（晚婚）

台灣晚婚狀況：

1.敗犬：30歲以上高學歷單身女性。

2.阿拉佛：35～40歲的未婚女性。

◆家庭結構的改變（離婚）

1.台灣離婚率為全亞洲第二高（占總人口7.17%）。

2.家庭結構的改變（少生或不生小孩）：

(1)台灣總生育率，全世界最低（平均1.12人）。

(2)新的商機：不生小孩的新興族群——頂客族（Double Income No
Kid, DINK），指雙薪無子女的家庭，可以分為自願（不想讓孩
子來干擾兩人的世界，非常重視兩人的生活品質。目前頂客族
占已婚人口10%，屬高收入族群）與非自願（不孕、喪子等）兩
類。

(九)家庭決策（曾光華，2014）

◆家庭行銷

瞭解各家庭成員的角色及各角色之間的關係（包含購買者與決策者之間、購買者與資訊蒐集者之間的關係），然後制定出最適合的行銷方式。

◆誰是主導者

家庭決策主導者可分為以下五種：

1.妻子主導。
2.丈夫主導。
3.共同主導。
4.各自主導。
5.交叉主導。

◆影響家庭決策的因素

1.性別角色：
   (1)工具性角色：藉由在外工作來支撐家庭經濟，讓家庭得以在社會中立足。
   (2)情感性角色：則是負責團體的感情聯繫，維持團體內部凝聚力。
2.家庭財務長：掌管家庭帳單並決定如何花費剩餘資金，對家庭購買有相當大的決策權。
   (1)男性：汽車、電器、電子、機械類產品等較女性在行或有興趣。
   (2)女性：對居家生活、生活小常識、子女教育及醫療保健等較關注。

(十)消費者社會化（曾光華，2014）

學習消費所需技能（如資訊蒐集與方案評估的技能）、吸收消費相關知識，與形成對產品與市場的態度的歷程。是一種持續不斷的過程。

◆成人的社會化

因應消費環境變遷、為了跟上社會的潮流，是成人社會化主因。

1.成人的社會化（女性角色的改變）：

　(1)角色負荷過重：角色要負擔的任務超出能力範圍。

　(2)需求：購買節省時間的器具或服務。

2.成人的社會化（男性角色的改變）：兩大趨勢——草食男、家庭主夫。

◆兒童的社會化

主要目的為塑造兒童正確的消費技能與知識。行銷人員可利用這種現象創造有利於產品的社會化過程，進而幫助產品銷售。兒童社會化歷程如**圖13-5**所示。

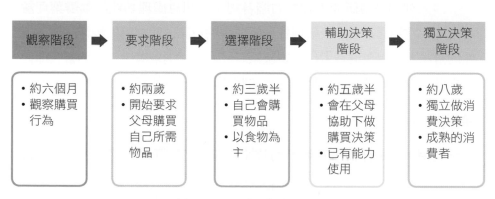

圖13-5　兒童社會化歷程

資料來源：曾光華（2014）。

1.兒童社會化的來源：家庭對兒童社會化的影響方式有楷模學習、互動學習和實際參與。

　(1)楷模學習：是指個體在觀察學習時，向社會情境中的個人或團體學習的歷程，這位個人或這個團體稱為楷模。

　(2)互動學習：從家庭成員間的互動學到消費的觀念及態度。

　(3)實際參與：共同實際參與購買與消費——媒體（電視）、媒體（網路）。

2.孩童對家庭消費決策的影響力：

　(1)反向影響：孩子脫離被父母影響，當偏好與父母不同時，轉而影響父母。

　(2)父母屈服：父母因反向影響而導致決策變更。

十三、涉入理論與消費者購買決策（鄭自隆、洪雅慧、許安琪，2005）

(一)涉入理論

　　涉入理論是由研究人類左右腦各司不同訊息處理功能的腦瓣葉理論而來的。左腦通常是處於較理性分析理性的資訊，而右腦則較情緒性和感性的資訊。應用在消費者作購買決策時，產品與消費者之互動影響，即涉入程度是以決定商品的價格、購買次數及購買風險等三個因素。

◆高涉入

　　高價少購的商品，花較多的時間和精力完成購買，期使風險降至最低。

◆低涉入

傾向感性的淺涉購買，通常是零食、飲料等。

◆高涉入度

1.馬歇爾經濟動機論。

2.充分情報型消費者。

3.廣告訊息：回憶Recall。

4.策略：獨特銷售點。

5.商品類型：房屋、高價位電器。

◆低涉入度

1.佛洛依德心理論。

2.情感型消費者。

3.廣告訊息：形象塑造。

4.策略：品牌形象。

5.商品類型：珠寶、服飾。

◆理性

1.巴卜洛夫學習論。

2.習慣性衝動購買。

3.廣告訊息：回想。

4.策略：定位。

5.商品類型：家庭日常生活用品。

◆感性

1.維布蘭社會論。

2.自我滿足型消費者。

3.廣告訊息：感覺。

4.策略：訴求。

5.商品類型：零食、飲料。

◆高低涉入度和產品、消費者生命週期和消費者購買決策之關係

將消費者生命週期三種型態，與涉入理論結合：

1.極度解題型：深涉購買。

2.限度解題型：深淺涉購買——依商品屬性區分購買行為。

3.例行反應型：淺涉購買。

(二)消費者購買決策

文化消費者行為：表現出尋找、購買、使用及評估四種行為。

◆消費者行為模式

心理學行為主義學派：強調刺激（如4P）和反應（消費行為模式）過程。採用過程：

1.AIDA為引起注意、使消費感到興趣、形成需求後產生購買行為。

2.AIETA：A知曉；I興趣；E評估；T試用；A接受購買。

3.效果階層模式：未知曉、知曉、瞭解、喜愛、偏好、堅信、購買（認知、學習、態度、決策）。

◆消費者購買過程

需求察覺、訊息蒐集、品牌篩選、品牌評選、購買、購買後訊息處理。

◆文化消費之心理歷程

1.看法、態度、價值觀之改變。

2.價值轉換行動。

3.形成新的行為或行動。

◆基本需求分析

1.購買者確認：購買者或使用者特性——地域、人口統計、生活型態、購買中心、顧客的轉換。

2.購買意願與能力：

(1)購買意願：相關產品和服務、使用問題、價值或經驗的相容性、認知的風險。

(2)購買能力：成本因素、包裝和大小、空間可及性。

十四、文化消費結合創意打造商機

許多人對創意生活產業仍有許多疑慮，到底什麼是創意生活產業？什麼是創意生活產業背後的時代意義？劉維公（2003）指出以下重點：

1.台灣已經慢慢走向風格社會，而風格社會跟創意生活緊密相關。很多雜誌媒體報導的民宿、餐廳、創意的店家，裡面的雕刻、物件等，都是與生活風格息息相關。創意生活產業不是像被扶植的產業，不像傳統產業或農業休閒業轉型。事實上，它是正在世界各國蓬勃發展的一種新經濟型態，它是未來國家升級、提升競爭力需要的產業。

2.透過幾支廣告影片，來說明新的生活趨勢、新的消費文化。從具體的廣告影像中，我們看到富邦信用卡賣的不只是單純的信用卡，而

是背後單身女子的生活風格。現在產品賣的不只是單純吃喝生活上的生理滿足，而是生活風格的享受。在台灣，越受歡迎的信用卡，背後隱含有越多的符號。比如花旗的透明卡，優惠未必比別家好，但是他的創意讓別人想收集；又如荷蘭銀行的梵谷名畫信用卡，也會讓人想去收集。現在金融業，針對顧客群添加了很多的文化元素，結合年輕人、都會女子的生活風格，金融業已經與我們的生活緊密結合。

3. 有一支伯朗藍山咖啡的廣告是在鶯歌陶瓷博物館拍攝的，結合影像美學的情節，賣的也是背後的文化意義。一般來說，所有的罐裝飲料喝起來沒有什麼不同，可是伯朗的藍山咖啡卻與建築美學結合，賣的不只是咖啡。同樣的，以前大家對鶯歌這地方也不會有強烈印象，卻因為有了陶瓷博物館而成為多數台灣人想去消費的地方。創意生活產業修正、改變了資本主義強調賺錢的弊端。文化創意與地方、社區的人本思想有關，不是用科技，而是添加文化元素。比如NIKE、金車、統一等，都是放入一個文化產業，產生大的化學效果。像是Sony Ericsson的廣告，一段段的手機影像，強調的是與時尚結合；筆記型電腦透過廣告強調更多的enjoy、更多娛樂功能，讓現代都會的人想去追求。

4. 現代的消費者希望得到的是一種不同的體驗。以前消費談的是理性、感性，或是炫耀社會地位，但是現在強調的不是彰顯地位或理性消費，而是想到一個地方體驗不同的日常生活經驗。像遊客去自助旅行、住民宿，就是想瞭解民宿風格、主人與地方的故事。文化消費者注重的是故事，重要的是東西背後的文化意義。空間將是未來的大商品。台灣就像一個主題樂園、渡假村、咖啡廳、主題式餐廳等，都經過精緻設計，那些空間賣的地方，賣的是一種氛圍。有一項統計，台灣一個禮拜平均有兩場節慶活動，像是宜蘭的童玩節等，都會吸引一些人去，就是想體驗一段不同的生活。空間的營造

很重要，體驗不只是感官的刺激，比如舞廳的燈光、氣氛、音樂跟人營造的環境，如果純粹是感官刺激，應該每個人都很興奮；但是有些人會覺得很吵，空氣不好，想逃開。

5. 又如Starbucks（星巴克），有人覺得很放鬆、很新潮、時尚，但也有人在那裡卻覺得很做作，因此讓人緊張、焦慮不安。可見得體驗將隨著每個人的品味不同而不同，並非只有精英才有品味。許多次文化，如同性戀文化、台客文化，都是可以發展的商機。今天很熱門的嘻哈文化，過去在美國一開始也是被認為是不是文雅的次文化。

6. 政府和企業都要有創意資本的概念。台北市每保留一棟歷史建築，就增加一個文化資本。在文化創意市場裡，大家花錢不會想看到重新複製的東西，而是想看到有真實感，不是仿冒複製品。文化是高風險的產業，因為，生活風格是很主觀的。消費者很容易不甩你開發的創意，政府應該幫忙業者分擔風險，比如貸款、低利息。地方文化產業可以參考、觀察消費社會，試著把產品變成流行性商品，分散風險。比如，LV有一些經典商品，但是也發展流行商品，如櫻花包。

7. 今天，越來越多文化與消費緊密結合，現代人越來越以文化的角度詮釋與體驗消費，越來越以消費的角度看待文化發展與積累。像LV、NIKE提供的背後意義、背後的符號、故事，讓消費者有興趣購買。過去資本主義強調的是重量、體積，但是現在重視的是去物質化，發展輕的策略。核心產品需要有故事、造型人物、影像和風格，發展的原則不再是「數大就是美」，而是要發揮創意、展現品味、呈現意象。比如韓國人發明賤兔，可以利用賤兔的造型授權發展其他動畫或相關產品。又如哈利波特也是，可以發展動畫、電影和電腦遊戲等各類型產品。現在台灣還是在強調大型活動，希望台灣能找出具有吸引力的影像風格，重的物質有一天會消除，輕文化卻不會有浩劫。

Chapter
14
國家文化行銷

　　文化創意產業——源自創意與文化累積，透過智慧財產的形成與運用，具有創造財富與就業機會潛力，並促進整體生活環境提升的行業（文建會，2003）。國家形象廣告——以塑造國家整體形象為目的的廣告，如早期的「The Case of Free China」，塑造中華民國是自由、民主、保存傳統文化、經濟繁榮的正面國家形象，或如1992年「台灣生命力」、2011年的「亞洲之心——台灣Taiwan-The Heart of Asia」等系列廣告均是。形象（image）——為過去經驗的再現，簡單的說，是以「記憶」為基礎所呈現的「心智圖像」，而「文化」更屬抽象概念，就應經由媒體來擔任形象塑造與改變的角色，而且必須長期經營。國家也需要行銷。透過文化行銷可以雕塑國家品牌。國家文化行銷應注意跨文化差異（鄭自隆、洪雅慧、許安琪，2005）。

台灣觀光全新品牌 從「心」出發～Taiwan-The Heart of Asia

「Taiwan-The Heart of Asia」新品牌logo以簡潔、新創造的字體，表現台灣與世界溝通的坦誠態度與創新活力。

　　交通部觀光局於2011年2月11日正式公布啟用台灣觀光新品牌「Taiwan-The Heart of Asia」，配合新品牌誕生同時發表台灣觀光宣傳歌曲及30秒宣傳介紹新品牌動畫。台灣觀光未來將在新品牌精神之下拓展國際市場，開創屬於台灣的時代，向全球主要旅遊目的地邁進。此次發布會由交通部長毛治國、觀光局長賴瑟珍及國內觀光業代表共同為台灣觀

光新品牌揭牌。毛部長指出，新品牌宣示台灣觀光迎接一個新時代，將以更大的格局視野來定位與謀劃台灣未來觀光發展，觀光將成為各種新興產業多角開發的載具，提供醫療、農業、綠色等產業轉化資源發展觀光產品一個通路平台，新品牌將啟動台灣觀光專業全面提升，向更高的目標邁進。

觀光局長賴瑟珍表示，自2001年起長達十年的時間，台灣觀光以「Taiwan, Touch Your Heart」品牌向國際推廣，成功輸送台灣人民友善熱情的形象，獲得國內外旅客的喜愛，也將台灣觀光推升到一個新階段。為迎接新品牌時代的來臨，觀光局於2009年起即邀集各界專家學者研討構思新品牌，歷經多次討論、激盪與修正，最終以「Taiwan-The Heart of Asia」成為新品牌識別，新舊兩品牌，兩個heart相印相連，是台灣觀光「從心出發」不變的堅持。

「Taiwan-The Heart of Asia」新品牌logo以簡潔、新創造的字體，表現台灣與世界溝通的坦誠態度與創新活力，台灣融合傳統與新潮的多樣化特質正是今日起飛中的亞洲的典型縮影，亞洲心、台灣情是台灣觀光想要獻給所有觀光客的貼心獻禮。觀光局所有軟硬體設施及未來宣傳推廣活動都將更新置換此新品牌logo。配合新品牌問世，並推出「Time for Taiwan」作為全民拚觀光的台灣觀光大團隊隊呼，凝聚政府部門、觀光產業和周邊產業一起為台灣的時代打拚。發布會上也發表侯志堅作曲、雷光夏及Yiping Hou共同作詞的同名歌曲以及30秒宣傳動畫，為新品牌形象發聲發言，推動大家一起認識台灣觀光的新品牌、新目標，瞭解台灣觀光的新使命。3月起，觀光局將展開新品牌的國際宣傳，在CNN、BBC、Time、The Economist、Newsweek、Monocle及日、新、港、馬等國主要媒體作台灣觀光新品牌的廣告露出，後續亦將配合不同的觀光土題推出一系列衍生設計，以「Heart」標誌為主元素，表現台灣觀光繽紛多面向的魅力（交通部觀光局，2011）。

一、我國對外國家文化行銷機構之組織與功能（鄭自隆、洪雅慧、許安琪，2005）

1. 主要負責國家文化行銷的政府單位有兩個機構，對外由行政院新聞局國際處負責，對內則由行政院文化建設委員會（文化部）負責。

2. 根據「行政院新聞局組織條例」第二條規定，新聞局設下列各處、室，並得分科辦事：(1)國內新聞處；(2)國際新聞處；(3)出版事業處；(4)電影事業處；(5)廣播電視事業處；(6)資料編譯處；(7)視聽資料處；(8)綜合計畫處；(9)聯絡室；(10)總務室。

3. 其中國際新聞處負責對外傳播，「行政院新聞局組織條例」第四條規定，國際新聞處掌理下列事項：(1)國際新聞傳播工作之策劃事項；(2)駐外新聞機構工作之指揮、督導、考核事項；(3)國際新聞傳播工作之交流合作事項；(4)國際展覽之策劃、參加及配合事項；(5)有關我國之國際輿情與新聞電訊之研析及處理事項；(6)對外宣揚國情之文字及視聽資料統一運用事項；(7)對外新聞傳播機構工作之協調及輔導事項；(8)其他有關國際新聞傳播工作事項。

在國際新聞處職掌的「國家新聞傳播」、「國際展覽策劃」、「對外宣揚國情」等項目均包括了「國家文化行銷」的意涵。其中新聞局駐紐約「中華新聞文化中心」之運作，運用網際網路以七種國際語言從事文宣，接待外國記者，出版各種定期與不定期出版品，以及不定期在外國刊登廣告，均是國家對外文化行銷的整體表現。

新聞局的定期刊物有《光華畫報》月刊（中英文對照版、中西文對照版及中日文對照版）；英文《自由中國評論》月刊；法文、西文、德文、俄文《自由中國評論》雙月刊；英文《自由中國紀事報》（週刊）、法文《中華民國迴響報》（旬刊）、西文《中華民國報導》（旬報）、《中華民國英文年鑑》、中文版及英文版總統言論集（年刊）、行

政院院長言論集（年刊）、《行政院公報》（週刊）、《行政院新聞局公報》（月刊）等十七種，每年發行量約達三百七十萬份，發行地區涵蓋全世界一百六十餘的國家暨地區，所刊載內容並廣獲國外重要媒體轉載。

不定期刊物部分，在內容方面有中華民國一般概況、政治、外文、經濟與建設、環保與保育、歷史文化、宗教、首長傳記與言論等；在類型方面，則包括專書、小冊、摺頁、說帖、明信片及海報等；發行語版有中、英、德、日、西、俄、韓、匈、義、荷、波、捷、阿、印尼等，每年總發行量約為兩百萬冊（份）。此外，行政院新聞局亦不定期，針對各種主題進行國際廣告，以行銷台灣國家文化。除國際處外，行政院新聞局國內處、廣播電視處、電影處亦就其主管業務兼管部分對內的國家文化行銷。

二、我國對內國家文化行銷機構之組織與功能（鄭自隆、洪雅慧、許安琪，2005）

我國對內國家文化行銷機構為行政院文化建設委員會（簡稱文建會），成立於1981年，以統籌規劃國家文化，發掘優良傳統及提高生活品質。由行政院相關部會等機關首長和學者專家、文化界文士組成之委員會，則為文建會最高決策機制。目前行政院文化建設委員會已升格為文化部。組織和職掌如**表14-1**。

三、台灣政府國際廣告

台灣政府國際廣告可分為以下兩種：

1.政治廣告：(1)國家形象廣告；(2)政治議題廣告。
2.商業廣告：(1)經貿招商廣告；(2)觀光旅遊廣告。

表14-1　我國對內國家文化行銷機構之組織和職掌

組織和職掌	內容
一、組織	1.本部置主任委員、副主任委員、主任秘書及參事。 2.業務單位： 　(1)第一處負責相關工作包括： 　　• 文化建設基本方針及重要措施之研擬及推動。 　　• 文化建設方案及有關施政計畫審議及其執行之協調、聯繫及考評。 　　• 文化建設法規研擬、修訂、執行之協調。 　　• 文化資產保存與發揚之策劃、審議、推動及考評。 　　• 重要文化活動之策劃及推動。 　　• 文化設施之規劃與輔導。 　　• 文化建設人才培育、獎勵之策劃及推動事項。 　　• 文化建設資料之蒐集、整理及研究。 　　• 文化法人輔導事項。 　　• 其他有關文化建設事項。 　(2)第二處負責相關工作包括： 　　• 文藝、圖書館、文化傳播、社區總體營造及生活文化方案與施政計畫之研擬推動及執行之協調、聯繫。 　　• 文藝活動之策劃及推動。 　　• 公共圖書業務之輔導及推展。 　　• 文藝、圖書館、文化傳播、國際交流、合作之策劃、審議、推動及考評。 　　• 文藝、圖書館、文化傳播、社區營造及生活文化資料之蒐集、整理及研究。 　　• 其他有關文藝、圖書館、文化傳播、社區營造及生活文化社區文化事項。 　(3)第三處負責相關工作包括： 　　• 駐外新聞中心之輔導、聯繫及推動事項。 　　• 視覺藝術及表演藝術國際交流、合作之策劃、輔導及推動事項。 　　• 視覺藝術及表演藝術方案與施政計畫之協調、聯繫及推動事項。 　　• 視覺藝術及表演藝術演出、展覽場所之統籌規劃及協調、聯繫事項。 　　• 視覺藝術及表演藝術有關人才培育、獎勵之策劃及推動事項。 　　• 視覺藝術及表演藝術資料之蒐集、整理及研究。 　　• 其他有關視覺藝術及表演藝術事項。 3.行政單位：包括秘書室、人事室、會計室、政風室、法規會、資訊小組、藝術村資源。
二、職掌	1.文化建設基本方針及重要措施之研擬事項。 2.文化建設統籌規劃及推動事項。 3.文化建設方案與有關施政計畫之審議及其執行之協調、聯繫、考評事項。 4.文化建設人才培育、獎勵之策劃及推動事項。 5.文化交流、合作之策劃、審議、推動及考評事項。 6.文化資產保存、文藝、文化傳播與發揚之策劃，及推動考評事項。 7.社區總體營造及生活文化之規劃及推動事項。 8.重要文化活動之策劃及推動事項。 9.文化建設資料之蒐集、整理及研究事項。 10.其他有關文化建設及行政院交辦事項。

資料來源：鄭自隆、洪雅慧、許安琪（2005）。

台灣文化形象廣告由中華文化轉為台灣文化的訴求，以政治民主，經濟成就、科技導向為基礎的綠色矽島。導演齊柏林拍攝的《看見台灣》紀錄片大大的提高台灣的能見度。

導演齊柏林拍攝的《看見台灣》

四、博物館行銷（鄭自隆、洪雅慧、許安琪，2005）

博物館行銷是在1970年代末期源自於美國。是為了行銷博物館所做的一切努力，這些努力試圖奠立民眾瞭解與鑑賞博物館的基礎，希望在行銷過後，民眾會慢慢瞭解博物館創立的價值，並期待其所收藏文化遺產、所蘊含的知識與提供的服務，在民眾瞭解的更多、更深入之後，會更加支持且積極使用博物館。

(一)博物館行銷面臨的問題

1.博物館參與某項活動的觀眾不多，觀眾喜愛參與知名度或受歡迎的活動。
2.博物館同時向異質社會／市場或各種不同市場的消費者進行行銷。
3.企業贊助者常使用強勢媒體勢力或廣告。
4.由於博物館人員缺乏行銷概念及促銷產品的規劃過程。
5.許多博物館人員誤以為促銷等於行銷。
6.博物館研究人員與行銷人員沒有良好溝通。
7.博物館具無形性，其產生的利益不易溝通。
8.博物館目標不具體。
9.缺乏行銷評量。

(二)博物館在營運發展上的趨勢

1.寓教於樂及多元感官刺激媒材。
2.物品導向轉社會導向。
3.保存從鎖定無生命而擴大到有生命。
4.把博物館帶給人們。
5.追求完美展示效果。
6.原址保存趨勢。
7.博物館經營合理、專門化。

　　未來博物館的營運發展趨勢除了上述所提之外，數位博物館的建構、與社會資源整合、建立合作聯盟。

　　全球的博物館未來走向將為：(1)建築外觀也是藝術；(2)主題博物館的現身；(3)管理企業化。例如奇美博物館，類白宮建築外觀是藝術，主題博物館，由奇美企業化管理。

故宮數位博物館

資料來源：http://tech2.npm.gov.tw/literature/

奇美博物館

(三)博物館的創意行銷（林芳吟，2009）

◆東京Mori Art Museum

東京Mori Art Museum利用肖像作為博物館品牌精神代言人，透過國際授權合作，行銷博物館品牌，並發展數位內容、文化智財、周邊商品。東京Mori Art Museum與藝術家村上隆合作代言肖像。

東京Mori Art Museum創造博物館明星肖像及人氣商品

設計師村上隆並與國際知名品牌LV跨界合作櫻桃包，日本文創設計在台場整合行銷成為城中城時尚生活購物圈，將博物館商品與生活雜貨緊密結合。

◆紐約MOMA Design Store

紐約MOMA Design Store

　　把博物館商品設計變成博物館品牌特色，改變博物館行銷思維。每年MOMA會到國際重要展會採購新品，是台灣設計產品的國際行銷重要行銷對象。

　　活潑博物館形象並創造品牌商品，讓藝術教育更趣味。博物館可以成為台灣文化創意產業的火車頭，規劃更多介面讓產業參與，讓博物館產業化，**圖14-1**為博物館複合經濟體／博物館產業化策略。

展覽策劃　　品牌授權

觀光發展　　教育推廣

圖14-1　博物館複合經濟體／博物館產業化策略

資料來源：林芳吟（2009）。

五、地方產業行銷（鄭自隆、洪雅慧、許安琪，2005）

(一)地方文化產業的定義

　　「地方文化產業」係以特定的地域為基礎（territorially based）而自然衍生的產業，與地域產生緊密不可分的關係。隨著世界經濟體制

全球化發展，對「地方」（local）產生巨大的衝擊，亦掀起了全球化
（globalization）與地方化（localization）的論爭（Stohr, 1990; Harvey,
1989a）。「地方文化產業」與法蘭克福學派所定義之「文化工業」意義
不同，雖然英文用語相同皆用Cultural Industry，但意義卻正好相反。依
據阿多諾（Adorno, 1991）的論述，文化工業係文化生產的標準化、齊一
化，為工業商品不斷複製、大規模生產機制下的產品，如電影拷貝、唱
片、錄音帶等，它們為「文化物化」後的消費商品，它藉由全球化的產銷
機制無遠弗屆的滲透於世界角落，促成文化的普及化、大眾化，卻也抑制
了文化的主體性及創造力。而「地方文化產業」，加上了「地方」兩字則
意義深遠，它是強調文化的「獨特性」、「個性化」與「在地性」，它根
源於地域，蘊含歷史文化的豐贍，並非所有的地方皆有產製此種產品，具
有地域文化的特質。

　　「地方文化產業」，賦予「地方」的意義，即與地域的文化特質息
息相關，對地方文化產業特質定義如下：

1.文化產品精緻化、特色化、在地化。
2.它根源於「地方」，表徵地方特殊意象與特質，具歷史文化的豐
　贍、智慧的厚積和藝術經驗的沉澱。
3.它具有文化多元性，以及地域文化資源開發的多樣性。
4.它可以是非傳統的，可以重新被創造的，可經由地方居民的創造力
　被重新賦予新的生命力，具有「創新性」。
5.它是地方人文的精神所在，注入了地方人特有的心思和創意。

(二)地方行銷吸引顧客上門的重要因素

　　地方行銷吸引顧客上門的重要因素包括以下四種：

1.地方形象要好。

2.具吸引人的觀光景點,例如大自然的景色。

3.基礎建設。

4.人的因素,如藝術家、畫家的故鄉。

(三)地方行銷內涵

分為下列七個層次:

1.地方的企業主體化。

2.地方的目標消費者:居民、投資者、企業及遊客四種消費者。

3.地方行銷的產品。

4.地方行銷的目標:在於永續經營發展、經濟的繁榮、發展地方特色、生活品質的提升。

5.地方行銷的方法。

6.地方行銷的定位。

7.地方共同的願景。

(四)地方產業行銷之定位

地方產業行銷要如何定位,有下列幾項方法:

1.根據產品的重要屬性來定位。

2.根據產品提供的利益或滿足需求來定位。

3.根據產品之使用時機而定位。

4.根據使用者的類別來定位。

5.依對抗競爭者來定位。

(五)台灣遊樂區的分類

交通部觀光局（1998）台灣遊樂區的種類分為以下六種：

1.自然賞景型。
2.綜合遊樂區。
3.海濱遊憩區。
4.文化育樂區。
5.動物展示型。
6.鄉野活動型。

(六)地方產業行銷類別

地方產業行銷類別可分為以下兩種：

1.歷史、文化行銷：如歷史建築物、古蹟、台北燈會、民俗節慶。
2.觀光、旅遊行銷：屏東鮪魚季。

(七)觀光資源的構成要素

觀光資源的構成要素包括以下四種：

1.必須具有觀光吸引力。
2.必須滿足觀光客心理上的需求。
3.必須能滿足觀光客生理的需求。
4.必須能促使觀光客消費。

(八)文化觀光具備之特性

文化觀光具備之特性包括以下六種：

1.獨特性。
2.教育性。
3.傳統性。
4.整體性。
5.考古性。
6.觀察性。

六、事件行銷（鄭自隆、洪雅慧、許安琪，2005）

指企業整合本身的資源，透過具有企劃力和各創意性的活動事件，使成為大眾關心的話題或議題，因而吸引媒體的報導與消費者的參與，而提升企業形象，以及銷售商品的目的，可稱為活動行銷、整體行銷、全員行銷及多文化行銷（Jackson, 1997）。

屏東鮪魚季

事件行銷所設計活動可以帶來五種效果：(1)經濟效果；(2)發展產業效果；(3)促進振興地方效果；(4)促進國際交流效果；(5)充實文化活動效果。

屏東鮪魚季行銷採四階段：(1)口語傳播；(2)活動前一個月進入平面媒體文宣階段；(3)用電子媒體文宣，將美食與文化

國際童玩節

兩大類整合起來成觀光主題旅遊；(4)活動開始。主題行銷具備鮮、壯、奇、特、醇五特色。除了吃鮪魚活動再加上地方特色如吉他民謠走唱、熱拉丁槳等活動。

國際童玩節目標有五：(1)充實國人生活品味，拓展台灣兒童視野；(2)建立宜蘭文化特色與新傳統；(3)童玩節的普及化與精緻化；(4)籌設國際童玩博物館；(5)採集國際民俗舞蹈資料。

測量觀光的效益可分為以下幾項分析指標：(1)經濟效益；(2)遊客效益；(3)社會與文化效益；(4)環境效益；(5)居民效益。

地方產業的經濟效益有四項考量：(1)增加就業機會；(2)對地方財政的貢獻；(3)改善地區周邊的生活環境；(4)是否為高風險的投資。

七、影音娛樂行銷（鄭自隆、洪雅慧、許安琪，2005）

(一)影音娛樂產業的特色

影音娛樂產業的特色有二：

◆印象來自商品

閱聽人對影音娛樂的印象來自內容，也就是商品本身，而非來自播映平台，換言之，品牌印象來自節目，而不是媒體或發行公司。

◆展現流行文化

流行文化有幾個特質：

1.易開罐式消費：流行表示善變。
2.代言社會價值觀：流行文化呈現當代社會價值觀。
3.透過媒體擴散。

4.大眾品味：流行文化追逐最大消費群為目標。

5.偶像消費：以偶像為基礎，偶像特質的包裝來自製作者對觀眾喜好的臆測。

(二)影音娛樂行銷

◆《聖石傳說》

布袋戲電影《聖石傳說》

1.異業結盟：第一部布袋戲電影《聖石傳說》採用整合行銷傳播的概念，將傳統分立行銷的觀念加以整合，使得公關、廣告、直效行銷、促銷、事件活動及贊助等各種傳播活動，邁向同一目標，以形成最佳的溝通組合，為企業及消費者創造最大的利益。

2.心動列車：採取廠商置入性行銷、異業結盟、衍生商品、實體通路及直效行銷。

◆《鬥魚》

《鬥魚》為本土自製之偶像劇，其行銷階段及推廣策略如下：

1.行銷階段：(1)發酵期；(2)準備期；(3)上檔期。

2.行銷推廣策略：(1)網路直效行銷；(2)新聞發布；(3)造勢活動；(4)電視頻道宣傳；(5)輔助媒體宣傳；(6)推出周邊產品。

偶像劇《鬥魚》

八、媒體產業行銷（鄭自隆、洪雅慧、許安琪，2005）

(一)行銷標的——廣告與發行

　　文化事業包含電視、廣播、報紙、雜誌及網路等。其中電視、廣播、廣告三項均是經濟部文化創意產業所推動的文化創業事業。媒體產業行銷標的有兩項：廣告與發行。廣告指的是媒體版面與時間的銷售，廣告對廣告主而言是承載訊息的工具，對消費者而言是廠商訊息的告知，但對媒體而言，是可銷售的商品，為主要收入來源。廣告是銷售版面或時間。發行指的是媒體所傳播訊息的遞送與銷售，廣義的發行概念涵蓋所有媒體閱讀、觀看、收聽或使用。對媒體的使用者需要，「發行」指媒體所傳播訊息的遞送與銷售。

◆「發行」的意義

　　對媒體使用者（閱聽人）而言，「發行」有三個意義：

1. 成本支出：經濟成本（訂閱報紙、雜誌……）及使用媒體時所用時間成本。
2. 品味表徵：閱讀不同報紙、雜誌及收看不同電視節，常成為社會階級及品味表徵。
3. 工具意義：媒體所提供的素材應具備資訊、教育或娛樂的意義。

◆廣告與發行的互賴關係

　　媒體兩大命脈是廣告與發行，也呈現互賴關係：

1. 當發行增加，則廣告強勢，廣告價格也可以提高。
2. 當廣告收入增加，則發行收入壓力減低，甚至可以免費發行，如捷運報。

3.二者增加，代表媒體收入增加，營運穩固，也表示媒體角色受肯定。

雖然廣告與發行是互賴關係，但事實上發行才是媒體的基礎，沒有發行，媒體沒有存在的意義。

◆「發行」的功能

對媒體而言，「發行」具有如下功能：

1.主要收入：廣告收入及發行收入。
2.價值傳遞：發行是媒體價值的傳播與運送。
3.市場意義：大眾媒體存在的意義在於發行，必須有大量的閱聽人，媒體方具有存在的意義，才有市場意義。

◆提升「發行」的方法

媒體如何提升「發行」，使用方法如下：

1.人員銷售：最傳統的提升媒體發行方法。
2.廣告：以報章雜誌、電視、網路等媒體進行廣告促銷活動。
3.促銷活動：以特定的誘因來促使銷售的方法。
4.公關活動：舉辦活動方式展現。

日本電視台行銷經驗啟示：(1)大小活動兼具；(2)兼顧菁英與庶民；(3)同時關注國內與國際；(4)平衡公益與商業。

透過媒體促銷，可帶來讀者對媒體的四大功能：(1)試用；(2)重複購買；(3)維持品牌忠誠；(4)品牌轉換。

(二)安索夫矩陣

策略管理之父安索夫（Ansoff）博士於1975年提出安索夫矩陣。以

產品和市場作為兩大基本面向，區別出四種產品／市場組合和相對應的行銷策略，是應用最廣泛的營銷分析工具之一。安索夫矩陣是以2×2的矩陣代表企業企圖使收入或獲利成長的四種選擇，其主要的邏輯是企業可以選擇四種不同的成長性策略來達成增加收入的目標，如圖14-2所示。

1. 市場滲透（market penetration）：以現有的產品面對現有的顧客，以其目前的產品市場組合為發展焦點，力求增大產品的市場占有率。採取市場滲透的策略，藉由促銷或是提升服務品質等等方式來說服消費者改用不同品牌的產品，或是說服消費者改變使用習慣、增加購買量。

2. 市場開發（market development）：提供現有產品開拓新市場，企業必須在不同的市場上找到具有相同產品需求的使用者顧客，其中往往產品定位和銷售方法會有所調整，但產品本身的核心技術則不必改變。

3. 產品延伸（product extension）：推出新產品給現有顧客，採取產品延伸的策略，利用現有的顧客關係來借力使力。通常是以擴大現有

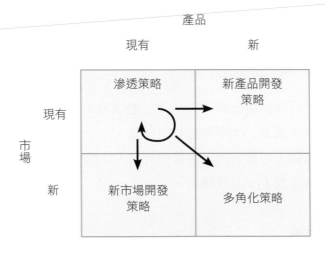

圖14-2　安索夫矩陣

產品的深度和廣度，推出新一代或是相關的產品給現有的顧客，提高該廠商在消費者荷包中的占有率。

4.多角化經營（diversification）：提供新產品給新市場，此處由於企業的既有專業知識能力可能派不上用場，因此是最冒險的多角化策略。其中成功的企業多半能在銷售、通路或產品技術等know-how上取得某種綜效（synergy），否則多角化的失敗機率很高。

5.市場鞏固（consolidation）：以現有的市場和產品為基礎，以鞏固市場份額為目的，採用產品差異化戰略來加強客戶忠誠度。同時，當市場份額總體有所下降時，縮小規模和縮減部門成為不可避免的應對措施。通常，consolidation在安索夫矩陣中與market penetration占據同一格。

(三)自由時報Ansoff矩陣

1.老品牌、老市場：市場滲透策略（增加商品的使用率、以擴大市場占有率）、商品發展策略（改進商品、增加商品線、開發新商品）。

2.新品牌、新市場：市場發展策略（擴大地理區域、開發新的區隔消費者）、多元化策略（即垂直性分工、多面向策略聯盟）。

九、圖書行銷（鄭自隆、洪雅慧、許安琪，2005）

(一)書籍的商品特性

1.低涉入感：由FCB模式看，圖書是低涉入感的商品，至於是感性或理性，因人而異。

2.耐久品、無需重複購買。

3.無替代性。

4.常是衝動式購買。

5.可以試用。

(二)企劃暢銷書之注意事項

1.書名應口語化、親切感。

2.內容具可讀性或實用取向。

3.書面設計明顯醒目。

4.由其他媒體帶動書籍銷售。

(三)圖書通路

1.傳統通路也是間接通路。

2.直接通路：書店自設網站的直接通路。

(四)圖書促銷活動

1.簽名會。

2.聯賣與折扣。

3.事件行銷。

4.媒體行銷。

(五)圖書行銷三原則

未來圖書行銷應把握三點原則：

1.創新性：行銷手法要不斷創新。

2.區隔性：針對不同顧客進行市場區隔。

3.應與媒體結合：媒體有資訊需要，出版社與作者有報導需求。

(六)誠品書店的成功定位

誠品書店成功在於定位正確：DSP（D特色；S區隔；P定位）。

◆誠品書店的特色

誠品書店有如下的特色：

1.空間布置高雅。

2.選書具有特色。

3.分店各具不同風貌。

4.豐富的藝文活動。

5.精彩的廣告文宣。

誠品書店

◆誠品書店行銷活動

1.卡片展。

2.出版誠品閱讀及誠品好讀。

3.舊書、古書買賣會。

4.敦南店搬家活動。

◆誠品書店事件行銷特色

誠品書店事件行銷具備以下三項特色，它是「文化空間」，而不是「購書地點」。

1.創新。

誠品書店文化空間

2.長效。

3.與區隔對象特質契合。

(七)網路書店的崛起

◆網路行銷功能

1.區隔性：網路與實體有區隔。

2.資訊性：網路書店產品資訊公開透明。

3.工具性：網路書店從購書到評語、留言、廣告、促銷、資訊蒐集等
均能進行，為行銷工具組合。

4.互動性：網路書店可透過留言板、社群與消費者互動。

◆電子商務安全交易系統應具備之特質

1.隱私性。

2.機密性。

3.完整性。

◆博客來網路書店崛起特色

1.定位：全球華文知識入口網站。

2.超過二十萬種書籍資訊。

3.國內讀者寄送免費郵資。

4.採用openfind全文檢索功能。

5.精巧分類。

6.首頁突破介紹單本的方式。

7.多樣電子報。

8.設立物流倉儲。

9.主要網站策略聯盟。

10.網友可以評書。

11.付款方式多樣化。

12.行銷活動：定期性、不定期性、媒體廣告。

◆各大網路書店之特色、定位及行銷策略

1.誠品書店：

(1)特色：不打折扣、深度內容、情色館。

(2)行銷手法：書展、網路、自製商品。

2.金石堂：定位為最齊全的華文網路書店。

3.天下網路書店：特色定位「精緻化」、資料庫建置、內部資源整合。

4.亞馬遜書店：

(1)業務策略：商品瀏覽、商品檢索、主動推薦和個性化服務、一點就通技術、安全信用卡支付過程、提高上網購物效率。

(2)特色：完善的管理、對顧客負責的理念、快速、搜索服務佳、詳盡的貨物清單、e-mail迅速處理、較低廉價格。

◆網路書店的優缺點與未來發展

台灣網路購物最大宗以書籍及雜誌為主。網路書店的主要優點為通路概念的革新及市場區隔；最大障礙為線上交易的疑慮及心理層面障礙，如逛書店的樂趣。網路書店之未來發展：(1)虛擬社群經營；(2)線上知識庫；(3)知識數位化。

Chapter

15

文創產業故事行銷
與體驗行銷策略

　　台灣由70年代經濟起飛，名列亞洲四小龍至今，許多傳統產業在面對全球化浪潮的影響，在進口產品的低價競爭、東南亞及中國大陸的廉價人力成本威脅、原物料上漲的壓力下，許多先進國家逐漸將文化創意產業視為各國經濟發展的重點，然而傳統產業如何透過創新替企業加值，就成為重要的課題，而產業觀光中所包含的產業製程、企業形象、故事等觀光價值，與自然景點不同，Swarbrooke認為吸引力若不存在，觀光產業便無法發展下去（Swarbrooke, 2000），因此傳統產業若要透過文化創意加值，吸引因素的考量是不可忽視的。近年來台灣的傳統產業面臨經營的瓶頸，在業者的努力及政府的扶植協助下，從工業經濟到體驗經濟，結合生活創意、美感體驗、歷史感性、文化藝術、教育學習、休閒旅遊轉型成為觀光工廠。傳統產業曾為台灣創造了經濟奇蹟，但因面臨國際化的競爭，導致產業轉型的壓力，有鑑於此，政府積極致力於將工廠結合觀光，並透過與文化結合、經創意加值、配合體驗行銷策略，轉型成為現代新興的休閒產業，因此，本章期望能深度瞭解體驗行銷與故事行銷策略對文化創意產業類別中「創意生活產業」有何影響，未來可實際應用於其他類別文化創意產業產品的行銷策略。

　　在1980年代後期開始，歐洲大部分的國家面臨產業轉型的危機，與去工業化（de-industrialization）的趨勢下，紛紛提出以文化介入都市發展的主導政策，英國被譽為最早有此觀念的國家。在台灣，行政院則將「創意台灣」（Creative Taiwan）規劃為未來施政的願景，並於2002年推動「挑戰2008：國家發展重點計畫」，經過跨部會「文化創意產業推動小組」根據台灣文化的特質，決議台灣「文化創意產業」的定義是：源自創意與文化積累，透過智慧財產的形成與運用，具有創造財富與就業機會潛力，並促進整體生活環境提升的行業。」並期待透過藝術創作、設計創意、商業機制，來增強人民的文化交流和文化認同，並進而增加產業的附加價值，且歸納十六項產業為文化創意產業（夏學理，2011）。

　　以下本文匯集國內產官學推動文創產業商品之體驗行銷與故事行銷

策略、計畫等文獻，並從相關文獻與論文資料中彙整，做歸納與統整，並進一步探討彙整文創產業實例，將理論與實際策略做統整分析，並提出結論。

一、體驗行銷

Schmitt（1999）首先提出「體驗行銷」一詞，認為組織欲創造穩固的品牌關係，須透過消費者自我實現體驗，以服務為舞台、商品為道具，發展出感官、情感、思考、行動與關聯等五大體驗行銷型態，創造令消費者難忘的活動（周中理，2007），以加強消費者與企業產品間的印象。因此，體驗來自個人的親身參與及經歷（Joy & Sherry, 2003），不僅是生活特質的一部分，亦是創造生活價值的來源（Mitchell, 2001）。

Hirchman與Holbrook（1982）將消費體驗分成幻想、情感與趣味等內涵，認為不同的行銷人員對體驗行銷應有不同的作為，但在吸引與取悅消費者時是一致的（McLuhan, 2000）。檢視國內外相關研究可發現，體驗行銷多用於與消費者實際體驗有關的產業，如文化產業（Pine II & Gilmore, 2003；黃慶源，2007；江義平，2008）與服務業（Schmitt, 1999；Dube & Le Bel, 2003；周中理，2007；田祖武，2007），從消費者觀點的角度出發，至顧客忠誠度產生為研究目標，由此可知，體驗是針對消費者內心進行的行銷手段，加強品牌與消費者的認知或情感連結（Alonso, 2000; Arnould, Price & Zinkhan, 2003）。

二、藝術產業行銷

談到行銷學，提起菲利浦‧科特勒（Philip Kotler）學者的大名幾乎

與行銷學畫上等號，多年來他耕耘行銷學理論建構完善體系，帶給相關研究者對於行銷學的認識有了更全面的詮釋，同時也提供企業一套有系統開發市場的方法，足以稱之為行銷學大師。而什麼是行銷呢？由美國行銷學會（American Marketing Association）對行銷提出定義：「行銷是規劃與執行理念、產品與服務的孕育、訂價、促銷與配送，以創造交易而滿足個人與組織目標的過程」。而Kotler（1994）將行銷定義為：「行銷是一個社會和管理過程，藉由此種過程，個人和群體經由創造並與其他人交換產品和價值而獲得他們所需要和所欲求者」。簡單來說，行銷即是專業化包裝將訊息推廣到目標消費者面前，透過創造與交換而影響最終行為則稱之為行銷。

隨著資本主義的發展，行銷活動常被運用在商業機制以影響消費者最終行為，行銷乃屬於企業經營功能的活動之一，除了達到銷售功能，更幫助企業促成營利目的。但對於非營利組織而言行銷有了不同的定義，將關鍵特色定義在交易上，所謂的交易是目標族群在採取行動時才會發生，不止侷限於謀取利潤，亦包含滿足個人精神需求、提升生活品質等層面，非營利組織行銷的特質在於提供個人精神層面的需求，同時也創造企業與消費者彼此溝通和滿足的管道。

近年來非營利組織在社會中扮演著重要角色，許多非營利機構也紛紛採用行銷觀點進行推廣作業，傳遞內容擴及觀念、知識交流等，好比說學校、藝術團體、醫院、宗教組織，使得「非營利組織行銷」在行銷與行銷管理上產生一門新興領域（許士軍，1998；引自《票房行銷》序言）。其中以藝術團體為例，藝術文化團體將行銷概念延伸至文化素養的延續、藝術教育的使命，讓藝術文化能夠普及化、生活化，進而吸引大眾接觸藝術文化，透過雙向交流提升整體社會文化風氣，藝術是需要觀眾參與的，並非單一由藝術表演者展現高水平的作品。

除了文化行銷之外，反觀目前台灣在推廣文化產業所面臨的困難之處，相關論點主要有「掌握消費市場趨勢變化」以及「加強文化創意行

銷」（施顏祥，2002）。文化團體除了必須持續提升自我專業能力，對於市場行銷也必須同樣以專業化方式執行，首先明確掌握市場脈動，清楚瞭解市場導向及趨勢，其次分析觀眾的特性、需求、生活型態，加深現有族群對藝術團體的認同感，再者透過文化創意行銷開啟潛在觀眾層、增加觀眾人數，用文化藝術與觀眾交流。由此點出，產業的成功經營在於開拓市場的發展，因此唯有保持市場的存在性、流通性，才不會導致產業停滯不前的危機（鄭智偉，2003）。

對於藝術行銷上面論述已經刻劃出大略的想像，Kotler與Scheff於1997年出版的《票房行銷》一書中更明確解釋「當行銷與藝術產生相關性時，它並不會威脅、強迫或放棄原有的藝術觀點。它並不是強賣（hard selling）或欺騙性的廣告，它是一種創造交易並影響行為之穩健、有效的技術，如果運用得當，它使交易的雙方都獲得滿足。」由上述環境來看，藝術行銷將焦點放在消費者個人價值認知，透過消費者最終決策而影響行為，完成消費與心靈層次的交流，不僅滿足顧客的需求，更涉及企業在掌握消費市場趨勢變化的靈敏度。

藝術行銷有別於一般行銷，許士軍指出兩點不同之處，首先藝術有特殊文化價值與創作空間，面對多元市場環境下，難免票房不符預期而發生叫好不叫座之情形，在收入短缺的情況下又不能降低演出品質，因此將主導權回到消費者，進行藝術教育活動。其次，由於藝術本身創造的價值無法直接由市場上回收，必須有賴於政府單位補助款或社會資源的協助，才能達到平衡狀態，在這樣的情況下，藝術行銷必須掌握消費者並量身訂做予以滿足之行銷活動，將消費者拉進表演廳成為藝術團體刻不容緩的挑戰（許士軍，1998，引自《票房行銷》序言）。

因此，在講求消費者心理層面需求的當下，唯有透過創造與消費者產生共同生活經驗的共鳴與文化體驗的互動感受，才能塑造出無法取代的個人特色（郭品妤，2004）。因為文化體驗是必須親身參與才能經歷的過程，也就是說，文化價值為感官、情緒上交疊而產生的認知，足以掀起觸

動人心深層的最真感動。

　　近年來，行銷品牌特別強調以顧客為導向的觀念，面對過去行銷觀念大規模的複製，一些重視品牌經營的企業也紛紛導正企業行銷，隨著行銷概念的不同，消費者研究面向也有了轉變，開始深入探究消費者內心的動機、生活價值觀與行為模式等（劉美琪，2004）。多元行銷時代的轉變，企業必須全面性的市場評估，與消費者行為背景相互對照，才能制定符合市場需求的策略，將產品或服務推廣行銷傳播出去，而在藝術市場方面亦是如此。

三、表演藝術產業與體驗行銷

　　隨著多元行銷時代的轉變，體驗經濟的論點逐漸興起。Pine II與Gilmore（1998）提出由於商品與服務的差異化越來越小，因而興起體驗行銷方式，消費者期望在追求商品與服務的同時，更能參與其中獲得全新的體驗感受。

　　Abbott（1995）強調「體驗」與消費有直接關聯性，人們渴望並非產品本身，而是滿意的體驗，體驗必須藉由活動來達成，一個介於人的內在世界與外在的經濟活動之間的重要因素（劉潔妃，2004）。在消費體驗型態下，體驗活動已成為全球炙手可熱的熱門產業，其經濟效益更是無法估計。在此經濟動態轉變的過程，探討表演藝術產業在體驗經濟趨勢下，所呈現出的豐富內容及感動服務。

四、從初級產品到體驗經濟

　　隨著經濟型態的改變，對於人們固有的生活方式有了轉變，連帶

影響社會活動組織的對應關係。Pine II與Gilmore（1999；夏業良等譯，2003）將經濟形態分為四個階段，依序為初級產品、商品、服務、體驗（**圖15-1**）。首先在初級產品階段時，初級產品講求天然性，以人們栽種或飼養產品促成供需關係的產業鏈為主，但是由於工業革命導致許多廠商紛紛跟進走向機械化生產模式，因此促使初級產品轉向商品化。經濟形態轉型為商品階段，企業便開始把初級產品製作成高精密的商品，而此時的商品為標準化下的產物，也因為採用機械標準化生產方式，導致生產部門人員需求量降低，轉移至服務業需求增多，同時象徵著商品經濟已被服務經濟所取代。

而服務的基礎建立在商品之上，透過對特定顧客以客製化服務的方式，滿足顧客消費心理，但在這個階段亦發現，許多顧客完成消費動作並非著重於購買商品，而是消費他們感到滿意的服務部分。在科技日新月異的時代，網際網路的出現、去仲介化現象與機械式取代傳統人力服務工作，許多企業意識到僅提供商品或服務是無法滿足消費者，轉而提供給消費者一個難忘的回憶，即為體驗經濟。

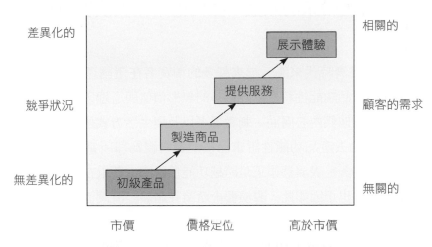

圖15-1　Pine II & Gilmore經濟價值遞進

資料來源：Pine II & Gilmore（1999；夏業良等譯，2003）。

當體驗經濟進入21世紀時，企業與消費者間的互動關係有了進一步接觸。企業將專注在消費者購物過程或享受服務時的環境，營造一個特殊的氛圍空間，以及可體驗的商品吸引消費者共同參與，提供給消費者一個感性、值得回憶的體驗感受，即商品、服務體驗化（Pine II & Gilmore, 1999；夏業良等譯，2003）。但是體驗經濟下值得注意的現象是，當多數企業展開體驗活動時，尚未意識到經濟潮流者將面臨不復存在的窘境，而高度競爭化下的體驗經濟對於內容品質的提供，除了創造感官體驗之外，對於社會人文等深具教育意義應置入於體驗過程中，達到寓教於樂的體驗傳播。表演藝術產業更是如此，消費者必須親身直接參與體驗活動，才能進一步體驗企業所提供的環境氛圍、演出內容、文化交流，以及體驗後的認知情感，經由體驗媒介刺激消費者心底層面的感知，讓消費者在體驗過程中對於企業留下深刻的印象與好感度，由此可以推導出表演藝術正是體驗經濟其中一環，因此茲以體驗行銷作為分析表演藝術產業主軸與依據。

五、體驗經濟帶來的效益，如何應用在表演藝術團體

隨著體驗經濟時代來臨，越來越多的消費者在選購產品時的考量要素，開始注重產品功能性特色以外更多的無形價值與心理因素，期望產品或服務能夠觸動他們內心層面、刺激思考以及與生活方式連結，創造一個新的體驗，而過去產品功能性訴求已被消費者視為理所當然的基本需求（黃聖傑，2004）。表演藝術正是跨越功能性訴求，著重在演出品質與無形的心靈交流，也正因如此，表演藝術產業在體驗經濟潮流下更受到許多民眾的喜愛。

由文化建設委員會（1994）委託蓋洛普公司調查結果發現，音樂類觀眾的觀賞前評估重視度，依重視程度分為演出者的表演品質、會場秩

序、音樂效果、演出者的表演態度、會場內的清潔、舞台燈光效果、對整體會場的滿意度、演出時間的安排、觀賞座椅的舒適度、與前排座椅的距離、會場人員的服務態度、交通時間、觀眾人數、停車問題、會場出入口動線安排等（陳佳慧，2003）。而耿建興、夏學理（1998）也提出行銷人員可以透過行銷技巧來提高消費者的活動參與度，包含演出形態與內容上的選擇、演出品質提升、降低距離感、票價的彈性調節、便利的購票管道、與企業集團合作建立形象等活動，除了市場行銷技巧亦提出演出團體或承辦單位應藉由傳播媒介宣傳活動，一般常運用的媒體除了傳統三大媒體更包括戶外廣告、傳單、車廂廣告、電腦網路等媒體，針對個別消費族群的需求選擇適當的媒體。

由此可知，當一場表演藝術活動籌備時，企業演出內容與品質必須嚴格加以控管，行銷策略的擬定與媒體購買更應該貼近消費者日常生活中，此外，攸關參與活動過程中消費者所觸及到的體驗，必須加強企業內部與外部的專業素養，唯有通盤整合行銷計畫才能讓消費者有個愉快的體驗經驗。

六、體驗行銷與傳統行銷差異

消費習慣的改變，此一現象推動著企業找尋一個適切消費者的行銷方式，許多學者發現消費者在選購商品時，不再以產品功能、品質等功能性取向的需求作為購買決策要素，反而將消費重心放在更多能夠觸動他們心理層面等無形的因素。Hirschman與Holbrook（1982）認為，所有產品人致上可分為功能型與享樂型兩類產品，享樂型的消費行為著重在產品使用經驗上的感受，通常與多感官、幻想、情緒等方面相關。而此一消費行為較符合消費者對於無形象徵意義之重要性，也就是體驗行銷的特性，由Schmitt（1999；王育英等譯，2000）所提出的四個體驗行銷的關鍵特性

加以瞭解，不同於傳統行銷聚焦於功能型與效益，體驗行銷與傳統行銷的差異如**表15-1**。

表15-1　體驗行銷與傳統行銷的差異

關鍵特性	體驗行銷	傳統行銷
產品功能	感官體驗	效益及特性
行銷焦點	焦點在消費者的體驗上	專注於功能上的性能與效能
產品的分類	檢驗消費情境	狹隘的產品分類與競爭
企業對消費者的認知	顧客是理性和感性的動物	視顧客為理性的決策者
分析方法與工具	有多種來源	分析的、定量的、口語的
消費者的忠誠度建立	以消費情境與感官	以產品的效能及特性建立

資料來源：王育英、梁曉鶯譯（2000）。Bernd H. Schmitt著（1999）。

(一)焦點在消費者體驗上

　　體驗行銷將焦點放在消費者對感官、心與思維相互激盪的感動，將企業、品牌與消費者生活型態相連結，與一個較廣的社會情境中，提供消費者一個知覺的、情感的、認知的、行為的以及關係的體驗價值，取而代之傳統行銷的功能價值。

(二)檢驗消費情境

　　不同於傳統行銷將焦點集中在產品分類與競爭中，體驗行銷採以全面式的考量為消費者創造體驗氛圍，不再思考一個孤立的產品，而是隨著社會文化消費取向為消費者找到一個全面消費情境的體驗。在此一面向Schmitt（1999）提出另一差異之處，消費者對於品牌的建立往往在購物後建立，體驗則是影響消費者滿意度與忠誠度的決策關鍵，由此可知體驗行銷亦關注到消費者購後認知。

(三)消費者是理性與情感的動物

當消費者在決策產品過程時，經常交雜著理性的選擇與情感的驅策，這對於行銷人員擬定行銷策略而言是非常重要的參考要素，不同的消費行為將賦予不同的產品訊息，消費體驗則偏向「直接朝向狂想、感情與歡樂的追求」。

(四)方法與工具多種來源

相較於傳統行銷為分析的、定量的、口語的分析方法，體驗行銷是以多面向方式評估，透過通盤的檢視方式以獲取一個最切合消費者型態的分析結果。

七、國內表演藝術團體運用體驗行銷之相關研究

目前針對表演藝術產業之體驗行銷研究，由2001年才開始作為研究主題，一直到2004年至今更為主要研究年代，其中近三年來相關研究著作更是以倍數增加，由此可知表演藝術產業之體驗行銷議題逐漸受到重視，也吸引許多研究者的興趣。回顧過去相關研究，研究對象觸及多方面樣本，包括戴湘涓（2001）以台北市音樂、戲劇、舞蹈及戲曲四大表演藝術節目類型之消費者為樣本；陳盈蕙（2004）採用表演藝術產業的專家、政府單位及學者為研究對象；陳簾予（2004）選定舞台劇《Art》的觀眾為研究對象；楊睿晴（2005）挑選參與「2005三義木雕藝術節」、「2006墾丁海洋風鈴季」與「2006新竹市國際玻璃藝術節」活動之遊客為研究對象；李金峰（2005）以歌仔戲觀眾為主；李怡璇（2005）抽樣國內使用過幾米主題商品之消費者；黃聖傑（2004）工藝產業代表性廠商；徐

薇媜（2006）北埔遊玩遊客；潘建雄（2006）美濃鎮文化創意產業為個案研究對象。

　　由上述研究對象發現，目前相關研究只是單一針對業者端或是消費端進行探討，尚未有研究跨足業者端及消費端進行雙方面之研究。**表15-2**為國內表演藝術之體驗行銷相關研究一覽表。

表15-2　國內表演藝術之體驗行銷相關研究一覽表

作者／出版年	篇名	研究對象	研究方向
戴湘涓（2001）	影響表演藝術消費體驗之因素及評估準則	台北市音樂、戲劇、舞蹈及戲曲四大表演藝術節目類型之消費者	以影響表演藝術消費之因素模式與體驗評估兩大模式為研究架構，釐清各項因素與表演藝術消費量、消費類型及滿意度間的關係
陳盈蕙（2004）	文化創意產業體驗式行銷之探討——以表演藝術產業為例	以表演藝術產業的專家、政府單位及學者	針對表演藝術產業進行探索性研究，以顧客體驗模組與體驗媒介的角度切入，試圖建構出一個初步的參考架構
陳簾予（2004）	體驗品質對情緒、價值、體驗滿意度、承諾及行為意圖影響之研究——以台灣現代戲劇演出為例	選定舞台劇《Art》的觀眾為研究對象	基於體驗經濟係延伸自服務客製化的觀點，而將消費體驗與顧客關係結合，擬探討體驗品質要素對價值、承諾變數的影響，藉以結合消費體驗與顧客關係
楊睿晴（2005）	「心」經濟起飛——以體驗觀點探討地方文化產業活動行銷之效益	參與「2005三義木雕藝術節」、「2006墾丁海洋風鈴季」與「2006新竹市國際玻璃藝術節」活動之遊客	整合體驗研究不同觀點，以文化認知概念探討遊客體驗感受對體驗滿意度、文化認知與行為意圖的影響，以及遊客體驗滿意度與文化認知對行為意圖的影響，並進一步探討不同體驗類型活動在體驗感受、體驗滿意度、文化認知與行為意圖上是否有顯著差異存在，最後欲瞭解遊客體驗滿意度與文化認知是否為體驗感受影響行為意圖的中介變數
李金峰（2005）	從體驗行銷的觀點探討傳統表演藝術觀眾行為——以舞台歌仔戲為例	歌仔戲觀眾	探討影響現代觀眾觀賞傳統戲曲表演的體驗因素為何？並藉以描述歌仔戲觀眾的特質，尋找有效的觀眾區隔，以維持現有的觀眾，並期待進一步擬定行銷策略，有效地開發觀眾

（續）表15-2　國內表演藝術之體驗行銷相關研究一覽表

作者／ 出版年	篇名	研究對象	研究方向
李怡璇 （2005）	文化主題商品體驗行銷效果之研究——以幾米主題商品為例	國內使用過幾米主題商品之消費者	應用體驗行銷探討消費者在使用幾米主題商品的體驗形式，以及幾米文化主題式商品之體驗對於消費者態度上的影響，其次是消費者態度對該文化主題商品之品牌忠誠度上之影響
黃聖傑 （2004）	體驗行銷於文化創意產業之應用	工藝產業的代表性廠商：法藍瓷、琉園、大東山等三家台灣自創品牌廠商	1.以文化創意產業為對象，針對廠商實務做法，來分析研究個案在體驗行銷上之運作狀況與關聯性。 2.釐清目前文化創意產業廠商執行體驗行銷時可能遭遇之問題，並給予未來體驗行銷規劃上之建議
徐薇娟 （2006）	遊客對於客家文化產業體驗行銷之實證研究——以新竹北埔為例	北埔遊玩的遊客	探討遊客體驗行銷模組、情緒體驗、體驗滿意度及購買意圖
潘建雄 （2006）	美濃鎮文化創意產業與體驗活動之研究	美濃鎮文化創意產業為個案研究對象	瞭解美濃居民及經營者對文化創意產業與體驗活動資源之認識及未來執行方向

資料來源：林佩儒、林姿菁（2009）。

　　以下探討四個個案：

(一)法藍瓷有限公司（法藍瓷官網）

◆品牌哲學

　　以「仁」為核心，融合東西美學之優雅時尚。法藍瓷以「仁」為品牌哲學，以人為本，師法中國傳統「敬天愛物」的觀念，重視天地萬物與人之間的情感與互動，強調好人好事之企業精神。莊子曾云「天地與我並生，萬物與我為一」，意指人可在與自然的交流中體會萬物之美，獲得生命哲學的領悟。瓷器是中國老祖宗的偉大發明，法藍瓷從古至今，從中

到西，從傳統到現代，結合時尚與創新，以瓷承繼並宏揚中華千年殷實文化，將文化資源轉化為文化資產。法藍瓷作品產自世界最古老的瓷都——景德鎮，承襲純正的傳統技術，並以大自然為創作主題，傳遞東方人「師法大自然，悠遊天地間」的哲學思想。法藍瓷以瓷載道，藉由瓷品創作詮釋天地與人之間的恆遠價值，從瓷散發關懷萬物之人文情懷。

法藍瓷創辦人陳立恆一生與創意結緣，集企業家、設計師的才華於一身。他投身於國際禮品業近三十年，旗下的海暢集團是世界最大的禮品代工商之一，因有感於代工產業是為人作嫁，因此於2001年創立法藍瓷——FRANZ。FRANZ是陳立恆的德文名字，意涵無拘無束，充滿創意。以自己的名字來命名品牌，就是希望藉由FRANZ來實現夢想，將理念融入作品的設計風格；而logo上的海鷗就是傳遞理念的使者，展翅高飛，遨翔天地，把瓷藝美學與文化傳揚到世界每一個角落。陳立恆期許法藍瓷成為大自然魅力的傳達者及東方哲思的傳承者，希望透過「瓷器」，東方最具代表性的文化發明，品味「齊物天地美，逍遙仁者心」的哲學精華，並且藉由提升自我品味以擷取大自然所蘊含的美學精華，涵養「逍遙自在，處處關懷」的仁者胸懷與文化底蘊，進而產生「天地無處不靈感」的創意巧思與優雅獨具的個人風格，傳遞愛、分享與關懷的訊息，共築大同世界，創造豐盈美好的人生。

◆工藝精神

突破傳統之工藝創舉。法藍瓷採用細緻瓷土與國際級結晶釉大師孫超先生的獨家釉料配方，運用「倒角脫模工法」專利刻劃立體造型，透過釉下彩技術，經過1,205℃高溫鍛燒，成品溫潤通透，色澤晶瑩典雅。法藍瓷作品經過雕模、注漿、成型、素燒、手工繪彩、上釉、釉燒等上百道工序才得以完成，並秉持環保理念，改變傳統配方，降低陶瓷燒製溫度，力求製作過程中無害於天地。產品皆符合美國食品衛生局（FDA）標準、中國國家標準（GB12651-2003）與歐洲檢測標準（European Council

Directive 84/500/EEC, Article 2 & Commision Directive 2005 /31/EC）。於「形、色與質」精緻工藝上，法藍瓷立求突破，與時俱進，瓷品突破傳統器型之拘限，繽紛的色彩跳躍歷朝歷代的框架，並且於「質感」上，克服歷代陶瓷無法做出的暈染特性，襯托出細緻層次感。

法藍瓷

法蘭瓷FRANZ

主要產品：瓷器藝術品、瓷器日用品、瓷器珠寶、會員專業刊物

員工人數：全球約6,000人（台灣約180人）

創意來源：1.創辦人陳立恆先生發想

　　　　　2.台、中、美三地行銷業務部門蒐集市場情報和預測

　　　　　3.設計、製作、行銷等單位執行

衍生產業：未來可能發展博物館、藝文展覽、創作教學、專業出版

行銷策略：1.強調設計、品牌、文化等特點

　　　　　2.自辦藝文展演活動

　　　　　3.配合報章專業雜誌報導

主要市場：1.百貨公司專櫃為主要銷售通路

　　　　　2.全球共約5,000個據點，其中包括歐美知名百貨公司

產值獲益：年收入約1,000萬美元

法藍瓷

◆ 產品開發

1.「敬天愛物」。

2.「天地與我同生，萬物與我為一」。

3.只做精品，不追求大量生產。

4.追求時尚、而非流行：自創的風格結合中國美感的元素。

5.傳承文化藝術資本。

6.法藍瓷主要銷售人文藝術，
藝術是無價的，關係到喜好
度，金錢不是主要考量，這
是美學經濟的好處。

法藍瓷

◆ 關鍵成功因素

1.布建國際通路——先布廣再布深、國際品牌就是一種文化滲透，國
際行銷人才就像外交官、在全球市場中尋找心的共鳴、商品要感動
人必須將心比心。

2.符合顧客需求。

3.有效率的開發。

4.創作題材源於大自然。

5.以出色的視覺效果與產品親和力，引發客戶擁有產品的渴望。

6.創新價值，以低於同等級瓷器的價格回饋消費者，亦能保有公司利潤，創造雙贏。

7.新資本與優勢文創產業。

8.文化創意產業的競爭是國際性的。

9.最具競爭力的優勢的文化創意產業必須符合以下的定義：以「創意」為核心、以「科技」為後盾、以「人文藝術」為訴求、以「市場」為導向，結合生產、行銷、服務；採圓桌會議產出新訴求與新模組。

(二)霹靂國際多媒體

根據維基百科（2015），霹靂國際多媒體，簡稱「霹靂」，是台灣著名的電視布袋戲企業。霹靂董事長黃強華、總經理黃文擇兄弟繼承父親——台灣布袋戲大師黃俊雄——在「雲州大儒俠史艷文」的基礎上，從1980年代後半期開創「霹靂系列」劇集，獲得錄影帶出租

霹靂國際多媒體

市場與年輕族群好評，而逐步發展成今日的規模。該公司代表作為「霹靂布袋戲」系列作品，此外還曾發行《黑河戰記》、《天子傳奇之開周紀》、《火爆球王》等電視布袋戲，並曾於2000年推出布袋戲電影《聖石傳說》。其他著名公演紀錄則包括：1996年在台北市皇冠小劇場演出《霹靂狂刀》、1998年於兩廳院演出舞台劇《狼城疑雲》、2008年於大甲鎮瀾宮演出《神州風雲錄》、2009年於西螺福興宮演出《刀龍傳說》等。除以長篇作品「霹靂系列」吸引廣大出租消費者與電視觀眾外，各種周邊商品如：木偶、劇集原聲帶、單機遊戲、線上遊戲及其他人物商

品，也為霹靂帶來相當商機。近年的榮譽則包括：2006年霹靂布袋戲奪得「台灣意象」票選比賽第一名等。

霹靂國際多媒體

主要產品：布袋戲電視及電影作品、VCD、DVD、相關周邊商品

員工人數：約200人

創意來源：1.董事長黃華強先生與編劇群共同創作

2.黃文擇先生負責戲偶聲音創意

3.以文學、音樂、歷史、傳統戲曲、現代戲劇為元素

衍生產業：武俠小說、寫真集、漫畫、音樂CD、遊戲軟體、收藏卡、戲偶、飾品、會員月刊、校園推廣活動等

行銷策略：1.以核心產業營收帶動周邊產品

2.以異業策略整合行銷概念與最大發卡銀行、食品集團、汽車公司合作，擴大客群版圖，會員超過5萬人

主要市場：1.全台灣約有1,300家出租店及40多家加盟店

2.霹靂電視台約有350萬收視戶，有線系統占有率99%

產值獲益：年收入超過1億新台幣

◆霹靂布袋戲的創意研發

取自傳統、新創元素、活用科技，我國文創：在地出發、國際接軌、世界發展。

霹靂布袋戲的創意研發

◆霹靂布袋戲──傳統與創新

1. 加大偶尺寸、加強面部雕刻神韻的生動及服裝造型的精緻與華麗。

2. 專研聲光變化的奇幻武俠劍招，創造金光布袋戲。

3. 融入電視媒體的長處，增加電視剪輯概念及科技視覺效果。

4. 1995年設立以播出布袋戲為主的霹靂衛星電視台。

5. 開創大專生為主力的新客群。

6. 發展周邊商品（月曆、月刊、T恤、馬克杯……）。

7. 開創與布袋戲人物為主的電視遊戲軟體。

8. 霹靂布袋戲──創意研發。

9. 取自傳統：文學、歷史、戲曲、口白。

10. 新創元素：新編劇本、燈光、新創音樂、加大戲偶、表情變化、關節靈活、立體布景、現代性。

11. 活用科技：動畫、電腦特效、剪接。

(三)墨色國際有限公司

墨色國際股份有限公司創立於2000年，其中Jimmy取自幾米的英文名字，S代表strategy，P為planning，A是authorization，是以幾米為出發點而成立的一家公司，目前主要的業務包括幾米及其作品的經紀、授權、幾米網站的經營等等，在台北與上海皆有設立公司，公司組織架構分為市場部門、視覺設計部門、網路事業部門，由台北負責產品開發與設計發想，將「幾米」當成一個品牌來經營，除了大家所熟悉的幾米原有的繪本創作之外，藉由結合其他品牌所產生的新產品、創意行銷的活動或其他形式如音樂、動畫或電影的重新詮釋，讓幾米的圖像世界可以展現更多的延伸，期望在幾米作品邁向國際的同時，以更有組織的規劃、更明確的品牌精神與周邊資源，打造出台灣繪本作家的新里程碑（Jimmyspa官網；李佩珍，2005）。

　　目前墨色國際為幾米品牌經營的主要的業務與產品可分為兩類,第一類是所謂的「異業合作」,授權娛樂媒體的改編或與其他既有品牌合作,以借力使力的方式打響名號;第二類是在品牌知名度建立之後,開始發行「周邊產品」,將市場從出版界進一步擴大,公司營收比率在2004年以前幾米廣告合作案之收入約占70%,周邊產品收入約占30%(林舒,2004)。

幾米周邊產品

墨色國際有限公司

主要產品:以幾米繪本為意象展開廣告、音樂專輯、電影、舞台劇等
　　　　　異業結盟創作,並開發家飾、公仔、金飾、文具卡片

員工人數:約20人

創意來源:1.以幾米繪本為主
　　　　　2.少數合作計畫由作者本人另行創作
　　　　　3.未來不排除增加其他品牌

行銷策略:針對大陸市場將幾米作品定位為成人的童話,塑造從容優
　　　　　雅感性的生活形象;突破平面紙本的有限性,轉換成各種
　　　　　商品;由台灣出發,進入華文市場,放眼亞洲地區拓展影
　　　　　響力。

主要市場:台灣、香港、澳門、中國、馬來西亞、新加坡

產值獲益:年收入以廣告合作案為大宗,約占70%,商品收入約占
　　　　　30%

◆墨色國際案例摘要

根據國藝會創意ABC網站（2004/4/14），近幾年，由幾米繪本所創造出的意象，走出了平面的書籍出版品的限制，以一貫「清新的、優雅的、感性的」風格，持續的在兩岸三地不同的媒體與產業曝光，所塑造的幾米品牌，儼然成為一種生活品味的代言，而墨色國際股份有限公司則是成就幾米品牌的幕後推手。墨色國際是由包含負責公司統籌的李雨珊小姐與幾米本人在內的三位股東成立的，簡單的資金結構，公司策略上對於幾米品牌風格的堅持，以及目前唯一代理的作家幾米對於事業的隨緣態度，是幾米品牌發展至今的重要特色。發展幾米成為國際的知名品牌，是墨色國際對於幾米的規劃；將公司推向作文化品牌的國際品牌，是墨色國際對於自身的期許。以晉升國際作為發展目標，不能只是短線操作，而必須有長遠的規劃；因此，藉由產品定位與幾米風格符合的廣告合作案，讓幾米的意象與不同的產品結合，是讓幾米走入常民生活的第一個步驟；而藉由與產業中已具備實質競爭能力的對象合作，將幾米的產品擴張到出版品以外的市場，是商品化的操作策略，例如，寢具商品的推出，合作者是具有數位印刷技術的歐美寢具品牌的代工廠商，因此，合作的利基點在於數位印刷的技術可以呈現出幾米作品中豐富的色彩效果，讓產品的質達到一定水準；而幾米的意象則提供寢具消費者另一種不同的選擇，也讓更多的人認識到幾米的作品，經由這樣的異業結盟，創造的是兩造雙贏的局面。

對於市場的開拓，目前著力於中港台兩岸三地的統合。在台北及上海均設立公司，共同經營墨色國際的業務，包含網站、視覺設計與市場部門，台北公司主推產品的開發與規劃，上海公司則負責視覺設計與產品的生產製造的相關問題，並同時有市場部的人員做業務的操作與品牌的管理。將設計或半成品引進大陸，讓所有的商品在面對中港台三地的市場時，都有統一的品質與規格，也是為了將開發大中國整體市場的準備。而幾米的出版品的國際化是跑在整體品牌形象之前的，亞洲的韓國、泰國與日本都已大致發行幾米作品的翻譯版本，而歐洲的法國、德國、希臘也可

見到翻譯版的幾米蹤跡；因此，面對華文以外的海外市場，墨色國際的下一個步驟是發展亞洲市場的據點，預計先將於日本成立分公司（與當地企業合資），將幾米這個品牌引進日本，並藉由不同的市場環境，開發更多幾米商品的可能性，同時台北的公司將獨家擁有所有國外幾米商品在當地以外的海外代理權，而這些商品將僅在計畫中成立的複合式幾米咖啡館販售，發展出幾米品牌自己擁有的通路。幾米意象的產品不斷推陳出新，版權使用的費用，已有制式的計算方式；行銷幾米的生活風格是墨色國際的主要任務，而不出售幾米出版品的原稿，也是在幾米整體經營考量上的一項堅持，在品牌化、國際化之後，像日本宮崎駿美術館一樣的幾米美術館將有名有實的呈現在幾米的Fans眼前（國藝會創意ABC網站，2004/4/14）。

(四)優人神鼓（優人神鼓官網）

優人神鼓是台灣一個表演藝術團體，前身為優劇場，1988年由創辦人劉若瑀於台北市木柵老泉山創立；1993年黃誌群加入擔任擊鼓指導，成為優人神鼓。優人神鼓以「先學靜坐，再教擊鼓」為原則，揉合果托夫斯基（Jerzy Grotowski）身體訓練、東方傳統武術、擊鼓、太極導引、民間戲曲、技藝、宗教科儀、靜坐等元素，創立了一套獨特的表演形式「當代肢體訓練法」。

優人神鼓

優人神鼓

主要產品：結合擊鼓、舞蹈、拳術、戲劇及禪意創作現代戲劇作品

員工人數：約30人

創意來源：1.由藝術總監劉若瑀和擊鼓指導黃誌群共同創作

　　　　　2.團員互相討論激發創意

　　　　　3.邀請專家學者觀賞指導

衍生產業：商業演出、課程教學、影音產品如CD、DVD等

行銷策略：1.以直效行銷掌握固定觀眾群和會員的溝通管道

　　　　　2.善用記者會發布媒體訊息，慎選媒體刊登付費廣告

　　　　　3.針對不同目標擬定購票促銷方案

主要市場：1.以20～30歲觀眾為主要客群，30～40歲觀眾為次要

　　　　　2.受邀至國外參加藝術節，以及國內邀約演出

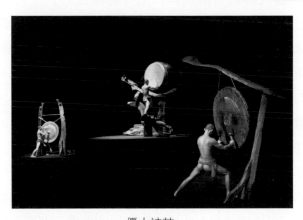

優人神鼓

◆道藝合一：優人神鼓

　　優，是古老的「表演者」，神，是人內心深層的寧靜狀態。優人神鼓，即「在自己的寧靜中擊鼓」。一千多年前的中國禪師們就曾經表

示，真正的藝術家必須要能將「道」——「自己生命的修練」與「藝」——「生活美學的實踐」融於一身。

「道藝合一」正是優人創作與生活的目標。1988年，在熱鬧繁華的台北城另闢一方寧靜，優人神鼓在木柵老泉里一座原始山林中創立。創辦人劉若瑀師承波蘭劇場大師果托夫斯基在山林中訓練的方法，注重表演者身體有機狀態與內在覺知能力的開發。1993年邀請自幼習鼓的黃誌群擔任擊鼓指導，並以「先學靜坐，再教擊鼓」為原則，奠定了劇團的訓練及表演形式，也開啟了一系列以擊鼓為主軸的優人神鼓經典作品。優人神鼓結合果托夫斯基身體訓練、東方傳統武術、擊鼓、靜坐、太極導引、神聖舞蹈等元素，廣闊運用音樂、戲劇、文學、舞蹈、祭儀等素材，實踐道藝合一、東西交融理念的獨特表演方式，不但具體呈現台灣優質的劇場表演藝術，具世界觀與當代美學之特點，並獲國際藝壇高度重視，不斷獲邀參加國際重要藝術節表演。

1998年，優人神鼓首齣經典作品《聽海之心》受到法國《世界日報》評為「法國亞維儂藝術節最佳節目」，2000年再度被讚譽為「法國里昂舞蹈藝術節最受觀眾歡迎的節目」；2002年作品《金剛心》，榮獲「第一屆台新藝術獎——表演藝術類首獎」，評審讚譽這部在國內外均受到高度評價的作品：「透過簡潔樸素的舞台，傳達動中有靜、靜中有動的境界，是一個視覺、聽覺與表演的獨特融合，並富有整體性的表演藝術傑作。」優人在山上打太極、練武術與擊鼓，比一般表演藝術工作者流了更多的汗水，卻多了耐力、體力與純淨的心靈。像一個修行者般的靜坐，透過「靜坐」的自我觀照，在擁擠紛亂的世界中維持內心的寧靜，優人們相信，這份寧靜可以透過舞台上的表演與現場的觀眾，共同凝聚一個「活在當下」的片刻。

◆優人神鼓露天山上劇場（老泉山劇場）

優人神鼓藝術總監劉若瑀說：如果說，優人神鼓的核心使命就是

「道與藝」的結合，透過藝術提升生命的品質，這個地方就是相對於社會動亂、憤怒對立的「靜」土。目前社會上各種壓力症候群、焦慮症、青少年等等問題的產生，源於人類過度發展理性，對於「身體」、「心理」、「心靈」的認識卻太少，因此藝術便成為優人接引民眾回歸內心源頭的方法。優人神鼓自從1988年創團以來，即以木柵老泉山的德高嶺為基地，這裡是我們生活、訓練與創作的基地。這些年來，每天持續不斷在山上工作也造就了優人神鼓聞名國際的穩定

老泉山劇場

基礎，從早期沒水沒電持續到至今，仍一樣堅持對於藝術的理想，優人神鼓希望透過實際的行動落實對於生命品質的關注。

所謂生命的品質所需要具備的條件就是：柔軟謙卑（以大自然為師）、直接行動（少說多做）、儉樸（不放逸的心）、靜思（與自己和平相處）。這個以大自然劇場為背景的舞台，讓不同族群、不同信仰的人都可以從大自然與藝術的活動中看到內在寧靜與活化生命能量的可能，這是優劇場文化藝術基金會對於社會的責任與目標。

山的原始，其實就是「優人」作品中堅毅而質樸的來源，這座荒山可以說是「優人」精神上的聖山；它所蓄積的力量，是多年來團員們一步步的足跡、汗水和淚所累積的。十餘年來，優人神鼓之所以能夠創造獨特的演出，是因為戲劇和鼓的創作是建立在自然與本土文化的磐石上，獨立在塵囂而養成不爭於俗、不擾於世的純真襟懷。

優人神鼓顧問林谷芳曾經這麼說：「優人神鼓的藝術提供一般人另一種氛圍，擊鼓直接呈現生命底層的能量。優人神鼓為活在種種束縛下的當代人，帶來另一種力量。」如今，優人神鼓山上劇場不僅僅成為優劇團的家園，是創作與工作場域，更是靈感的來源與生命的根基。它更是許多民眾心中的一方淨土，可以在這找到純粹與豐富的自然與生命交流經

驗，而許多政府各級單位與駐外單位，更把這當作台灣最獨特的角落，不僅是帶領外賓參觀，更早已獲世界知名媒體如Discovery與德國公共電視台的重視，向全世界放送。優人神鼓山上劇場在2007年經台北市文化資產審議委員會通過，2008年登錄為文化景觀。

◆雲腳：以雙腳親炙大地，淬煉自我

打拳、打鼓、打坐與神聖舞蹈是優人們平常的訓練方式，這些訓練基本上都是讓紛亂的心安靜下來的好方法。走路也是。專心走路時，很容易看到自己有很多念頭，一下子想這個，一下子想那個。在平常作息中，這些紛亂的念頭比較難被覺察到，但持續地一直走，一直走，在這樣單一的狀態下，內在的紛亂很容易就會冒出來而被覺察。當一個人可以看見自己的紛亂時，就有機會讓自己安靜下來。優人用腳親炙大地，以「走一天路，打一場鼓」的「雲腳」方式淬煉自我。對優人來說，雲腳也是一種難以言喻的訓練方式，從裡到外，從心靈的進化到外在的人事物，幫助個人走出自己的障礙，也幫助個人走進別人的心靈。走路的時候，把心放在腳，心就會慢慢慢慢地統一，也就會慢慢慢慢地安靜了，在日復一日的行走中，優人們學習放鬆意念，將心性回歸到簡單與寧靜。而當心安靜的時候，就會聽到鳥叫的聲音，就會看到樹葉在擺動，聽到下雨的聲音……。其實這些事物一直都存在，可是當心混亂時，就聽不到、看不到這些了。

雲腳

雲腳記錄

2008	雲腳全台灣：50天，1,200公里，33場演出
	優廿歲生日，選擇以「雲腳」來慶祝，也用「走路」，回到原點，並將藝術帶下鄉，利用50天繞行台灣一圈，行走1,200公里，演出33場，用腳串起生命的力量，用藝術串起生活的關懷，用行動串起生態的優質。
2007	雲腳以色列
2004	雲腳巴黎，與有情眾生相遇
	受「巴黎夏日藝術節」之邀，優人以「塞納河畔的足跡」為題，將雲腳路線延伸到巴黎，藉雲腳感受土地豐沛的能量與有情眾生相遇
2002	雲腳西藏，為世人祈福
	遠赴西藏神山岡仁波齊峰，藉轉山為世人祈福
1997	雲腳東台灣：35天，與原住民相遇
	再度以35天時間行走於台灣東部山巔海濱，晚上則和台灣九大原住民族共同分享他們的祭儀樂舞。東部雲腳最大的收穫，是相遇原住民的經驗，自然開闊而又神祕深沉，也讓我們跟台灣這塊土地古老的力量有了更深的連結
1996	雲腳西台灣：走過25鄉鎮
	白天行腳於台灣西部25個鄉鎮，晚上則在廟口和當地的表演團體共同演出

◆優人神鼓與彰監鼓藝傳承計畫

　　藉由文建會推動的「98年度媒合演藝團隊進駐演藝場所合作計畫」，優人神鼓於2009年10、11月將國際級專業的表演藝術，帶進彰化，下鄉紮根，展開一系列的「優人神鼓‧鼓舞彰化」展演活動，在展演系列中，最大的創舉乃延伸觸角至台灣彰化監獄推動文化藝術的傳承。2009年優人神鼓協助彰化監獄成立由16位收容人組成的「鼓舞打擊樂團」、並經由靜心、肢體及擊鼓訓練，以「內在的靜定」與身體運動中，達致內外、動靜合一，啟發收容人內在正向力量。在分享訓練成果時，收容人更是從「心」擊出令人動容的聲音。在2009年11月19日於員林演藝廳及11月27日於彰化縣體育場初試啼聲所呈現的《出發的力量》演出，獲得全場觀眾熱烈的起立鼓掌，演出成果展現優異，引起社會各界廣大迴響及支持，並直接深刻地對收容人、法務矯政單位、藝文界及教育界等產生正面之影響，激勵並帶動出振奮鼓舞人心的士氣。

　　優人協助彰化監獄成立的「鼓舞打擊樂團」，是結合道藝傳承及社會公益的里程碑，具有相當重要性及社會意義與責任。為使計畫永續發展，更促使彰化監獄積極與優人神鼓所成立的財團法人優人文化藝術基金會合作，制定一個為期三年的優人神鼓與彰監鼓藝傳承計畫。這個計畫的內容包括培訓、排練、演出、紀錄及宣傳等各項規劃，將由財團法人優人文化藝術基金會負責本計畫後續培訓、演出、紀錄及推廣事宜，期待政府及社會各界繼續給予支持。

八、台灣文創產業成功實例──電音三太子

　　電音三太子，暨結合傳統活動，又融合現代創意，也讓年輕人較能接受，如此，就可將文化創意元素與觀光結合，並帶動當地觀光。

　　以下為高雄市政府103年度「地方治理標竿策略論壇」優等案例：文創再起、風起雲湧──「幸福‧三太子」地方特色行銷活動（郭麗寬，2014）

(一)個案簡介

　　2009年世界運動會開幕會上，當三太子神偶騎機車進入大會會場大跳電音三太子勁舞之際，「豔」驚全球，讓台灣傳統民間信仰躍上國際舞台，展現台灣最in軟實力。而全台最具代表性的哪吒三太子廟「三鳳宮」，也是南台灣著名的道教聖地之一，正位於高雄市三民區境內，而為發揚在地三太子文化及「三鳳宮」本身優良歷史背景、鄰近豐富人文與地方產業，特於101年結合具有高雄意象、榮登世運民俗文化「三太子」以及於2010年經高雄市政府整治完工，流經「三鳳宮」前貫穿高雄市都會中心，並由網路票選命名為「幸福川」的二號運河等兩大元素作為活動

發想，以「幸福・三太子」名號為三民區地方特色活動，延伸規劃系列專案內容，如電音三太子創意競舞大賽、踩街嘉年華、三太子周邊文創商品、地方產業行銷等，除讓民眾感受到鮮明的地方特色活動，亦奠定未來生活主題發展方向，以落實陳菊市長「宜居城市、幸福高雄」的施政目標。

(二)資源整合，在地參與

活動規劃以「在地人參與地方事」為主軸，充分結合地方資源，包括：

1. 三民區在地宗教信仰中心——興建於清聖祖康熙十二年（1673年），距今有三百多年歷史的「三鳳宮」。
2. 市政府重要的河川景觀整治改善成績——「幸福川」。
3. 鄰近之商圈，例如：
   (1) 三鳳中街觀光商圈——素有「北迪化，南中街」之美名，為南北雜貨集散地的百年大街。
   (2) 三民街美食——三塊厝最繁榮的美食街，擁有幾代相傳口味獨特老店。
   (3) 青草街商店——商店聚集於三鳳宮廟口，販賣預防疾病，並扮演重要食療角色的諸多青草類，聚落成為聞名遐爾的「青草街」。
4. 本區各社區、里辦公處、學校等眾多團體整合。

上述資源的結合，形塑本活動成為兼具文化傳承、觀光產業與城市行銷的特色活動。

(三)從觀望、冷漠，到激發熱情參與，匯集地方能量

活動籌劃初始尚未形成共識，不若辦理地方廟會活動之熱絡，目標對象大多採觀望態度，或是冷漠以對。而在人員、經費及時間設限下，再加上地方派系、商店私下爭議較勁，在在考驗著公部門的整合能力。歷經多次真誠拜會與友善溝通，終逐漸形成共識，在相互磨合下完成富活潑性、創新性、互動性與特殊文化性的活動。從籌辦前質疑、看戲心態（區公所的活動），轉變到活動中期的笑臉以對（我們在地的活動）滿意態度，及活動後期紛紛表達持續配合辦理的高度意願，顯現本案成效斐然。例如次年（102年）本區其他商圈，包含大高雄最大成衣集散買賣中心——長明街及後驛商圈，及高雄市最有名的皮鞋街——大連街商圈均主動加入活動行列。本案透過活動辦理，除營造在地民俗風情參與能量，有效提升地區行銷意識及發揚三太子文化，滿足民眾民俗信仰意識外，亦使商圈與居民充分瞭解地方獨特利基與潛力，成功整合行銷本區在地特色及地方產業。

(四)「舞」動高雄，唯「偶」獨尊──三太子英雄會

◆三太子以舞會友

本活動內容除延續宗廟文化、在地商圈、產業、人文，實現文化與經濟有效結合外，更廣邀全國各地三太子團體到高雄市三鳳宮「以舞會友」，此乃首次由公部門辦理全國最大規模三太子舞蹈競技比賽，另也規劃小小三太子幼兒律動組，以從小培養在地文化素養，共計有三十隊三百多人參加，參與對象有高雄、金門、基隆、苗栗、桃園、台南及屏東等地的三太子一起尬舞，增添活動精彩熱絡度，吸引觀光人潮，直讓現場參與民眾大呼過癮。

◆三太子踩街嘉年華

由三鳳宮三太子神像也率領電音三太子參賽團體、各商圈、社區、學校等團體出巡踩街，沿途民眾驚艷，爭相要求照相，參加者興高采烈，氣氛猶如嘉年華般熱烈。

◆三太子愛戀幸福

由於活動期間適值七夕情人節前夕，故以愛戀幸福為主題，透由「創意」、「浪漫」、「歡趣」三大主題，串聯三鳳宮廟宇文化福袋之祈求，讓三太子為情人加持，並在幸福川畔布置美麗浪漫的情人步道，讓有情人感情加溫，倍感幸福。

(五)文創再起，商機潛能無限

為突顯「幸福三太子」主題形象，本所於101年舉辦「2D文創平面設計徵稿活動」，並以徵稿第一名圖像作為活動圖案的品牌意象形象，圖案搭配所衍生文創品呈現之行銷效果廣受青睞，顯具商機潛力，據此本所遂向經濟部智慧財產局辦理並獲註冊商標權。本案將該圖像設計電繡於人見人愛之書包作為年度文創特色商品，頗獲民眾喜愛。102年接續研發彩色版圖像進行公開行銷，首波以600個「書包」試作行銷，獲得民眾熱烈搶購，短短兩個月銷售一空，計繳入市庫約20萬元，作為地方基層單位辦理活動的部分費用，可有效開源挹注市庫。

(六)成功模式擴展，再創歷史頁篇

本活動發展特點著重以：(1)三太子之話題創造——全國二太子舞團同場較勁，創造「唯一」的亮點話題及文化傳承的內涵；(2)凝聚在地元素——集結本區特色商圈、產業，可有效凝聚在地認同；(3)文創商品研

發——透過公眾參與設計方式,徵求優秀作品以轉換成創意商機物件,藉由活動發展特點建立「品牌行銷」、「資源結合」、「文創加值」之成功模式。

(七)活動經濟效益

◆無形效益產值

1.明確且奠定本區地方特色「幸福三太子」意象。
2.以活動延伸使鄰近小吃美食,如三民街及地方特色商圈等區域性觀光形象鮮明化。
3.行銷本市市政建設景點的幸福會,吸引觀光人潮。
4.發展都會區特有的文創營造模式,形成別具特色的都會節慶文化活動氛圍。

◆有形效益產值

1.因「三太子」焦點形象之魅力吸引,參與活動人潮超過7萬人次。
2.以活動人潮帶動周邊商圈、旅館、餐飲、運輸、旅遊景點等經濟效益超過2,000萬元。
3.運用活動鋪陳文創商品發展商機,至少已盈收約20萬元。

◆整體活動經濟效益

歸納整體活動經濟效益如下:

1.精進活動內容,持續以活動帶動地方利基,發揚地方特色邁向國際化:成功發展「幸福三太子」意象,發揚三太子民俗文化,並集結本區特色商圈、社團、產業,有效提高地方團體對政府機關的信任度與向心力。未來將持續透過辦理「幸福‧三太子」活動,由「民

間信仰」、「歷史集體記憶」、「社區參與」及「文化創新」方向啟發，以「幸福・三太子」為啟動幸福之鑰，將城市文化結合地方特色，讓在地居民更有認同感及幸福感。本所將廣邀兩岸及其他國家團體參賽，讓三太子文化除在國內掀起熱潮，更繼續在國際上發光發亮，躍登國際舞台，行銷高雄市成為三太子代表城市。

2. 價值創新豐富多元、開源加值創造新機：本活動文創商品於極短期間獲得民眾熱烈搶購及意見回饋，足見本項文創商品為大眾樂意接受存有。將持續在不影響公務執行情形下，參酌民眾建議，追加行銷及多元發展，建立品牌認同之文化創意行銷管道，並達成價值創新、開源加值之目標，預訂未來發展方向仍以「幸福・三太子」主題為設計品牌行銷，如公仔、御守、形象用品等，更將與在地商圈業者運用授權方式，提供產業軟體（創意產品）支援，研發創新產品豐富多元，開拓更高產值的產品，希望藉此帶動開發財源，進一步挹注政府財政收入成為長期歲入來源，期待創造永續熱潮，順勢帶動地方繁榮及挹注市庫收入。

3. 形塑觀光賣點，行銷幸福高雄城市：將設置服務窗口，建構觀光旅遊資訊平台，提升服務品質。並結合觀光旅遊組織及共同規劃在地旅遊套裝行程，培訓文化導覽人員，啟動「觀光遊憩」及「在地發展」的文化、經濟活動面向，以提高活動產值，創造就業機會。

台灣文創產業成功實例——電音三太子

九、十鼓文化村

十鼓文化村夜景

　　十鼓文化村座落於具有百年歷史的台南仁德糖廠，不僅延續與保存舊有糖廠風貌，結合具有藝術人文氣息的十鼓文化作為園區發展主軸。由

十鼓文化村

十鼓文化村——鼓樂國際藝術村

台灣糖業發展史可知，台灣糖業早在17世紀便已萌芽，成為台灣發展外銷與經濟發展的主力，而舊式糖廠的設立，亦記錄著台灣過去歷史文化背景的跡痕。隨著時間變遷，舊式糖廠逐漸沒落，但在十鼓擊樂團及藝文界人士保存與創新下，不但完整保留台糖仁德糖廠風貌、大自然的生態，亦投注十鼓文化所營造的文化薪傳、空間美學與休閒氛圍的十鼓文化村（林佩儒、林姿菁，2009）。

　　十鼓文化村的核心價值可回歸至十鼓擊樂團利基與體驗情境設計，不同於藝術文化高不可攀的印象，更多了一份親近感，十鼓擊樂團表演形式

以台灣傳統鼓樂器，曲目取自於台灣歷史人文背景發聲，結合肢體律動之美，以現場演出方式為主要表演型態亦是魅力所在，藉由同一時空下的音樂震撼力將深具感染力的氛圍傳遞給觀眾，而十鼓文化村主要設計特色之一，即完整呈現現場表演給予觀眾最直接的感動，而這也是亞洲第一座鼓樂國際藝術村。

除了現場演出的表演之外，十鼓文化村創意設計主體亦延伸至各主題館與環境塑造，園區內首入眼簾即是巨大的老煙囪，象徵了十鼓精神的堅不可摧，亦傳遞遊客十鼓文化與過去糖業文化的縮影，**表15-3**逐項說明園區內設施與體驗內容（林佩儒、林姿菁，2009）。

表15-3　十鼓文化村園區內設施介紹

園區主題館	內容介紹	現場環境
十鼓簡介館	細說十鼓文化村篳路藍縷的艱苦拓荒，自強不息的進取精神，以及挑戰世界的雄心壯志。	
鼓博館	以東亞鼓樂為主題，展示台灣、中國、韓國、日本的傳統鼓樂器。罕見的單皮巨鼓、三角形的幾何鼓，以及屬於台灣本土鼓樂精神的勇士排鼓。還有夢幻虛擬情境的靜態表演舞台，讓觀者可以親自體會擊鼓藏鏡人的自我十八式羅漢鼓招式。	
擊鼓體驗教室	推廣鼓術運動由體驗教室開始，民眾可以透過老師教學親身體驗擊鼓樂趣，藉由敲打鼓面不同位置所組合成輕快的曲了，從中學習鼓樂基本節奏與旋律，並同時訓練腦力、體力、反應力，達到左右腦平衡開發。	

（續）表15-3　十鼓文化村園區內設施介紹

園區主題館	內容介紹	現場環境
小劇場	由肥料倉庫改建而成的小劇場。在十鼓進駐後，成了十鼓村建設初期的指揮所。經過一年半的整裝，現在是可容納250人的室內劇場。以不規則形的觀眾席平台，讓觀眾能自在隨性地觀賞完全屬於台灣風格的傳統鼓曲。	
水槽劇場	早期的水槽劇場是一座大型的冷卻槽，是用來將工廠熱水冷卻排放使用。在十鼓巧思後，嘗試將這座廢棄的水槽改為一座水槽劇場，頂座上的四座冷卻水塔，搖身一變，成為了四座獨立的戶外小劇場，排水導管則成為孩子的傳聲筒。	
十鼓祈福館	鼓自千年來就是一個祈求平安的法器，台南是台灣歷史文化的開端，藉由在地豐厚歷史文化源，塑造台南成為「擊鼓祈福」聖地……「平安、官祿、延壽、驅魔、祈福、添財、添丁、姻緣、考運、除病」十座祈福大鼓，讓祈福擊鼓者得以諸事平安一整年。	
森呼吸步道	這片小公園原是因應台糖汙水處理廠的綠化而栽種的林地，園內有黑板樹、七里香、樟樹、南洋杉、紅茄苳、南洋椰子、桃花心木、大紅仙丹、波羅蜜、芒果樹、柳樹等。今十鼓將園區以植草磚打通林道，成為散步步道及腳踏車步道。五分車座落原中，成為另一種氛圍。	
十鼓蔬苑、紀念品館	一座完全徜徉在人文與歷史、生態的養生餐廳。很難想像這間閒置的倉庫，竟有五台五分車廂開了進來，成了特有的五分車包廂。餐廳內佇立兩棵大樟樹，將空氣渲染成香氣四溢的休閒養生品味。以天然的蔬果食材，創意蔬食味蕾，讓顧客食指大動。在	

（續）表15-3　十鼓文化村園區內設施介紹

園區主題館	內容介紹	現場環境
十鼓蔬苑、紀念品館	鼓樂震撼的迴音感動之餘，若想把這樣的記憶帶回家，那在十鼓紀念品館將可得償所願。舉凡園區「十鼓十景」的明信片、十鼓俠客包、CD/DVD、鼓的卡通動畫、紀念鼓錢、紀念鼓、紀念鼓酒、紀念郵票等都可將這份撼動記憶帶回家，除了自己能夠再三回味，也能與他人一同分享。	

資料來源：林佩儒、林姿菁（2009）。參考自十鼓文化村官方網站。

　　園區內除了保留糖業歷史原貌與展現十鼓特色等設施，亦有園區導覽服務，根據參訪十鼓文化村流程圖（**圖15-2**），十鼓提供遊客有系統性的方式參觀，透過導覽人員的仔細介紹，將園區精髓完整呈現，由此可知十鼓文化村亦注意到服務的提供。

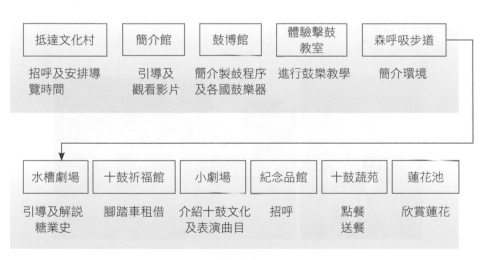

圖15-2　參訪十鼓文化村流程圖

資料來源：林佩儒、林姿菁（2009）。

十、體驗行銷個案

　　根據Schmitt（1999）五大體驗行銷型態，陶瓷工藝業者透過觀光園區的導覽解說及陶瓷DIY活動，達成體驗行銷策略目的，增加品牌知名度與媒體曝光率。此結果與Arnould 等人（2004）的研究發現相似，透過消費者的體驗感受，鏈結自身認知與情感的互動。

(一)華陶窯與水里蛇窯

　　以五大體驗行銷策略，藉由營造園區（窯場）與特有文化及故事吸引消費者，成功推廣陶瓷類商品「華陶窯」善加利用園區內的花陶窯景等特殊園林景觀，在導覽解說及與消費者互動中，分享產品特有文化，並主動觀察消費者需求，創造五感體驗園地。「目前本園區最大部分營收在遊園行程與體驗活動，藉由造物、造景與造人，與人分享愛與美好，打造一個實境與五感體驗的園地……」

華陶窯

附照一：水里蛇窯長龍般之窯身
（水里蛇窯陶藝文化園區提供）

水里蛇窯

　　「水里蛇窯」則透過園區完善改造，保留窯場古老性與歷史性，創新園內設施，在解說人員導覽、DIY與遊園行程的實施，成功吸引消費者的目光。「文化的設施要去吸引人，唯一改變的方式就是歷史改變，房子越來越古老，在改造的過程中不失古老性，因為這裡是有歷史的地方……在這個園區裡，我們也有解說導覽員，也有做DIY的地方……」、「我們的導覽人員要具備說故事的能力，將過去到現在76年的動人故事，以心酸、逗趣或嚴肅的方式告訴每個參訪的遊客，使他們在實際拉坯、捏陶與控窯的時候更有感覺……」

(二)消費者實際體驗創造口碑，開發潛在顧客群，製造話題與媒體曝光度

　　「法藍瓷」透過與異業（如故宮）舉辦活動或開設展覽室的方式，以導覽解說增加消費者實際體驗、創造口碑行銷，提升品牌知名度與形象；「華陶窯」則以完善的遊程規劃，讓每位消費者擁有美好體驗，透過藝文展演、台灣二十四節氣、獨特園林景觀企劃、研習講座與文化社區研習劇場等多重管道，提高媒體的曝光度，吸引潛在消費者對華陶窯有初步的認識；「水里蛇窯」藉由觀光園區帶來的優良口碑拓展市場，除了發揮在實際遊園客群外，亦協助商品市場開發。

十一、故事行銷（財團法人台灣文創發展基金會，2013）

　　根據台灣文創發展基金會（2013），「故事行銷」更成為一股獨領風騷新風潮，諸如電影故事行銷，透過故事性與觀光景點的行銷意象做連結，遊客對於地方文化及自然景點更能有新的詮釋與選擇，因為故事而產生火花，因興趣而提高其旅遊意願，建立在地觀光品牌，創造更有特色的觀光景點，進而吸引大量觀光客造訪。談到多元種類、複合發展的文化創意產業時，人們首先面對的困境總是：如何全稱式的來談論這個由眾多分殊概念組成的集合名詞而頭痛不已，但卻有一個不斷被言說的共通語言能夠貫穿到任何一個相異的業種都能適用——發展文創需要說故事的能力。彷彿它已經是一個約定俗成的成熟概念，又像是不必溝通即可同意的廣泛共識，並且，隱含著它是文創產業價值創造能力的關鍵因子，愈能說故事就愈能發展文創，反之亦然。果真如此的話，如何運用故事力來推動文創產業的價值創造力，甚至優化轉型，似乎是政策制定與推動者應該聚焦思考的重點。

　　為什麼人們喜歡聽故事？也許是因為在我們內心深處，知道沒有所謂的「客觀真理」，所以我們經由自己選擇相信的故事，建立起自我的世界觀，從中找尋生存根基（Annette Simmons, 2008）。就因為人們喜歡聽故事，也讓「說故事」逐漸被應用在各學科領域中。「故事行銷」，成為近年來為行銷學界的新寵，行銷人員將「說故事」視為與消費者溝通的手段，故事行銷後來不僅運用於產品消費市場，許多不同的專業領域，亦導入故事行銷的觀點，企圖利用「說故事」達到與目標群眾溝通的目的。

　　高橋朗（2008）曾指出，必須要有溝通策略，才能進行商品行銷；人類本是一種會運用五感進行溝通的生物，只要利用故事性，就可以刺激五感。黃光玉（2006）認為「故事行銷」是指透過故事的方式進行的溝通。透過故事，可以商品更具說服力（Maxwell & Dickman,

2008/2007）。Escalas（1998）則表示：「故事能溝通、說服、證明與展示，讓消費者瞭解應該採用哪些商品以及如何使用這些商品。」Vincent（2002）認為：「與消費者溝通所傳達的訊息，必須加入說服的觀點，故事即是一種說服消費者最有力的行銷工具，而透過敘事方式呈現行銷訊息時，便可稱為故事行銷」。因此，「故事行銷」可視為以故事與消費者進行溝通的方式，透過「故事」影響消費者情感，進而促進消費者對產品產生情感認同，最終達到消費目的。

　　「故事」不僅能夠幫助人們學習、記憶，理解事物所要表達的核心意涵，還能夠凝聚社群，成為近年企業管理以及商業行銷常使用的工具。事實上，近幾年來，各級政府也都逐漸意會到「故事」與地方文化資源的聯結性，許多有形與無形的文化資產知識的開發與經營，即是透過故事化方式重新詮釋。許多地方舉辦不少與發掘「故事」相關的比賽，也常見到透過故事包裝過後的推廣文宣，以及將故事元素轉化為地方獨特的產品設計，種種跡象都顯示「說故事」已成為地方行銷推廣文化資產應用的其中一種的方式。

　　舉例而言，「區域型文化資產環境保存及活化計畫」中所輔導的菁寮聚落即是其中顯著的一例。菁寮聚落不僅因為電影《無米樂》的加持，創造了地方故事性，並利用地區歷史特色舉辦了莊稼藝術節，應用藝術節中的故事元素轉化為商品，透過故事行銷與話題行銷的方式將商品推銷出去，又串聯地區的歷史建物，為每個建築賦予不同的故事，發展成具特色的體驗館。民眾因為這些美麗的故事，更加瞭解菁寮聚落，不僅重新凝聚了地方居民的認同，也誘發外地民眾前來朝聖的慾望，讓原本因人口外移嚴重、經濟萎靡的農業社區，轉型成為觀光社區。這種透過故事的包裝，將地方文化資產轉化得更迷人的推廣模式，似乎重新開啟了社區新的生命。

　　由此可見，從文化創意產業發展政策的制定與推動觀點來看，「故事」的概念是一個完整的政策歷程。不僅在政策制定伊始，就可以融入

「營造故事」的精神，讓政策成為一組又一組能夠被言說的故事；在政策執行階段亦可以聚焦在「說故事」能量的關照上，讓台灣的文化創意產業更具備品牌識別力及價值；最後，在政策評估階段，也可以將故事行銷融入效益評估的指標當中。如此一來，或許能為我國文化創意產業的發展，開創出一套不同的know how，而即使運用與世界華人都在採用的「華文化」元素，我們也能有不同的價值創造能力。

妖怪村個案

鹿谷凍頂人林曕，日本松林勝一，日據時代在明山森林裡工作。有一天在森林裡工作時遇到了小雲豹以及小黑熊，便豢養牠們並取名為「八豆」、「枯麻」。某天夜裡，松林勝一在深山遭受妖怪的攻擊，八豆及枯麻挺身相救，最後妖怪落荒而逃但八豆卻不幸身亡，而枯麻也因受傷躲至深山中不再出現。久保田是日本鳥取縣人，在日據時代曾任東京帝國大學演習林（今台大實驗林）駐台主任。由於松林勝一為人和善又與久保田同齡，因此情同手足。日本戰敗後，久保田與松林勝一相約飲酒話別，並將喝剩的酒埋起來。而久保田回日本後，生活並不順利，當了幾年的郵差後在日本開了一間麵包坊，取名「松林久保」。

幾年後因用火不慎，麵包坊遭受火災，妻子也不幸在火場中喪生。松林勝一知道久保田的困境後便寄錢給他，希望能助其度過難關。十幾年後久保田親自到台灣將這筆錢送還松林勝一，當晚松林勝一將樹下埋藏二十多年的酒取出，兩人相談甚歡（明

山森林會館官方網站，2012）。其後松林勝一的後代子孫，明山森林會館總經理到日本考察後發現，「在日本鄉下，住的十分自在，因為在那裡沒有商業旅店的制式，總覺得每個地方都充滿了故事和歷史意義」（廖志晃，2012），也因此改變了他原本經營旅館的想法。

他將祖先松林勝一的故事融入明山森林會館的經營，並加入了許多創意設計，許多來過妖怪村的遊客都覺得這裡的氛圍很像妖怪所聚集的村落，因此便戲稱明山森林為「妖怪村」。「妖怪村」的名號很快地便在網路上盛傳，而「明山森林會館」也於2011年正式更名為「松林町妖怪村」。正式更名後的「妖怪村」，「遊客比去年同期大增五成，光是7月份就衝到30萬人次，而主力遊客的平均年齡也由40歲降低到20歲」（葉代芝，2011）。

◎文化創意與妖怪村結合

從電視或報章雜誌常可聽到文化創意產業一詞，而文化創意產業應該是：保有文化的原物件或地方把藝術拿來加以改造發揮巧思變成了創意這個東西，形成了我們大家口中的文化創意。洪楙彧（2010）指出，文化創意產業，可以說是創意、文化、知識相結合的產業，並認為創意的相對即是傳統，傳統指的是原本社會、文化和習慣的既有型態，創意思考即是探討如何從傳統上尋找新的路，對傳統的再詮釋、精緻化與創新。洪學者的話很值得我們去省思，是將以創意、文化、知識所結合的產業才有文化創意，並不是傳統一成不變的樣子，找尋新的而發現再加以詮釋將以一個更新的面貌呈現。陳曉鷗（2005）指出，「文化創意產

業」是由文化、創意、產業三者合成的名詞,「文化是內涵,創意是一種表現的形式,產業是提高產值的方法消費型態。」。然而陳學者又有另一番的見解,他將文化視為內在的內涵、將創意的表現視為一種有形表現的形式、將產業視為可以提高產值的一種消費型態方式。楊敏芝(2000)的〈文化產業理論思潮初探與發展省思〉可瞭解到文化產業之演進主要是由三個面向之相互影響而產生,可以瞭解文化產業演進是如何演變如何相互牽引來產生影響。

然而妖怪村的商圈可說是廣義的商店街,主要結合當地人文、自然景觀與特產所形成。葉伊修(2011)指出,與區域商店街相似,然特色商店街具有其特殊歷史背景、傳統文化、消費特性、傳統手工藝或其他觀光資源,使其消費特性比區域商店街更具主題性與目的性(王聖雯、黃筱雯,2008)。美國行銷學會AMA(1988)則將商圈定義為:對某特定廠商所銷售的商品或傳遞的服務而言,具有潛在顧客的區域。一個具邊界的區域,在這個區域中,可使一個行銷單位在銷售商品或傳遞服務上,獲得數量和成本上的經濟。

和妖怪村有異曲同工之處的還有宜蘭的窯烤山寨村,它是一個很小的景點,販售的東西以伴手禮和麵包為主,當然裡面也是有放鬼怪,也有餐廳,但地方不大東西也呈現仿復古模式。和溪頭妖怪村來比較的話,雖然妖怪村地方也不算大,但古色古香的日式時期的味道卻很道地。余冠樺(2010)指出,遊客的遊憩動機——主要是以個人感受為重,並且符合個人對活動的期望及需

求。余學者認為會來遊玩的遊客會以個人感受為重點，並且會適合自己的參與活動的期待和需要。遊客遊憩滿意度——滿意度的好壞，取決於遊客進行遊憩活動時，在行前與旅遊完後，個人認知所獲得的感覺。余學者更認為遊完後的滿意度在於在進行遊玩活動時，和在還沒旅遊前，自己所體驗的感覺。

一、故事行銷

故事本身，其實就是娛樂、引導、告知和說服的最佳工具。說故事更能創造親和力，讓理性的論證有可能被聽到。同時，它也比單「賣感覺」還能吸引消費者注意。關於「故事行銷」的

意涵，黃光玉（2006）認為其係指透過說故事的方式進行行銷溝通。郭美懿（2005）的報導指出進行商品行銷時，只要故事說得好，就能在品牌和消費者之間，創造具有深刻意義且影響長久的共享經驗。妖怪村就已將園區相關的人物和妖怪加入故事元素，並以《妖怪抱報》的方式對觀光客發行。林耀南（2001）指出，所謂故事行銷就是「透過說故事的方式，來傳遞一個事件，並且在過程中連結聽眾的人生體驗，喚起過去情感回憶，進而在心中產生共鳴感動。」而「說故事」之所以可以成為行銷工具，是因為「故事」含有豐富的意義與情感，容易引起他人的共鳴並產生感動力，因此只要在正確的時機講出正確的故事，就能展現力量變成行銷的秘密武器（林耀南，2001）。

(一)清酒鬼的故事

日本戰敗了，久保田在台灣的最後幾天和松林勝一兩人相約在現在居酒屋前的樹旁對飲，之後兩人將帶上山喝不完的酒混

在酒甕中埋入樹下的土裡。當時居酒屋前的這棵大樹布滿了白色的苔菌，遠遠望去整棵樹像是棵白色的死樹，隔天久保田從神木那搬了一顆大石頭，石頭上有白色的眼睛，並將它壓在埋在土裡的酒甕上，取名「看酒石」。松林勝一和久保田將酒埋在樹下後，沒多久，樹上的白色苔菌竟然慢慢的消失了。二十多年後（1967）久保田再次來到台灣，兩人一約將酒挖出，才發現酒只剩三分之一。現在，妖怪村賦予清酒新的生命，在酒瓶上設計了眼睛稱清酒鬼（清酒鬼的故事，《妖怪抱報》，9月號）。

(二)平安鼓

相傳在先民的年代，每當傍晚時分，村落裡的居民便會登樓擊鼓，面戴色彩鮮麗的面具，以磅礡的鼓聲威嚇驅趕猛獸。若是村莊發生緊急事件，即敲擊急促的短鼓音，通知在山上打獵的村民。這樣的擊鼓儀式，將在每個假日的傍晚演出，並召喚枯麻、八豆及現場所有得旅客一起大集合，在平安鼓聲中祝福大家平安又幸福（擊平安鼓的由來，《妖怪抱報》，10月號）。

(三)檔樹神石

民國44年某日下午，松林勝一與伐木工人正砍伐一棵巨樹，沒想到巨樹在死亡前向他做最後的反撲，直徑約五呎的巨樹倒下時發出驚人的巨響，接著這棵巨樹竟然倒向松林勝一和伐木工人，眼見大勢不妙，一群人馬上轉身飛撲躲到巨石下，樹木倒塌發出轟然巨響後，他們才慢慢的從巨石旁爬出。數日後松林勝一請人以機具將巨石立起，用以示誓後代子孫不得從事伐木事業（檔樹神石的故事，《妖怪抱報》，10月號）。

(四)七眼門擋妖

在妖界和人界之間有一道門區隔著,看守這個結界的妖怪就是一個有七隻眼睛的門擋妖。據說門擋妖是人和狗的化身,看守人界與妖界的大門。許多做生意的人每年都會在冬季祭拜門擋妖,希望在新的一年門擋妖能看守他們的事業和財富(七眼門擋妖的故事《妖怪抱報》,12月號)。

二、故事行銷的構成要素

黃光玉(2006)指出,成功的故事行銷應涵蓋角色、訊息、衝突點及情節四大要素。

1. 角色:人物角色的作用在於情節中的行動可以產生,沒有人物角色就無法發展情節。
2. 訊息:訊息是指說故事時所要傳達的核心內容,它構成故事的主軸也是故事的起因。
3. 衝突點:衝突點可分為「不可預測的混亂」與「可預期的和諧」兩種,當情節中混亂與和諧各半時,就能夠成好故事。
4. 情節:一般故事的開始在導入情境,中場的重點在鋪陳故事的錯綜複雜,塑造緊張的關係,而當故事結束時,問題則獲得解決。

三、情境體驗分析

「企業提供舞台作為說故事的管道;而消費者則利用體驗故事的機會,成就自己的想像」(周皓涵,2007)。在每一次的體驗活動中,消費者與企業可說是一個互利共生的經濟體。「對

企業來說，透過故事的包裝，能夠讓商品更親切、更具有人性；對消費者來說，體驗故事則是消費者用來說服自己購買商品的動機」。

四、發行實體報紙及漫畫

　　妖怪村每個月均會發行《妖怪抱報》來報導村裡的妖怪故事，也讓遊客知道目前正在舉辦哪些特殊活動。而從小愛看漫畫的總經理林志穎，甚至請來漫畫家畫出妖怪村中各個景點的情節，並發行具有教育意義、適合親子共讀的「妖怪漫畫」，目前更於 2012年10月獲得「經濟部工業局創意生活授證」（吳思萍，2012）。

參考文獻

一、中文部分

《妖怪抱報》，第9、10、12月號，松林町發行。

YiJu（2014/12/20）。〈家庭消費決策〉。股感知識庫。

于國華（2003）。〈文化‧創意‧產業——十年來台灣文化政策中的「產業」發展〉。《典藏今藝術》，第128期，頁46-49。

尹章義、尹章中、葉家宏（2000）。《文化法治概論》。台北：文笙書局。

尹繼佐主編（2002）。《2002年上海資源藍皮書文化創新與城市發展》。上海：上海社會科學院出版社。

文化部（2013）。102年度重要社會發展計畫書——文化部「價值產值化——文創產業價值鏈建構與創新」中程（102年至105年）個案計畫。

文化部新聞稿（2013/11/29）。〈文創產業的未來航道〉，https://ccimarketing.org.tw/AnnouncePage.aspx?No=10055

文化環境工作室（1998）。《台灣縣市文化藝術發展——理念與實務》。台北：行政院文化建設委員會／新竹市立文化中心。（陳其南計劃主持，蘇昭英總編）

文建會（2003a）。《文化土壤 接力深耕——文建會二十年紀念集》。台北：行政院文化建設委員會。

文建會（2003b）。《文化創意產業手冊》。台北：行政院文化建設委員會。

文建會（2004a）。《2004年文化政策白皮書》。台北：行政院文化建設委員會。

文建會（2004b）。《92年度新故鄉社區營造計畫地方文化產業振興成果手冊》。台北：行政院文化建設委員會。

文建會（2004c）。《2003台灣文化創意產業發展年報》。台北：行政院文化建設委員會。

文建會（2005）。《2004台灣文化創意產業發展年報》。台北：行政院文化建設委員會。

文建會（2006）。〈文化創意產業〉。《工作大贏家》，2006年5月號，頁8-11。

文建會（2006）。「積極推動文化創意產業發展、新故鄉社區總體營造計畫」。台北：行政院文化建設委員會。

文建會（2009）。「創意台灣——文化創意產業發展方案行動計畫98-102年」。主辦單位：經濟部、新聞局、文建會。

方永泉（2000）。〈文化工業與文化救贖——阿多諾的文化批判觀點及其美學意義〉。載於崔光宙、林逢祺著，《教育美學》。台北：五南。

方金寶（2006）。《以Porter鑽石模型探討台灣文化創意產業發展策略與法規》。國立成功大學高階管理碩士在職專班碩士論文，台南。

方敏潔（2014）。〈文化創意產業：未來20年全球最大經濟發展引擎〉。《La Vie設計美學家》，第126期（2014年10月號）。

王永義（2001）。〈失味的交趾陶——臺灣交趾陶傳承的歷史淵源、發展過程、未來因應〉。《大明學報》，第2期，頁83-96。

王育英、梁曉鶯譯（2000）。Bernd H. Schmitt著。《體驗行銷》。台北：經典傳訊文化。

王俐容（2005）。〈文化政策中的經濟論述：從菁英文化到文化經濟？〉。《文化研究》，第1期，頁169-194。

王庭玫（2003）。〈追夢成功的新瓷器時代推手——陳立恆的法藍瓷文化創意〉。《藝術家》，57(5)，頁216-220。

王紡譯（2003）。K. Kunzmann著。〈文化產業與都市經濟發展〉。《今藝術》，第135期，頁162-167。

王健全（2005）。〈台灣文化創意產業的競爭力分析〉。《2005台灣文化創意產業發展年報》，頁288-293。

王健全、關裕弘（2007）。〈世界主要國家文化創意產業發展概況及其對台灣的啟示〉。《國際經濟情勢雙週報》，第1636期，頁5-25。

王尉晉（2000）。《運動理念行銷策略之研究——以adidas「街頭籃球運動」與Nike「高中籃球聯賽」為例》。國立政治大學廣告學研究所碩士論文，台北。

王新新、王李美玲（2010）。〈基於品牌文化視角之品牌行銷策略探討——以蘋果公司APPLE INC.為例〉。《中小企業發展季刊》，第18期，頁159-182。

古永嘉（2003）。《企業研究方法》。台北：麥格羅·希爾。

台灣財經評論。第166期，2010年11月15日（雙週發行）。

台灣經濟研究院（2003）。「文化創意產業產值調查與推估研究報告」。台北：文建會。

石秀華（2015/07/22）。〈駁二搞山寨泳池，高市文化局道歉〉。《蘋果日報》。

石雯侃（2004）。《影響文化創意產業從業員工創造力因素之研究——兼論與組織創新之關係》。立德管理學院國際企業管理研究所碩士論文，台南。

朱元鴻（2000）。〈文化工業：因繁榮而即將作廢的類概念〉。張笠雲主編，《文化產業：文化生產的結構分析》。台北：遠流。

朱宗慶（2009）。文化創意產業圓桌論壇，2009/03/27。

朱柔若譯（2000）。W. Lawrence Neuman著。《社會研究方法：質化與量化取向》。台北：揚智文化。

朱庭逸、方雯玲（2004）。《工藝新境》。台北：典藏。

江明晏（2015/08/12）。〈歪腰郵筒產生器 想合照免排隊〉。中央通訊社。

江貞億（2015/07/19）。〈史政府帶頭違法？高毅二「泳池天台」被爆抄襲〉。《東森新聞》。

江致澄（2005）。《品牌授權商評選授權對象的準則》。銘傳大學資訊管理學系碩士在職專班碩士論文，台北。

江藍生、謝繩武主編（2002）。《2001-2002年：中國文化產業發展報告》。北京：社會科學出版社。

行政院大陸委員會（2015）。〈大陸民眾「文化消費」發展概述〉。陸委會新聞稿編號第011號，104/02/22。

行政院文化建設委員會（1994）。文化統計彙編。

行政院文化部（2009）。「創意台灣——文化創意產業發展方案行動計畫98-102年」。

行政院文化部（2013）。《2013臺灣文化創意產業發展年報》。

何定照（2013/07/04）。〈林懷民、李國修搭救 「金枝」2度復活〉。《聯合報》。

余志隆（2005）。《創意文化園區產業形塑空間之研究——以華山創意文化園區為例》。輔仁大學景觀設計學系研究所碩士論文，台北。

余冠樺（2010）。《遊客遊憩動機、滿意度與重遊意願之研究——以內洞國家森林遊樂區為例》。嘉義大學森林暨自然資源研究所碩士論文，嘉義。

余朝權（1991）。《現代行銷管理》。台北：五南。

吳佳容（2004/01/06）。〈法藍瓷自創品牌闖出佳績〉。《工商時報》，第30版。

吳宜珮（2005）。《台灣發展文化創意產業之策略研究——以出版產業為例》。國立中山大學企業管理研究所碩士論文，高雄。

吳明璋、陳明發（2004）。《創意變生意——發掘知識型企業的智慧金礦》。台

北：商周。

吳思華（2003）。〈文化創意產業的基礎機制——人才培育與文化平台〉。
《「全球思考‧台灣行動」文化創意產業研討會論文集》，頁95-99。台北：
文建會。

吳思華（2004a）。〈文化創意的產業化思維（上）〉。《典藏今藝術》，第136
期，頁134-137。

吳思華（2004b）。〈文化創意的產業化思維（下）〉。《典藏今藝術》，第137
期，頁114-117。

吳思華、楊燕枝（2004）。〈創意文化產業的價值經營模式出探：以精緻工藝品
為例〉。中華民國科技管理學會論文研討會，世新大學。

吳思萍（2012/10/26）。〈溪頭妖怪村畫妖怪，漫迷笑破肚〉。《聯合報》，A18
版。

吳垠慧、吳江泉（2015/07/20）。〈泳池天台爆爭議 無限期關閉〉。《中國時
報》。

吳貞儀（2006）。《台灣文化創意產業之國際化策略——以法藍瓷、雲門舞集、
霹靂布袋戲為例》。國立成功大學企業管理學系專班碩士論文，台南。

吳家慧（2004）。《文化創意產業經營績效之影響因素探討——以地方特色糕餅
廠商為例》。國立中興大學企業管理學系研究所碩士論文，台中。

李小麗、周德慧主編（2009）。《投資理財概論》。北京：北京交通大學出版
社。

李仁芳總編（2011）。《2011台灣文化創意產業發展年報》。台北：文建會。

李君如、陳俞伶（2009）。〈觀光工廠遊客滿意度模式之實證研究——以改館前
後的白蘭氏健康博物館為例〉。《健康管理學刊》，7(1)，頁21-43。

李佩珍（2005）。《文化創意商品的品牌經營策略研究——以幾米為例》。國立
交通大學傳播研究所碩士論文，新竹。

李依芳（2003）。《文化創意產業之整合性行銷研究——以宜蘭縣為例》。世新
大學行政管理學系碩士論文，台北。

李岳群（2006/11/20）。〈從實體到虛無〉。《經濟日報》，A14版。

李怡璇（2005）。《文化主題商品體驗行銷效果之研究——以幾米主題商品為
例》。世新大學傳播管理學研究所碩士論文，台北。

李明軒、邱如美譯（1999）。M. E. Porter著。《國家競爭優勢》（上）（下）。
台北：天下文化。

李金峰（2005）。《從體驗行銷的觀點探討傳統表演藝術觀眾行為——以舞台歌仔戲為例》。國立台北藝術大學藝術行政與管理研究所碩士論文，台北。

李奎佑（2005）。《台灣文化創意產業經營之研究》。國立政治大學EMBA科技管理組碩士論文，台北。

李晏墅（2008）。《市場營銷學》。台北：高等教育出版社。

李乾朗（2004）。〈1920年代台灣寺廟與居民的交趾陶裝飾藝術〉。《藝術家》，58(4)，頁316-319。

李莎莉（2013）。〈專題報導——博物館觀眾學習：博物館觀眾學習的轉型——以北投文物館的文化體驗活動為例〉。《博物館簡訊》，第63期（2013年3月號）。

李嘉孟、陳威霖（2002）。〈新世紀技術移轉的核心——選擇權專利計價理論與技術交易市集之探討〉。《智慧財產權月刊》，第40期，頁70-79。

李錫東（2009）。《文化產業的行銷與管理》。台北：宇河文化。

李麗滿（2005/10/20/）。〈琉園王永山王俠軍以精品概念店走進國際〉。《經濟日報》，D1版。

杜英儀（2010）。〈台灣財經評論：企業智慧資產融資的發展〉。《全球台商e焦點電子報》，第166期。

汪睿祥譯（2003）。Michael J. Wolf著。《無所不在——娛樂經濟大未來》。台北縣：中國生產力。

周旭華譯（1980）。Michael E. Porter著。《競爭策略》。台北：天下文化。

周延鵬（2006）。《虎與狐的智慧力——智慧資源規劃九把金鑰》。台北：天下文化。

周欣嫻（2007）。《台灣文化創意產業智慧財產之法律保護與藝術授權——以國立故宮博物院為例》。國立政治大學智慧財產研究所碩士論文，台北。

周昭平（2015/07/18）。〈金澤21世紀美術館泳池　高雄駁二也有〉。《蘋果新聞》。

周昭平（2015/07/19）。〈駁二泳池天台抄襲名作 無限期關閉〉。《蘋果日報》。

周皓涵（2007）。《體驗行銷中的業者與消費者敘事：以小熊維尼80週年慶為例》。世新大學公共關係暨廣告研究所碩士論文，台北。

周德禎主編，周德禎、賀瑞麟、葉晉嘉、蔡玲瓏、林思玲、陳潔瑩、劉立敏、李欣蓉、施百俊著（2014）。《文化創意產業理論與實務》。台北：五南。

林大容譯（1999）。Leif Edvinsson、Michael S. Malone著。《智慧資本：如何衡量

資訊時代無形資產的價值》。台北：麥田。

林佩儒、林姿菁（2009）。〈體驗經濟的興起──探討十鼓文化村市場行銷策略〉。《網路社會學通訊期刊》，第76期。

林佳樺（2003）。《影響技術授權價格因素之研究──以製藥產業為例》。國立政治大學碩士論文，台北。

林芳吟（2009）。「創意產業國際行銷策略與經驗分享」。傳統文化加值設計暨授權研討會。

林冠群（2006/11/13）。〈音樂產業獲利重心轉至服務面〉。《經濟日報》，A14版。

林建煌（2015）。《消費者行為概論》（4版）。台北：華泰文化。

林建煌（2011）。《行銷管理》（五版）。台北：華泰。

林秋芳等（2009）。「亞太文化創意產業協會2008年度報告書」。台北：亞太文化創意產業協會。

林婉翎（2007/11/09）。〈串孤星造銀河，讓台灣亮起來〉。《經濟日報》，A16版。

林曼麗等（2003）。〈文化創意產業策進與產業育成初探〉。《文化創意產業與區域經濟發展研討會會議實錄》，頁214-223。台北：行政院研究考核委員會。

林淑惠（2004/05/25）。〈上櫃註定它未來十年的命運〉。《工商時報》，第30版。

林舒（2004）。〈墨色國際股份有限公司──調一杯『幾米品味』的雞尾酒〉。《文化創意產業實務全書》，頁273-277。台北：商周。

林誠長（2009）。〈文創產業、文創商品之策略‧計畫‧設計‧開發研究以「台灣老樹根──魔法木工坊」為例〉。《商業設計學報》，第13期，頁173-194。

林福春（2001a）。〈蘭地傳統工藝──剪黏、交趾陶、藝彩繪藝作之研究（上）〉。《台灣源流》，第21期，頁83-89。

林福春（2001b）。〈蘭地傳統工藝──剪黏、交趾陶、藝彩繪藝作之研究（下）〉。《台灣源流》，第22期，頁106-115。

林耀南（2001）。〈鬼故事下的商機──妖怪村之故事行銷及消費者情境體驗分析〉。

林懿貞、王翊全（2007）。〈科技於文化創意產業之應用──整合行銷與品牌觀

點〉。《國教之友》，第58卷第3期，頁17-24。

法藍瓷（2005a）。〈執行長的聲音〉。《FRANZ法藍瓷》，第8期，頁4-5。

法藍瓷（2005b）。〈執行長的聲音〉。《FRANZ法藍瓷》，第9期，頁4-5。

邱誌勇等（2004）。〈自滿的狂享與虛幻及其之後──論台灣文化產業〉，《當代》，第200期，頁116-123。

金管會（2014）。「金融挺創意產業專案計畫」執行成效報告，2014年9月18口。

施慧明（2002）。〈從漢綠釉到交趾陶〉。《北縣文化》，第73期，頁34-44。

施顏祥（2002）。「文化創意產業發展計畫，挑戰2008國家重點發展計畫」。台北：行政院經濟建設委員會。

洪勝鴻（2004）。《體驗行銷及關係行銷對顧客價值及顧客滿意影響之研究》。國立高雄應用科大學商務經營研究所碩士論文，高雄。

洪梣彧（2010）。《金門地區文化創意產業發展之研究》。國立台灣師範大學教育學院創造力發展碩士在職專班碩士論文，台北。

洪萬隆（2005）。〈文化經濟概論〉。課堂講義，未出版。

胡幼慧（1996）。《質性研究：理論、方法與本土女性研究實例》。台北：巨流圖書。

唐佩君（2014/01/14）。〈美國創新中心進駐松菸〉。中央通訊社。

夏業良、魯煒編譯（2003）。Pine II、Gilmore著。《體驗經濟時代》。台北：經濟新潮社。

夏學理（2004）。〈各國文化創意產業之政策面比較分析〉，CASE網路學院www.cca.gov.tw/case

夏學理（2011）。《文化創意產業概論》。台北：五南。

孫大川編譯（1990）。A. H. Maslow、E. Fromm著。《人的潛能與價值》。台北：結構群。

徐子超、仲曉玲譯（2003）。理查·考夫著。《文化創意產業：以契約達成藝術與商業的媒合》。台北：典藏藝術家庭。

徐中孟（2007）。《文化大商機：中國文化創意藍海，21世紀12新契機》。台北：理財文化。

徐莉玲（2008/3/27）。〈文化創意產業就是「品牌打造工程」產業〉。《中國時報》，A15版時論廣場，

徐薇嬪（2006）。《遊客對於客家文化產業體驗行銷之實證研究──以新竹北埔為例》。亞洲大學休閒與遊憩學系碩士班碩士論文，台中。

文化創意
產業經營與行銷管理

耿建興、夏學理（1998）。〈表演藝術之媒體行銷研究〉。《空大行政學報》，
　　第8期，頁307-337。

郝雪卿（2015/08/12）。〈歪腰郵筒爆紅 職訓班3D列印動手作〉。中央通訊社。

馬秀如、劉正田、俞洪昭、諶家蘭（1999）。〈無形資產之評價與揭露〉。台灣
　　證券交易所。

高登第譯（1998）。P. Kotler、J. Scheff著。《票房行銷：菲利浦科特勒談表演藝
　　行銷策略》。台北：遠流。

高登第譯（2002）。Philip Kotler、Dipak C. Jain、Suvit Ma著。《科特勒：新世紀
　　行銷宣言》。台北：天下文化。

國家文化總會（2009/05/01）。「總統文化創意產業圓桌論壇結論報告」。

張培仁（2006/12/13）。〈放送獨特的生活形態〉。《經濟日報》，A14版。

張紹勳（2001）。《研究方法》（修訂版）。台中：滄海書局。

張敦福主編（2001）。《現代社會學教程》。台北：高等教育出版社。

張殿文（2005）。《虎與狐：郭台銘的全球競爭策略》。台北：天下遠見。

張維倫、潘筱瑜、蔡宜真、鄒歷安譯（2002）。D. Throsby著。《文化經濟學》。
　　台北：典藏藝術家庭。

符芝瑛（1999）。《今生相隨：楊惠姍、張毅與琉璃工房》。台北：天下文化。

郭生玉（2005）。《心理與教育研究法》。台北：精華。

郭品妤（2004）。《地方文化產業行銷機制之研究——以消費者心理向度探
　　討》。朝陽科技大學建築及都市設計研究所碩士論文，台中。

郭美懿（2005）。〈行銷，就是說個好故事〉。《Career：職場情報誌》，第351
　　期，頁92-95。

郭麗寬（2014）。〈文創再起、風起雲湧——「幸福・三太子」地方特色行銷活
　　動〉。高雄市政府103年度「地方治理標竿策略論壇」優等案例。

陳弘揚（2005）。《文化創意產業之品牌行銷研究》。銘傳大學設計管理研究所
　　碩士論文，台北。

陳立恆（2004）。〈我們如何讓「法藍瓷」發光發亮？〉。《大師輕鬆讀》，第
　　106期。

陳亞萍（2000）。《北市表演藝術觀眾之生活型態與行銷研究》。國立中央大學
　　藝術學研究所未出版碩士論文，中壢。

陳佳慧（2003）。《消費者觀賞表演藝術活動付費意願因素評估之研究》。大葉
　　大學休閒事業管理學系碩士班碩士論文，彰化。

陳明惠（2009）。《創意管理》。台北：智勝文化出版。

陳姝吟（2006）。《文化創意產業與國家品牌之相關性研究》。國立中山大學傳播管理研究所碩士論文，高雄。

陳威融（2002）。《技術鑑價模式之初探與運用》。雲林科技大學企管系研究所碩士論文，雲林。

陳建豪（2009）。〈台灣新趨勢 產業新價值：士農工商都要文創上身〉。《遠見雜誌》，第278期（2009年8月號）。

陳柏亨（2015/08/08）。〈蘇迪勒強大 郵筒「歪腰」萌翻〉。聯合新聞網。

陳盈蕙（2004）。《文化創意產業體驗式行銷之探討——以表演藝術產業為例》。淡江大學企業管理研究所碩士論文，台北。

陳郁秀（2004）。〈陳郁秀談文化創意產業政策與生活大眾〉。《典藏今藝術》，第138期，頁148。

陳智凱譯（2003）。Eric Arnould、Linda Price、George Zinkhan著。《消費者行為》。台北：麥格羅‧希爾。

陳智暐、周慈韻譯（2002）。K. Kamran、T. Dominique著。《行銷管理全球觀》。台北：弘智。

陳德富（2012）。〈文化創意產業之經營與行銷策略個案分析——以鶯歌陶瓷為個案研〉。《中華管理評論》，15(4)，頁1-20。

陳德富（2014）。〈台灣文化創意產業智慧資本鑑價模式之探討——以琉園為例〉。《中華管理評論》，17(1)，頁1-24。

陳曉鷗（2005）。《以「婚紗產業」為例探討文化創意事業產業化關鍵成功因素》。國立中山大學企業管理研究所碩士論文，高雄。

陳聰廉（2006）。《茂林國家風景區對遊客的吸引力、滿意度及重遊意願關係之研究》。大仁科技大學休閒健康管理研究所碩士論文，屏東。

陳簾予（2004）。《體驗品質對情緒、價值、體驗滿意度、承諾及行為意圖影響之研究——以台灣現代戲劇演出為例》。輔仁大學管理研究所碩士論文，台北。

陳韜文（2000）。〈文化移轉：中國花木蘭傳說的美國化和全球化〉。第六屆傳播學研討會發表。

陸佳蓮（2002）。《選擇權訂價模型應用於「技術及專利」評價之研究——以技術移轉權利金為例》。實踐大學企業管理研究所碩士論文，台北。

彭德中譯（1989）。加藤秀俊著。《餘暇社會學》。台北：遠流。

曾光華（2014）。《消費者行為：洞察生活、掌握行銷》（2/e）。台北：前程文化。

曾煥哲（2006/11/27）。〈通路創新瞄準小眾市場〉。《經濟日報》，A14版。

游元隆（2008）。〈文化商品設計與經營模式——以孩沙里社區為例〉。2008文化商品設計與展示設計國際研討會。

游怡真（2005）。《文化創意產業之設計策略》。銘傳大學設計管理研究所碩士班碩士論文，台北。

游德二（2004）。〈陶瓷產業透視〉。《工業雜誌》（2003年6月）。

菲利浦‧科特勒（Philip Kotler）（1985）。《新競爭》（*The New Competition*）。亞馬遜書店。

黃千珊（1999）。《家庭生命週期與家庭休閒活動決策歷程之研究——以基隆市核心家庭為例》。國立高雄師範大學成人教育研究所碩士論文，高雄。

黃士魁（2000）。《我國甲組成棒球員訓練滿意度之研究》。私立中國文化大學運動教練研究所碩士論文，台北。

黃尹嬿（2005）。《品牌行銷中產品風格傳遞設計價值之研究》。大葉大學設計研究所碩士論文，彰化。

黃世輝（2000）。〈文化產業需要另一種思維——社區重建與文化產業發展〉。《勁草區協力報》。

黃世輝（2001）。〈文化產業與居民參與〉。《文建會九十年度社區總體營造年會成果彙編》。台北：文建會。

黃光玉（2006）。〈說故事打造品牌：一個分析的架構〉。《廣告學研究》，第26期，頁1-26。

黃光男（2011）。《詠物成金：文化創意產業析論》。台北：典藏藝術家庭。

黃佳琳（2015/07/19）。〈創意新視界 駁二藝區玩透視〉。《自由時報》。

黃彥憲譯（2001）。J. Rifkin著。《付費體驗的時代：超資本主義新紀元，使用權取代所有權》。台北：遠流。

黃啟菱（2007/11/09）。〈高更畫作港商12.7億買下〉。《經濟日報》，A9版。

黃國禎（2000）。〈數字、詮釋表演藝術生態觀察〉。呂懿德編，《中華民國八十八年表演藝術年鑑》。台北：國立中正文化中心。

黃惠穗（2007）。《促進我國文化創意產業發展——公私協力夥伴關係之運用》。國立東華大學公共行政研究所碩士論文，花蓮。

黃義書（2015/08/09）。〈蘇迪勒發威 台北市郵筒變「阿帕契郵筒」〉。聯合新聞

網。

黃聖傑（2004）。《體驗行銷於文化創意產業之應用》。國立政治大學企業管理研究所碩士論文，台北。

黃聖雯、黃筱雯（2008）。〈商圈發展條件與形象塑造研究——以政大商圈為例〉。中山女高。

黃維邦（2007）。《台灣重型搖滾樂文化行銷研究》。國立台灣師範大學運動與休閒管理研究所，台北。

新加坡「新聞通訊與藝術部」（2010/06/30）。〈新加坡創意產業與發展策略概述〉。文化創意產業專案辦公室整理。

楊方儒（2005）。〈法藍瓷總裁陳立恆25年心血只為品牌〉。《遠見雜誌》，第231期。

楊利勤主編（2009）。《管理學原理與方法》。北京：首都師範大學出版社。

楊明怡、黃佳琳（2015/07/20）。〈泳池爭議駁二致歉關閉〉。《自由時報》。

楊政學（2005）。《企業研究方法》。台北縣：普林斯頓國際。

楊國樞等（1988）。《社會學及行為科學研究法》。台北：東華。

楊敏芝（2000）。〈文化產業理論思潮初探與發展省思〉。《環境與藝術學刊》，第1期，頁29-49。

楊渡（2012）。〈建構兩岸文化創意產業新平台——開啟兩岸軟實力競合的新紀元〉。財團法人國家政策研究基金會。

楊琲琲、王承志譯（2009）。Douglas B. Holt著。《從Brand到Icon：文化品牌行銷學：看世界頂尖企業如何創造神話、擦亮招牌》。台北：臉譜。

楊睿晴（2005）。《「心」經濟起飛——以體驗觀點探討地方文化產業活動行銷之效益》。靜宜大學企業管理研究所碩士論文，台中。

楊燕枝、吳思華（2005）。〈文化創意產業的價值創造形塑之初探〉。《行銷評論》，2(3)，頁313-338。

經建會（2002）。「挑戰2008：國家發展重點計畫（2002-2007）」。行政院經濟建設委員會。

經濟部工業局（2006）。《經濟前瞻》，第107期，2006年9月。

經濟部中小企業處主辦（2005）。94年「智慧財產權融資宣廣說明會」資料。

葉代芝（2011）。〈「妖怪村」炒熱溪頭遊客大增五成〉。《商業周刊》，第1,250期，頁98。

葉伊修（2011）。《商業概論II》。台北；東岱專業圖書有限公司。

葉至誠（2000）。《社會科學概論》。台北：揚智文化。

葉程瑋（2003）。《我國智慧財產技術服務業之研究——以鑑價與仲介業者為例》。國立政治大學科技管理研究所碩士論文，台北。

鄒應瑗譯（2003）。F. Richard著。《創意新貴：啟動新新經濟的精英勢力》。台北：寶鼎。

廖世璋（2011）。《文化創意產業》。台北：巨流圖書。

廖志晃（2012/07/04）。〈溪頭妖怪村避暑推伐木啤酒節解渴〉。《中國時報》，A6版。

廖珮君譯（2006）。D. Hesmondhalgh著。《文化產業》。台北縣：韋伯。

趙慧敏主編（2010）。《老年心理學》。天津：天津大學出版社。

劉大和（2007）。《文化與文化創意產業》。台北：魔豆創意。

劉美芝（2003）。《第三部門在我國文化創意產業發展計畫中的角色研究》。國立台北大學公共行政暨政策學系研究所碩士論文，台北。

劉美琪（2004）。《行銷傳播概論》。台北：雙葉書廊。

劉裕春（2003）。《體驗行銷與關係結合方式對網路忠誠度之影響》。私立義守大學管理科學研究所碩士論文，高雄。

劉維公（2003）。〈文化創意產業的時代意義〉。《今藝術》，第128期，頁42-45。

劉潔妃（2004）。《書店的體驗行銷策略研究：以Page One書店、誠品敦南店、金石堂「我的文學書房」為例》。世新大學傳播研究所碩士論文，台北。

劉曉蓉（2006）。《文化產業發展成為文化創意產業之策略研究——以交趾陶為例》。中山大學公共事務管理研究所碩士論文，高雄。

潘建雄（2006）。《美濃鎮文化創意產業與體驗活動之研究》。屏東科技大學農企業管理研究所碩士論文，屏東。

潘罡（2006/10/01）。〈文化創意產業，台灣空轉，大陸火紅〉。《中國時報》，A9版。

蔡文婷（2007）。《台灣民俗筆記》。台北：行政院新聞局。

蔡潔娃（2002）。〈不可不知的新教育——知識經濟時代的教育主張〉。《台灣經濟研究月刊》，25(3)，頁98-102。

蔣永明譯（2002）。小島敏彥著。《新產品開發管理——企業革新的生存之道》。台北：中衛發展中心。

論文寫作課程平台，https://sites.google.com/site/twlin09/themes/methods

鄭自隆、洪雅慧、許安琪（2005）。《文化行銷》。台北：空中大學。

鄭秋霜（2007）。《好創意，更要好管理》。台北：三采文化。

鄭秋霜（2007/01/27）。〈透視琉園DNA〉。《經濟日報》，C1版文化創意。

鄭秋霜（2007/04/17）。〈故事行銷，桐花變出文創財〉。《經濟日報》，A14
版。

鄭秋霜（2007/07/21）。〈鴨誕蛻變天鵝，大可轉型四步曲〉。《經濟日報》，C1
版。

鄭秋霜（2007/10/11）。〈讓文創設計位產品加分〉。《經濟日報》，A14版。

鄭秋霜（2007/10/31）。〈原創+品質，東方品牌跨國決勝點〉。《經濟日報》，
A14版。

鄭秋霜（2007/11/06）。〈三部曲：幫好點子找銀子〉。《經濟日報》，A14版。

鄭智偉（2003）。《文化產業品牌管理模式應用研究初探——以台灣表演藝術產
業為例》。國立政治大學廣告學系研究所碩士論文，台北。

鄭博暉、陳凱茂（2015/07/20）。〈金澤21世紀美術館泳池　高雄駁二也有〉。
《民視》。

閱樂書店Facebook專頁，2014年6月19日。

蕭凤君（2001）。《消費者之社會階層、家庭生命週期與其汽車產品屬性重視類
別之關聯性研究——以台北市汽車潛在購買者為例》。國立交通大學經營管
理研究所碩士論文，中壢。

蕭新煌編（2000）。《非營利部門：組織與運作》。台北：巨流圖書。

賴炳樹（2009）。〈觀光工廠個案研究以大黑松小倆口牛軋糖博物館為例〉。
《土地問題研究季刊》，10(4)，頁203-219。

賴素鈴（2007）。〈後來居上的強勁對手——北京與上海〉。《傳藝雙月刊》，
第73期。

駱少康譯（2012）。Philip Kotler、Kevin Lane Keller著。〈競爭動態〉。《行銷管
理學》。台北：東華。

戴湘涒（2001）。《影響表演藝術消費體驗之因素及評估準則》。國立政治大學
企業管理研究所碩士論文，台北。

聯合晚報社論（2006/10/16）。〈關鍵不在該不該塗鴉〉。《聯合晚報》。

薛玉龍（2004）。《台灣表演藝術團體付費會員之消費行為模式與付費制度建

議》。國立中山大學企業管理學系研究所碩士論文，高雄。

薛保瑕、孫華翔（2002）。「行政院經濟建設委員會文化創意產業概況分析調查」。財團法人國家文化藝術基金會。

謝東宏（2004）。《文化創意產業發展之影響因素研究——以高高屏地區為例》。長榮大學經營管理研究所碩士論文，台南。

鍾元（2015/08/12）。〈台歪腰郵筒暫時原地保留 周邊商品熱賣〉，大紀元。

鍾倫納（1992）。《應用社會科學研究法》。香港：商務。

魏忻忻（2015/08/11）。〈跟流行 疾管署竟然也「歪腰」〉。聯合新聞網。

嚴長壽（2008）。〈節慶活動——以在地特色創造全球商機〉。《我所看見的未來》，頁39、44-45。台北：天下遠見。

蘇宗雄（2000）。〈感性抬頭・進入大體驗時代〉。《設計雜誌》，第93期，頁5-8。

二、外文部分

Ash, R. A. (1988). Job analysis in the world of work. In S. Gael (Ed.), *The Job Analysis Handbook for Business, Industry and Government* (pp. 3-13). New York: Wiley.

Booth, R. (1998). The measurement of intellectual capital. *Management Accounting: Magazine for Chartered Management Accountants, 76*(10), 26-28.

Booz, A., & Hamilton (1968). *Management of New Products*. New York: Booz, Allen & Hamilton, Inc.

Daniel Gervais (2006). *Collective Management of Copyright and Related Rights*, pp. 26-27. Wolters Kluwer Law & Business.

Department of Communication and the Arts (DCA) (1994). Creative Nation. Canberra: Auther.

Department of Culture, Media & Sport (DCMS) (1998). Creative Industries Mapping Documents. London: Auther.

Department of Culture, Media & Sport (DCMS) (2001). Creative Industries Mapping Documents. London: Auther.

Edvinsson, L., & Malone, M. S. (1997). *Intellectual Capital: Realizing Your Company's True Value by Finding Its Hidden Brainpower*. New York, NY: Harper Collins Publishers, Inc.

Edvinsson, L., & Sullivan, P. (1996). Developing a model for managing intellectual capital. *European Management Journal, 14*(4), 356-364.

Engel, J. F., Blackwell, R. D., & Miniard, P. W. (1993). *Consumer Behavior* (7th ed.). Orlando, Florida: Dryden Press.

Hirschman, Elizabeth C., & Holbrook, Morris B. (1982). Hedonic consumption: emerging concepts, methods, and propositions. *Journal of Marketing, 46*(3), 92-102.

Hua-Cheng Chang, Hsin-His Lai, & Yu-Ming Chang (2007). A measurement scale for evaluating the attractiveness of a passenger car form aimed at young consumers. *International Journal of Industrial Ergonomics, 37*, 21-30.

Isin, E. F., & Patricia, K. W. (1999). *Citizenship & Identity*. London: Sage.

Jeremy, H. (2004). Speech to Creative Industries Conference. Conference Creative Industries: an European Opportunity, Day27-28 of October 2003.

Johnson, W. H. (1999). An integrative taxonomy of intellectual capital: Measuring the stock and flow of intellectual capital components in the firm. *International Journal of Technology Management, 18*(5/6/7/8), 562-575.

Kaplan, R. S., & Norton, D. P. (1996). *The Balanced Scorecard: Translating Strategy into Action*. Boston, MA: Harvard Business School Press.

Knight, D. J. (1999). Performance measures for increasing intellectual capital. *Strategy & Leadership, 27*(2), 22-27.

Kotler P. (1994). *Marketing Management: Analysis, Planning, Implementation, and Control* (8th ed.). Englewood Cliffs, NJ: Prentice Hall.

Kotler, P., & Armstrong (2007). *Marketing: An Introduction*. N. J.: Prentice-Hall.

Lin, R. (2008b). Service Innovation Design for Cultural and Creative Industries-A Case Study of the Cultural and Creative Industry Park at NTUA. International Service Innovation Design Conference 2008 , 20-22 Oct. Dongseo University, Korea. 14-25. (Keynote Speech).

Lynn, B. E. (1998). Performance evaluation in the new economy: Bringing the measurement and evaluation of intellectual capital into the management planning and control system. *International Journal of Technology Management, 16*(1/2/3), 162-176.

Malhotra, N. K. (1993). *Marketing Research: An Applied Orientation*. Englewood Cliffs,

NJ: Prentice Hall.

MICA (2001). Renaissance City Report-Culture and the Arts in Renaissance Singapore. Singapore Ministry of Information, Communications and Arts 2001.

Miller, L. D. (1992). Teacher benefits from using impromptu writing prompts in algebra classes. *Journal for Research in Mathematics Education, 23*(4), 329-340.

Nicholas Garhham (1987). Concept of culture: Public policy and the cultural industries. *Cultural Studies, 1*(1), 25.

Olson, D. H., & DeFrain, J. (2000). *Marriage and the Family: Diversity And Strengths* (3rd ed.). Mountain View, CA: Mayfield Publishing Company.

Osborn, A. F. (1953). *Applied Imagination*. New York: Charles Scribner's Sons.

Paul B., Abbie G., & Stephen S. (2002). *The PDMA ToolBook for New Product Development*. New York : John Wiley & Sons, Inc.

Peter, D. (1993). *Post-Capitalist Society*. New York：Harper Business.

Philip Kotler & Kevin Lane Keller (2006). *Marketing Management (12th ed.)*. Upper Saddle River, New Jersey: Prentice Hall.

Razgaitis, R. (1999). *Early-stage Technologies: Valuation and Pricing*. New York, NY: John Wiley & Sons Inc.

Roos, G., & Roos, J. (1997). Measuring your company's intellectual performance. *Long Range Planning, 30*(3), 413-426.

Roos, J., Roos, G., Edvinsson, L., & Dragonetti, N. C. (1998). *Intellectual Capital: Navigating in the New Business Landscape*. New York, NY: New York University Press.

Saaty, T. L. (1980). *The Analytic Hierarchy Process*. New York: McGraw-Hill.

Schiffman, L. G., & Kanuk, L. L. (1991). *Consumer Behavior* (2nd ed.). Englewood Cliffs, NJ: Prentice Hall.

Sibin Wu, Edward Levitas, & Richard L. Priem (2005). CEO tenure and company invention under differing levels of technological dynamism. *The Academy of Management Journal, 48*(5), 859-873.

Stern, B.B. (1997). Advertising intimacy: relationship marketing and the services consumer. *Journal of Advertising, 4*, 7-19.

Steven C. W., & Kim B. C. (1995). *Leading Product Development*. New York：The Free Press.

Stewart, T. A. (1991). Brainpower. *Fortune*, 44-60.

Stewart, T. A. (1997). *Intellectual Capital: The New Wealth of Organizations*. Bantam: Doubleday Dell Publishing Group Inc.

Sveiby, K. E. (1997). *The New Organizational Wealth: Managing & Measuring Knowledge-Based Assets*. San Francisco, CA: Berrett-Koehler Publishers.

Ulrich, D. (1998). Intellectual Capital = Competence x Commitment. *Sloan Management Review, 39*(2), 15-26.

UNESCO (2000). Guide to the Collective Administration of Authors' Rights.

William C. L., & David E. R. (1993). *New Product Screening: A Step-Wise Approach*. New York：The Haworth Press.

William O. Bearden, & Jesse E. Teel (1983). Selected determinants of consumer satisfaction and complaint reports. *Journal of Marketing Research, 20*(1), 21-28.

三、網站部分

Creative Commons Taiwan（無年代），台灣「創用CC」計畫。網址：http://cre-ativecommons.org.tw/static/about/cctw。上網日期：2011年3月21日。

Creative Commons Taiwan（無年代），美國的CC，世界的CC。網址：http://cre-ativecommons.org.tw/static/about/cc。上網日期：2011年3月21日。

104黃頁，大可意念傳達有限公司，http://www.104info.com.tw/hotcompa-ny/97275905000.htm#01

十鼓文化村官方網站，http://www.ten-hsich.com.tw/cultrue/main.html

十鼓擊樂團官方網站，http://www.ten-hsieh.com.tw/chinese/main.htm

大可意念，http://www.duckimage.com.tw/

中小企業信用保證基金網站，http://www.smeg.org.tw

中研院資訊所與行政院文化建設委員會（無年代），創用CC授權指引。http://cre-ativecommons.org.tw/gallery/Material/cchandbook_gov_2008.pdf

中華百科，http://wikiyou.tw/%E7%A0%94%E7%A9%B6%E6%96%B9%E6%B3%95/

元勤科技網站，http://www.iptec.com.tw

內政部民政司，http://www.moi.gov.tw/dca/

文化創意產業推動組織，http://www.cci.org.tw/portal/index.asp

文建會（無日期），社區總體營造FQA，2005/12/8，http://www.hchcc.gov.tw/Han-

KangWeb/httm/243_1.htm#243_1_5

文建會、經濟部、新聞局、教育部（2009）。〈創意台灣——文化創意產業發展方案〉，http://www.ey.gov.tw/public/Attachment/951417245471.pdf

文建會文化統計，http://event.cca.gov.tw/artsquery/093.htm

文創發展，文化部（2013）。http://www.moc.gov.tw/business.do?method=list&id=13

方雅青（2006）。橘色浩漢：管理鏈打造A型人。管理雜誌，382，http://www.e-novadesign.com/tw/news_text.asp?news_cate=2&sqno=70

台灣搜尋引擎優化與行銷研究院（2009）。網路行銷Network Marketing：四大思維與六力行銷，2009/10/21，http://seo.dns.com.tw/?p=392

四方通行，花蓮創意文化園區，http://guide.easytravel.com.tw/scenic/12250

外貿協會服務業推廣中心（2008）。文化創意——打造台灣成為全球華人之文創主流市場，http://sv.taiwantrade.com.tw/business/index.aspx?ID=14&ctl00$ContentPlaceHolder1$Datagrid1=1,1,1

全國法規資料庫，http://law.moj.gov.tw

全球文創部落格，〈文化產業？創意產業？日本的文化創意產業概況〉，http://globecreative2014.blogspot.tw/2014/05/blog-post_9100.html；參考及引用資料：岸博幸「創意產業富國論」（2008），http://diamond.jp/articles/-/1657

朱宗慶（2010）。〈文化創意產業之展望〉，2010/12/14，http://cci.culture.tw/cci/cci/market_detail.php?sn=4380

江雅綺（2015）。〈焦點評論：歪腰萌郵筒也可以是文創〉，2015/08/13，http://www.appledaily.com.tw/appledaily/article/forum/20150813/36718904/

行政院文化建設委員會文化創意產業專案辦公室（2009）。〈子計畫一、多元資金挹注〉，檢索日期：2012/08/01，http://cci.culture.tw/cci/cci/law_detail.php?c=239&sn=3972

行政院主計處，http://pda.dgbas.gov.tw/ct.asp?xItem=481&ctNode=3263

李宥樓（2006）。〈台灣創意設計中心，栽培頂尖設計高手〉。《人才資本雜誌》。檢索自工研院學習網，http://archive.is/NV6f#selection-1257.3-1257.6

卓文慶（2009）。〈三鶯之心·空間公共藝術〉，《公民新聞平台》，讀取自http://www.peopo.org/portal.php?op=viewPost&articleId=47210

明山森林會館，http://www.mingshan.com.tw/ie01-1.php

林詩芳（2013）。〈看見台灣文創之美——注入政府資源協助文創業者發展〉，2013/10/02，http://www.cpc.org.tw/consultancy/article/560

林憶珊（2011）。〈創用CC（Creative Commons）〉，技術服務小百科，2011/04/27，http://techserviceslibrary.blogspot.tw/2011/04/cccreative-commons.html

林懿萱、莊庭瑞（無年代）。〈簡介Creative Commons與Creative Commons Taiwan計畫〉，http://techart.tnua.edu.tw/1_announce/doc/ccintro.pdf

法藍瓷官網，http://www.franzcollection.com.tw/tw/brands

法蘭瓷，http://www.franzcollection.com.tw/

邱瓊平（2015）。〈人車塞爆！「歪腰郵筒」周四要搬家了〉，聯合晚報台北報導，2015/08/11，http://udn.com/news/story/8471/1114082-%E4%BA%BA%E8%BB%8A%E5%A1%9E%E7%88%86%EF%BC%81-%E3%80%8C%E6%AD%AA%E8%85%B0%E9%83%B5%E7%AD%92%E3%80%8D%E5%91%A8%E5%9B%9B%E8%A6%81%E6%90%AC%E5%AE%B6%E4%BA%86

南華早報，2015/08/19，http://www.nanzao.com/tc/national/14f45124fcffad1/jing-wen-hua-xiao-fei-que-kou-1378-yi-gu-gong-wen-chuang-ye-yao-hu-lian-wang-

風行草偃WindCatalyst（2012）。〈文創行銷的秘密？入門五撇步(1)〉，http://windcatalyst.pixnet.net/blog/post/87489788-%E6%96%87%E5%89%B5%E8%A1%8C%E9%8A%B7%E7%9A%84%E7%A7%98%E5%AF%86%3F-%E5%85%A5%E9%96%80%E4%BA%94%E6%92%87%E6%AD%A5(1)

風行草偃WindCatalyst（2012）。〈文創行銷的秘密？入門五撇步(2)〉，http://windcatalyst.pixnet.net/blog/post/148503616

風行草偃WindCatalyst（2012）。〈文創產業行銷的秘密？入門五撇步(3)〉，http://windcatalyst.pixnet.net/blog/post/148603892

孫志銓（2010）。〈風靡各地的甜筒式披薩，台灣獨家授權販售〉。台灣夜市新聞網，http://night-market.tw.tranews.com/Show/Style4/Column/c1_Column.asp?SItemId=0131030&ProgramNo=A210008000001&SubjectNo=8542

孫豪志（2003）。〈文化創意產業〉，http://www.read.com.tw/new/hypage.cgi?HYPAGE=subject/sub_culture.asp

徐子晴（2015）。〈台北「歪腰」郵筒紀念郵戳 今明限定〉，《聯合報》，2015/08/12，http://udn.com/news/story/8471/1115959-%E5%8F%B0%E5%8C%97%E3%80%8C%E6%AD%AA%E8%85%B0%E3%80%8D%E9%83%B5%E7%AD%92%E7%B4%80%E5%BF%B5%E9%83%B5%E6%88%B3-%E4%BB%8A%E6%98%8E%E9%99%90%E5%AE%9A

琉園股份有限公司，http://www.tittot.com/

財團法人台灣文創發展基金會（2013）。〈善用故事力，創造文化創意產業的獨
　　特價值〉。文化部文化產業推動服務網，2013/02/21，http://cci.culture.tw/cci/
　　cci/market_detail.php?sn=5443

國家文化藝術基金會創意ABC（2003）。〈琉園股份有限公司〉，http://www.
　　ncafroc.org.tw/abc/indeustries-content.asp?Ser_no=2

國藝會創意ABC網站（2004）。墨色國際股份有限公司，2004/4/14，http://www.
　　ncafroc.org.tw/abc/indeustries-content.asp?Ser_no=41

郭玫君、李永萍（2014）。〈發展文創須培養消費者〉。《旺報》，2014/01/12，
　　http://tiandiren.tw/archives/634

陳順吉（2007）。〈從「MENCARE studio」看男性保養市場通路的「PPEC」新
　　趨勢〉。東方線上，http://tuitionet.blogspot.tw/2007/11/mencare-studioppec.html

陶博館（2011）。〈國際陶瓷藝術節〉，讀取自http://www.ceramics.ntpc.gov.tw/zh-
　　tw/Learning/Festival.ycm。

陶博館（2012）。〈鶯歌陶瓷產業的發展歷史〉，鶯歌陶瓷博物館，讀取自http://
　　digital.ceramics.ntpc.gov.tw/yingo200/history/index.htm

勞委會職訓局（2013），http://icap.evta.gov.tw/download/2-05%E4%B8%80%E8%88
　　%AC%E8%AA%BF%E6%9F%A5%E6%B3%95.pdf

幾米官方網站，http://www.jimmyspa.com/

智識網，http://www.ipnavigator.com.tw

華山1914創意文化園區，http://www.huashan1914.com/

新加坡商務旅行網，http://www.singbt.com/newstext/325.html

新北市政府（2011）。〈推動陶瓷產業精進發展計畫企劃書〉，http://pic.518.com.
　　tw/file/1/269/1033235/1304568337198224917.pdf

溪頭松林町妖怪村，http://xitou-kuma.okgo.tw/

經濟部TWTM網站，http://www.twtm.com.tw

經濟部中小企業處網站，http://www.moeasmea.gov.tw

葉文義（2013）。〈台灣文創產業　西進契機〉。《旺報》，2013/11/25，http://
　　www.pwc.tw/zh/news/media/media-20131125.html

維基百科（2015）。霹靂國際多媒體，https://zh.wikipedia.org/wiki/%E9%9C%B9
　　%E9%9D%82%E5%9C%8B%E9%9A%9B%E5%A4%9A%E5%AA%92%E9%
　　AB%94

臺南文化創意產業園區，http://www.b16tainan.com.tw/cmsdetail.aspx?cmid=10

臺華窯，〈臺華窯簡介〉，http://www.thp.url.tw

劉若瑀，〈優人神鼓露天山上劇場（老泉山劇場）〉，http://utheatre.glis.ntnu.edu.
　　tw/content/%E5%84%AA%E4%BA%BA%E7%A5%9E%E9%BC%93%E9%9C%
　　B2%E5%A4%A9%E5%B1%B1%E4%B8%8A%E5%8A%87%E5%A0%B4%E8
　　%80%81%F6%B3%89%E5%B1%B1%E5%8A%87%E5%A0%B4

劉維公（2003）。文化消費結合 創意打造商機。財團法人台北市北投文化基金會
　　專案計畫與活動，http://www.ptcf.org.tw/ptcf2/modules/myproject/

潘德烈（2008）。〈從全球發展看台灣文創產業趨勢（上）文化創意產業報告之
　　三〉，2008/12/29，http://www.epochtimes.com/b5/8/12/29/n2378570.htm

鄭瑤婷（2004）。〈文化產業周邊商品的開發與行銷〉，2006/04/10，http://www.
　　art-mall.com.tw/artmall/talk/htm/talk931102.htm

學術論文寫作，http://tx.liberal.ntu.edu.tw/Jx/Methodology/Paper_LiteratureReview.
　　htm

盧昭燕（2011）。〈男性保養品　三年成長七成〉。《天下雜誌》，第393期，
　　2011/04/13，http://www.cw.com.tw/article/article.action?id=5002916

賴珍琳（2006）。〈善用材料並整合技術，台灣工業設計揚名國際〉。《數位時
　　代》，數位焦點－設計力量，2006/08/15，http://www.bnext.com.tw/magazine/?
　　mod=locality&func=view&id=231

優人神鼓官網，http://www.utheatre.org.tw/

聯合國教科文組織（United Nations Educational Scientific and Cultural Organization,
　　UNESCO），http://www.unesco.org/new/en/unesco/

瞿欣怡（2006）。〈大可意念設計總監 謝榮雅：未通過考驗的熱情，沒有價
　　值〉，30雜誌，30人物特寫，2006/12/04，http://forum.30.com.tw/Board/show.
　　aspx?go=423

曠文琪、林育嫻（2007）。〈跨界案例：浩漢設計整合跨界，一套知識平台，讓
　　兩百個腦袋被活用〉。《商業周刊》，1037，2007/11/13，http://www.busi-
　　nessweekly.com.tw/webarticle.php?id=28409&p=4

國家圖書館出版品預行編目（CIP）資料

文化創意產業經營與行銷管理：整合觀點與
創新思維 / 陳德富著. -- 初版. -- 新北
市：揚智文化, 2016.06
面；　公分. --（時尚與流行設計系列）

ISBN 978-986-298-227-3（平裝）

1.文化產業　2.創意　3.行銷管理

541.29　　　　　　　　　　　105006682

時尚與流行設計系列

文化創意產業經營與行銷管理
——整合觀點與創新思維

作　　　者 / 陳德富
出 版 者 / 揚智文化事業股份有限公司
發 行 人 / 葉忠賢
總 編 輯 / 閻富萍
特 約 執 編 / 鄭美珠
地　　　址 / 新北市深坑區北深路三段 258 號 8 樓
電　　　話 / (02)8662-6826
傳　　　真 / (02)2664-7633
網　　　址 / http://www.ycrc.com.tw
 E-mail / service@ycrc.com.tw
 I S B N / 978-986-298-227-3
初版一刷 / 2016 年 6 月
初版二刷 / 2018 年 2 月
初版三刷 / 2021 年 2 月
定　　　價 / 新台幣 680 元